Sim Stail

Simple Detail

2026

심승아
소방학개론
심기일전

단원별 예상문제집

공부는 심플하게 x 전략은 디테일하게

소방학개론은 시험에서 새로운 유형이나 표현이 자주 등장하는 과목입니다. 그래서 단순히 내용을 외우는 것보다, 문제를 이해하고 풀어 나가는 힘을 기르는 것이 중요합니다. 이 교재는 단원별 문제를 통해 다양한 표현과 개념을 자연스럽게 접할 수 있도록 구성하였으며, 이를 통해 낯선 신출문제에도 자신 있게 접근할 수 있도록 도와드리고자 했습니다.

때로는 "기본서에 없는 표현인데 맞는 건가요?"라는 고민이 들 수 있습니다. 하지만 소방학개론은 같은 내용도 여러 방식으로 표현될 수 있으며, 실제 시험에서도 익숙하지 않은 문장이 등장할 수 있습니다. 그렇기 때문에 문제 속 문장을 이해하고, 뜻을 유추해 보는 연습이 무엇보다 필요합니다.

특히 문제를 풀 때는 단어 하나만 떠올리기보다는 문장 전체의 의미를 바라보는 습관이 중요합니다. 같은 단어라도 문맥에 따라 정답이 되기도 하고, 오답이 되기도 하기 때문입니다. 부분적으로만 보면 오히려 정답을 놓칠 수 있으니, 전체 흐름을 읽어내는 능력을 차근차근 키워가길 바랍니다.

이 교재가 여러분의 학습에 작은 길잡이가 되어, 소방학개론을 보다 편안하게 받아들이고 자신 있게 문제를 풀어 나가실 수 있기를 응원합니다.

그래서 이 책은

1. 기본서와 동일한 단원으로 구성되어 개념이 잘 잡혀져 있는지 확인하고, 기출에는 존재하지 않는 기본서에서만 다뤄진 심화내용도 문제를 통해 접할 수 있도록 하였습니다.

2. 난이도 '하'인 문제는 실제 기출 난도에 해당하는 문제로 우선적인 학습을 통해 기본개념을 다진 후 난이도 '중' → '상' 순서대로 난이도를 높여가며 학습한다면 어떤 유형의 문제가 출제되더라도 문제에 쉽게 접근할 수 있습니다.

3. 실제 합격한 수험생(22년, 23년, 24년, 25년)과 매년 함께 작업한 교재로, 이전 합격자들의 학습 범위량을 체크할 수 있습니다.

4. 해설지의 추가학습을 통해 해당 문제와 관련된 개념을 다시 재정비할 수 있습니다.

**전국에 있는 모든 수험생분들이
좋은 결과 있길 응원하겠습니다.**

2025년 11월

심승아 드림

예비합격생의 한 마디

추운 겨울을 보내고 예쁜 꽃이 피듯이
수험생이라는 겨울을 보내고 합격이라는 꽃을 피기 위한 과정이니까 지치지 말고 준비 잘하자

2026 소방공무원 예비합격생 김○훈

나는 엄마아빠의 자랑이자 떠오르는 태양이며 꺼지지 않을 불꽃이다. 이제는 2025년 구급대원이
되어 대한민국의 보물이 될 것이다!!

2026 소방공무원 예비합격생

지금은 힘든 과정 속에 하나일 뿐이지만 그 여정의 종착지가 합격이라는 행복으로 가득할테니!
조금만 더 힘차게 걸어나가 보자!!

2026 소방공무원 예비합격생 이○경

처음 시작했었던 초시생 마음으로 공부해서 볼펜이 아닌 관창 잡는 소방관이 될 수 있도록 하자!

2026 소방공무원 예비합격생 양○혁

목표를 낮추지 말고 그 목표를 위한 나의 노력을 더 높이자! 꾸준함을 이길 수 있는 것은 아무것도
없으니까 우리 모두 꼭 결과로 증명해보자!

2026 소방공무원 예비합격생 조○재

지나간 시간 동안 누가 뭐라 해도 이 길이 맞다고 앞으로 나아가는 나 아주 칭찬해!! 앞으로 남은 시간 잘 활용해서 맞다는 걸 보여주자 파이팅!!!

2026 소방공무원 예비합격생 김○수

나만 힘든 게 아니다. 누구든지 개인 사정은 있고 내 사정이 특별한 건 아니다. 자신의 공부머리가 부족하다면 엉덩이가 10배 더 고생하면 된다.

2026 소방공무원 예비합격생 윤○드

목표가 희미해질 때, 처음에 소방공무원 준비를 시작하려고 했던 그때(초심)를 기억하자.

2026 소방공무원 예비합격생 김○리

일분일초도 놓치지 말자. 매일매일을 소방관이 된 나만을 생각하며 버티자.

2026 소방공무원 예비합격생 김○주

내가 지금 걷고 있는 이 길에 후회가 남지 않기를 내년에는 이 길을 보며 해맑게 웃을 수 있기를 바라며 남은 기간 조금만 더 힘내보자.

2026 소방공무원 예비합격생 이○훈

CONTENTS
이 책의 차례

Simtail

Simple
Detail

2026

PART

1

연소

정답 및 해설 | 4~5p

01 상 중 하 □□□

물질의 변화에 대한 설명이다. 다음 중 옳지 않은 것은?

① 화학적 변화란 물질의 성질이 변화하는 것으로, 수소와 산소가 결합하여 물을 형성할 때 발생하는 변화는 화학적 변화이다.

② 발열반응은 반응 물질의 에너지가 생성 물질의 에너지보다 크다.

③ 물이 수증기로 상태가 변하기 위해 일어나는 작용은 흡열반응이다.

④ 물체가 주거나 받는 열(에너지)의 양을 비열이라고 한다.

02 상 중 하 □□□

물질변화에 대한 내용으로 옳지 않은 것은?

① 현열이란 물질의 상변화 없이 온도변화가 있을 때 필요한 열량이다.

② 감열이란 물질의 온도변화 없이 상변화가 있을 때 필요한 열량이고, 융해열은 80[kcal/kg]이다.

③ 0[℃] 얼음 1[kg]을 100[℃] 수증기로 만드는 데 총 719[kcal]가 필요하다.

④ 물리적 변화란 물질의 성질은 변하지 않고, 모양이나 상태가 변화하는 것으로, 그 물질의 화학적 구성은 변화하지 않는다.

03 상 중 하 □□□

표준 상태에서 0[℃]의 얼음 1[g]이 20[℃] 물로 변화하는 데 필요한 총 열량[cal]은 약 얼마인가?

① 80

② 100

③ 539

④ 719

 고난도 문제

04 상 중 하 □□□

−10[℃] 얼음 2[kg]을 150[℃] 수증기로 만드는 데 필요한 열량[kcal]은?
(각 비열은 얼음 0.5[kcal/kg · ℃], 물 1[kcal/kg · ℃], 수증기 0.4[kcal/kg · ℃]로 적용한다)

① 679

② 1,022

③ 1,387

④ 1,488

05 (상)(중)(하)   □□□

물이 어는 온도(0℃)를 화씨온도(℉)와 절대온도(°R)로 나타낸 옳은 것은?

① 0℉, 273°R

② 0℉, 460°R

③ 32℉, 460°R

④ 32℉, 492°R

✦ 고난도 문제

06 (상)(중)(하)   □□□

섭씨 50도는 랭킨(Rankine)온도로 나타내면 몇 도인가?

① 350[°R]

② 460[°R]

③ 582[°R]

④ 618[°R]

07 (상)(중)(하)   □□□

"이상기체의 경우, 온도가 일정할 때 기체의 압력과 부피는 서로 반비례한다"와 관련이 있는 법칙은?

① 보일의 법칙

② 샤를의 법칙

③ 보일-샤를의 법칙

④ 아보가드로의 법칙

08 (상)(중)(하)   □□□

273℃에서 부피가 10L인 이상기체를 일정한 압력으로 0℃로 냉각시키면 부피는 약 몇 L로 변하는가?

① 5[L]

② 15[L]

③ 20[L]

④ 35[L]

✦ 고난도 문제

09 (상)(중)(하)   □□□

이상기체와 실제기체에 대한 설명으로 옳지 않은 것은?

① 이상기체는 저장용기의 벽에 충돌하여도 탄성을 잃지 않는다.

② 실제기체는 실제로 존재하는 모든 기체로 이상기체 상태방정식이 그대로 적용되지 않는다.

③ 이상기체는 기체 분자 간 인력이나 반발력이 작용하지 않는다고 가정한 가상적인 기체이다.

④ 이상기체 상태방정식은 실제기체에서는 높은 압력, 낮은 온도에서 적용된다.

10 (상)(중)(하)   □□□

이상기체에 대한 설명으로 옳지 않은 것은?

① 분자 자체의 부피와 분자 간 상호작용이 없는 가상의 기체이다.

② 저온으로 하면 액화된다.

③ 절대온도 0도에서 기체의 부피는 0으로 된다.

④ 압력이 일정할 때 온도를 높이면 부피가 증가한다.

11 (상)(중)(하)

이상기체상수 R 값의 단위로 옳은 것은? (R 값은 0.082이다)

① $\dfrac{atm \cdot mol}{L \cdot K}$

② $\dfrac{atm \cdot L}{mol \cdot K}$

③ $\dfrac{mmHg \cdot L}{mol \cdot K}$

④ $\dfrac{mmHg \cdot mol}{L \cdot K}$

12 (상)(중)(하)

어떤 기체가 0℃, 1기압에서 부피가 11.2L, 기체질량이 22.4g이었다면 이 기체의 분자량은? (단, 기체상수 값은 0.1로 계산한다)

① 22.4

② 36.5

③ 44.8

④ 54.6

◆ 고난도 문제

13 (상)(중)(하)

1기압, 21℃에서 물 36g이 모두 기화되었다. 생성된 기체는 약 몇 [L]인가?

① 22.4[L]

② 35.63[L]

③ 48.22[L]

④ 61.2[L]

정답 및 해설 | 6~17p

01 (상)(중)(하)   ☐☐☐

연소에 관한 설명으로 옳지 않은 것은?

① 가연물이 산화제와 반응하여 열과 빛을 발생하는 급격한 산화반응 현상을 말한다.
② 산화반응이란 전자를 잃는 것을 말한다.
③ 발열반응이 계속되면 발생되는 열에 의해 가연물질이 고온화되어 연소는 계속 진행된다.
④ 연소는 흡열반응을 하며, 연소열이 발생한다.

02 (상)(중)(하)   ☐☐☐

다음 중 산화와 환원에 관한 설명으로 옳은 것은?

① 전자를 얻는 현상을 산화라 한다.
② 산화수가 감소되는 현상을 환원이라 한다.
③ 산화제는 다른 물질을 환원시키고 자신은 산화되는 물질이다.
④ 수소를 잃는 현상을 환원이라 한다.

03 (상)(중)(하)   ☐☐☐

연소열에 대한 설명으로 옳지 않은 것은?

① 어떤 물질이 완전연소할 때 발생하는 열량을 말한다.
② 연소열의 값이 클수록 연료로서 효과적이다.
③ 연소열의 값이 클수록 위험하다.
④ 발열반응과 함께 흡열반응도 포함한 열량이다.

04 (상)(중)(하)   ☐☐☐

다음은 연소과정에 따른 시간과 에너지의 관계를 나타내는 그림이다. 이 그림에서 연소열을 나타내는 것은?

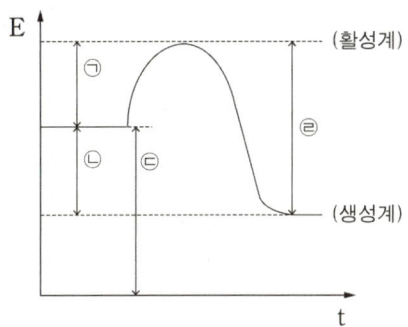

① ㄱ
② ㄴ
③ ㄷ
④ ㄹ

✦ **고난도 문제**

05 (상)(중)(하)   ☐☐☐

탄소가 연소한 후 일산화탄소가 될 때 엔탈피 변화량[kJ]은?

> • $C + O_2 \rightarrow CO_2$ $\triangle H = -393.5[kJ]$
>
> • $CO + \frac{1}{2}O_2 \rightarrow CO_2$ $\triangle H = -283.0[kJ]$

① -676.5
② -110.5
③ 110.5
④ 676.5

연소에 대한 내용으로 옳은 것을 모두 고른 것은?

> ㄱ. 환원제란 다른 물질을 산화시키는 것을 말한다.
> ㄴ. 화학적활성도가 클수록 연소가 용이하다.
> ㄷ. 수분함유량이 적을수록 가연물이 되기 쉽다.
> ㄹ. 산화반응이란 연소를 말한다.

① ㄱ, ㄹ
② ㄴ, ㄷ
③ ㄱ, ㄴ, ㄷ
④ ㄱ, ㄴ, ㄷ, ㄹ

다음 반응에서 환원제로 사용된 것은 무엇인가?

$$MnO_2 + 4HCl \rightarrow MnCl_2 + 2H_2O + Cl_2$$

① $MnCl_2$
② MnO_2
③ HCl
④ Cl_2

활성화 에너지에 관한 내용으로 옳은 것을 모두 고른 것은?

> ㄱ. 활성화 에너지가 작을수록 반응속도가 빠르다.
> ㄴ. 활성화 에너지가 클수록 반응속도가 느리다.
> ㄷ. 발화점이 낮아지기 위해서는 활성화 에너지는 커야 한다.
> ㄹ. 가연물로서 충족하기 위해서는 활성화 에너지는 커야 한다.
> ㅁ. 활성화 에너지란 어떤 반응물질이 반응을 시작하기 전에 반드시 흡수하여야 하는 에너지의 양을 말한다.

① ㄱ, ㄴ, ㄹ
② ㄱ, ㄴ, ㅁ
③ ㄴ, ㄹ, ㅁ
④ ㄴ, ㄷ, ㅁ

다음은 활성화 에너지를 나타내는 화학반응의 그래프이다. 그 내용으로 옳지 않은 것은?

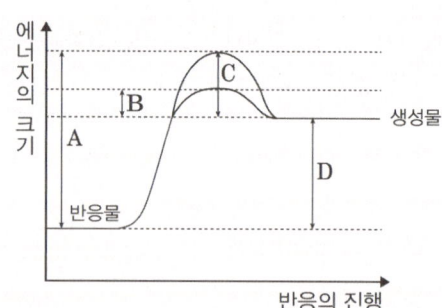

① 활성화 에너지는 촉매에 의해 그 크기가 조절될 수 있다.
② 효소란 활성화 에너지를 낮추어 반응을 촉진시키는 역할을 하는 것으로 효소가 없을 때의 활성화에너지는 'A'이다.
③ 이 반응은 흡열반응의 그래프이며, 생성물보다 반응물의 에너지가 크다.
④ 물질에서 동화작용이 일어나는 그래프이다.

10 상 (중) 하　□□□

다음 내용 중 옳지 않은 것은?

① 0℃ 얼음이 100℃ 수증기로 변하는 것은 화학적 변화이다.
② 산화염은 공기비를 아주 크게 하여 연소가스 중 산소가 포함된 화염을 말한다.
③ 현열이란 상의 변화를 수반하지 않고 온도변화가 있을 때 필요한 열량이다.
④ 발열반응이란 계의 외부로 열을 내보내는 것으로 반응 후의 엔탈피가 감소하게 된다.

11 상 (중) 하　□□□

연소에서 사용되는 용어와 그 내용에 대하여 옳은 것을 모두 고른 것은?

ㄱ. 폭발: 정상연소
ㄴ. 착화점: 외부 도움 없이 발화 시 필요한 최소에너지
ㄷ. 연소범위: 위험도의 계산 기준
ㄹ. 자연발화: 불씨에 의한 최고 연소시작 온도

① ㄷ
② ㄴ, ㄷ
③ ㄴ, ㄷ, ㄹ
④ ㄱ, ㄴ, ㄹ

12 상 (중) 하　□□□

다음 중 가연물이 연소되기 쉬운 조건으로 옳지 않은 것을 모두 고른 것은?

ㄱ. 열축적이 용이하도록 열전도율이 커야 한다.
ㄴ. 산소와 접촉할 수 있는 비표면적이 큰 물질이어야 한다.
ㄷ. 산소와 친화력이 큰 물질이어야 한다.
ㄹ. 연소반응이 일어나기 위한 최소한의 에너지인 활성화 에너지 값이 커야 한다.
ㅁ. 일정 수분의 함유량이 있어야 열축적이 용이하다.

① ㄴ, ㄷ
② ㄱ, ㄴ, ㄷ
③ ㄱ, ㄹ, ㅁ
④ ㄴ, ㄷ, ㅁ

13 상 (중) 하　□□□

가연물이 될 수 없는 물질로 모두 고른 것은?

ㄱ. 완전산화 물질: 이산화탄소, 오산화인, 삼산화크로뮴, 산화알루미늄, 규조토
ㄴ. 산화발열반응 물질: 열을 발열하는 물질
ㄷ. 주기율표 18족의 불활성 물질: 헬륨, 네온, 아르곤, 크립톤, 크세논, 라돈
ㄹ. 흙, 돌과 같이 자체가 연소하지 않는 물질

① ㄱ
② ㄱ, ㄴ
③ ㄴ, ㄹ
④ ㄱ, ㄷ, ㄹ

14 ㉠㉡㉢

다음 중 불연성 물질을 모두 고른 것은?

> ㄱ. 삼산화황(SO_3)
> ㄴ. 산화알루미늄(Al_2O_3)
> ㄷ. 크립톤(Kr)
> ㄹ. 산화규소(SiO_2)
> ㅁ. 수소화나트륨(NaH)

① ㄱ, ㄴ, ㅁ
② ㄴ, ㄷ, ㄹ
③ ㄷ, ㄹ, ㅁ
④ ㄱ, ㄴ, ㄷ, ㄹ

15 ㉠㉡㉢

연소의 3요소에는 가연물, 산소공급원, 점화원이 있다. 다음 중 산소공급원이 될 수 없는 물질은?

① 과염소산
② 유기과산화물
③ 황화인
④ 과산화수소

16 ㉠㉡㉢

연소에 관한 설명으로 옳은 것을 모두 고른 것은?

> ㄱ. 연소는 빛과 열을 수반하는 산화반응이다.
> ㄴ. 연소의 화학반응은 연소할 수 있는 가연물질이 공기 중의 산소뿐만 아니라 불소(F_2)와 같은 물질에서도 반응을 통해 일어난다.
> ㄷ. 철과 산소가 결합하여 녹이 생기는 반응을 연소라 한다.
> ㄹ. 연소 중 산소가 부족하면 완전연소가 된다.

① ㄱ
② ㄱ, ㄴ
③ ㄱ, ㄴ, ㄷ
④ ㄷ, ㄹ

17 ㉠㉡㉢

다음 중 염소폭명기란 무엇인가?

① 염소와 산소가 점화원에 의해 폭발적으로 반응하는 현상
② 염소와 수소가 점화원에 의해 폭발적으로 반응하는 현상
③ 염화수소가 점화원에 의해 폭발하는 현상
④ 염소가 물에 용해하여 염산이 되어 폭발하는 현상

18 ㉠㉡㉢

20℃, 1atm 상태에서 부탄(C_4H_{10}) 1mol을 완전연소시키기 위해 필요한 (1)산소와 (2)공기의 mol 수는?

① (1) 5 (2) 23.81
② (1) 6.5 (2) 28.02
③ (1) 6.5 (2) 30.95
④ (1) 6.5 (2) 35

◆ 고난도 문제

19 ㉠㉡㉢

메탄(CH_4) 32g이 완전연소할 때 필요한 산소의 부피는 1atm, 0℃에서 몇 [L]인가?

① 32[L]
② 44[L]
③ 58.1[L]
④ 89.6[L]

20 상 중 하

점화원 역할을 할 수 있는 것으로 옳지 않은 것은?

① 기화열
② 산화열
③ 정전기 불꽃
④ 마찰열

21 상 중 하

점화원의 종류로 옳은 것을 모두 고른 것은?

ㄱ. 전기적 점화원: 저항열, 아크열, 낙뢰, 정전기
ㄴ. 화학적 점화원: 용해열, 자연발열, 단열압축열
ㄷ. 기계적 점화원: 마찰열, 충격
ㄹ. 열적 점화원: 고온표면, 적외선, 복사열

① ㄱ, ㄴ
② ㄱ, ㄷ, ㄹ
③ ㄴ, ㄹ
④ ㄱ, ㄴ, ㄷ, ㄹ

22 상 중 하

점화원의 분류가 다른 하나는?

① 백열전구의 필라멘트와 같이 도체에 전류가 흐르는 때에 발생하는 열
② 자기장 내 도선에 전류가 유도되는 때에 발생하는 열
③ 정전기가 방전할 때 발생되는 열
④ 황산이 물에 용해되며 발생하는 열

23 상 중 하

물에 황산을 넣어 묽은 황산을 만들 때 발생되는 열은?

① 연소열
② 분해열
③ 용해열
④ 자연발열

24 상 중 하

백열전구가 발열하는 원인이 되는 열은?

① 저항열
② 유도열
③ 아크열
④ 유전열

25 상 중 하

다음 중 점화원에 대한 설명으로 옳지 않은 것은?

① 연소를 시작할 때 필요한 에너지의 공급원을 점화원이라고 한다.
② 점화원의 종류로는 정전기, 낙뢰, 용해열, 분해열 등이 있다.
③ 점화원은 연소의 3요소 중 하나이다.
④ 점화원을 차단하여 소화하는 방법은 냉각소화이다.

26 상 중 **하** ☐☐☐

정전기에 의한 발화과정으로 옳은 것은?

① 방전 → 전하의 축적 → 전하의 발생 → 발화
② 전하의 축적 → 방전 → 전하의 발생 → 발화
③ 전하의 발생 → 방전 → 전하의 축적 → 발화
④ 전하의 발생 → 전하의 축적 → 방전 → 발화

27 상 중 **하** ☐☐☐

정전기의 대전방지대책으로 옳지 않은 것은?

① 공기 중의 상대습도를 70% 이상 유지한다.
② 대전체를 절연한다.
③ 공기를 이온화한다.
④ 제전기를 사용한다.

28 상 중 **하** ☐☐☐

가연성 혼합기체가 연소범위 내에 있을 때 점화원으로 작용할 수 있는 정전기의 방지대책으로 옳지 않은 것은?

① 접지하여 물체에 발생한 정전기를 대지로 누설, 완화시킨다.
② 제전기를 사용하여 대전된 물체를 전기적 중성 상태로 한다.
③ 습기를 제거하여 가연성 혼합기가 수분과 접촉하지 않도록 한다.
④ 인체에서 발생하는 정전기를 방지하기 위하여 방전복 등을 착용하여 정전기 발생을 제거한다.

29 상 중 **하** ☐☐☐

정전기를 제어하는 방법으로서 전하의 생성 및 축적을 방지하는 방법으로 옳지 않은 것은?

① 접속(본딩)과 접지
② 도전성 재료 사용
③ 침액파이프설치
④ 첨가물에 의한 전도성 억제

✦ **고난도 문제**

30 **상** 중 하 ☐☐☐

정전기의 방전 원리 중 액체가 파이프 등의 수송관을 흐를 때, 정전기가 발생하는 현상은?

① 마찰대전
② 박리대전
③ 유동대전
④ 분출대전

31 상 **중** 하 ☐☐☐

연소의 4요소에 대한 설명으로 옳지 않은 것은?

① 공기는 연소의 3요소 중 산소공급원이 되는 것으로 이연성 물질이라고도 한다.
② 연쇄반응은 전파반응과 분기반응으로 구분되는데, 분기반응 이란 원인계 활성라디칼 수가 생성계 활성라디칼 수보다 적은 것을 말한다.
③ 연소의 3요소 또는 4요소 중 한 가지만 차단하더라도 연소 는 발생되거나 지속되지 않는데 이것을 소화라고 한다.
④ 연소는 3요소로도 가능하나, 불꽃이 연속적으로 지속되기 위해서는 연쇄반응(4요소)까지 갖춰져야 한다.

32 (상)(중)(하)

가연성 물질을 연소시키는 경우 공기 중의 산소농도를 높게 하면 어떻게 되는가?

① 연소속도는 빨라지고, 발화온도는 높아진다.
② 연소속도는 빨라지고, 발화온도는 낮아진다.
③ 연소속도는 느려지고, 발화온도는 높아진다.
④ 연소속도는 느려지고, 발화온도는 낮아진다.

33 (상)(중)(하)

산소농도의 내용으로 옳지 않은 것은?

① 최소산소농도는 가연물과 산소의 완전연소 반응식에서 산소의 양론계수와 연소하한계의 곱을 이용하여 예측한다.
② 산소농도를 최소산소농도 이하로 관리하면 연소하지 않기 때문에 불활성화시키는데 치환방법에는 진공, 압력, 스위프, 사이폰 치환이 있다.
③ 산소밸런스란 화학물질로부터 완전연소생성물을 만드는 데 필요한 산소의 과부족량을 나타낸 지수로 산소밸런스 '0'에 가까울수록 폭발력이 커지는 물질이다.
④ 섬유류에서 한계산소지수가 낮을수록 열원이 제거된 후에 연소가 중단될 가능성이 높다.

34 (상)(중)(하)

20℃, 1기압의 프로판(C_3H_8) 2[㎥]를 (1) 완전연소시키는 데 필요한 산소부피와 (2) 최소산소농도(MOC)는 몇인가? (프로판의 연소상한계는 9.5%, 연소하한계는 2.1%이다)

① (1) 5   (2) 10.5
② (1) 10   (2) 10.5
③ (1) 5   (2) 21
④ (1) 10   (2) 21

35 (상)(중)(하)

다음은 아세트알데하이드의 완전 연소반응식이다. (a~d)에 들어갈 숫자의 합은?

$$(a)CH_3CHO + (b)O_2 \rightarrow (c)CO_2 + (d)H_2O$$

① 7
② 10
③ 15
④ 18

36 (상)(중)(하)

다음은 연소범위에 관한 설명으로 옳지 않은 것은?

① 불활성가스 함유량은 연소범위 증감에 영향을 미치지 않는다.
② 압력이 증가할수록 분자 간의 거리가 가까워져 연소범위는 넓어지지만, 일산화탄소(CO)는 압력이 증가되면 연소범위가 좁아진다.
③ 실험식에 의하면 공기 중에서 연소상한계 및 연소하한계는 온도가 100℃ 증가함에 따라 약 8% 증가 및 감소한다.
④ 공기 중의 산소농도가 증가할수록 발화점이 낮아진다.

37 상중하 ☐☐☐

온도변화에 따른 연소범위에서 ( )에 들어갈 내용으로 옳은 것은?

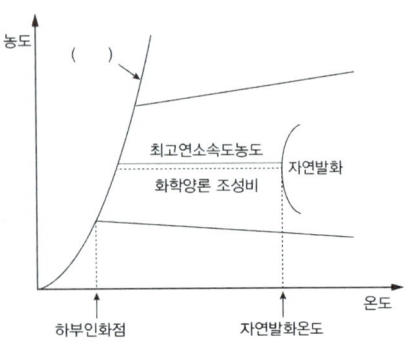

① 삼중선
② 연소점곡선
③ 공연비곡선
④ 포화증기압선

38 상중하 ☐☐☐

다음 중 그림에 대한 설명으로 옳은 것은?

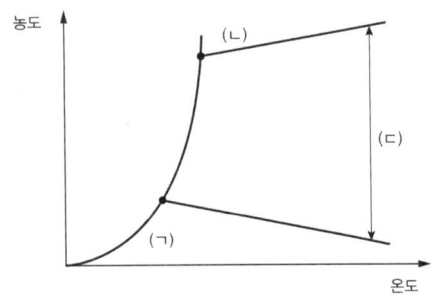

① (ㄱ)은 하부인화점을 뜻하며 점화원 없이 연소할 수 있는 최저온도이다.
② (ㄴ)은 연소점을 뜻하며 통상적으로 인화점보다 5~10℃ 가량 높다.
③ (ㄷ)은 자력으로 화염을 전파하는 공간이다.
④ 가연물, 산소공급원, 점화원이 있으면 무조건 연소한다.

39 상중하 ☐☐☐

연소범위에 대한 설명으로 옳지 않은 것은?

① 실험식에 의하면 LFL은 온도가 100℃ 증가할 때마다 8% 정도 감소한다.
② UFL은 온도가 증가하여도 거의 변화가 없다.
③ 층류일 때보다 난류일 때 연소범위가 더 넓어진다.
④ UFL은 압력이 증가할 때 현격히 증가된다.

40 상중하 ☐☐☐

연소범위에 대한 설명으로 옳은 것은?

① 수소의 연소범위는 4~75[%]이다. 이것은 수소와 공기 혼합물이 대기압 21[℃]에서 산소의 비율이 4~75[%]일 때 연소가 발생하며 지속된다는 것을 의미한다.
② 연소하한계를 연소범위로 나누면 위험도를 구할 수 있다.
③ 파라핀계 탄화수소의 경우 탄소수가 증가할수록 연소범위가 넓어진다.
④ 연소범위의 높은 쪽 한계치를 연소상한계라고 하며, 가연물의 최대 용량비를 나타낸다.

41 상중하 ☐☐☐

공기 중에서 압력을 증가시켰더니 폭발범위가 좁아지다가 고압 이후부터 폭발범위가 약간 넓어지기 시작했다. 이는 어떤 가스인가?

① 수소
② 일산화탄소
③ 메탄
④ 에틸렌

42 상 중 하 ☐☐☐

메탄 50[V%], 프로판 30[V%], 부탄 10[V%] 질소 10[V%]의 혼합가스의 공기 중의 연소하한계를 르샤틀리에 법칙을 이용하여 계산하면 얼마인가? (연소하한계는 메탄 5[V%], 프로판 3[V%], 부탄 1[V%]로 가정한다)

① 1
② 2
③ 3
④ 5

━━━ 고난도 문제 ━━━

43 상 중 하 ☐☐☐

메탄 50[V%], 에탄 10[V%], 프로판 15[V%] 부탄 5[V%]인 혼합가스의 공기 중 폭발 하한계[V%]는 약 얼마인가? (단, 각 성분의 폭발 하한계는 메탄 5.0[V%], 에탄 3.0[V%], 프로판 2.1[V%], 부탄 1.8[V%] 로 한다)

① 2.4
② 3.0
③ 3.4
④ 4.3

44 상 중 하 ☐☐☐

파라핀계 탄화수소의 탄소수 증가에 따른 변화 내용으로 옳은 것을 모두 고른 것은?

ㄱ. 인화점과 비점, 발화점이 높아진다.
ㄴ. 증기압이 감소한다.
ㄷ. 발열량이 증가한다.
ㄹ. 연소범위의 하한계가 낮아지고 연소범위가 넓어진다.

① ㄱ, ㄴ
② ㄴ, ㄷ
③ ㄱ, ㄹ
④ ㄴ, ㄷ, ㄹ

45 상 중 하 ☐☐☐

다음에 제시된 가연성기체의 폭발한계범위에서 위험도의 순서가 바르게 나열된 것은?

ㄱ. 수소(4~75%)
ㄴ. 아세틸렌(2.5~81%)
ㄷ. 프로판(2.1~9.5%)
ㄹ. 에테르(1.9~48%)

① ㄷ<ㄱ<ㄹ<ㄴ
② ㄷ<ㄹ<ㄴ<ㄱ
③ ㄴ<ㄱ<ㄷ<ㄹ
④ ㄴ<ㄱ<ㄹ<ㄷ

46 상중하 ▢▢▢

가연물의 위험성이 높아지는 이유에 대해 옳지 않은 것은?

① 비등점이 낮을수록
② 물질의 비중이 작을수록
③ 가연물의 증기압이 낮을수록
④ 연소범위가 넓을수록

47 상중하 ▢▢▢

가연성 물질의 성질에 대한 설명으로 옳은 것은?

① 끓는점이 낮으면 인화의 위험성이 낮아진다.
② 가연성액체는 온도가 상승하면 더 위험해진다.
③ 전기 전도도가 낮은 인화성 액체는 유동이나 여과 시 정전기를 발생시키지 않는다.
④ 비열, 증발열, 연소열이 클수록 위험성이 커진다.

48 상중하 ▢▢▢

가연물의 위험성에 대한 설명으로 옳지 않은 것은?

① 증기비중이 클수록 인화의 위험성이 높아진다.
② 표면장력이 작을수록 위험성이 높아진다.
③ 수용성 액체는 물과 혼합되면 증기압이 높아져 인화점이 낮아져 더 위험해진다.
④ 발화점이 낮고, 연소속도가 빠를수록 위험성이 높아진다.

49 상중하 ▢▢▢

가연성 물질의 인화 특성에 대한 설명으로 옳지 않은 것은?

① 증기압이 높을수록 인화의 위험성이 커진다.
② 최소점화에너지가 클수록 인화의 위험성이 커진다.
③ 비점이 낮을수록 인화의 위험성이 커진다.
④ 연소범위가 넓을수록 인화의 위험성이 커진다.

50 상중하 ▢▢▢

연소 및 폭발에 대한 설명 중 옳지 않은 것은?

① 폭발이란 주로 밀폐된 상태에서 일어나며 급격한 압력상승을 수반한다.
② 유도발화점이란 가연물이 공기 중에서 가열될 때 그 산화열로 인해 스스로 발화하게 되는 온도를 말한다.
③ 폭굉은 화염의 전파속도가 음속 이상일 때 그 선단에 충격파가 발생하는 현상을 말한다.
④ 열용량이란 어떤 물질의 온도를 1℃만큼 높이는 데 필요한 열량이다.

51 상중하 ▢▢▢

발화점에 대한 설명으로 옳은 것은?

① 가연물에 점화원을 제거한 후에도 계속적인 연소를 일으킬 수 있는 온도
② 물질의 위험성을 평가하는 척도로 쓰이며, 「위험물안전관리법」에서 석유류를 분류하는 기준으로도 사용
③ 외부로부터 에너지를 받아 착화가 가능한 가연물질의 최저온도
④ 외부로부터의 직접적인 점화에너지 공급 없이 물질자체가 스스로 착화가 되는 최저온도

52 상중하 ☐☐☐

인화점에 대한 내용을 모두 고른 것은?

> ㄱ. 가연물에 점화원(외부에너지)을 가했을 때 연소할 수 있는 최저온도이다.
> ㄴ. LFL과 포화증기압선이 만나는 지점을 말한다.
> ㄷ. 물적조건과 에너지조건이 만나는 최솟값이다.
> ㄹ. 가연성 혼합기를 형성하는 최저온도이다.
> ㅁ. 화학양론조성비에서 점화원 없이 발화될 수 있는 최저온도이다.

① ㄱ, ㄷ
② ㄱ, ㄷ, ㄹ
③ ㄱ, ㄴ, ㄷ, ㄹ
④ ㄱ, ㄴ, ㄷ, ㄹ, ㅁ

53 상중하 ☐☐☐

다음 중 발화점의 설명으로 옳지 않은 것은?

① 화학적 반응활성도가 클수록, 발열량이 클수록, 습도가 낮을수록 발화점이 낮아진다.
② 발화점이란 점화원 없이도 스스로 발화할 수 있는 최저온도이다.
③ 발화를 일으키는 공간의 형태와 크기는 발화점이 달라지는 데 영향을 미친다.
④ 분자구조가 간단할수록 발화점이 낮아진다.

54 상중하 ☐☐☐

연소이론에 관한 설명으로 옳지 않은 것은?

① 탄화수소계 화합물이 완전연소하는 경우 이산화탄소와 수증기를 생성한다.
② 탄화수소계 화합물의 탄소수가 많아질수록 발화점이 낮아진다.
③ 최소산소농도는 화염전파를 위한 최소한의 산소농도로서, 산소농도를 최소산소농도보다 낮게 낮추면 연료농도와 관계없이 연소방지가 가능하다.
④ 발화지연시간은 가연성 혼합기체를 활성화하는 데 필요한 시간을 말하며, 발화온도가 낮을수록 발화지연시간은 짧아진다.

✦ 고난도 문제

55 상중하 ☐☐☐

발화지연시간에 대한 설명으로 가장 옳은 것은?

① 저온, 저압일수록 발화지연시간은 짧아진다.
② 발화온도가 높을수록 발화지연시간은 길어진다.
③ 특정 온도에서 가열하기 시작하여 발화 시까지 소요되는 시간을 말한다.
④ 가연성 가스와 산소의 혼합비가 완전 산화에 가까울수록 발화지연시간은 길어진다.

56 (상)(중)(하)

일정온도에서 발화할 때까지의 시간을 발화지연시간이라 한다. 발화지연시간이 짧아지는 요인으로 가장 거리가 먼 것은?

① 가열온도가 높을수록
② 혼합비가 완전산화에 가까울수록
③ 압력이 높을수록
④ 실험용기의 크기가 작을수록

57 (상)(중)(하)

최소발화에너지(MIE)에 영향을 주는 요인 중 에너지의 값을 가장 작게 하는 것은?

① 가연성 혼합기체의 압력
② 공기 중의 산소의 농도
③ 가연성 혼합기체의 온도
④ 양론 농도하에서 가연성 가스의 조성

58 (상)(중)(하)

연소범위 안에 있는 가연성 혼합기를 발화시키는 데 필요한 최소한의 에너지를 최소발화에너지(최소점화에너지, MIE)라고 한다. 다음 중 최소발화에너지와 가연물의 위험도에 관한 설명으로 옳지 않은 것은?

① 온도가 상승하면 분자의 운동이 활발해져 최소발화에너지는 작아지며, 압력이 상승하면 분자 간의 거리가 멀어져 최소발화에너지는 작아진다.
② 가연물은 연소범위가 넓을수록, 연소범위 하한계가 작을수록 위험하다.
③ 연소속도가 클수록 최소발화에너지는 작아지고, 농도가 높으면 분자 간의 충돌횟수가 많아져 최소발화에너지는 작아진다.
④ 가연성 가스의 조성이 화학양론농도(C_{st}) 부근일 경우 최소발화에너지는 최저가 된다.

59 (상)(중)(하)

최소점화에너지에 대한 설명으로 옳은 것은?

① 최소점화에너지의 상승은 혼합기 온도와 무관하다.
② 질소, 이산화탄소 등 불연성 가스를 투입하는 경우 최소발화에너지 값이 작아진다.
③ 일반적으로 분진의 최소발화에너지는 가연성 가스보다 큰 에너지를 가진다.
④ 동일 유속 시 난류의 강도가 커지면 최소발화에너지는 작아진다.

60 (상)(중)(하)

최소발화에너지(MIE)에 관한 설명으로 옳지 않은 것은?

① 압력이 상승하는 경우 MIE는 작아진다.
② 발열량이 커지는 경우 MIE는 작아진다.
③ 연소속도가 빨라지는 경우 MIE는 작아진다.
④ 유속이 높아지는 경우 MIE는 작아진다.

◆ 고난도 문제

61 (상)(중)(하)

프로판의 1몰에 대한 화학양론조성비(C_{st})값은?

① 2.01
② 3.5
③ 4.03
④ 5

62 (상)(중)(하) ☐☐☐

메탄(CH_4)의 폭발하한계로 옳은 것은? (단, 존스의 법칙을 이용한다)

① 5.2
② 10.5
③ 12.3
④ 14.4

63 (상)(중)(하) ☐☐☐

연료와 공기 혼합물에서 최대 연소속도가 되기 위한 조건은?

① 연료와 양론혼합물이 같은 양일 때
② 연료가 양론혼합물보다 약간 적을 때
③ 연료가 양론혼합물보다 약간 많을 때
④ 연료가 양론혼합물보다 아주 많을 때

64 (상)(중)(하) ☐☐☐

연소 및 폭발 등에 대한 설명 중 옳지 않은 것은?

① 점화원의 에너지가 약할수록 폭굉유도거리는 길어진다.
② 폭발범위는 측정 조건을 바꾸면 변화할 수 있다.
③ 혼합가스의 폭발한계는 르샤틀리에 공식으로 계산한다.
④ 가스연료의 최소점화에너지는 가스농도에 관계없이 결정되는 값이다.

65 (상)(중)(하) ☐☐☐

소염거리에 대한 설명으로 옳지 않은 것은?

① 전기불꽃을 가하여도 점화되지 않는 전극 간의 최대거리를 소염거리라고 한다.
② 소염거리란 열의 발열값이 방열값보다 큰 경우를 말한다.
③ 최소발화에너지는 전극 간의 거리가 짧아지면 최초에는 저하된다. 하지만 소염거리의 값에 도달하게 되면 무한대가 된다.
④ 소염거리 이하에서는 아무리 큰 방전에너지를 가하여도 인화되지 않는다.

66 (상)(중)(하) ☐☐☐

자연발화를 일으키는 열원의 종류로 옳지 않은 것은?

① 산화열에 의한 발열
② 분해열에 의한 발열
③ 미생물의 작용에 의한 발열
④ 반응생성물의 중합에 의한 발열

67 (상)(중)(하) ☐☐☐

다음에서 설명하고 있는 자연발화가 일어난 이유로 옳은 것은?

> 대두유가 침적된 기름 걸레를 쓰레기통에 장시간 방치한 결과 자연발화에 의하여 화재가 발생하였다.

① 산화열 축적
② 분해열 축적
③ 중합열 축적
④ 흡착열 축적

68 상중하 ☐☐☐

나이트로셀룰로오스의 자연발화 시 주된 원인으로 옳은 것은?

① 유전열
② 흡착열
③ 분해열
④ 발효열

69 상중하 ☐☐☐

자연발화가 일어나는 에너지원과 물질의 연결로 옳지 않은 것은?

① 산화열에 의한 발열: 황린, 건성유, 셀룰로이드
② 중합열에 의한 발열: 산화에틸렌, 시안화수소
③ 미생물에 의한 발열: 퇴비, 먼지
④ 흡착열에 의한 발열: 활성탄, 목탄

70 상중하 ☐☐☐

자연발화에 영향을 주는 인자로 옳지 않은 것은?

① 발열량
② 열전도율
③ 수분
④ 증발열

71 상중하 ☐☐☐

자연발화가 일어나기 쉬운 조건을 모두 고른 것은?

> ㄱ. 휘발성이 높을수록
> ㄴ. 축적된 열량이 클수록
> ㄷ. 공기와의 접촉면이 클수록
> ㄹ. 열 방산속도가 열 발생속도보다 큰 경우
> ㅁ. 단열된 상태에서 압력이 낮아지는 경우

① ㄴ, ㄷ
② ㄱ, ㄹ, ㅁ
③ ㄴ, ㄷ, ㄹ
④ ㄱ, ㄷ, ㅁ

72 상중하 ☐☐☐

자연발화에 대한 내용으로 옳지 않은 것은?

① 자연발열은 화학적 점화원으로 작용될 수 있다.
② 주위 온도가 높으면 반응속도가 빨라져 열의 발생이 증가하므로 자연발화가 쉽다.
③ 공기의 유통이 적을수록, 열전도도가 클수록 자연발화가 쉽다.
④ 자연발화를 방지하기 위해서는 열 축적 방지에 대한 대책을 세워야 한다.

73 상 중 **하**   □□□

자연발화에 대한 설명으로 옳지 않은 것은?

① 자연발화란 가연물과 산소가 확보된 상태에서 외부의 점화원
   없이 가연물 내부에서 발생된 열의 축적에 의해 발화점에
   도달하여 발화하는 현상이다.
② 산화에틸렌은 분해열 또는 중합열을 통해 자연발화할 수
   있다.
③ 요오드(아이오딘)가 작을수록 산화되기 쉽고 자연발화 위
   험성이 높다.
④ 방열이 적은 경우 자연발화가 잘 일어난다.

74 상 중 **하**   □□□

다음 중 자연발화에 대한 설명으로 옳은 것은?

① 열전도율이 작아야 하고, 저온·건조하며 비표면적이 작을
   수록 자연발화가 쉽다.
② 휘발성이 낮을수록 증기압이 낮아 열축적이 용이하여 자연
   발화가 쉽다.
③ 발열량이 작을수록 열의 축적량이 많아져 자연발화가 쉽다.
④ 자연발화를 방지하기 위해서 주위 온도를 낮게 유지하고,
   상대습도를 높게 유지한다.

75 상 **중** 하   □□□

자연발화와 인화에 의한 발화의 비교 내용으로 옳은 것은?

① 인화에 의한 발화는 점화원의 접염에 의한 입열로 점화원
   의 접염 부분에서 에너지가 가장 크고, 온도가 가장 높다.
② 인화에 의한 발화는 점화원에 의한 발화로 최소발화에너지
   이하의 에너지로도 연소가 가능하다.
③ 자연발화한 경우 온도는 물질 표면이 최대로 높다.
④ 자연발화란 외부에서 점화에너지의 공급으로 연소되는 현
   상이다.

76 상 **중** 하   □□□

다음 그림에 대한 설명으로 옳지 않은 것은?

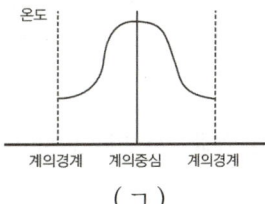
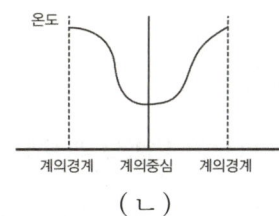

(ㄱ)   (ㄴ)

① (ㄱ)은 점화원이 있기 때문에 계의 중심에서 높은 온도의
   양상을 보인다.
② (ㄱ)은 고온다습한 환경에서 주로 보여지는 현상이다.
③ (ㄴ)은 주로 개방된 공간에서 원활하게 이루어진다.
④ (ㄱ)은 열축적의 방지, (ㄴ)은 점화원의 관리로 발화대책을
   세울 수 있다.

01 (상)(중)(하) ☐☐☐

불꽃연소와 작열연소의 설명으로 옳은 것을 모두 고른 것은?

> ㄱ. 불꽃연소는 가연물 자체로부터 발생된 증기나 가스가 공기 중의 산소와 혼합기를 형성하여 연소하는 것을 말한다.
> ㄴ. 불꽃연소 시 발생하는 연기는 작열연소 시 발생하는 입자보다 크기가 작다.
> ㄷ. 작열연소는 휘발분이나 열분해 성분이 거의 없는 연료에서 발생한다.
> ㄹ. 작열연소는 시간당 방출열량이 적고, CO보다 CO_2의 발생량이 더 많다.

① ㄱ, ㄴ, ㄷ
② ㄴ, ㄷ, ㄹ
③ ㄱ, ㄴ, ㄹ
④ ㄱ, ㄴ, ㄷ, ㄹ

02 (상)(중)(하) ☐☐☐

기체연료의 연소특성의 설명으로 옳은 것은?

① 예혼합연소는 미리 공기와 연료가 충분히 혼합된 상태에서 연소하므로 별도의 확산과정이 필요하지 않다.
② 가스 확산연소의 경우 분출속도가 빨라지는 경우 천이영역에서는 화염의 길이가 증가하게 된다.
③ 역화 위험성은 예혼합연소보다 확산연소가 크다.
④ 가연성 기체와 산화제의 확산에 의해 화염을 유지하는 것을 예혼합연소라 한다.

03 (상)(중)(하) ☐☐☐

기체연료의 확산연소에 대한 설명으로 옳지 않은 것은?

① 확산연소는 폭발의 경우에 주로 발생하는 형태이며 예혼합연소에 비해 반응대가 좁다.
② 예혼합연소에 비해 화염의 온도가 낮다.
③ 연소형태는 비균일연소이다.
④ 일반적으로 확산과정은 혼합속도가 연소속도를 지배한다.

04 (상)(중)(하) ☐☐☐

기체연료의 연소에 관한 설명으로 옳지 않은 것은?

① 예혼합연소에는 포트형이 있다.
② 확산연소는 화염이 길고 그을음이 발생하기 쉽다.
③ 예혼합연소는 화염온도가 높아 연소부하가 큰 경우에 사용 가능하다.
④ 예혼합연소는 혼합기의 분출속도가 느릴 경우 역화의 위험이 있다.

05 (상)(중)(하) ☐☐☐

연소의 일반적인 양상으로 옳은 것은?

① 흡열 → 분해 → 혼합 → 연소 → 배출
② 흡열 → 증발 → 연소 → 혼합 → 배출
③ 발열 → 분해 → 혼합 → 연소 → 배출
④ 발열 → 증발 → 연소 → 혼합 → 배출

06 상 중 하 ☐☐☐

연소 매커니즘에서 확산연소와 예혼합연소에 관한 설명으로 옳은 것은?

① 확산연소는 열방출속도가 높고, 예혼합연소는 열방출속도가 낮다.
② 예혼합연소에서 화염면의 압력이 전파되면 충격파를 형성한다.
③ 확산연소에서는 분젠버너 연소, 가스폭발 등이 있다.
④ 예혼합연소에는 성냥연소, 양초연소, 액면연소 등이 있다.

✦ 고난도 문제

07 상 중 하 ☐☐☐

확산연소에 대한 설명으로 옳지 않은 것은?

① 확산연소 과정은 연료와 산화제의 혼합속도에 의존한다.
② 연료와 산화제의 경계면이 생겨 서로 반대 측면에서 경계면으로 연료와 산화제가 확산해 온다.
③ 확산연소는 적화식 연소방식이다.
④ 연료와 산화제가 적당 비율로 미리 혼합하여 연소실 안으로 주입하여 연소하는 것이다.

✦ 고난도 문제

08 상 중 하 ☐☐☐

연소기구의 연소방식이 다른 것은?

① 세미분젠식 연소방식
② 적화식 연소방식
③ 분젠식 연소방식
④ 전1차 연소방식

09 상 중 하 ☐☐☐

층류 확산연소에서 시간이 지남에 따라 분출속도가 증가할 경우 화염의 길이의 변화는 어떻게 되는가?

① 길어진다.
② 짧아진다.
③ 거의 변화가 없다.
④ 화염의 길이는 일정하고 면적이 증가한다.

10 상 중 하 ☐☐☐

난류 확산연소에서 시간이 지남에 따라 분출속도가 증가할 경우 화염의 길이의 변화는 어떻게 되는가?

① 길어진다.
② 짧아진다.
③ 짧아지다가 다시 길어진다.
④ 화염의 길이는 일정하고 면적이 증가한다.

✦ 고난도 문제

11 상 중 하 ☐☐☐

기체연소의 내용으로 옳지 않은 것은?

① 층류 확산연소의 경우 폭연으로 발전할 수 있으며, 온도 곡선의 변곡점을 경계로 하여 화염대는 예열대와 반응대로 분리된다.
② 예혼합연소에 의한 화염은 확산화염보다 훨씬 빠르게 화염면이 이동하는데, 그 이유는 화염대 중 예열대와 반응대가 존재하여 반응대에서 예열대로 화염면이 자력으로 이동하기 때문이다.
③ 확산연소의 경우 층류에서 난류로 변할 경우 화염의 성질이 크게 바뀌며 화염의 두께가 증대한다.
④ 예혼합연소일 경우 미연소의 혼합기의 흐름이 화염부근에서 층류에서 난류로 바뀌었을 때 화염전파속도가 가속된다.

12 (상)(중)(하) ☐☐☐

다음 연소의 형태가 다른 것은?

① 분출화재
② 액면화재
③ 등심연소
④ 액적연소

13 (상)(중)(하) ☐☐☐

제4류 위험물인 인화성 액체의 석유류 중 분해연소를 하는 것이 아닌 것은?

① 아세톤
② 중유
③ 기어유
④ 동·식물유류

14 (상)(중)(하) ☐☐☐

액체연소의 내용으로 옳은 것은?

① 분해연소란 등유나 경유의 연소 방법 중 하나로, 액체연료 표면이 가열되어 증발이 일어나며, 발생된 연료 증기가 공기와 접촉하여 액체 표면에서 연소하는 것이다.
② 분진연소란 액체 연료를 수 μm에서 수백 μm으로 만들어 증발 표면적을 크게 하여 연소시키는 것으로서 공업적으로 주로 사용되는 연소방법이다.
③ 등심연소란 액체연료의 연소형태 중 램프등과 같이 연료를 심지에 빨아올려 심지의 표면에서 연소하는 방법으로 공급되는 공기의 유속이 낮아질수록, 온도의 높이가 높을수록 화염의 높이는 길어진다.
④ 액체 가연물질의 연소는 액체 자체가 연소하는 것이다.

✦ 고난도 문제

15 (상)(중)(하) ☐☐☐

액면화재의 설명으로 옳지 않은 것은?

① 인화성 액체의 표면에서 증기가 발생하고 점화원에 의하여 발화될 경우 액면 상부에서 화염이 형성되어 화재가 지속될 수 있다.
② 액면화재의 연소속도는 액면강하속도이다.
③ 액체가 인화점에 도달하지 않더라도 발생할 수 있다.
④ 화염의 높이나 바람에 의한 화염경사는 액면화재에 영향을 준다.

16 (상)(중)(하) ☐☐☐

가연성 고체의 연소에서 나타나는 연소현상으로 고체가 열분해 되면서 가연성 가스를 내며 연소열로 연소가 촉진되는 연소는?

① 분해연소
② 자기연소
③ 표면연소
④ 증발연소

17 (상)(중)(하) ☐☐☐

가연물의 표면연소의 특징으로 옳지 않은 것은?

① 불꽃이 없고, 연소속도가 느리다.
② 순조로운 연쇄반응을 통해 열을 방출한다.
③ 표면연소는 가연물의 증발이나 열분해가 없다.
④ 표면연소는 불꽃연소로 전이가 불가능하다.

18 상 중 하 ☐☐☐

표면연소란 다음 중 어느 것을 말하는가?

① 오일표면에서 연소하는 상태
② 고체연료가 화염을 길게 내면서 연소하는 상태
③ 화염의 외부표면에 산소가 접촉하여 연소하는 현상
④ 적열된 코크스 또는 숯의 표면에 산소가 접촉하여 연소하는 상태

19 상 중 하 ☐☐☐

가연물과 연소형태의 연결이 옳지 않은 것은?

① 석탄: 분해연소
② 가솔린: 표면연소
③ 파라핀: 증발연소
④ 액화천연가스(LNG): 확산연소

20 상 중 하 ☐☐☐

가연성 물질에 따른 연소형태 분류 중 옳지 않은 것은?

① 증발연소: 황, 나프탈렌, 왁스
② 자기연소: 하이드라진유도체, 아조화합물
③ 예혼합연소: 분젠버너, 가솔린 엔진
④ 분해연소: 섬유, 목탄, 플라스틱

21 상 중 하 ☐☐☐

물질의 연소방법에 대한 설명으로 옳지 않은 것은?

① 액체연료의 가장 일반적인 연소 형태인 증발연소란 특수인화물, 알코올, 휘발유 등의 인화성 액체에서 발생한 가연성 증기가 공기와 혼합된 상태에서 연소하는 것이다.
② 고체연료의 증발연소란 그 물질 자체가 타는 것이 아닌 물질의 표면에서 증발한 가연성 증기가 공기 중의 산소와 결합하여 이것에 적당한 열에너지를 가하면 일어나는 연소를 말한다.
③ 고체연료의 표면연소란 질산에스터류, 하이드라진유도체 등은 가연성 물질이면서 자체 내에 산소를 함유하고 있어 외부에서 열을 가하면 분해되어 가연성 기체와 산소를 발생하게 되므로 공기 중의 산소를 필요로 하지 않고, 그 자체의 산소에 의해 연소된다.
④ 기체연료의 예혼합연소란 기체에서만 발생되며, 분젠버너, 가솔린 엔진 등은 가연성 기체와 산소가 미리 혼합된 상태에서 연소하는 것이며, 기체의 확산연소보다 화염전파속도가 빠른 것이 특징이다.

22 상 중 하 ☐☐☐

연소에 관한 설명으로 옳은 것은?

① 고체가연물은 잘게 나누어져 공기와 접촉하는 표면적이 넓을수록 연소하기 어렵다.
② 점화에너지가 외부에서 공급되지 않아도 연소가 일어나는 것을 자기연소라고 한다.
③ 제트파이어란 연료가스가 배관을 통하여 분출하는 경우 발생하는 것으로 연료가스가 분출되어 공기와 혼합되어 화염을 형성하는 것을 말한다.
④ 가연성 기체가 공기 중 산소와 반응대로 확산하면서 연소하는 현상을 분해연소라고 한다.

23 (상)(중)(하)

연소에 관한 설명으로 옳지 않은 것을 모두 고른 것은?

> ㄱ. 분무연소란 액체연료를 미립화함으로 증발 표면적을 증가시켜 공기와의 혼합을 좋게하여 연소하는 것으로 인화점 이하에서도 연소가 가능하다.
> ㄴ. 비열이 클수록 위험한 물질이다.
> ㄷ. 탄소수가 많을수록 비중과 연소열은 작고 하한계는 낮아진다.
> ㄹ. 자기연소란 가연성이면서 물질 자체에 산소를 함유하고 있어 외부의 산소 공급 없이 연소하는 것이며, 대표적으로 제5류 위험물이 있다.
> ㅁ. 연소범위가 가장 넓은 것이 위험도도 가장 크다.

① ㄷ, ㅁ
② ㄱ, ㄴ, ㄷ
③ ㄴ, ㄷ, ㅁ
④ ㄱ, ㄴ, ㄷ, ㄹ

24 (상)(중)(하)

불완전연소의 원인으로 옳지 않은 것은?

① 불꽃의 온도가 높을 때
② 필요량의 공기가 부족할 때
③ 배기가스의 배출이 불량할 때
④ 주위의 온도가 낮을 때

25 (상)(중)(하)

불완전연소의 원인을 모두 고른 것은?

> ㄱ. 배기가스 배출이 불량한 경우
> ㄴ. 가스공급 과대 또는 공기량 부족한 경우
> ㄷ. 환기지배형 화재일 때
> ㄹ. 가스의 조성이 균일하지 못할 때
> ㅁ. 주위의 온도가 너무 낮을 때

① ㄱ, ㄴ, ㄷ
② ㄱ, ㄷ, ㄹ
③ ㄴ, ㄷ, ㄹ, ㅁ
④ ㄱ, ㄴ, ㄷ, ㄹ, ㅁ

26 (상)(중)(하)

연소반응에서 생성물을 더 많이 얻으려면 어떻게 해야 하는가?

① 온도를 높인다.
② 압력을 높인다.
③ 온도를 낮춘다.
④ 산소를 공급한다.

27

가스가 연소할 때 발생하는 이상연소 현상에 대한 설명으로 옳지 않은 것은?

① 역화란 불꽃이 역으로 진행하여 버너 내부의 혼합기 내에서 연소하는 현상으로 연소속도가 가스분출속도보다 빠를 때 발생한다.
② 블로우오프란 선화 상태에서 가스의 분출속도가 증가하거나 공기의 유동이 강하여 화염이 꺼져버리는 현상이다.
③ 선화란 불꽃이 버너에서 부상하여 일정간격을 두고 연소되는 현상으로, 염공이 부식으로 넓어진 경우에 발생한다.
④ 비정상연소란 연소가 일어나는 동안 열의 발생속도와 연소 확산속도가 서로 균형을 이루지 못하여 화염의 모양과 상태 등이 변하는 경우를 말한다.

28

역화(Back fire)의 원인을 모두 고른 것은?

> ㄱ. 연료의 분출속도가 연소속도보다 느릴 때
> ㄴ. 버너과열로 가스온도가 상승된 경우
> ㄷ. 공급가스의 압력이 저하된 경우
> ㄹ. 2차 공기의 공급이 불충분한 경우

① ㄱ, ㄴ
② ㄱ, ㄴ, ㄷ
③ ㄱ, ㄷ, ㄹ
④ ㄱ, ㄴ, ㄷ, ㄹ

29

선화(Lifting)의 원인으로 옳지 않은 것은?

① 1차 공기량이 적은 경우
② 버너의 염공이 먼지 등으로 일부 막힘이 발생하였을 때
③ 가스의 공급가스 압력이 지나치게 높은 경우
④ 공기조절장치를 지나치게 열었을 경우

30

화염이 버너의 상부를 떠나 연소하는 현상인 리프팅(Lifting)에 대한 설명으로 옳지 않은 것은?

① 가스압력이 높아 분출속도가 빠를 때
② 공기 조절기가 닫혀 1차 공기 흡입량이 없을 때
③ 연소실내 급배기 불량으로 2차 공기가 급격히 감소 할 때
④ 가스 방출구가 막혀 분출속도가 빠를 때

31

황염이 발생하는 원인으로 옳지 않은 것은?

① 1차 공기가 부족한 경우
② 화학양론비에서 공기량이 적은 경우
③ 염공이 막혀 분출속도가 증가될 경우
④ 화염에 저온의 물체가 닿는 경우

32

연소속도보다 가스 분출속도가 너무 크거나 주위에 공기유동이 심하여 불꽃이 노즐에서 떨어진 후 꺼지는 현상은?

① 플래쉬백(flash back)
② 선화(Lifting)
③ 블로우오프(Blow off)
④ 주염

33 상 중 하 ☐☐☐

연소용 공기 공급방식에서 2차 공기란 무엇인가?

① 연료를 분사시키기 위해 필요한 공기

② 완전연소에 필요한 부족한 공기를 보충하는 공기

③ 연소된 가스를 굴뚝으로 보내기 위해 고압, 송풍하는 공기

④ 연료를 안개처럼 만들어 연소를 돕는 공기

34 상 중 하 ☐☐☐

연소속도에 대한 설명으로 옳지 않은 것은?

① 연소속도란 화염이 미연소의 가연성혼합기 표면에 대하여 수직으로 이동하는 속도이다.

② 가연성 가스의 경우 연소속도는 양론조성비 근처에서 최대이다.

③ 층류의 연소속도는 열전도율이 낮아야 연소속도가 증가한다.

④ 질소나 이산화탄소 등 불활성 가스가 혼합기체에 첨가되면 산소의 농도가 작아져서 연소속도는 감소한다.

35 상 중 하 ☐☐☐

연소속도에 영향을 미치는 요인에 대한 설명으로 옳지 않은 것은?

① 미연소 가스의 비열이 작을수록 연소속도가 증가한다.

② 미연소 가스의 열전도율이 작을수록 연소속도가 증가한다.

③ 산화제의 종류, 촉매의 존재 유무와 농도는 연소속도에 영향을 미친다.

④ 가연성 물질의 종류에 따라 연소속도가 달라질 수 있다.

+ 고난도 문제

36 상 중 하 ☐☐☐

연소속도를 결정하는 것으로 옳지 않은 것은?

> ㄱ. 가연물질의 종류, 촉매
>
> ㄴ. 산소농도, 온도
>
> ㄷ. 비열, 밀도
>
> ㄹ. 압력, 비중량

① ㄴ

② ㄹ

③ ㄱ, ㄴ

④ ㄷ, ㄹ

37 상 중 하 ☐☐☐

연소속도에 대한 설명 중 옳지 않은 것은?

① 공기의 산소분압을 높이면 연소속도는 증가한다.

② 단위면적의 화염면이 단위시간에 소비하는 미연소 가연성 혼합기의 체적이라고 정의할 수 있다.

③ 미연소 가연성혼합기의 온도를 높이면 연소속도는 증가한다.

④ 연소범위의 하한계 및 상한계로 향함에 따라 연소속도는 증가한다.

+ 고난도 문제

38 상 중 하 ☐☐☐

연소 시 실제로 사용된 공기량을 이론적으로 필요한 공기량으로 나눈 것을 무엇이라 하는가?

① 공기비

② 당량비

③ 혼합비

④ 연료비

정답 및 해설 | 23~28p

01 (상)(중)(하) □□□

다음과 같은 성질을 가진 물질은?

> 나일론과 멜라민 수지의 연소 시 발생하는 독성가스이며,
> 주로 냉동시설의 냉매로 사용된다.

① 황화수소
② 암모니아
③ 염화수소
④ 시안화수소

03 (상)(중)(하) □□□

PVC(Poly Vinyl Chloride)의 연소 시 발생하는 가스는?

① 황화수소(H_2S)
② 염화수소(HCl)
③ 암모니아(NH_3)
④ 불화수소(HF)

04 (상)(중)(하) □□□

폴리염화바이닐(PVC)이 연소할 때 발생하는 독성가스는?

① 이산화질소(NO_2)
② 시안화수소(HCN)
③ 포스겐($COCl_2$)
④ 황화수소(H_2S)

02 (상)(중)(하) □□□

다음과 같은 성질을 가진 물질은?

> • 폴리우레탄이 불완전연소할 때 발생하는 연소생성물이다.
> • 붉은 빛이 도는 갈색의 기체이다.

① 이산화질소 [NO_2]
② 시안화수소 [HCN]
③ 불화수소 [HF]
④ 취화수소 [HBr]

◆ 고난도 **문제**

05 (상)(중)(하) □□□

시안화수소(HCN)의 설명으로 옳지 않은 것은?

① 질소성분이 함유되어 있는 물질이 불완전연소할 때 발생하며 청산가스라고도 불린다.
② 시안화수소는 중합폭발하므로 장기간 저장하지 못한다.
③ 용기에 충전하는 시안화수소에는 아황산가스 또는 황산 등의 안정제를 첨가한다.
④ 붉은 빛이 도는 갈색의 기체이다.

06 상중하 ☐☐☐

연소생성물에 대한 설명으로 옳은 것을 모두 고른 것은?

> ㄱ. 황화수소는 계란 썩는 냄새가 나는 무색의 악취가스
> 이며, 후각을 마비시켜 유해가스 흡입을 증가시킨다.
> ㄴ. 암모니아는 자극성이 강한 무색의 유독성 기체로 허용
> 농도는 25ppm이다.
> ㄷ. 아크로레인은 석유제품, 유지류 등이 연소할 때 발생
> 하는 연소생성물이다.
> ㄹ. 염화수소는 금속에 대한 강한 부식성이 있어 철을 녹
> 슬게 한다.

① ㄱ, ㄹ
② ㄴ, ㄷ
③ ㄴ, ㄷ, ㄹ
④ ㄱ, ㄴ, ㄷ, ㄹ

07 상중하 ☐☐☐

TLV-TWA 기준으로 허용농도 값이 큰 순서대로 옳은 것은?

① 암모니아 〉 아황산가스 〉 불화수소 〉 아크로레인
② 암모니아 〉 아황산가스 〉 아크로레인 〉 불화수소
③ 암모니아 〉 불화수소 〉 아황산가스 〉 아크로레인
④ 아황산가스 〉 암모니아 〉 불화수소 〉 아크로레인

08 상중하 ☐☐☐

화재 시 발생하는 연기에 대한 설명으로 옳지 않은 것은?

① 연기는 공기 중 부유하는 고체 또는 액체의 미립자이며, 다
량의 연소 생성물(가스)을 함유하고 있고, 화재로 인한 연
기는 고열이며 유동 확산이 빠르다.
② 화재 시 초기의 발연량은 성장기의 발연량보다 많다.
③ 연료 중 수소가 많으면 백색연기, 탄소가 많을수록 흑색연
기로 변한다.
④ 일반적으로 연기의 유동속도는 수평방향으로 0.5~1(m/s),
수직방향으로 1~2(m/s), 계단 실내에서는 2~3(m/s)이다.

09 상중하 ☐☐☐

연기의 단층화가 생기는 원인으로 옳지 않은 것은?

① 화재의 크기가 큰 경우
② 열 또는 연기가 충분한 상승력을 형성하지 못한 경우
③ 화재실의 층고가 너무 높은 경우
④ 화재플럼의 부력에 의한 상승력이 중력보다 작은 경우

10 상중하 ☐☐☐

발연량이 증가되는 경우로 옳은 것을 모두 고른 것은?

> ㄱ. 공기의 공급량이 적을수록
> ㄴ. 표면적이 작을수록
> ㄷ. 주위온도가 낮을수록
> ㄹ. 연소속도가 느릴수록

① ㄱ, ㄷ, ㄹ
② ㄷ, ㄹ
③ ㄱ, ㄴ, ㄷ
④ ㄱ, ㄴ, ㄷ, ㄹ

11 상 중 하 　　□□□

연기에 관한 설명으로 옳지 않은 것은?

① 연기농도가 증가할수록 감광계수는 커진다.
② 연기의 농도 측정방법에는 중량농도법, 입자농도법, 광학
　농도법이 있다.
③ 일반적으로 감광계수가 커지면 가시거리가 길어진다.
④ 비가시성의 크기를 가진 연기가 발생하는 장소에는 이온화식
　감지기를 사용한다.

12 상 중 하 　　□□□

다음은 광학농도법에 따라 감광계수와 가시거리의 관계를 나타낸 것이다. 옳지 않은 것은?

① 감광계수 $10[m^{-1}]$, 가시거리 0.2~0.5m: 출화실에서 연기가
　분출할 정도
② 감광계수 $0.5[m^{-1}]$, 가시거리 3m: 어두움을 느낄 정도
③ 감광계수 $0.1[m^{-1}]$, 가시거리 20~30m: 연기감지기가 작동
　할 때의 정도
④ 감광계수 $0.3[m^{-1}]$, 가시거리 5m: 건물 내부에 익숙한 사람
　이 피난에 지장을 느낄 정도

13 상 중 하 　　□□□

건축물 화재 시의 내용으로 옳지 않은 것은?

① 온도가 상승하면서 공기의 부피는 커진다.
② 건축물 내부의 온도가 상승함에 따라 밀도가 증가되어 공
　기가 이동하는 연돌효과 현상이 발생한다.
③ 건축물 상·하층의 내부와 외부 온도 및 압력차로 인해 찬
　공기가 하부에서 유입된다.
④ 건물 내부 더운 공기가 굴뚝과 같은 긴 통로를 따라 올라가는
　강한 통풍현상을 일으킨다.

14 상 중 하 　　□□□

굴뚝효과(Stack Effect)의 주된 영향요인이 아닌 것은?

① 건축물의 내·외 온도차
② 건축물의 높이
③ 건축물의 바닥면적
④ 건축물 외벽의 기밀도

15 상 중 하 　　□□□

고층건축물에서 연돌효과(Stack Effect)에 관한 설명으로 옳은 것을 모두 고른 것은?

| ㄱ. 건축물 외부의 온도가 내부의 온도보다 높은 경우 연돌 |
| 　효과가 발생한다. |
| ㄴ. 건축물의 층 면적은 연돌효과에 영향을 준다. |
| ㄷ. 건축물 내부의 온도와 외부의 온도가 같을 경우 연돌 |
| 　효과가 발생하지 않는다. |
| ㄹ. 건축물의 높이가 낮아질수록 연돌효과는 증가한다. |

① ㄷ
② ㄴ, ㄷ
③ ㄱ, ㄹ
④ ㄱ, ㄷ, ㄹ

16 (상)(중)(하) □□□

굴뚝효과(Stack Effect)에 관한 설명으로 옳은 것을 모두 고른 것은?

> ㄱ. 건물 내부와 외부의 온도차가 클수록 발생가능성이 크다.
> ㄴ. 일반적으로 고층 건물보다 저층 건물에서 더 크다.
> ㄷ. 층간 공기 누설과 관계가 없다.
> ㄹ. 건물 내부와 외부의 공기 밀도차로 인해 발생한 압력차로 발생한다.

① ㄱ
② ㄱ, ㄹ
③ ㄴ, ㄷ
④ ㄴ, ㄷ, ㄹ

17 (상)(중)(하) □□□

다음 중 중성대에 대한 설명으로 옳은 것을 모두 고르시오.

> ㄱ. 중성대 상부에서는 실내에서 실외로 고온의 연소생성물이 분출된다.
> ㄴ. 중성대는 실내의 천장쪽 고온가스와 바닥쪽 공기의 경계를 뜻한다.
> ㄷ. 건물의 내·외부의 온도차가 클수록 중성대는 높아진다.
> ㄹ. 건물의 상부에 큰 개구부가 있다면 연기의 배출로 중성대는 상승한다.
> ㅁ. 중성대 상부는 열과 연기가 많고 하부는 신선한 공기가 유입되기 때문에 하층부 개구부를 파괴하는 것이 가장 효과적이다.
> ㅂ. 중성대는 내·외부의 압력차는 0이 되고, 중성대에서 멀어질수록 압력차는 커진다.

① ㄱ, ㄴ, ㄷ
② ㄱ, ㄹ, ㅂ
③ ㄴ, ㄷ, ㅁ
④ ㄹ, ㅁ, ㅂ

18 (상)(중)(하) □□□

건축물 화재 시 나타나는 중성대의 설명으로 옳지 않은 것은?

① 건물화재 시 내부의 압력과 외부의 압력이 일치하는 지점이 생기는데, 이 지점을 중성대(면)이라고 한다.
② 중성대 상부는 실외보다 압력이 높아 기체가 외부로 유출되고, 하부는 실외보다 압력이 낮아 내부로 기체가 유입된다.
③ 중성대 아래쪽에서 개구부를 개방하여 공기가 계속 유입되면, 연기가 외부로 배출되어 중성대는 위로 상승하고, 소화활동 시 중성대 아래쪽으로 진입하는 것이 적당하다.
④ 화재 시 실온이 높아질수록 중성대의 위치는 낮아진다. 중성대가 낮아지면 외부로부터 공기유입이 적어져 연소가 활발하지 못하게 되므로 실온이 낮아져 중성대는 다시 높아지는 과정이 반복된다.

19 (상)(중)(하) □□□

중성대 상부에서의 모습으로 옳지 않은 것은?

① 실내정압보다 실외정압이 높다.
② 실내에서 실외로 고온의 연소생성물이 배출되는 모습이 보인다.
③ 중성대에서 멀어질수록 압력차는 커진다.
④ 소화활동을 위해 소방관이 출동하는 경우에는 중성대 상부는 열과 연기가 많기 때문에 중성대 하부로 진입하는 것이 좋다.

20 ⓢⓜ상중ⓗ 하

다음 중 연기에 대한 설명으로 옳지 않은 것을 모두 고른 것은?

> ㄱ. 고온영역의 연기층은 상승기류에 의해 천장면에 고온의 열축적이 되고, 중성대는 하부로 이동한다.
> ㄴ. 가연물질의 비표면적이 적을수록, 연소속도가 느릴수록 발연량이 증가한다.
> ㄷ. 연기의 증기비중은 공기보다 크기 때문에 부력이 발생해도 하강하게 된다.
> ㄹ. 중성대에서 연기의 흐름이 가장 활발하다.

① ㄱ, ㄴ
② ㄱ, ㄹ
③ ㄴ, ㄷ
④ ㄷ, ㄹ

21 상중ⓗ 하

건축물 화재 시 연기제어의 기본방법이 아닌 것은?

① 희석
② 배출
③ 차연
④ 복사

22 상중ⓗ 하

연소생성물 중 연기가 인간에 미치는 유해성을 모두 고른 것은?

> ㄱ. 연기 농도의 증가에 따라 시각 제한으로 피난 및 소화활동이 어려워진다.
> ㄴ. 산소의 감소 및 연소가스 흡입으로 인한 호흡 장애 등을 일으킨다.
> ㄷ. 시각적·생리적 영향으로 극심한 공포상태에 빠지며, 행동능력 및 판단능력의 저하로 피해가 커질 수 있다.

① ㄱ, ㄴ
② ㄱ, ㄷ
③ ㄴ, ㄷ
④ ㄱ, ㄴ, ㄷ

23 상중ⓗ 하

다음은 열전달 중 전도에 대한 설명으로 옳지 않은 것은?

① 온도 차와 면적에는 비례하고, 두께에는 반비례한다.
② 온도 상승에 따른 자유전자의 이동에 의해 열에너지가 전달된다.
③ 화재 시 열 이동에 가장 크게 작용하며 플래시오버에 큰 영향을 미친다.
④ 전도는 고체 또는 정지상태의 유체 내에서 매질을 통한 열전달 방법이다.

24 상중하 □□□

다음에서 설명하고 있는 것은?

> • 공기의 유동이나 유체의 흐름으로 열이 이동하는 것
> • 화재현장의 발화원 부근에서 온도가 증가하여 화재실 내부의 온도차 발생으로 열의 이동이 진행되는 현상

① 전도
② 대류
③ 비열
④ 잠열

25 상중하 □□□

열전달의 형태에 관한 설명으로 옳지 않은 것은?

① 전도는 열이 직접 접촉하여 전달되는 것이다.
② 대류는 유체의 흐름으로 열이 이동하는 현상이다.
③ 비화는 화재의 이동경로, 연소 확산에 영향을 미치지 않는다.
④ 복사는 진공상태에서 손실이 없으며, 복사열은 일직선으로 이동한다.

26 상중하 □□□

다음 중 대류(Convection)에 해당하는 상황을 모두 고른 것은?

> ㄱ. 금속 막대의 한쪽 끝만 가열하였으나 다른 쪽도 뜨거워짐
> ㄴ. 화재 초기, 뜨거운 연기가 천장을 따라 다른 가연물 표면 위로 이동하며 열을 전달함
> ㄷ. 뜨거운 공기가 방 안으로 순환하며 다른 물체를 가열함

① ㄱ
② ㄴ
③ ㄷ
④ ㄴ, ㄷ

27 상중하 □□□

열전달의 형태 중 복사에 관한 설명으로 옳지 않은 것은?

① 뜨거운 커피잔 속에 스푼을 넣고 저을 때 스푼에 열이 전달되는 것도 복사에 의한 열전달 형태다.
② 두 물체 사이의 복사열은 매개체 없이 전자파 형태로 전달되므로 진공상태에서도 손실 없이 열전달이 가능하다.
③ 화재 시 비화나 화염의 영향 없이 인접한 건물로 연소가 확대되는 것도 복사에 의한 열전달 형태다.
④ 두 물체 사이의 복사열은 표면적에 비례하고, 절대온도 차의 4제곱에 비례한다.

28 상중하 □□□

화재 온도가 2배가 되면 복사에너지는 몇 배로 증가되는가?

① 2
② 4
③ 8
④ 16

29 상중하 □□□

어떤 건축 자재가 복사열을 받았을 때, 투과율이 0.2이고 반사율이 0.5라고 한다. 이때 자재의 흡수율은 얼마인가?

① 0.2
② 0.3
③ 0.5
④ 0.7

30 상 중 **하** □□□

열의 특성 및 전달에 관한 설명으로 옳지 않은 것은?

① 잠열은 물질의 상의 변화는 없고 온도의 변화만 있을 때 필요한 열량을 말한다.

② 비열은 1g의 물체를 1℃ 만큼 상승시키는 데 필요한 열량을 말한다.

③ 스테판-볼츠만(Stefan-Boltzmann) 법칙은 열복사와 관련된 법칙이다.

④ 열전달 형태는 전도, 대류 및 복사가 있다.

31 상 중 **하** □□□

열과 연기의 특성에 대한 설명으로 옳지 않은 것은?

① 열의 전달 방법 중 복사는 열전달 매질 없이 열에너지가 전자파 형태로 열전달하는 방법이다.

② 건물화재 내부에서 중성대의 상부 압력은 실외 압력보다 높게 나타난다.

③ 역굴뚝효과는 건축물 내부온도가 외부온도보다 높을 때에 건물 내에서 공기가 아래에서 위로 이동하게 되는데 이러한 상향 공기흐름을 말한다.

④ 고층 건물일수록 굴뚝효과에 의하여 연기가 이동하고, 저층 건물일수록 열, 대류이동, 화재 압력 및 바람의 영향으로 연기가 이동한다.

32 상 중 **하** □□□

다음 중 열의 특성 및 전달에 관한 설명으로 옳지 않은 것은?

① 온도상승에 따른 자유전자의 이동에 의해 열에너지가 전달되는 것은 전도에 해당된다.

② 대류현상은 층류보다 난류일 때 열전달이 더 용이하며 분자들의 흐름을 통한 열전달 방법이다.

③ 뉴턴의 냉각법칙은 열전달의 종류 중 전도에 대한 설명이다.

④ 천장이 높은 건물에서 화재초기에 감지기가 작동하지 않는 이유는 대류와 연관이 있다.

33 상 중 **하** □□□

고압전기의 감전에 의한 화상으로, 근육이나 뼈까지 손상이 생긴 정도의 화상의 정도는?

① 1도 화상

② 2도 화상

③ 3도 화상

④ 4도 화상

✦ **고난도 문제**

34 상 **중** 하 □□□

열역학 제0법칙에 대하여 옳게 설명한 것은?

① 저온체에서 고온체로 아무 일도 없이 열을 전달할 수 없다.

② 절대온도 0에서 모든 완전 결정체의 절대 엔트로피의 값은 0이다.

③ 에너지는 형태가 변할 수는 있지만, 에너지가 새로 생기거나 아예 없어지지는 않는다.

④ 온도가 서로 다른 물체를 접촉시키면 높은 온도를 지닌 물체의 온도는 내려가고, 낮은 온도를 지닌 물체의 온도는 올라가서 두 물체의 온도 차이는 없어진다.

35 상 **중** 하 □□□

화재플럼에 대한 설명으로 옳지 않은 것은?

① 화재플럼은 크게 연속화염영역, 간헐화염영역, 부력화염영역 3개로 나눌 수 있다.

② 연속화염영역의 경우 온도가 가장 높기 때문에 연소가스가 빠른 속도로 상승한다.

③ 간헐화염영역은 간헐적으로 화염의 존재와 소멸이 반복되는 영역으로 유속이 느린속도로 상승한다.

④ 부력화염영역은 화염이 존재하지 않고 연기만 있는 영역으로, 주변의 차가운 공기로 인해 상승속도가 감소하게 된다.

36 상 중 하 □ □ □

다음 그림은 화재플럼에 대한 그림이다. 설명으로 옳지 않은 것은?

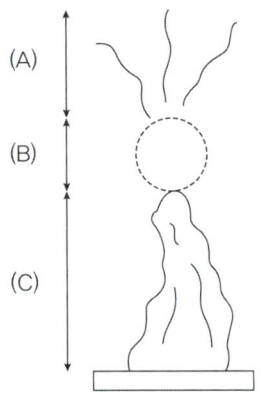

① (A)는 화염상부의 대류 열기류 영역을 뜻한다.
② (B)의 상승속도는 일정하며 간헐적으로 화염이 존재와 소멸을 반복하는 영역이다.
③ (C)는 연료표면 바로 위의 영역으로 지속적인 화염이 존재한다.
④ 화재플럼에서 부력은 플럼을 상승시키고, 차가운 끝부분이 천천히 아래로 내려오게 되는데 측면에서는 층류에 의한 전체적인 와류를 생성한다.

37 상 중 하 □ □ □

천장제트흐름(Ceiling Jet Flow)에 대한 설명으로 옳은 것은?

① 일반적으로 화재종기에 존재하며 천장면 아래에 얇은 층을 형성하는 수평방향으로 열기류가 빠른 속도로 확산되는 것을 말한다.
② 천장제트흐름의 두께는 실 높이(천장에서 화원까지의 높이)의 5~12[%] 정도이고, 실 높이의 12% 범위 밖에 놓이면 헤드나 감지기의 응답시간이 길어지게 된다.
③ 유효범위 외에 열, 연기감지기 및 스프링클러헤드가 설치되어야 화재 초기에 화재감지 및 소화가 가능하다.
④ 스프링클러헤드는 반응시간을 고려해 천장에서 1[m] 이내 설치하도록 규정하고 있다.

38 상 중 하 □ □ □

화염에 관한 설명으로 옳지 않은 것은?

① 천장제트흐름이란, 고온의 연소생성물들이 부력에 의해 천장면 아래에 얇은 층을 형성하는 가스 흐름을 말하며, 일반적으로 화재 초기에 존재한다.
② 화염속도란 화재의 경계면이 이동되는 속도이며, 연소속도에서 미연소 가스의 이동속도를 뺀 값을 화염속도라고 한다.
③ 연소 시 불꽃의 색상은 밝을수록 온도가 높다.
④ 화염속도가 가속되면 폭굉으로 전이가 가능하다.

39 상 중 하 □ □ □

불꽃의 색상과 온도로 옳지 않은 것을 모두 고른 것은?

ㄱ. 적색: 850℃
ㄴ. 담암적색: 520℃
ㄷ. 암적색: 600℃
ㄹ. 휘적색: 650℃
ㅁ. 황적색: 900℃
ㅂ. 휘백색: 1,500℃
ㅅ. 백적색: 1,300℃

① ㄱ, ㄷ, ㄹ, ㅁ, ㅅ
② ㄱ, ㄹ, ㅁ, ㅅ
③ ㄴ, ㄹ, ㅂ
④ ㄷ, ㄹ, ㅁ

Simtail

Simple
Detail

2026

정답 및 해설 | 30~37p

01 (상)(중)(하)

화재와 폭발을 구별하기 위한 주된 차이는?

① 에너지 방출속도
② 점화원
③ 인화점
④ 연소한계

02 (상)(중)(하)

폭발에 대한 설명으로 옳지 않은 것은?

① 밀폐공간에서 물리적, 화학적 변화의 결과로 발생한 급격한 압력상승에 의한 에너지가 외계로 전환되는 과정에서 파열, 폭음 등을 동반하는 현상이다.
② 폭발은 반드시 연쇄반응을 일으킨다.
③ 폭발은 물적조건과 에너지조건이 성립하면 발생할 수 있다.
④ 폭발은 원인별 분류에 따라 핵폭발, 물리적 폭발, 화학적 폭발로 구분할 수 있으며, 원인 물질별 상태에 따라 응상폭발과 기상폭발로 분류할 수 있다.

03 (상)(중)(하)

가연성 가스의 폭발범위에 대한 정의로 옳은 것은?

① 폭굉에 의한 폭풍이 전달되는 범위를 말한다.
② 폭굉에 의하여 피해를 받는 범위를 말한다.
③ 공기 중에서 가연성 가스가 연소할 수 있는 가연성 가스의 농도범위를 말한다.
④ 가연성 가스와 공기의 혼합기체가 연소하는 데 있어서 혼합기체의 필요한 압력범위를 말한다.

04 (상)(중)(하)

폭발범위는 다음 중 무엇에 의해 주로 결정되는가?

① 온도, 부피
② 부피, 비중
③ 온도, 압력
④ 압력, 비중

05 (상)(중)(하)

폭발범위에 대한 설명으로 옳은 것은?

① N_2를 가연성 가스에 혼합하면 폭발범위는 넓어진다.
② CO_2를 가연성 가스에 혼합하면 폭발범위는 넓어진다.
③ 가연성 가스는 온도가 일정하고 압력이 내려가면 폭발범위가 넓어진다.
④ 가연성 가스는 온도가 일정하고 압력이 올라가면 폭발범위가 넓어진다.

06 상중하 ☐☐☐

다음 중 폭발의 분류에 대한 설명으로 옳지 않은 것은?

① 폭발의 원인별 분류로는 물리적 폭발과 화학적 폭발 등이 있고, 원인 물질별 상태에 따른 분류로는 응상폭발과 증기폭발이 있다.

② 분해폭발은 분해폭발성 가스가 압축 등 어떠한 원인으로 분해되어 발열, 착화, 압력 상승되어 폭발하는 것이다. 대표적인 예로 산화에틸렌, 하이드라진 등이 있다.

③ 산화폭발은 산화반응에 의해 발생되는 폭발로서 물질에 따라 가스폭발, 분진폭발, 분무폭발로 분류할 수 있다.

④ 중합폭발은 염화바이닐, 초산바이닐 등과 같은 중합물질 모노머가 폭발적으로 중합되어 발열하고 압력이 상승되어 폭발하는 것을 뜻한다.

07 상중하 ☐☐☐

가스 용기의 물리적 폭발의 원인으로 옳지 않은 것은?

① 누출된 가스의 점화

② 부식으로 인한 용기의 두께 감소

③ 과열로 인한 용기의 강도 감소

④ 고압용기에서 가스의 과압과 과충전 등에 의한 용기의 파열에 의한 급격한 압력개방

08 상중하 ☐☐☐

화학적 폭발 중 성질이 다른 것은?

① 가스폭발

② 분무폭발

③ 분해폭발

④ 분진폭발

09 상중하 ☐☐☐

화학적 폭발의 분류로 옳은 것을 모두 고른 것은?

> ㄱ. 가스폭발 - 증기운 폭발
> ㄴ. 분해폭발 - 아세틸렌, 과산화물, 다이너마이트
> ㄷ. 분진폭발 - 석탄, 알루미늄 분진, 금속분, 전분, 밀가루
> ㄹ. 분무폭발 - 윤활유
> ㅁ. 중합폭발 - 염화바이닐, 초산바이닐, 시안화수소
> ㅂ. 분해, 중합폭발 - 산화에틸렌

① ㄱ, ㄷ, ㄹ, ㅁ

② ㄱ, ㄴ, ㄷ, ㄹ, ㅂ

③ ㄱ, ㄷ, ㄹ, ㅁ, ㅂ

④ ㄱ, ㄴ, ㄷ, ㄹ, ㅁ, ㅂ

10 상중하 ☐☐☐

다음 중 기상 폭발에 해당되지 않는 것은?

① 혼합가스폭발

② 분해폭발

③ 증기폭발

④ 분진폭발

11 상 중 하 ☐☐☐

다음 중 응상폭발에 해당하는 것을 모두 고른 것은?

> ㄱ. 고상에서 또 다른 형태의 고상으로 전이되면서 발생하는 폭발로서, 고체인 무정형 안티몬이 동일한 고상의 안티몬으로 전이될 때 발열함으로 발생하는 폭발
>
> ㄴ. LNG 등의 저온 액화가스가 상온의 물 위에 유출되면 급격하게 기화되면서 폭발
>
> ㄷ. 유기과산화물 등과 같은 불안정 물질인 고체가 미소한 충격이나 가열에 의해 발열, 분해되어 다량의 고온가스를 발생하며 폭발
>
> ㄹ. 혼합 시 폭발 위험이 있는 위험물 간의 접촉으로 인해 발열, 발화되어 발생되는 폭발
>
> ㅁ. 미세한 금속선에 큰 용량의 전류가 흐름으로서 전선에 급격한 온도상승이 되어 전선이 용해되어 갑작스런 기체 팽창이 짧은 시간 내에 발생되는 폭발

① ㄴ, ㄷ, ㄹ, ㅁ
② ㄱ, ㄷ, ㄹ
③ ㄱ, ㄷ, ㄹ, ㅁ
④ ㄱ, ㄴ, ㄷ, ㄹ, ㅁ

12 상 중 하 ☐☐☐

폭발의 분류가 다른 것은 무엇인가?

① 기체 분자가 분해할 때 발열하는 가스는 단일성분의 가스라고 해도 발화원에 의해 착화되면 혼합가스와 같이 가스 폭발을 일으킨다.
② 공기 중에 분출된 가연성 액체가 미세한 액적이 되어 무상으로 되고 공기 중에 부유하고 있을 때 착화에너지가 주어지면 폭발이 발생하는데 분출한 가연성 액체의 온도가 인화점 이하로 존재하여도 무상으로 분출된 경우에는 폭발하는 경우가 있다.
③ 수소, 일산화탄소, 메탄, 프로판, 아세틸렌 등의 가연성 가스와 조연성 가스의 혼합기체에서 폭발이 발생한다.
④ 알루미늄제 전선에 한도 이상의 대전류가 흘러 순식간에 전선이 가열되고 용융과 기화가 급속하게 진행되어 폭발한다.

13 상 중 하 ☐☐☐

증기폭발(Vapor explosion)에 대한 설명으로 옳은 것은?

① 수증기가 갑자기 응축하여 그 결과로 압력강하가 일어나 폭발하는 현상이다.
② 고열의 고체와 저온의 물 등 액체가 접촉할 때 찬 액체가 큰 열을 받아 갑자기 증기가 발생하여 증기의 압력에 의하여 폭발하는 현상이다.
③ 가연성 액체가 비점 이상의 온도에서 발생한 증기가 혼합기체가 되어 폭발하는 현상이다.
④ 가연성 기체가 상온에서 혼합 기체가 되어 발화원에 의하여 폭발하는 현상이다.

14 상 중 하 ☐☐☐

과열액체 증기폭발(BLEVE)의 발생과정에 대한 설명으로 옳지 않은 것은?

① 과열액체 증기폭발은 액온상승, 연성파괴, 액격현상, 취성파괴 순으로 발생한다.
② 액온상승 단계에서는 탱크의 외벽이 가열되는 현상이 있다.
③ 액화가스가 급격히 증발하면서 탱크 벽면에 강한 충격을 주는 것은 취성파괴 단계에 해당된다.
④ 탱크 내의 증기가 균열의 틈새로 누출되면서 급격한 압력저하가 발생하는 것은 액격현상에 해당된다.

15 (상)(중)하 ☐☐☐

다음 〈보기〉에서 비등액체팽창증기폭발(BLEVE) 발생의 단계를 순서에 맞게 나열한 것은?

> ㄱ. 탱크가 파열되고 그 내용물이 폭발적으로 증발한다.
> ㄴ. 액체가 들어있는 탱크의 주위에서 화재가 발생한다.
> ㄷ. 화재로 인한 열에 의하여 탱크의 벽이 가열된다.
> ㄹ. 화염이 열을 제거시킬 액체는 없고 증기만 존재하는 탱크의 벽이나 천장에 도달하면, 화염과 접촉하는 부위의 금속의 온도는 상승하여 탱크는 구조적 강도를 잃게 된다.
> ㅁ. 액위 이하의 탱크 벽은 액에 의하여 냉각되나, 액체의 온도는 올라가고, 탱크 내의 압력이 증가한다.

① ㄴ - ㄷ - ㅁ - ㄹ - ㄱ
② ㄴ - ㅁ - ㄹ - ㄷ - ㄱ
③ ㄴ - ㄷ - ㄹ - ㅁ - ㄱ
④ ㄴ - ㄹ - ㄷ - ㅁ - ㄱ

16 (상)(중)하 ☐☐☐

과열액체 증기폭발(BLEVE) 현상의 방지대책을 모두 고른 것은?

> ㄱ. 방액제를 경사지게 (1.5° 이상) 하여 화염이 직접 탱크에 접하지 않도록 한다.
> ㄴ. 용기의 압력상승 방지를 위한 Blow down 방법을 사용하여 용기내의 압력이 대기압 근처에서 유지되도록 한다.
> ㄷ. 용기의 온도상승 방지를 위한 조치로는 탱크주위에 살수설비 또는 소방차로 물을 살수하여 용기를 냉각한다.
> ㄹ. 탱크내벽에 열전도가 좋지 않은 물질을 설치하여 폭발을 방지한다.

① ㄱ, ㄹ
② ㄴ, ㄷ
③ ㄱ, ㄴ, ㄷ
④ ㄱ, ㄴ, ㄷ, ㄹ

17 (상)(중)하 ☐☐☐

과열액체 증기폭발(BLEVE) 현상에 대한 설명으로 옳지 않은 것은?

① 탱크 재질의 인장력이 저하되는 경우 기상부에 면하는 부분에서 물리적 폭발이 일어나고 이후 분출된 가연성 액화가스의 증기가 공기와 혼합하여 일어나는 공 모양의 Fire ball인 화학적 폭발이 일어난다.
② 과열액체 증기폭발 현상을 방지하기 위해서 고정식 살수설비를 설치하거나 탱크 외벽을 열전도가 좋은 물질로 단열처리를 한다.
③ 내용물의 물질적 역학상태는 블레비 발생에 영향을 줄 수 있다.
④ 화재에 노출된 액화가스 저장탱크가 열에 의한 가열로 압력이 증가하여 강도를 상실하면서 폭발하는 특수한 현상이다.

18 (상)(중)(하) ☐☐☐

분진 폭발의 발생 조건에 관한 내용으로 옳은 것은?

> ㄱ. 분진이 가연성이어야 하며, 입자표면의 온도 상승에
>   의해 열분해 또는 건류작용으로 가연성 기체가 생성
>   된다.
> ㄴ. 분진 농도가 폭발범위 내에서는 폭발하지 않는다.
> ㄷ. 분진이 화염을 전파할 수 있는 크기의 분포를 가져야
>   한다.
> ㄹ. 착화원, 가연물, 산소가 있어야 발생한다.

① ㄷ, ㄹ
② ㄱ, ㄴ, ㄷ
③ ㄴ, ㄷ, ㄹ
④ ㄱ, ㄷ, ㄹ

19 (상)(중)(하) ☐☐☐

다음 중 분진폭발에 대한 내용으로 옳은 것은?

① 가연성 분진의 휘발성이 클수록 분진의 폭발력이 작아진다.
② 평균입경이 동일한 분진의 경우 평편상 〈 침상 〈 구상으로
   갈수록 폭발성이 증가한다.
③ 수분은 분진의 부유성을 억제하고 점화에너지 및 폭발 시
   발생되는 열을 흡수한다. 또한 대전성을 감소시켜 폭발성
   을 둔감하게 할 수 있다.
④ 폭발성 분진의 종류로는 산화알루미늄, 석탄, 마그네슘 등
   이 있다.

20 (상)(중)(하) ☐☐☐

다음 중 분진폭발의 위험성이 없는 것은?

① 밀가루
② 석탄가루
③ 시멘트가루
④ 알루미늄 분말

21 (상)(중)(하) ☐☐☐

분진폭발의 영향인자에 해당되는 것을 모두 고른 것은?

> ㄱ. 탄진에서는 휘발분이 11% 이상이면 폭발하기 쉽
>   고, 폭발의 전파가 용이하여 폭발성 탄진이라고
>   한다.
> ㄴ. 입자표면이 공기(산소)에 대하여 활성이 있는 경
>   우 폭로시간이 길어질수록 폭발성이 낮아진다.
> ㄷ. 최대폭발압력 상승속도는 입자의 크기가 클수록
>   증가한다.
> ㄹ. 금속분진의 경우 수분량이 증가하면 폭발성이 감
>   소한다.

① ㄱ, ㄴ
② ㄷ, ㄹ
③ ㄱ, ㄴ, ㄹ
④ ㄴ, ㄷ, ㄹ

22 (상)(중)(하) ☐☐☐

분진폭발에 관한 설명으로 옳지 않은 것은?

① 분진입자가 미세할수록 폭발성이 증가한다.
② 지름이 1,000μm 이하의 고체입자를 분체라고 하며, 그 중
   76μm 이하의 공기 중에 부유하고 있는 분체를 분진이라고
   한다.
③ 분진의 표면적이 입자체적에 비하여 커지면 열의 발생속도가
   방열속도보다 커져서 폭발이 용이해진다.
④ 산소와 반응이 있는 분진의 경우 공기 중에서 부유성이 클
   수록, 노출시간이 길수록 폭발성이 감소하여 위험성이 작
   아진다.

23 상 **중** 하 ▢▢▢

다음 중 분진폭발의 특징으로 옳지 않은 것은?

① 연소속도나 폭발압력은 가스폭발에 비해 작지만 연소시간이 길고 에너지가 커 파괴력과 그을음이 크다.
② 분진이 연소하면서 비산하므로 가연물이 국부적으로 심한 탄화 발생 및 인체에 심한 화상을 유발한다.
③ 분진의 최대폭발압력은 양론적인 농도보다 훨씬 더 큰 농도에서 일어난다.
④ 분진폭발은 열분해되어 기화된 증기가 연소·폭발하므로 분해폭발에 해당된다.

24 상 **중** 하 ▢▢▢

분진폭발에 관한 설명으로 옳지 않은 것은?

① 분진폭발의 발생에너지는 가스폭발의 수 백배이고 온도는 2,000~3,000℃까지 올라간다. 그 이유는 단위체적당 탄화수소의 양이 적기 때문이다.
② 폭발의 입자가 연소되면서 비산하므로 이것에 접촉되는 가연물은 국부적으로 심한 탄화를 일으키며 특히 인체에 닿으면 심한 화상을 입는다.
③ 최초의 부분적인 폭발에 의해 폭풍이 주위의 분진을 날리게 하고 2차, 3차의 폭발로 파급됨에 따라 피해가 크게 된다.
④ 가스에 비하여 불완전한 연소를 일으키기 쉬우므로 탄소가 타서 없어지지 않고 연소 후의 가스 상에 일산화탄소가 다량으로 존재하는 경우가 있어 가스에 의한 중독의 위험성이 있다.

25 상 **중** 하 ▢▢▢

가스폭발과 분진폭발을 비교하였을 때, 분진폭발이 가지는 특징으로 옳지 않은 것은?

① 분진폭발은 가스폭발에 비해 초기에 폭발력 및 폭발압력이 작다.
② 가스폭발은 분진폭발에 비해 최소발화에너지 및 최초발생에너지가 작다.
③ 분진폭발은 가스폭발에 비해 연쇄폭발의 가능성이 있다.
④ 분진폭발의 연소속도는 가스폭발에 비해 느리다.

26 상 **중** 하 ▢▢▢

분해폭발 및 분진폭발에 대한 설명으로 옳은 것을 모두 고른 것은?

> ㄱ. 분해폭발은 지연성 가스 없이도 분해 시 발열하며 압력이 급상승하여 폭발한다.
> ㄴ. 아세틸렌의 분해폭발의 경우 공기(산소) 없이 폭발이 가능하므로 연소범위는 2.5~100%이다.
> ㄷ. 분진폭발은 1차 폭발에 의한 2차·3차 폭발이 야기될 수 있어 피해범위가 크다.
> ㄹ. 가연성 분진의 난류확산은 일반적으로 분진위험을 감소시킨다.

① ㄱ, ㄴ, ㄷ
② ㄴ, ㄷ, ㄹ
③ ㄱ, ㄷ
④ ㄱ, ㄴ, ㄷ, ㄹ

27 ⑤⑧⑩ ☐☐☐

폭발에 대한 설명으로 옳지 않은 것은?

① 폭발은 물리적, 화학적 변화의 결과로 발생된 급격한 압력 상승에 의한 에너지가 외계로 전환되는 과정에서 파열, 폭음 등을 동반하는 현상을 말한다.

② 증기폭발은 액상에서 기상으로 급격한 상변화에 따른 체적 팽창으로 발생하는 폭발로 응상폭발이며, 물리적 폭발에 해당한다.

③ 분진입도에 따라 분진의 폭발성이 달라질 수 있으나 분진 입도 분포는 영향이 없다.

④ 산화에틸렌, 아세틸렌은 산소와 관계없이 단독으로 발열·분해반응하면서 압력이 급상승하여 발생하는 폭발이다.

28 ⑤⑧⑩ ☐☐☐

증기운 폭발의 특성에 대한 설명 중 옳지 않은 것은?

① 증기와 공기의 난류혼합은 폭발력을 증가시키며, 증기의 누출점으로부터 먼 지점에서의 착화는 폭발의 충격을 증가시킨다.

② 증기운 폭발이 발생하게 되면 주로 폭발로 인한 피해보다는 화재에 의한 재해형태를 보인다.

③ 폭발효율이 커서 연소에너지의 대부분이 폭풍파로 전환된다.

④ 누출된 가연성 증기가 양론비에 가까운 조성의 가연성 혼합기체를 형성하면 폭굉의 가능성이 높아진다.

✦ 고난도 문제

29 ⑤⑧⑩ ☐☐☐

증기운 폭발에 대한 설명으로 옳지 않은 것은?

① 가연성 가스 유출 시 즉시 발화되면 화염전파속도가 너무 느려서 심각한 과압이 일어나지 않으며, 플래시 화재로 취급한다.

② 대량의 가연성 액체가 유출되면 그것으로부터 발생하는 가연성 증기가 공기와 혼합기체를 형성하고 점화원에 의해 폭발이 일어나는 현상으로 풍속이 높은 경우 증기운 폭발에 대한 피해가 크다.

③ 폭발시간이 비교적 짧아 복사열에 의한 피해보다는 화염 전방에 압력파를 일으켜 시설물에 피해를 입히는 정도가 더 심각하다.

④ 증기운의 크기가 증가되면 점화 확률도 증가한다.

✦ 고난도 문제

30 ⑤⑧⑩ ☐☐☐

Fire ball의 형성에 영향을 주는 인자로 옳은 것은?

① 점화원의 강도가 작을수록 파이어볼이 형성될 확률이 높다.

② Fire Ball의 위험성은 폭발압력으로 탱크가 파열되는 순간 방출되는 폭발압력에 의한 피해가 발생하고, BLEVE의 경우는 그 복사열로 인한 피해가 매우 커서 500m이내의 가연물이 모두 타버릴 정도로 위험하다.

③ 증기운 폭발이 발생한 경우 급격한 연소현상을 보이며 부력을 가지고 위로 상승하게 되는데 그 모양이 동그란 공 모양으로 형성되는 Fire Ball의 형상이 된다.

④ flashing(순간증발)이 발생할 수 없는 형태일수록, 누출된 가스가 많을수록, 연소범위가 넓을수록 파이어볼이 형성될 가능성이 높다.

31 상중하 ▢▢▢

폭발의 설명으로 옳은 것을 모두 고른 것은?

> ㄱ. 분진 폭발 요소에는 가연물(연료), 발화(발화원), 산소(산화제), 개폐정도(밀폐), 분산(또는 혼합)이 있으며, 이를 통틀어 분진 폭발 오각형(dust explosion pentagon)이라고 부른다.
> ㄴ. 고체폭발은 기체상태 혼합물보다 분자 간 거리가 가까워서 물질의 단위 체적당 발열량이 크다.
> ㄷ. 양압단계는 팽창가스가 사고 발생장소로부터 멀리 움직이는 폭발 압력파 부분이며, 보통 부압단계보다 더 강력하고 압력손상의 대부분을 차지하고 있다.
> ㄹ. 반응폭주란 화학반응기 내에 압력, 온도, 혼합물의 질량 등의 제어상태가 규정조건을 벗어나서 화학반응속도가 지수 함수적으로 증가함으로 화학반응이 과격해지는 현상이다.
> ㅁ. 화학적 폭발은 급격한 화학반응의 폭발로서 반응형태는 균일반응과 전파반응으로 구분된다.
> ㅂ. 배관내의 박막상으로 고비점 유류가 부착되어 있고, 여기에 격렬한 폭발이 전파되어 기름이 미립자 상태가 되면서 유막폭굉으로 발전되어 배관이 크게 파손될 수 있다.

① ㄱ, ㄴ, ㄹ, ㅁ
② ㄴ, ㄷ, ㄹ, ㅁ, ㅂ
③ ㄱ, ㄷ, ㄹ, ㅁ, ㅂ
④ ㄱ, ㄴ, ㄷ, ㄹ, ㅁ, ㅂ

32 상중하 ▢▢▢

폭발에 관한 설명으로 옳지 않은 것은?

① 폭발 발생 시 압력이 상승한다.
② 다량의 가연성 가스 또는 기화하기 쉬운 가연성 액체가 지표면에 유출되어 다량의 혼합기체가 형성되어 폭발이 일어나는 증기운 폭발은 가스폭발의 대표적인 예이다.
③ 밀가루, 석탄분 등은 분진폭발을 일으킬 수 있다.
④ 폭연은 폭굉보다 화염전파속도가 빠르다.

33 상중하 ▢▢▢

폭연(Deflagration)에 대한 설명으로 옳은 것을 모두 고른 것은?

> ㄱ. 화염전파속도가 음속보다 느리다.
> ㄴ. 폭연은 충격파로 변형되어 폭굉으로 전이가 가능하다.
> ㄷ. 에너지방출이 물질전달속도의 열전달에 의해 전파된다.
> ㄹ. 화염면에서 온도, 압력, 밀도가 불연속적이다.
> ㅁ. 공기의 난류 확산에 영향을 받는다.

① ㄱ, ㄹ
② ㄱ, ㄴ, ㄹ
③ ㄱ, ㄴ, ㄷ, ㅁ
④ ㄱ, ㄴ, ㄷ, ㄹ, ㅁ

34 (상)(중)(하)

폭연과 폭굉의 설명으로 옳지 않은 것은?

① 폭연에서의 압력은 정압이고, 폭굉에서는 정압과 동압이 합쳐져 있다.
② 폭연에서의 화염 전파속도는 0.1~10[m/s]로 음속보다 느리지만 폭굉은 1,000~3,500[m/s]로 음속보다 빠르다.
③ 화염면이 이동하면서 연소하는 속도를 화염전파속도라 하는데 화염전파속도의 차이에 의해 폭연과 폭굉을 나누고 있다.
④ 폭굉파는 온도는 올라가나 밀도가 내려가서 압력은 변동 없다.

◆ 고난도 문제

35 (상)(중)(하)

아래 그림의 모습을 나타낼 때의 내용으로 옳지 않은 것은?

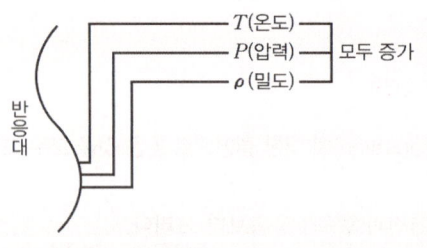

① 이 파가 통과한 곳은 화학적 조성이 변하므로 비가역적 탄성파로 취급된다.
② 온도상승은 열에 의한 전파보다 충격파의 압력에 기인한다.
③ 화염면에서 온도, 압력, 밀도 등이 연속적으로 전파된다.
④ 가연성 가스가 공기와 폭발에 최적화된 농도로 미리 혼합되어 있는 상태에서 점화될 때 나타나는 예혼합연소의 형태를 보인다.

---

36 (상)(중)(하)

디토네이션(detonation)에 대한 설명으로 옳지 않은 것은?

① 발열반응으로서 연소의 전파속도가 그 물질 내에서 음속보다 느린 것을 말한다.
② 물질 내에 충격파가 발생하는데 충격파란 유체 속으로 전파되는 파동의 일종으로 음속보다도 빨리 전파되어 압력, 밀도, 온도 등이 급격히 변화하는 파이다.
③ 연소부분에서 미연소부분으로의 압축파가 중첩이 되면서 충격파로 순식간에 전달되는 것을 말한다. 이 때의 충격파는 정압 + 동압이다.
④ 디토네이션은 확산이나 열전도의 영향을 거의 받지 않는다.

---

37 (상)(중)(하)

폭굉(detonation)에 대한 설명으로 가장 옳은 것은?

① 개방된 환경에서 이루어지는 형태이다.
② 화재로의 파급효과가 적다.
③ 에너지 방출속도는 물질전달속도의 영향을 받는다.
④ 연소파를 수반하고 난류확산의 영향을 받는다.

---

38 (상)(중)(하)

폭연과 폭굉에 대한 내용으로 옳은 것은?

① 폭굉은 화염면에서 상대적으로 완만한 에너지 변화에 의해서 온도, 압력, 밀도가 연속적이다.
② 폭연은 열에 의한 전파보다 충격파에 의한 압력에 영향을 받는다.
③ 폭굉에 있어서는 연소 시의 정압에 충격파의 동압을 받아 파괴효과가 증가된다.
④ 폭연 시 화염의 전파속도는 1,000~3,500[m/s]로 음속보다 느리다.

39 (상)(중)(하) □□□

관중에 폭굉을 일으키는 가스가 존재할 때, 완만한 연소가 격렬한 폭굉으로 발전할 때까지의 거리를 폭굉 유도거리(DID)라고 한다. 다음 중 폭굉 유도거리 조건으로 옳지 않은 것은?

① 점화원 에너지가 강할수록 폭굉 유도거리가 짧아진다.
② 관속에 방해물이 있거나, 관경이 가늘수록 폭굉이 일어날 위험성이 크다.
③ 연소속도가 작은 혼합가스일수록 모든 가스가 반응할 수 있기 때문에 폭굉 유도거리가 짧아진다.
④ 주위온도가 높을수록 폭굉 유도거리가 짧아진다.

40 (상)(중)(하) □□□

폭굉을 일으킬 수 있는 기체가 파이프 내에 있을 때 폭굉 방지 및 방호에 대한 설명으로 옳지 않은 것은?

① 파이프 라인에 장애물이 없도록 한다.
② 불활성화 조치를 취한다.
③ 파열판 및 화염방지기를 설치한다.
④ 파이프 라인에 장애물이 있는 곳은 관경을 축소한다.

정답 및 해설 | 37~39p

✦ 고난도 문제

01 상 중 하 ☐☐☐

불활성화에 대한 설명으로 옳지 않은 것은?

① 가연성 혼합가스 중 산소농도를 '0'으로 만드는 것을 말한다.
② 일반적으로 실시되는 산소농도의 제어점은 최소산소 농도(MOC)보다 약 4% 낮은 농도이다.
③ 불활성 가스로는 질소, 이산화탄소, 수증기가 사용된다.
④ 일반적으로 가스의 최소산소농도(MOC)는 보통 10% 정도이고 분진인 경우에는 8% 정도로 낮다.

02 상 중 하 ☐☐☐

최소산소농도(MOC)와 이너팅(Inerting)에 대한 설명으로 옳지 않은 것은?

① LFL(연소하한계)은 공기 중의 산소량을 기준으로 한다.
② 화염을 전파하기 위해서는 최소한의 산소농도가 요구된다.
③ 폭발 및 화재는 연료의 농도에 관계없이 산소의 농도를 감소시킴으로서 방지할 수 있다.
④ MOC값은 연소방정식 중 산소의 양론계수와 LFL(연소하한계)의 곱을 이용하여 추산할 수 있다.

03 상 중 하 ☐☐☐

용기 내의 초기 산소농도를 설정치 이하로 감소시키도록 하는데 이용되는 퍼지방법이 아닌 것은?

① 진공퍼지
② 온도퍼지
③ 스위프퍼지
④ 사이폰퍼지

04 상 중 하 ☐☐☐

불활성화 방법 중 용기의 한 개구부로 불활성 가스를 주입하고 다른 개구부로부터 대기로 혼합가스를 방출하는 퍼지방법은?

① 진공퍼지
② 압력퍼지
③ 스위프퍼지
④ 사이폰퍼지

05 상 중 하 ☐☐☐

전기기기의 방폭의 기본 개념으로 옳지 않은 것은?

① 전기설비 주위 공기의 절연능력 향상
② 점화원의 격리
③ 전기기기의 안전도 증가
④ 점화능력의 본질적 억제

06  상 중 하 □□□

다음에서 설명하고 있는 방폭구조는?

> 전기기기의 발화원이 될 수 있는 부분을 기름 안에 넣어 불꽃, 아크 또는 고온발생부분이 기름 속에 잠기게 하여 기름면 위에 존재하는 가연성 가스에 착화되지 아니하도록 한 구조

① 압력 방폭구조
② 안전증 방폭구조
③ 유입 방폭구조
④ 본질안전 방폭구조

07 상 중 하 □□□

다음에서 설명하고 있는 방폭구조는?

> 전기기기의 발화원이 될 수 있는 부분을 전폐구조의 용기 안에 넣어 폭발성 가스가 용기 내부로 침투되어 폭발이 일어나더라도 용기가 그 압력을 이겨내어 파손되지 않고, 폭발 시 화염이나 고열이 용기의 접합면을 지나는 동안 냉각되어 외부의 폭발성 가스를 점화시키지 않는 구조

① 유입 방폭구조
② 내압 방폭구조
③ 압력 방폭구조
④ 본질안전 방폭구조

✦ 고난도 문제

08 상 중 하 □□□

다음 그림에 해당되는 방폭구조를 고르시오.

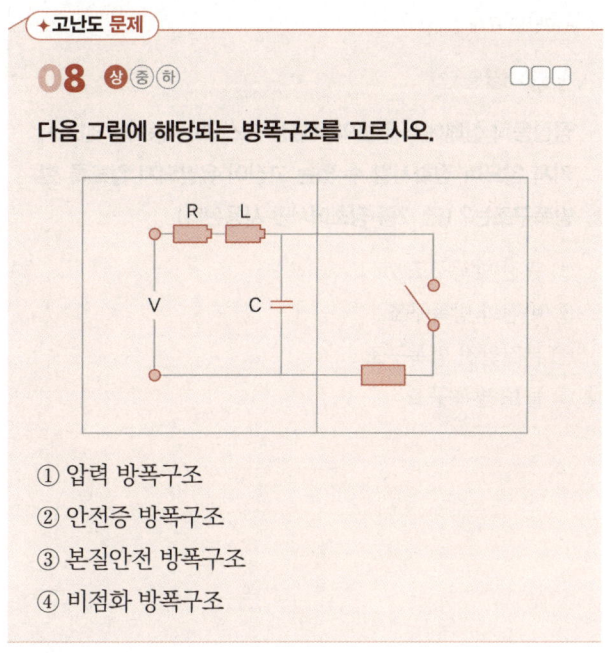

① 압력 방폭구조
② 안전증 방폭구조
③ 본질안전 방폭구조
④ 비점화 방폭구조

09 상 중 하 □□□

전기설비의 방폭화 방법 중 점화원을 격리하는 방폭구조로 옳지 않은 것은?

① 정상 또는 이상 상태에서 발생하는 전기 불꽃 또는 가열 효과를 점화에너지 이하의 수준까지 제한하는 것을 기반으로 하는 방폭구조
② 용기 내에 불활성 가스를 압입시켜 외부 환경보다 압력을 높게 유지함으로써 밀폐함 내로 외부 환경이 인입되지 않도록 보호하는 방폭구조
③ 점화원이 될 우려가 있는 기기 자체 또는 그 일부를 절연류(보호액) 속에 넣어 보호하는 방폭구조
④ 점화원에 의해 용기 내부에서 폭발이 발생할 경우에 용기가 폭발압력에 견딜 수 있고, 화염이 용기 외부의 폭발성 분위기로 전파되지 않도록 한 방폭구조

10 상 ⑧ 하 ☐☐☐

정상동작 상태에서 주변의 폭발성 가스 또는 증기를 점화시키지 않으며 점화시킬 수 있는 고장이 유발되지 않도록 한 방폭구조는? (단, 2종 장소에서만 사용된다)

① 충전 방폭구조
② 비점화 방폭구조
③ 본질안전 방폭구조
④ 몰드 방폭구조

11 상 ⑧ 하 ☐☐☐

위험장소의 등급분류 중 2종 장소에 해당하지 않는 것은?

① 밀폐된 설비 안에 밀봉된 가연성 가스나 그 설비의 사고로 인하여 파손되거나 오조작의 경우에만 누출할 위험이 있는 장소
② 확실한 기계적 환기조치에 따라 가연성 가스가 체류하지 아니하도록 되어 있으나 환기장치에 이상이나 사고가 발생한 경우에는 가연성 가스가 체류하여 위험하게 될 우려가 있는 장소
③ 상용상태에서 가연성 가스가 체류하여 위험하게 될 우려가 있는 장소, 정비보수 또는 누출 등으로 인하여 종종 가연성 가스가 체류하여 위험하게 될 우려가 있는 장소
④ 1종 장소 주변 또는 인접한 실내에서 위험한 농도의 가연성 가스가 종종 침입할 우려가 있는 장소

12 상 ⑧ 하 ☐☐☐

내압 방폭구조로 전기기기를 설계할 때 가장 중요하게 고려해야 할 사항은?

① 가연성 가스의 연소열
② 가연성 가스의 발화열
③ 가연성 가스의 안전간극
④ 가연성 가스의 최소점화에너지

13 상 ⑧ 하 ☐☐☐

폭발에 관한 가스의 일반적인 성질에 대한 설명으로 옳지 않은 것은?

① 안전간격이 큰 물질일수록 위험하다.
② 증기비중이 1보다 크면 공기보다 무거우므로 대기 중에서 낮은 곳에 체류하여 인화의 위험성이 증대된다.
③ 아세틸렌, 이황화탄소, 수소는 폭발 3등급으로 분류된다.
④ 압력이 높아지면 일반적으로 폭발범위가 넓어진다.

Simtail

Simple
Detail

2026

PART

3

화재

정답 및 해설 | 41~45p

01 상 중 **하** ☐☐☐

다음 ( ) 안에 들어갈 말로 옳은 것은?

화재의 분류는 (ㄱ)와 (ㄴ)에 따라 정해진다.

	(ㄱ)	(ㄴ)
①	가연물 종류	가연물 성상
②	가연물 종류	가연물 지정수량
③	가연물 연소범위	가연물 성상
④	가연물 인화점	가연물 연소상황

02 상 중 **하** ☐☐☐

화재의 개념에 대한 설명으로 옳지 않은 것은?

① 화재란 사람의 의도에 반하거나 고의 또는 과실에 의하여 발생하는 연소 현상으로서 소화할 필요가 있는 현상이다.
② 화재란 사람의 의도에 반하여 발생하는 화학적 폭발현상이다.
③ 자산가치의 손실이 없고 자연히 소화될 것이 분명하여 소화의 필요성을 느끼지 않는 것 또한 화재로 본다.
④ 보일러 파열 등의 물리적 폭발은 화재로 취급하지 않는다.

03 상 중 **하** ☐☐☐

다음 중 소화의 적응성에 따른 급수, 표시색상으로 옳지 않은 것은?

① 일반화재 - A급 - 백색
② 전기화재 - D급 - 청색
③ 가스화재 - E급 - 황색
④ 유류화재 - B급 - 황색

04 상 중 **하** ☐☐☐

화재의 분류와 가연성 물질이 옳게 짝지어진 것은?

① 일반화재 - A급 - 목재
② 일반화재 - B급 - 섬유
③ 유류화재 - A급 - 휘발유
④ 유류화재 - B급 - 플라스틱

05 상 중 **하** ☐☐☐

화재의 종류별 특성에 관한 설명으로 옳지 않은 것은?

① 금속화재는 나트륨, 칼륨 등 금속가연물에 의한 화재로 강화액 소화약제에 의한 질식소화가 효과적이다.
② 가스화재는 가연성 가스에서 발생하는 화재로 가연물을 없애는 제거소화가 효과적이다.
③ 전기화재는 통전 중인 전기기기에서 발생하는 화재로 이산화탄소에 의한 질식소화가 효과적이다.
④ 유류화재는 인화성 액체에 의한 화재로 포 소화약제를 이용한 질식소화가 효과적이다.

화재의 분류에 대한 설명으로 옳은 것을 모두 고른 것은?

> ㄱ. 일반화재는 A급 화재로, 나무, 섬유, 종이 등과 같은 일반가연물에 의한 화재로, 연소 후 재를 남기지 않는다.
>
> ㄴ. 유류화재는 B급 화재로, 화재 진행속도가 일반화재보다 빠르며, 생성된 연기는 흑색으로 연소 후 재를 남기지 않는 것이 특징이다.
>
> ㄷ. 금속화재는 D급 화재로, 나트륨, 칼륨, 마그네슘과 같은 가연성 금속의 화재를 말한다. 금속화재에 대한 소화기의 적응화재별 표시는 D로 표시하고 있다.
>
> ㄹ. 전기화재란 통전 중인 전기기기에서 전기에너지가 변환되어 발생한 열이 발화원이 되어 발생한 화재로 전기 공급을 중단하여 소화한다.
>
> ㅁ. 식용유 화재는 K급 화재로, 인화점과 발화점의 차이가 적고, 발화점이 비점보다 낮아 소화 후에도 재발화 가능성이 있으며, 제3종 분말소화약제를 통해 소화한다.

① ㄴ, ㄹ
② ㄴ, ㄷ, ㄹ
③ ㄱ, ㄴ, ㄷ, ㄹ
④ ㄱ, ㄴ, ㄷ, ㅁ

화재 종류에 따른 소화약제의 적응성에 관한 내용으로 옳지 않은 것은?

① A급 화재의 경우 수성막포를 사용하여 질식 효과로 소화할 수 있다.
② B급 화재의 경우 물을 사용하여 냉각 및 부촉매효과로 소화할 수 있다.
③ C급 화재의 경우 $NH_4H_2PO_4$를 사용하여 부촉매 효과로 소화할 수 있다.
④ K급 화재의 경우 화재에 억제효과가 있는 염류를 첨가하여 만든 소화약제를 사용하여 냉각 효과로 소화할 수 있다.

화재의 내용으로 옳지 않은 것은?

① 전기를 사용하는 기기는 모두 전기적 점화원이 될 수 있다.
② 분진 형태의 금속물질의 경우에는 폭발할 가능성이 크다.
③ 「화재조사 및 보고규정」에 따라 항공기 또는 그 적재물이 소손된 경우 자동차·철도차량 화재로 구분한다.
④ 무상주수는 열의 차폐에도 유효하여 가스화재 시 사용된다.

고분자 재료와 열적 특성의 연결이 옳은 것은?

① 폴리염화바이닐 수지 - 열가소성
② 페놀 수지 - 열가소성
③ 폴리에틸렌 수지 - 열경화성
④ 멜라민 수지 - 열가소성

10 ⟨상⟩⟨중⟩⟨하⟩　　□□□

화재의 특징에 대한 설명으로 옳지 않은 것은?

① 열경화성 수지는 열가소성에 비해 화재의 위험성이 작다.

② 열가소성 수지는 열경화성 수지보다 연소속도가 빠르다.

③ 열가소성 수지 화재가 열경화성 수지 화재보다 화재가혹도가 크다.

④ 열가소성 수지는 분해연소, 열경화성은 증발연소의 모습을 보인다.

11 ⟨상⟩⟨중⟩⟨하⟩　　□□□

다음 중 유류화재에 대한 설명으로 옳지 않은 것은?

① 연기의 색상은 일반적으로 흑색이며, 연소 후 재를 남기지 않는다.

② 화재 진행속도가 일반화재보다 빠르고 활성화 에너지가 크다.

③ 전기적으로 부도체이므로 정전기에 대한 방지대책이 필요하다.

④ 포 소화약제를 방사하여 유류 표면에 얇은 층을 형성함으로써 공기 공급을 차단해 소화한다.

✦ 고난도 문제

12 ⟨상⟩⟨중⟩⟨하⟩　　□□□

유류의 설명으로 옳지 않은 것은?

① 중질유는 다성분 액체로 액온이 인화점보다 낮아 예열형전파를 하며 이로 인한 Boil over, Slop over 등 화재에 가까운 재해를 일으킨다.

② 경질유는 단일성분 액체로 액온이 인화점보다 높아 예혼합형전파를 하며 이로 인한 UVCE, BLEVE 등 폭발에 가까운 재해를 일으킨다.

③ 예열형 전파의 모습을 나타내는 경우에는 유류가 낮은 비점으로 상온에서 연소범위 이하로 존재한다.

④ 경질유의 경우에는 인화점이 낮고, 증기압이 높다.

13 ⟨상⟩⟨중⟩⟨하⟩　　□□□

유류탱크 화재 시 유류저장탱크 바닥에 찌꺼기와 함께 있는 물이 끓어 수분의 급격한 부피팽창에 의해 기름이 넘치는 현상은?

① 보일오버(Boil over)

② 슬롭오버(Slop over)

③ 프로스오버(Froth over)

④ 링파이어(Ring fire)

14 ⟨상⟩⟨중⟩⟨하⟩　　□□□

중질유 탱크 화재 중 보일오버(Boil over) 현상으로 옳지 않은 것을 모두 고른 것은?

> ㄱ. 다른 비점을 가진 유류에서 나타나는 현상이다.
>
> ㄴ. 보일오버 현상은 뚜껑이 개방된 탱크에서 화재가 장시간 지속되어야 한다.
>
> ㄷ. 방지대책으로 탱크 저부에 물을 주입하여야 한다.
>
> ㄹ. 보일오버가 발생하기 위해서는 탱크 저부에 에멀젼이 존재하여야 한다.
>
> ㅁ. 유류 표면 아래로 물이 유입되면서 물이 고점도 유류 아래에서 비등할 때 탱크 밖으로 물과 기름이 넘치는 현상이다.

① ㄱ, ㄴ, ㄷ

② ㄱ, ㄴ, ㄹ

③ ㄷ, ㅁ

④ ㄱ, ㄴ, ㄹ, ㅁ

15 상 중 하 ☐☐☐

유류가 탱크 내용적의 50% 이하로 충전되어 있을 때, 화재로 인한 증기압력 상승으로 유류를 외부로 분출하면서 탱크가 폭발하는 현상으로 액체 위험물에서 발생할 수 있는 재해현상 중 위험성이 가장 높은 것은?

① 오일오버(Oil over)
② 프로스오버(Froth over)
③ 보일오버(Boil over)
④ 슬롭오버(Slop over)

16 상 중 하 ☐☐☐

석유화재에서 투입된 소화수가 고온의 석유에 닿자마자 열교환이 빠르게 이루어져 격심한 증발을 하면서 불 붙은 석유와 함께 분출되는 현상은?

① 프로스오버(froth over)
② 보일오버(boil over)
③ 슬롭오버(slop over)
④ 백드래프트(back draft)

17 상 중 하 ☐☐☐

유류화재의 재해 현상 중 슬롭오버(Slop over) 현상으로 옳은 것은?

① 과열상태의 탱크 내부에서 액화가스가 분출하여 기화되어 착화되었을 때 폭발하는 현상
② 석유화재에서 저장탱크 하부에 고인 물이 격심한 증발을 일으키면서 불 붙은 석유를 분출하는 현상
③ 저장탱크 속의 물이 점성을 가진 뜨거운 기름의 표면 아래에서 끓을 때 화재를 수반하지 않고 기름이 넘쳐 흐르는 현상
④ 점성이 큰 유류에 화재가 발생하였을 때 소화용수의 유입에 의한 갑작스러운 부피 팽창으로 탱크 내의 유류가 끓어넘치는 현상

18 상 중 하 ☐☐☐

유류화재의 재해 현상 중 프로스오버(Froth over) 현상으로 옳은 것을 모두 고른 것은?

> ㄱ. 용기나 저장조 내부와 같이 일정한 액면에서 발생한 석유화재로, 초기에 진화하지 않으면 진화가 어렵다.
> ㄴ. 물의 비등점(100℃) 이상인 고온의 액면에 물 또는 포소화설비를 방수할 때 일어나는 현상이다.
> ㄷ. 대표적인 예로 뜨거운 아스팔트가 물이 약간 채워진 무개 탱크차에 옮겨질 때 일어난다.
> ㄹ. 고온에서도 끈끈한 점성을 유지하고 있는 고점도 중질유 유류가 저장탱크 속에 물과 섞여 들어가 있을 때, 기름과 섞여 있는 물이 갑자기 수증기화 되면서 탱크 내의 일부 내용물을 넘치게 하는 현상이다.

① ㄱ, ㄴ, ㅁ
② ㄴ, ㄷ
③ ㄷ, ㄹ
④ ㄱ, ㄷ, ㄹ

✦ 고난도 문제

19 상 중 하 ☐☐☐

액면화재(Pool fire)에 대한 내용으로 옳지 않은 것은?

① 액면화재란 용기나 저장조 내부와 같이 일정한 액면에서 발생한 석유화재로 액체의 인화점에 도달하면 연소가 일어나기 때문에 액면 아래의 온도분포에 영향을 받는다.
② 액면화재의 연소속도는 액면강하속도이다.
③ 액체연료를 미립화함으로 증발 표면적을 증가시켜 공기와의 혼합을 좋게 하여 연소하는 것이다. 이 경우 인화점 이하에서도 연소가 가능하다.
④ 화재 초기에 진화하지 않으면 진화가 어려워 보일오버나 슬롭오버 등 탱크화재 재해현상으로 확대될 수 있다.

20 상 중 하

전기화재의 원인으로 옳지 않은 것은?

① 전선의 전류가 증가하면 줄의 법칙에 따라 열이 발생하고, 이로 인해 절연체가 손상되어 전류가 비정상 경로로 흘러 발생
② 배선기구의 절연체 등이 시간 경과에 따라 절연체의 열화로 절연성이 저하되어 발생
③ 전선의 불필요한 접촉 등으로 인해 전류가 본래 흐르려는 경로 밖으로 흘러 발생
④ 어떤 전압이 걸릴 때 그 반대 방향으로 생기는 기전력

21 상 중 하

전기화재에 적응성이 있는 소화기구의 소화약제는?

① 마른모래, 산알칼리 소화약제
② 인산염류 소화약제, 팽창질석
③ 포 소화약제, 중탄산염류 소화약제
④ 이산화탄소 소화약제, 할로겐화합물 및 불활성기체 소화약제

22 상 중 하

금속의 종류별로 물과 반응하여 발생하는 가스로 옳게 연결된 것은?

① 탄화칼슘 - 메탄
② 인화칼슘 - 포스핀
③ 탄화알루미늄 - 아세틸렌
④ 무기과산화물 - 수소

23 상 중 하

다음 중 금속화재에 대한 설명으로 옳은 것을 모두 고른 것은?

> ㄱ. 일반 가연성 물질 화재보다는 비교적 낮은 온도로 연소되지만 더 빠른 속도로 연소한다.
> ㄴ. 대부분 금속은 물 또는 이산화탄소와 반응하여 발열 및 가연성 가스가 발생한다.
> ㄷ. 인화칼슘, 칼륨, 마그네슘은 물과 접촉 시 가연성 가스인 수소가 발생한다.
> ㄹ. 나트륨, 칼륨, 마그네슘과 같은 가연성 금속 및 금속분 등에 의해서 발생된 화재를 말한다.
> ㅁ. 금속화재의 소화기 표시 바탕색은 백색이다.
> ㅂ. 금속이 괴상이 아닌 고운 분말이나 가는 선의 형태로 존재하면 화재의 위험성은 더 커진다.

① ㄱ, ㄴ, ㅂ
② ㄴ, ㄹ, ㅂ
③ ㄱ, ㄴ, ㄹ
④ ㄴ, ㄷ, ㄹ

24 상 중 하

LNG(액화천연가스)와 LPG(액화석유가스)를 비교한 설명으로 옳지 않은 것은?

① LNG는 무색 무취로, LPG보다 연소속도가 빠르며, 발열량이 적다.
② 액화석유가스의 기체는 공기보다, 액체는 물보다 무겁다.
③ LPG의 주성분은 프로판과 부탄으로 구성되어 있고, LNG의 주성분은 메탄으로 구성되어 있다.
④ LNG와 LPG는 가연성 가스로 연기의 색상은 일반적으로 흑색이다.

25 상 중 하 □□□

가스의 정의에 대한 설명으로 옳지 않은 것은?

① 압축가스란 수소, 질소 등과 같이 임계온도가 상온보다 낮아 상온에서 압축시켜도 액화되지 않고, 단지 기체 상태로 압축된 것을 말한다.

② 액화가스란 임계온도가 실온보다 높아 상온에서 가압 또는 냉각에 의해 쉽게 액화되는 가스를 말한다. 대표적인 예로 이산화탄소가 있다.

③ 용해가스의 대표적인 예로는 아세틸렌이 있으며, 압축을 하면 중합폭발하는 성질 때문에 단독으로 압축하지 못하고, 용기에 다공성물질을 충전한 뒤 아세톤과 같은 용제를 넣어 용해시켜 저장하는 가스를 말한다.

④ 가스는 취급상태에 따라서 압축가스, 액화가스, 용해가스로 분류할 수 있다.

26 상 중 하 □□□

식용유 화재의 특징으로 옳지 않은 것은?

① 들기름의 경우 올리브유에 비해 요오드(아이오딘) 값이 크기 때문에 자연발화의 위험성이 크다.

② 식용유가 끓기 전에 불이 붙어버리는 상황이 발생한다.

③ 식용유 화재시 일반 소화기의 경우 기름의 온도를 충분히 낮추지 못하므로 재발화할 수 있다.

④ 일반 유류에 비해 인화점과 발화점의 차이가 매우 큰 특징을 가지고 있다.

27 상 중 하 □□□

임야화재에 대한 설명으로 옳지 않은 것은?

① 산림 지중에 있는 유기물들이 타는 것은 지중화라고 한다.

② 나무의 줄기가 타는 것은 수관화다.

③ 산림화재가 발생했을 때 불씨가 바람에 날아가 타는 비화의 가능성이 있다.

④ 임야화재는 화재 발생 시 광범위하기 때문에 소화하는 데 어려움이 있다.

정답 및 해설 | 46~48p

01 상 중 하 □□□

화재조사의 목적으로 옳지 않은 것은?

① 화재에 의한 피해를 알리고 유사화재 방지와 피해의 경감에 이바지한다.
② 사상자의 발생원인과 방화의 상황을 규명하여 진압책상의 자료로 한다.
③ 화재의 발생상황, 원인, 손해상황 등을 통계화함으로써 소방정보를 수집하고 피해에 대한 소송 자료로 활용한다.
④ 화재확대 및 화재원인을 규명해 예방 및 진압책상의 자료로 한다.

02 상 중 하 □□□

「화재조사 및 보고규정」상 화재조사의 특징으로 옳지 않은 것은?

① 프리즘
② 정밀과학성
③ 결과성
④ 강제성

✦ 고난도 문제

03 상 중 하 □□□

목조건축물 화재 시 출화 가옥의 기둥, 벽 등은 발화부를 향하여 파괴되는 경향이 있어 이곳을 출화부로 추정하는 것을 무엇이라 하는가?

① 연소상승법
② 도괴방향법
③ 탄화심도 비교법
④ 주염흔

✦ 고난도 문제

04 상 중 하 □□□

불의 영향을 강하게 받아 심하게 탄 흔적으로 약 900℃ 수준의 불에 탄 나무 표면층에서 나타나는 흔적을 나타내는 것은 무엇인가?

① 열소흔
② 강소흔
③ 완소흔
④ 균열흔

05 상 중 하 ☐☐☐

기화열이 원인이 되어 생성되는 유류화재의 패턴은?

① 포어패턴
② 레인보우패턴
③ 틈새연소패턴
④ 도넛 패턴

✦ 고난도 문제

06 상 중 하 ☐☐☐

화재현장 유리의 흔적에 대한 해석으로 옳은 것은?

① 열에 의해 파괴된 유리의 단면에는 무늬(리플마크)가 없다.
② 바닥에 쏟아진 유리파편 아래에도 그을음이 있는 것은 화재 발생 이전에 유리가 깨졌다는 증거로 볼 수 있다.
③ 방사형 파괴선 및 동심원 파괴선은 열에 의해 파손된 유리에서 주로 발견된다.
④ 폭발에 의한 파손은 평행선보다는 방사형에 가까운 모습으로 균열된다.

---

07 상 중 하 ☐☐☐

「화재조사 및 보고규정」상 화재조사 용어에 대한 설명으로 옳지 않은 것은?

① "접수"란 소방서에서 유·무선 전화 또는 다매체를 통하여 화재 등의 신고를 받는 것을 말한다.
② "동력원"이란 발화관련 기기나 제품을 작동 또는 연소시킬 때 사용되어진 연료 또는 에너지를 말한다.
③ "초진"이란 소방대의 소화활동으로 화재확대의 위험이 현저하게 줄어들거나 없어진 상태를 말한다.
④ "재발화감시"란 화재를 진화한 후 화재가 재발되지 않도록 감시조를 편성하여 일정 시간 동안 감시하는 것을 말한다.

---

08 상 중 하 ☐☐☐

「화재조사 및 보고규정」에서 화재조사 용어에 대한 설명으로 옳지 않은 것은?

① "화재현장"이란 화재가 발생하여 소방대 및 관계인 등에 의해 소화활동이 행하여지고 있거나 행하여진 장소를 말한다.
② "잔불정리"란 화재 초진 후 잔불을 점검하고 처리하는 것을 말한다. 이 단계에서는 열에 의한 수증기나 화염 없이 연기만 발생하는 연소현상이 포함될 수 있다.
③ "최종잔가율"이란 피해물의 내용연수가 다한 경우 잔존하는 가치의 재구입비에 대한 비율을 말한다.
④ "감정"이란 화재원인의 판정을 위하여 전문적인 지식, 기술 및 경험을 활용하여 주로 시각에 의한 종합적인 판단으로 구체적인 사실관계를 명확하게 규명하는 것을 말한다.

---

09 상 중 하 ☐☐☐

「화재조사 및 보고규정」에서 화재조사 용어에 대한 설명으로 옳지 않은 것은?

① "발화열원"이란 발화의 최초 원인이 된 불꽃 또는 열을 말한다.
② "연소확대물"이란 연소가 확대되는 데 있어 결정적 영향을 미친 가연물을 말한다.
③ "발화"란 열원에 의하여 가연물질에 지속적으로 불이 붙는 현상을 말한다.
④ "발화지점"이란 화재가 발생한 장소를 말한다.

10 상 **중** 하 □□□

「화재조사 및 보고규정」상 화재조사와 관련된 내용으로 옳은 것은?

> ㄱ. "최종잔가율"이란 피해물의 내용연수가 다한 경우 잔존하는 가치의 재구입비에 대한 비율을 말한다.
> ㄴ. 화재조사관은 화재발생 사실을 인지하는 즉시 화재조사를 시작해야 한다.
> ㄷ. 소방관서장은 조사관을 근무 교대조별로 3인 이상 배치하고, 장비·시설을 기준 이상으로 확보하여 조사업무를 수행하도록 하여야 한다.
> ㄹ. 조사관은 그 직무를 이용하여 관계인등의 민사분쟁에 개입해서는 아니 된다.
> ㅁ. 조사는 물적 증거를 바탕으로 과학적인 방법을 통해 합리적인 사실의 규명을 원칙으로 한다.

① ㄷ, ㄹ, ㅁ
② ㄱ, ㄴ, ㄹ
③ ㄱ, ㄴ, ㄹ, ㅁ
④ ㄱ, ㄴ, ㄷ, ㄹ, ㅁ

11 상 **중** 하 □□□

「화재조사 및 보고규정」상 화재가 발생한 종류에 따라 분류되는 기준으로 옳지 않은 것은?

① 폭발물질의 화재
② 건축·구조물 화재
③ 자동차·철도차량 화재
④ 임야화재

12 상 **중** 하 □□□

「화재조사 및 보고규정」상의 내용으로 옳은 것을 모두 고른 것은?

> ㄱ. 발화일시의 결정은 관계자 등의 화재발견 상황통보(인지)시간 및 화재발생 건물의 구조, 재질 상태와 화기취급 등의 상황을 종합적으로 검토하여 결정한다.
> ㄴ. 자체진화 등의 사후인지 화재로 그 결정이 곤란한 경우에는 발화시간을 추정할 수 있다.
> ㄷ. 건물의 소실면적 산정은 소실 입체면적으로 산정한다.
> ㄹ. 화재피해금액으로 구분하는 것이 사회관념상 적당하지 않을 경우에는 발화원인물질로 화재를 구분한다.
> ㅁ. 화재현장의 선착대 선임자는 철수 후 지체 없이 국가화재정보시스템에 화재현장출동보고서를 작성·입력해야 한다.
> ㅂ. 중상이란 3주 이상의 입원치료를 필요로 하는 부상을 말한다.

① ㄱ, ㄴ, ㄷ
② ㄱ, ㄴ, ㅁ, ㅂ
③ ㄴ, ㄷ, ㄹ, ㅂ
④ ㄱ, ㄴ, ㄹ, ㅁ

13 상 중 **하** □□□

「화재조사 및 보고규정」상 조사업무의 기본적인 사항 처리에 관한 설명으로 옳지 않은 것은?

① 누전점이 동일한 누전에 의한 화재, 낙뢰 등 자연현상에 의한 다발화재로 동일 소방대상물의 발화점이 2개소 이상에서 발생하여도 1건의 화재로 한다.
② 사상자는 화재현장에서 사망한 사람과 부상당한 사람을 말한다. 다만, 화재현장에서 부상을 당한 후 72시간 이내에 사망한 경우에는 당해 화재로 인한 사망으로 본다.
③ 전소는 바닥면적에 대한 비율로 산정하며, 건물의 70% 이상이 소실되었거나 또는 그 미만이라도 잔존부분을 보수하여도 재사용이 불가능한 것을 말한다.
④ 건물 등 자산에 대한 최종잔가율은 건물·부대설비·구축물·가재도구는 20%로 하며, 그 이외의 자산은 10%로 정한다.

14 상 ⓒ 하 　　　□□□

「화재조사 및 보고규정」상 세대주, 건물의 소실면적 및 화재 피해액의 산정에 관한 설명으로 옳은 것은?

① 소실면적의 산정은 소실 연면적을 기준으로 한다.
② 정확한 피해물품을 확인하기 곤란한 경우에는 소방관 서장이 정하는 「화재피해금액 산정매뉴얼」(이하 "매 뉴얼"이라 한다)의 간이평가방식으로 산정할 수 있다.
③ 건물 등 자산에 대한 잔가율은 건물·부대설비·구축물· 가재도구는 20%로 하며, 그 이외의 자산은 10%로 정 한다.
④ 세대수의 산정은 하나의 기구를 구성하여 살고 있는 독 신자로서 자신의 주거에 사용되는 건물에 대하여 재 산권을 행사할 수 있는 사람을 1세대로 한다.

15 상 ⓒ 하 　　　□□□

「화재조사 및 보고규정」상 화재건수를 결정하는 내용으로 옳은 것은?

① 1건의 화재란 1개의 발화지점에서 확대된 것으로 발화부터 잔불정리까지를 말한다.
② 동일범이 아닌 각기 다른 사람에 의한 방화, 불장난은 동일 대상물에서 발화한 경우 1건의 화재로 한다.
③ 서로 다른 소방대상물에 발화점이 2개소 이상 있는 지진, 낙뢰 등 자연현상에 의한 다발화재는 1건의 화재로 한다.
④ 발화지점 확인이 어려운 경우에는 화재피해금액이 큰 관할 구역 소방서의 화재 건수로 산정한다.

16 상 중 ⓗ 　　　□□□

「화재조사 및 보고규정」상 화재조사 시 건물 동수 산정기준에 대한 내용으로 옳지 않은 것은?

① 건물의 외벽을 이용하여 실을 만들어 헛간, 목욕탕, 사무실, 및 기타 건물 용도로 사용하고 있는 것은 주건물과 다른 동 으로 본다.
② 주요구조부가 하나로 연결되어 있는 것은 1동으로 한다. 다만, 건널 복도 등으로 2 이상의 동에 연결되어 있는 것은 그 부분을 절반으로 분리하여 각 동으로 본다.
③ 내화조 건물의 외벽을 이용하여 목조 또는 방화구조건물이 별도 설치되어 있고 건물 내부와 구획되어 있는 경우 다른 동으로 본다. 다만, 이들 건물이 기능상 하나인 경우는 같 은 동으로 한다.
④ 주된 건물에 부착된 건물이 옥내로 출입구가 연결되어 있는 경우와 기계설비 등이 쌍방에 연결되어 있는 경우 등 건물 기능상 하나인 경우는 같은 동으로 한다.

17 상 ⓒ 하 　　　□□□

「화재조사 및 보고규정」상 20년된 일반주택의 잔가율은? (단, 주 택의 내용연수는 40년으로 한다.)

① 50%
② 60%
③ 70%
④ 80%

18 ⓈⓀⒽ □□□

「화재조사 및 보고규정」상 부대설비의 화재피해액 산정기준으로 옳은 것은?

① 건물신축단가 × 소실면적 × 설비종류별 재설비 비율 × [1-(0.8×경과연수/내용연수)]

② 건물신축단가 × 소실면적 × 설비종류별 재설비 비율 × [1-(0.8×경과연수/내용연수)]×손해율

③ 건물신축단가 × 소실면적 × 설비종류별 재설비 비율 × [1-(0.9×경과연수/내용연수)]

④ 건물신축단가 × 소실면적 × 설비종류별 재설비 비율 × [1-(0.9×경과연수/내용연수)]×손해율

19 ⓈⓀⒽ □□□

「화재조사 및 보고규정」상 화재합동조사단 운영에 관한 내용으로 옳지 않은 것은?

① 사망자가 5명 이상이거나 사상자가 10명 이상 또는 재산 피해액이 100억원 이상 발생한 화재의 경우 소방서장이 화재합동조사단을 구성하여 운영한다.

② 사상자가 30명 이상이거나 2개 시·군·구 이상에 걸쳐 발생한 화재의 경우 소방청장이 화재합동조사단을 구성하여 운영한다.

③ 소방관서장은 단장 1명과 단원 4명 이상을 화재합동조사 단원으로 임명하거나 위촉할 수 있다.

④ 소방관서장은 화재합동조사단의 조사가 완료되었거나, 계속 유지할 필요가 없는 경우 업무를 종료하고 해산시킬 수 있다.

Simtail

Simple Detail

2026

정답 및 해설 | 50~58p

01 (상)(중)(하) □□□

화재 진행단계 중 "발화기"에 대한 설명으로 옳지 않은 것은?

① 복사열로 인해 구획실 내의 가연성 물질에 열분해작용을 일으킨다.

② 화재의 규모가 작고, 일반적으로 처음 발화된 가연물에 한정된다.

③ 연소의 4요소들이 결합하여 연소가 시작될 때의 시기이다.

④ 개방된 지역이든 구획실이든 모든 화재는 발화의 한 형태로 발생한다.

02 (상)(중)(하) □□□

화재 성장기에 대한 특징으로 옳지 않은 것은?

① 화재의 진행변화가 급속하게 이루어지는 시기이다.

② 연소가 가장 격렬한 시기이며 연기의 발생은 감소하지만 열분출속도는 증가한다.

③ 공기공급이 충분한 연료지배형화재 형태를 보인다.

④ 화재가 성장함에 따라 인접건물로의 연소 확대 우려가 있다.

03 (상)(중)(하) □□□

건축물 화재의 진행단계 중 성장기에 대한 설명으로 옳지 않은 것은?

① 중기라고도 불리며, 화재의 진행변화가 급속하게 이루어진다.

② 연소하는 가연물 위로 화염이 형성되기 시작하며 화염이 커짐에 따라 주위 공간으로부터 화염이 상승하는 공간으로 공기를 끌어들이기 시작한다.

③ 벽 근처에 있는 가연물들은 비교적 적은 공기를 흡수하여 보다 낮은 화염온도를 지니고, 구석에 있는 가연물들은 더욱더 적은 공기를 흡수하기 때문에 화염온도가 가장 낮다.

④ 개구부에서 검은색 연기가 분출되며, 공기 공급이 충분한 연료지배형 화재 형태를 보인다.

04 (상)(중)(하) □□□

최성기의 특성으로 옳지 않은 것은?

① 복사열로 인하여 인접건물에 연소확대 우려가 있다.

② 산소가 부족하여 연소되지 않은 가스가 다량 발생하기도 한다.

③ 공기공급에 영향을 받는 환기지배형화재 형태를 보인다.

④ 연기의 색이 검은색에서 점차 백색이 된다.

05 상 중 하 ☐☐☐

다음은 건축물화재의 진행단계에 대한 설명이다. 화재의 진행단계에 맞게 나열된 것은?

> ㄱ. 다량의 백색 연기가 발생하고, 산소공급이 원활한 경우 불꽃연소로 전이되기도 한다.
> ㄴ. 지붕, 기둥 벽체 등이 무너져 떨어지고, 백드래프트 발생 우려가 있다.
> ㄷ. 인접 건물로 연소 확대 우려가 있고, 개구부에서 검은색 연기가 분출한다.
> ㄹ. 산소가 부족하여 연소되지 않는 가스가 다량 발생하고, 연소확대 위험이 가장 높다.

① ㄱ → ㄹ → ㄷ → ㄴ
② ㄱ → ㄷ → ㄹ → ㄴ
③ ㄷ → ㄱ → ㄹ → ㄴ
④ ㄷ → ㄹ → ㄱ → ㄴ

06 상 중 하 ☐☐☐

건축물 화재 시 플래시오버(Flash over)에 이르는 단계는?

① 초기
② 성장기
③ 종기
④ 감퇴기

07 상 중 하 ☐☐☐

내화건축물의 구획실 내에서 가연물의 연소 시, 성장기의 지배적 열전달로 옳은 것은?

① 전도
② 대류
③ 복사
④ 비화

08 상 중 하 ☐☐☐

건축물의 화재성장 과정에 대한 내용으로 옳은 것을 모두 고른 것은?

> ㄱ. 최성기는 플래시오버를 지나 모든 가연물의 연소가 최대로 확대되는 단계이다.
> ㄴ. 내화건축물의 구획실에서 화재가 발생할 경우 성장기 단계에서는 대류가, 최성기 단계에서는 복사가 지배적인 열전달이다.
> ㄷ. 화재실의 제연은 플래시오버 발생을 억제하는 효과를 가지고 있다.
> ㄹ. 화재 시 발생하는 연기 및 독성 가스는 공급되는 공기량에 따라 농도가 변화한다.

① ㄱ, ㄴ
② ㄴ, ㄷ, ㄹ
③ ㄱ, ㄴ, ㄷ
④ ㄱ, ㄴ, ㄷ, ㄹ

09 상 중 하 ☐☐☐

구획실에서의 화재와 개방된 공간에서의 화재에 대한 내용으로 옳지 않은 것은?

① 모든 화재의 초기단계에서는 열의 온도는 상승하고 뜨거운 가스 덩어리를 형성한다.
② 개방된 공간에서의 화재 초기단계에서 공기는 비교적 뜨겁기 때문에 화염 위의 가스층을 가열시키는 작용을 한다.
③ 개방된 공간에서의 화재의 확산은 뜨거운 가스의 열 에너지가 근처의 가연물로 전달되는 데 기인한다.
④ 구획실에서의 화재진행은 개방된 공간에서의 화재진행보다 훨씬 복잡하다.

10 상 중 하 ☐☐☐

건축물 실내화재에서 화재성상에 영향을 주는 주된 요인을 모두 고른 것은?

ㄱ. 실의 넓이와 모양
ㄴ. 실의 개구부 위치 및 크기
ㄷ. 화원의 위치와 크기
ㄹ. 인접실의 크기
ㅁ. 최초 발화되는 가연물의 크기

① ㄱ, ㄴ, ㅁ
② ㄴ, ㄷ, ㄹ
③ ㄱ, ㄴ, ㄷ, ㅁ
④ ㄱ, ㄴ, ㄷ, ㄹ

11 상 중 하 ☐☐☐

다음 중 화재진행에 영향을 미치는 것을 모두 고른 것은?

ㄱ. 환기구의 크기, 수 및 위치
ㄴ. 화재실의 수용가능 인원
ㄷ. 최초 발화되는 가연물의 크기, 합성물 및 위치
ㄹ. 추가적 가연물의 이용가능성 및 위치
ㅁ. 구획실을 둘러싸고 있는 물질들의 열 특성

① ㄱ, ㄴ, ㄷ
② ㄱ, ㄷ, ㄹ
③ ㄴ, ㄷ, ㄹ, ㅁ
④ ㄱ, ㄷ, ㄹ, ㅁ

12 상 중 하 ☐☐☐

화재진행에 영향을 미치는 요인에 대한 설명으로 옳지 않은 것은?

① 화재에 의해 생성되는 열과 가연물들 간의 한 가지 중요한 상호관계는 최초 발화된 가연물들로부터 떨어져 있는 추가적인 가연물들의 발화이다. 초기의 화염에서 상승하는 열은 대류에 의해 전달된다.
② 화재에서 일정시간동안 발산되는 열에너지의 양을 열 발산율이라 한다. 열 발산율은 Btu/s 또는 kw로 측정하며, 불타고 있는 가연물의 연소열 및 일정 시간 동안 소비되는 가연물의 양과 직접적으로 관련이 있다.
③ 최초 가연물의 위치 또한 뜨거운 가스층이 증가하는 데에 있어서 매우 중요하다. 구획실의 중앙에서 연소하는 가연물의 화염은 구획실의 벽이나 구석에 있는 가연물보다 공기를 적게 흡수하여 더욱 뜨겁다.
④ 화재의 진행을 위해서는 발화기를 넘어서 연소가 지속될 수 있도록 충분한 공기가 있어야 한다. 구획실 배연구의 크기와 수는 그 공간 내에서 화재가 어떻게 진행하는가를 결정한다.

13 상 중 하 ☐☐☐

실내 건축물화재에 대한 설명으로 옳지 않은 것은?

① 개구부 면적이 작으면 화재가 빠르고, 개구부 면적이 크면 화재가 느리다.
② 화재초기에 독립적인 연소형태로 훈소성 화재를 시작으로 불꽃연소로 전이되기도 한다.
③ 연료지배형화재는 재료의 특성에 지배받는 화재이고, 환기지배형화재는 환기요소에 지배받는 화재이다.
④ 연료지배형화재는 환기지배형화재에 비해 폭발성 및 역화현상이 적다.

14 상중하 ☐☐☐

구획된 건물 화재현상으로 환기지배형화재의 영향요소로 옳지 않은 것은?

① 환기지배형화재는 연료지배형화재에 비하여 산소 공급을 받지 못하는 상태이다.
② 환기지배형화재는 밀폐된 공간으로 환기요소에 지배받는 화재이다.
③ 환기지배형화재는 연료량에 비해 환기량이 충분하다.
④ 환기지배형화재는 환기요소에 영향을 받아 외부에서 충분한 공기 유입 시 화염이 외부로 분출할 수 있다.

15 상중하 ☐☐☐

다음 중 실내 건축물 화재에 대한 설명으로 옳지 않은 것은?

① 연료지배형 화재는 연료의 종류나 특성에 따라 화재진행속도가 결정된다.
② 환기지배형 화재의 경우 공기 부족으로 불완전연소의 형태를 띨 수 있다.
③ 환기요소는 화재실의 공기 유출입량을 결정하는 요소이다.
④ 같은 면적이라도 개구부의 높이보다 개구부의 폭에 영향을 많이 받는다.

16 상중하 ☐☐☐

연료지배형화재와 환기지배형화재를 비교한 설명으로 옳지 않은 것은?

① 일반적으로 플래시오버 전에는 연료지배형화재가, 플래시오버 이후에는 산소의 소진으로 인해 환기지배형화재가 지배적이다.
② 연료지배형화재는 개방된 공간인 목조건축물에서, 환기지배형화재는 밀폐된 공간인 내화구조 및 지하층·무창층에서 발생하기 쉽다.
③ 환기지배형화재의 환기요소는 개구부의 면적에 비례하고, 높이의 제곱근에 반비례한다.
④ 환기지배형화재는 연료지배형화재에 비해 산소량이 부족하고, 연료량이 충분한 경우 산소량에 따라 화재진행속도가 결정된다.

17 상중하 ☐☐☐

구획실에서 화재의 지속시간에 관한 내용으로 옳지 않은 것은?

① 화재실 단위면적당 가연물의 양에 비례한다.
② 화재실 바닥 면적에 비례한다.
③ 화재실 개구부 면적에 비례한다.
④ 화재실 개구부 높이의 제곱근에 반비례한다.

18 (상)(중)(하)   □□□

구획실 화재진행에 대한 설명으로 옳지 않은 것은?

① $A\sqrt{H}$ 는 에너지가 유출되는 것을 의미하는 환기계수를 나타낸다.
② 구획실 화재의 성장과 진행은 일반적으로 가연물과 산소의 이용 가능성에 의해 통제된다.
③ 연소에 이용할 수 있는 가연물의 양이 한정되어 있다면, 이러한 것을 '통제된 가연물'이라 한다.
④ 연소에 이용할 수 있는 산소의 양이 한정되어 있다면, 이러한 것을 '통제된 공간'이라 한다.

19 (상)(중)(하)   □□□

화재성장속도는 화재가 1MW의 열량에 도달하는 시간에 따라 4개의 단계로 구분된다. 이 때 화재성장속도가 가장 느린 것을 Slow, 가장 빠른 것을 Ultrafast라고 하는데 Ultrafast 시간을 나타낼 수 있는 조건으로 옳지 않은 것은?

① 두께가 얇은 물질일수록
② 산소와의 접촉면적이 큰 물질일수록
③ 열분해가 쉬운 물질일수록
④ 한계산소지수가 높은 물질일수록

20 (상)(중)(하)   □□□

화재성장속도의 분류별 약 1MW의 열량에 도달하는 시간에 대한 다음 표의 ( )에 들어갈 내용으로 옳은 것은?

화재성장속도	Slow	Medium	Fast	Ultrafast
시간(s)	600	(ㄱ)	(ㄴ)	(ㄷ)

	(ㄱ)	(ㄴ)	(ㄷ)
①	300	100	50
②	300	150	75
③	400	200	100
④	400	300	150

21 (상)(중)(하)   □□□

플래시오버에 대한 내용으로 옳지 않은 것은?

① 국부적 화재에서 전면적 화재로 급격히 전이되는 화재상황이다.
② 성장기에서 최성기로 넘어가는 분기점에서 발생한다.
③ 천장류에서 방출되는 복사열에 의하여 실내에 있는 모든 가연물질이 분해되어 가연성 증기를 발생하게 됨으로써 실내 전체가 순간적으로 연소가 확대되는 상태이다.
④ 환기지배화재에서 연료지배화재로의 급격한 전이 현상이다.

22 (상)(중)(하)   □□□

건축물의 구획된 공간에서 플래시오버가 발생하면 고온 연기층으로부터 바닥으로 방사되는 복사열유속(kW/㎡)은?

① 약 10kW/㎡
② 약 20kW/㎡
③ 약 30kW/㎡
④ 약 40kW/㎡

23 (상)(중)(하)　　□□□

플래시오버 현상과 관련이 없는 것은?

① 파이어볼 발생
② 화재확산
③ 실내온도의 급격한 상승
④ 고온의 연기 발생

24 (상)(중)(하)　　□□□

플래시오버(Flash over) 현상에 대한 설명으로 옳지 않은 것은?

① 구획 내 가연성 재료의 전표면이 불로 덮이는 현상으로 순발연소라고도 하며, 벽보다 천장의 재료가 영향이 더 크고, 개구율이 클수록 플래시오버가 빠르게 진행된다.
② 플래시오버는 천장 아래에 가연성 가스가 축적되어 어느 시기에 이르러 폭풍 및 충격파와 함께 폭발적으로 연소하는 현상이다.
③ 플래시오버 현상은 점화원의 크기, 내장재의 재료, 건축물의 형태, 개구부의 크기 등에 영향을 받는다.
④ 플래시오버가 발생하기 전 Roll over 현상, 두텁고 뜨거운 진한 연기가 천장 아래로 쌓이는 것을 관찰할 수 있다.

25 (상)(중)(하)　　□□□

플래시오버의 영향조건으로 옳지 않은 것은?

① 내장재에 따라서 달라지며 천장높이가 낮을수록 더 빨라진다.
② 화원의 크기가 클수록 도달하는 시각이 짧아진다.
③ 개구부가 작을수록 발생시각이 늦어진다.
④ 천장보다 벽의 재료가 플래시오버 영향에 더 크다.

26 (상)(중)(하)　　□□□

플래시오버(Flash Over)를 지연시키는 방법 중 다음에서 설명하는 것은?

> 화재를 완전하게 진화하는 것은 불가능하나 분말소화기 등 이동식 소화기를 분사하여 일시적으로 온도를 낮출 수 있으며, 플래시오버를 지연시키고 관창호스를 연결할 시간을 벌 수 있다.

① 측면공격법
② 냉각지연법
③ 공기차단지연법
④ 배연지연법

27 (상)(중)(하)　　□□□

다음 중 건축물 화재의 특수 현상에 대한 설명으로 옳지 않은 것은?

① 플래시오버는 내장재의 재료가 불연재료, 난연재료, 가연재료로 순으로 열집적이 잘되기 때문에 더 빨리 발생한다.
② 연소과정에서 발생된 가연성 가스가 공기 중 산소와 혼합되어 천장 부분에 집적된 상태에서 발화함으로써 화재의 선단 부분이 매우 빠르게 확대되어 가는 현상은 롤오버 현상이다.
③ 플래시오버를 방지하기 위해서는 천장을 불연화하고, 개구부의 크기를 제한하는 것이 효과적이다.
④ 복도에서 벽, 바닥 표면의 가연물에 화염이 급속하게 확산되는 현상은 플래임오버 현상이다.

28 상 중 하　　　□□□

밀폐된 공간의 화재 현장에서 진화를 위하여 출입문 등을 개방할 때 신선한 공기의 유입으로 순간적으로 폭발 연소함으로써 화재가 실외로 분출되는 현상은?

① 오일오버(Oil over)
② 슬롭오버(Slop over)
③ 플래시오버(Flash over)
④ 백드래프트(Back draft)

29 상 중 하　　　□□□

Back draft의 설명으로 옳은 것은?

① 폐쇄된 내화구조 건축물 내에서 산소공급의 부족으로 불완전 연소된 가연성 가스와 열이 집적된 상태에서 일시에 다량의 공기(산소)가 공급될 때 순간적으로 폭발적 발화현상이 발생하는 역류성 폭발이다.
② 벽이나 바닥 표면의 가연물에 화염이 확산되는 현상이다.
③ 순발연소라고도 하며 어느 순간 그 실내의 온도상승에 의해서 일시에 연소하여 화재의 진행을 순간적으로 실내 전체에 확산시키는 현상이다.
④ Back draft는 Flash over와는 다르게 폭풍 또는 충격파를 수반하지 않는다.

30 상 중 하　　　□□□

Back draft가 일어나기 전 잠재적 징후로 옳지 않은 것은?

① 압력차에 의해 공기가 빨려들어 오는 특이한 소리(휘파람 소리 등)와 진동의 발생
② 개구부를 통해 분출되는 화염이 보이며, 창문이나 문이 뜨겁다.
③ 유리창 안쪽에서 타르와 같은 물질(검은색 액체)이 흘러내린다.
④ 건물 내 연기가 소용돌이친다.

31 상 중 하　　　□□□

다음 중 훈소에 대한 설명으로 옳지 않은 것은?

① 훈소는 다공성 가연성 물질의 내부에서 발생하는 것으로 불꽃없이 타는 연소이다.
② 공기유입이 충족될 경우 표면연소와는 다르게 불꽃연소로 전이되지 않는다.
③ 구획실 화재에서 내부 산소 소진에 의해 발생하기도 한다.
④ 유염착화에 이르기에 온도가 낮거나 산소가 부족해 화염 없이 가연물의 표면에서 작열하며 소극적으로 연소하는 현상이다.

32 상 중 하　　　□□□

훈소와 표면연소의 내용으로 옳지 않은 것은?

① 훈소와 표면연소의 외관적 연소형태는 불꽃이 없이 작열하는 형태로 동일한 모습을 보인다.
② 열분해나 증발 등의 과정을 거쳐 가연성 기체를 발생시키며 연소하는 표면연소는 온도가 상승하거나 산소가 충분히 공급되어도 화염연소로 전환될 수 없다.
③ 훈소는 가연성 기체를 발생시키는 가연물들이 온도가 낮거나 산소의 부족으로 인해 가연성 기체에 착화되지 못하는 상태이므로 차후에 조건을 만족하게 되면 화염연소로 전환될 수 있다.
④ 훈소의 조건은 다공성, 산소의 공급률, 화합물의 산소 조정비 등이 있으며, 물질에 따라 차이가 있으나 대략적으로 약 0.001~0.01㎝/s의 속도를 가진 느린 연소현상이다.

33 상중하 ☐☐☐

훈소의 내용으로 옳지 않은 것은?

① 불완전연소 형태로 가연물의 10%가 일산화탄소로 되기 때문에 인체에 치명적인 위험한 연소형태이다.
② 연료(고체) 표면에서 발생하는 느린 연소과정으로 작열과 탄화현상이 일어나며, 연기입자가 크고 액체 미립자가 다량 포함되어 있다.
③ 공기유입이 충족될 경우 불꽃연소로 전이가 가능하다.
④ 불꽃연소에 비해 온도와 발연량이 낮다.

34 상중하 ☐☐☐

훈소에 대한 설명으로 옳은 것을 모두 고른 것은?

> ㄱ. 훈소에서 연료면으로 공기의 유입이 증대될 경우 불꽃연소로 전이가 가능하다.
> ㄴ. 훈소는 저강도 화재에 속하며 발생된 연기의 독성·자극성이 강하다.
> ㄷ. 훈소 시 플럼의 온도가 낮아 연기를 높이 올리는 열에너지가 부족하다.
> ㄹ. 연기입자가 크다.

① ㄱ, ㄴ, ㄷ
② ㄱ, ㄴ, ㄹ
③ ㄱ, ㄷ, ㄹ
④ ㄱ, ㄴ, ㄷ, ㄹ

35 상중하 ☐☐☐

백드래프트(Back Draft) 현상에 대한 설명으로 옳지 않은 것은?

① 백드래프트는 화재의 성장기와 감퇴기에서 발생할 수 있다.
② 불완전연소된 가연성 가스와 열이 집적된 상태에서 일시에 다량의 공기(산소)가 공급될 때 순간적으로 폭발적 발화현상이 발생하는데 이를 역류성 폭발 또는 백드래프트 현상이라 한다.
③ 폭발은 블레비(BLEVE)와 같은 물리적·화학적 병립에 의한 폭발과 연소폭발과 같은 화학적 폭발로 구분할 수 있으며, 백드래프트는 화학적 폭발에 해당한다.
④ 백드래프트가 일어나는 연소폭발 과정에서 공기와 혼합된 이산화탄소가 가연물로서의 역할을 담당한다.

36 상중하 ☐☐☐

다음에서 설명하는 백드래프트(Back Draft) 대응전술은?

> 화재가 발생된 밀폐공간의 개구부(출입구 또는 창문)인근에서 이용 가능한 벽 뒤에 숨어 있다가 출입구가 개방되자마자 개구부 입구를 측면 공격하고, 화재 공간에 집중 주수함으로써 백드래프트 현상을 방지하는 방법

① 배연법
② 급냉법
③ 측면 공격법
④ 정면 공격법

37 상 중 하   ☐☐☐

플래시오버(Flash over)와 백드래프트(Back draft)에 관한 설명으로 옳지 않은 것은?

① 플래시오버는 층 전체가 순식간에 화염에 휩싸이면서 모든 공간을 통하여 입체적으로 확대되는 현상이다.
② 백드래프트는 밀폐된 공간에서 화재가 발생하여 산소농도 저하로 불꽃을 내지 못하고 가연물질의 열분해에 의해 발생된 가연성 가스가 축적되면서 갑자기 유입된 신선한 공기로 급격히 연소가 활발해지는 현상이다.
③ 플래시오버의 방지대책으로 가연물의 양을 제한하는 방법이 있다.
④ 백드래프트가 발생하는 주요 원인은 복사열이다.

38 상 중 하   ☐☐☐

플래시오버(Flash over)와 백드래프트(Back draft) 현상을 비교한 것으로 옳지 않은 것은?

① 플래시오버보다 백드래프트의 발생빈도가 높다.
② 플래시오버의 연소형태는 산소량이 충분한 자유연소이고, 백드래프트는 산소량이 부족한 불완전연소의 훈소상태이다.
③ 백드래프트는 감쇠기 또는 성장기에도 발생할 수 있으며, 소방관의 안전 확보가 중요하다.
④ 백드래프트의 공급요인은 외부에서의 산소공급이고, 플래시오버의 공급요인은 복사열이다.

39 상 중 하   ☐☐☐

목조건축물 화재의 진행과정을 순서대로 옳게 나열한 것은?

① 화재원인 → 발염착화 → 무염착화 → 발화 → 최성기
② 화재원인 → 무염착화 → 발염착화 → 발화 → 최성기
③ 화재원인 → 발염착화 → 무염착화 → 최성기 → 발화
④ 화재원인 → 무염착화 → 발염착화 → 최성기 → 발화

40 상 중 하   ☐☐☐

목조건축물 화재의 진행 과정 중 그 내용으로 옳지 않은 것은?

① 무염착화: 가연물이 재로 덮인 숯불 모양으로 불꽃 없이 착화하는 현상이 보인다.
② 발염착화: 바람 및 공기 등을 불어넣어 충분한 산소공급으로 불꽃이 만들어진다.
③ 최성기: 불꽃이 실 전체로 급속하게 확대되며, 연기의 색이 백색에서 흑색으로 변한다.
④ 연소낙하: 천장, 지붕, 벽 등이 무너져 내리며, 화세가 강해진다.

41 상 중 하   ☐☐☐

다음 중 목조건출물의 화재 진행과정에 대한 설명으로 옳지 않은 것은?

① 목재의 발화점은 약 400[℃]로 최성기에서 연소낙하까지 소요되는 시간은 6~19분 정도이다.
② 바람 및 공기가 주어질 때 언제든지 불꽃 발생이 가능한 단계를 무염착화라고 한다.
③ 화재 후 약 10~30분 후 실내온도는 급격하게 상승하며, 최성기 도달 시 최고온도는 약 900~1,000[℃]를 지속한 후 서서히 낮아진다.
④ 지붕, 추녀 밑에서 발염착화하는 것은 옥외출화에 해당된다.

42 상 중 **하** □□□

목조건축물의 일반적인 화재특성에 관한 내용으로 옳은 것은?

① 습도가 높을수록 연소확대가 빠르다.
② 종방향보다는 횡방향의 화재성장이 빠르다.
③ 저온장기형 화재이다.
④ 바람의 세기가 클수록 풍하측으로 연소확대가 빠르다.

45 상 중 하 □□□

내화건축물의 화재 특성으로 옳지 않은 것은?

① 공기의 유입이 불충분하여 발염연소가 억제된다.
② 열이 외부로 방출되는 것보다 축적되는 것이 많다.
③ 목조건축물에 비해 밀도가 낮기 때문에 초기에 연소가 빠르다.
④ 저온장기형의 특성을 나타낸다.

✦ 고난도 문제

43 **상** 중 하 □□□

목조건축물에서 화재가 발생하였을 경우 풍속이 거의 없을 때 출화 이후 연소낙하까지 걸리는 시간은 얼마인가?

① 5~15분
② 6~19분
③ 13~24분
④ 30분

46 상 중 **하** □□□

표준화재 시간–온도곡선에서 목조건축물과 비교한 내화구조건축물의 화재특성은?

① 저온 단기형
② 저온 장기형
③ 고온 단기형
④ 고온 장기형

47 상 **중** 하 □□□

목조건축물과 내화건축물의 화재 특성에 관한 설명으로 옳지 않은 것은?

① 내화건축물의 경우 연기 등 연소생성물이 계단이나 복도 등을 따라 상층부로 이동하는 경향이 있어 인명피해가 크다.
② 내화건축물 화재 시 산소량이 급히 감소되어 연소가 약해지고 불완전연소가 일어나기 시작한다.
③ 내화건축물에 비해 목조건축물의 공기유통조건이 일정하여 연소속도가 완만하고 화재의 진행시간도 길다.
④ 내화건축물에 비해 목조건축물의 화염의 분출면적이 크고, 복사열이 커서 접근하기 어렵다.

44 상 **중** 하 □□□

다음 중 목조건축물의 화재에 대한 설명으로 옳지 않은 것은?

① 목재는 셀룰로오스, 반셀룰로오스 등을 포함하고 있으며, 고밀도의 목재가 저밀도의 목재보다 발화점이 낮다.
② 목조건축물의 확대 요인으로는 열의 직접적인 접촉, 복사열 등이 있다.
③ 열팽창은 건물 붕괴 요인으로서 목조건축물 화재 시 일반 콘크리트 건축물의 화재보다 붕괴확률이 적다.
④ 목조건축물은 출화에서 최성기로 넘어가는 단계에서 플래시오버가 발생한다.

48 상 중 하 ☐☐☐

다음 두 그래프에 해당하는 건축물 및 설명으로 옳지 않은 것은?

(ㄱ)   (ㄴ)

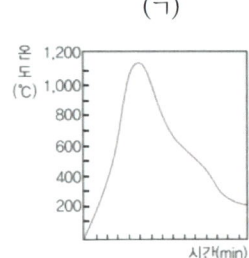 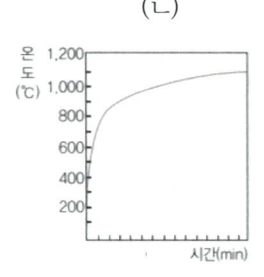

① (ㄱ)에서의 플래시오버 현상은 보통 화재발생으로부터 5~6분 경에 발생(공간면적과 가연물에 따라 차이가 있음)되며, 이때 실내온도는 800~900℃ 정도가 된다.

② (ㄱ)은 (ㄴ)에 비해 플래시오버가 더 빨리 일어난다.

③ (ㄴ)은 (ㄱ)에 비해 환기가 더 잘되어 산소 공급이 원활하여 화재진행이 빠르다.

④ (ㄴ)은 (ㄱ)에 비해 건축물의 최고온도가 더 낮다.

◆ 고난도 문제

49 상 중 하 ☐☐☐

다음 중 콘크리트 폭렬에 대한 설명으로 옳지 않은 것은?

① 화재 시 급격한 가열로 인해 콘크리트 내부의 수증기 압력이 증가하는데, 그 증기압으로 인해 콘크리트의 표층이 탈락하거나 박리되는 현상을 말한다.

② 주로 화재의 진행변화가 급속하게 이루어지는 성장기 에서 보이는 현상이다.

③ 고강도 콘크리트 사용 시 폭렬에 의한 피해가 더 크다.

④ 콘크리트의 인장강도보다 콘크리트의 내부 수증기 압 력이 클 때 콘크리트 폭렬 현상이 나타난다.

50 상 중 하 ☐☐☐

폭렬(Spalling)의 발생원인으로 옳지 않은 것은?

① 흡수율이 큰 골재의 사용한 경우

② 내화성이 약한 골재의 사용한 경우

③ 콘크리트 내부 함수율이 낮은 경우

④ 콘크리트의 치밀한 조직으로 화재 시 수증기 배출이 안되는 경우

51 상 중 하 ☐☐☐

화재하중 산정에 영향을 미치는 요소는?

① 가연물의 중량

② 가연물의 비표면적

③ 화재실의 공기 공급량

④ 가연물의 배열상태

52 상 중 하 ☐☐☐

화재하중 산정에 영향을 미치는 요소를 모두 고른 것은?

ㄱ. 가연물의 중량

ㄴ. 가연물의 단위중량당 발열량

ㄷ. 화재실의 바닥면적

ㄹ. 화재실의 공기 공급량

① ㄱ, ㄷ

② ㄴ, ㄹ

③ ㄱ, ㄴ, ㄷ

④ ㄱ, ㄴ, ㄷ, ㄹ

53 상 중 하 ☐☐☐

화재강도에 대한 설명으로 옳지 않은 것은?

① 화재실의 벽, 천장, 바닥의 단열이 좋지 않을수록 화재강도가 커진다.
② 가연물의 비표면적이 넓을수록 화재강도가 커진다.
③ 화재강도가 크면 열축적이 크기 때문에 주수율 또한 높아져야 한다.
④ 열방출률이 클수록 화재강도가 커진다.

✦ 고난도 문제

54 상 중 하 ☐☐☐

화재의 용어에 대한 내용으로 옳지 않은 것은?

① 화재크기인 화재가혹도는 최고온도 × 지속시간으로 표현한다.
② 지속시간은 화재하중과 환기요소에 의해 결정되는데 화재하중이 크고, 개구부가 많을수록 인적 물적 피해가 커지게 된다.
③ 화재강도는 열방출속도가 클수록, 열방산속도가 작을수록 커지게 되고, 열방출속도가 작을수록, 열방산속도가 클수록 화재강도는 작아지게 된다.
④ 지속시간은 화재하중을 연소속도로 나눈 값으로 가연물의 양이 많을수록 연소 지속시간이 길어진다.

55 상 중 하 ☐☐☐

가로 10m, 높이 10m, 세로 10m인 창고에 고무 100kg이 적재되어 있는 경우 화재하중[kg/㎡]은 얼마인가? (단, 목재의 단위발열량은 4,500[kcal/kg], 고무의 단위발열량은 9,000[kcal/ kg]이다)

① 2
② 5.1
③ 10.08
④ 14.08

✦ 고난도 문제

56 상 중 하 ☐☐☐

바닥면적이 5㎡인 창고에 목재 10kg과 기타 가연물 50kg이 적재되어 있는 경우 화재하중[kg/㎡]은 얼마인가? (단, 목재의 단위발열량은 4,500[kcal/kg], 기타 가연물의 단위발열량은 4,184[kJ/kg]이며, 소수점 이하 셋째자리에서 반올림한다. 단위 변환 시 1[kcal] = 4.184[kJ]를 사용한다)

① 2.22
② 4.22
③ 5.14
④ 14.08

57 ⑤⑧⑩ □□□

화재가혹도에 대한 설명으로 옳지 않은 것은?

① 화재가혹도는 최고온도와 지속시간의 곱으로 표현한다.
② 발생한 화재가 당해 건물과 그 내용의 수용재산 등을 파괴하거나 손상을 입히는 능력의 정도이므로 방호공간 안에서 화재의 세기를 나타내는 개념이다.
③ 화재가혹도의 요소 중 화재강도가 크면 열 축적열량이 큰 것으로 주수시간이 길어야 한다.
④ 화재가혹도에 견디는 내력을 화재저항이라고 하며 건축물의 내화구조, 방화구조 등을 의미한다.

✦ 고난도 문제

58 ⑤⑧⑩ □□□

(ㄱ), (ㄴ)의 설명으로 옳은 것을 모두 고른 것은?

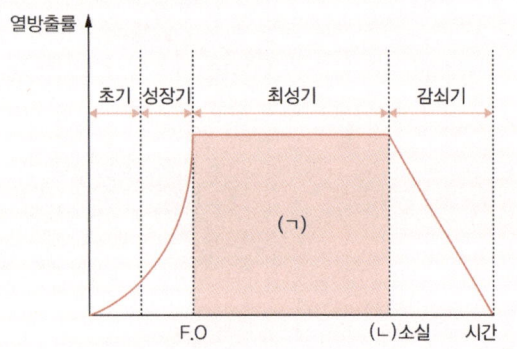

> ㄱ. (ㄱ)은 화재 실의 단위 면적당 가연물의 중량으로, 실제로 존재하는 가연물의 발열량을 등가목재중량으로 환산한 것이다.
> ㄴ. (ㄱ) 값을 낮추기 위해서는 가연물을 최소단위로 저장하고 불연성 밀폐용기에 보관한다.
> ㄷ. (ㄴ) 값이 크면 주수율이 높아져야 한다.
> ㄹ. (ㄴ)은 발생한 화재가 당해 건물과 그 내부 수용재산 등을 파괴하거나 손상을 입히는 능력의 정도를 말한다.

① ㄱ
② ㄴ
③ ㄷ, ㄹ
④ ㄱ, ㄴ, ㄷ

59 ⑤⑧⑩ □□□

내화구조 건축물의 내화성능 요구조건에 해당하지 않는 것은?

① 차연성
② 차열성
③ 차염성
④ 하중지지력

60 ⑤⑧⑩ □□□

다음 중 화재에 대한 설명으로 옳은 것을 모두 고른 것은?

> ㄱ. 화재강도가 크면 열축적이 크므로 주수율이 높아져야 한다.
> ㄴ. 화재실의 벽, 천장, 바닥의 단열이 좋을수록 화재강도는 커진다.
> ㄷ. 화재가혹도를 견디는 내력을 화재저항이라 하며 차열성, 차염성 등이 있다.
> ㄹ. 실내 가연물에는 여러 가지의 재료가 있고, 발열량도 다르기 때문에 실제로 존재하는 가연물을 목재중량으로 환산하여 화재하중을 계산한다.
> ㅁ. 화재 시 구획실 구석에 있는 가연물들은 적은 공기를 흡수하기 때문에 낮은 화염온도를 지닌다.
> ㅂ. 열방출속도가 클수록, 열방산속도가 작을수록 화재강도는 커진다.

① ㄱ, ㄴ, ㄷ, ㅂ
② ㄴ, ㄷ, ㄹ, ㅁ
③ ㄱ, ㄴ, ㄷ, ㄹ, ㅁ
④ ㄱ, ㄴ, ㄷ, ㄹ, ㅂ

정답 및 해설 | 59~66p

01 상 중 하 ☐☐☐

건축법령상 소방안전에 관련된 용어의 설명으로 옳지 않은 것은?

① 내화구조: 화염의 확산을 막을 수 있는 성능을 가진 구조
② 난연재료: 불에 잘 타지 아니하는 성능을 가진 재료
③ 불연재료: 불에 타지 아니하는 성질을 가진 재료
④ 준불연재료: 불연재료에 준하는 성질을 가진 재료

02 상 중 하 ☐☐☐

건축법령상 용어의 정의로 옳지 않은 것은?

① "난연재료"란 불에 잘 타지 아니하는 성능을 가진 재료로서 국토교통부령으로 정하는 기준에 적합한 재료를 말한다.
② "준불연재료"란 불연재료에 준하는 성질을 가진 재료로서 국토교통부령으로 정하는 기준에 적합한 재료를 말한다.
③ "불연재료"란 불에 타지 아니하는 성질을 가진 재료로서 국토교통부령으로 정하는 기준에 적합한 재료를 말한다.
④ "방화구조"란 화재에 견딜 수 있는 성능을 가진 구조로서 국토교통부령으로 정하는 기준에 적합한 구조를 말한다.

03 상 중 하 ☐☐☐

건축법상 건축물의 주요구조부에 해당하는 것은?

① 차양
② 옥외 계단
③ 내력벽
④ 사잇기둥

✦ **고난도 문제**

04 상 중 하 ☐☐☐

내화구조에 해당하지 않는 것은?

① 철근콘크리트조로 두께가 10[cm] 이상인 벽
② 철근콘크리트조로 두께가 5[cm] 이상인 외벽 중 비내력벽
③ 벽돌조로서 두께가 19[cm] 이상인 벽
④ 철골철근콘크리트조로서 두께가 10[cm] 이상인 벽

✦ **고난도 문제**

05 상 중 하 ☐☐☐

내화구조의 기준 중 벽의 경우 벽돌조는 두께가 최소 몇 cm 이상이어야 하는가?

① 5
② 10
③ 12
④ 19

06 상 중 하 □□□

건축물의 내화구조에서 바닥의 경우에는 철근콘크리트조의 두께가 몇 cm 이상이어야 하는가?

① 7
② 10
③ 12
④ 15

07 상 중 하 □□□

「건축물의 피난·방화구조 등의 기준에 관한 규칙」상 건축물의 주요구조부 중 계단의 내화구조 기준으로 옳지 않은 것은?

① 철근콘크리트조
② 철재로 보강된 망입유리
③ 콘크리트블록조
④ 철재로 보강된 벽돌조

08 상 중 하 □□□

「건축물의 피난·방화구조 등의 기준에 관한 규칙」상 내화구조로 옳지 않은 것은?

① 외벽 중 비내력벽인 경우에는 철근콘크리트조로서 두께가 7센티미터 이상인 것
② 기둥의 경우에는 그 작은 지름이 20센티미터 이상인 것으로서 철근콘크리트조인 것(고강도 콘크리트를 사용하는 경우가 아님)
③ 바닥의 경우에는 철근콘크리트조로서 두께가 10센티미터 이상인 것
④ 보의 경우에는 철근콘크리트조인 것(고강도 콘크리트를 사용하는 경우가 아님)

09 상 중 하 □□□

다음 중 내화구조에 해당하는 것은?

① 두께 2.5cm 이상의 석고판 위에 시멘트모르타르를 붙인 것
② 철근콘크리트조의 벽으로서 두께가 10cm 이상인 것
③ 철망모르타르로서 그 바름두께가 2cm 이상인 것
④ 심벽에 흙으로 맞벽치기 한 것

10 상 중 **하** ☐☐☐

연면적이 1,000㎡ 이상인 목조건축물은 그 외벽 및 처마 밑의 연소할 우려가 있는 부분을 방화구조로 하여야 하는데, 이때 연소우려가 있는 부분이란 어떤 것을 의미하는가? (단, 동일한 대지 안에 2동 이상의 건물이 있는 경우이며, 공원·광장, 하천의 공지나 수면 또는 내화구조의 벽, 기타 이와 유사한 것에 접하는 부분을 제외한다)

① 상호의 외벽 간 중심선으로부터 1층은 3m 이내의 부분
② 상호의 외벽 간 중심선으로부터 2층은 7m 이내의 부분
③ 상호의 외벽 간 중심선으로부터 3층은 11m 이내의 부분
④ 상호의 외벽 간 중심선으로부터 4층은 13m 이내의 부분

11 상 중 **하** ☐☐☐

건축물 방화구획의 방법에 해당되지 않는 것은?

① 층별 구획
② 면적별 구획
③ 용도별 구획
④ 수용인원별 구획

12 상 중 **하** ☐☐☐

방화구획의 설치기준 중 스프링클러설비를 설치한 10층은 몇 ㎡ 이내마다 구획하여야 하는가?

① 1,000
② 1,500
③ 2,000
④ 3,000

13 상 **중** 하 ☐☐☐

방화구획의 설치기준 중 옥내소화전설비를 설치한 건축물의 8층은 몇 ㎡ 이내마다 구획하여야 하는가?

① 1,000
② 1,500
③ 2,000
④ 3,000

14 상 **중** 하 ☐☐☐

각 층의 바닥면적이 1,800㎡인 지상 15층의 내화구조 주상복합 건축물이 있다. 이 건축물 지상 13층에서의 최소 방화구획 수는? (단, 전 층에 스프링클러소화설비가 설치되어 있다)

① 2
② 3
③ 4
④ 5

15 상 중 **하** ☐☐☐

다음 중 건축방재에 대한 설명으로 옳지 않은 것은?

① 화재 성장기인 연소 및 연소확대에 대한 저항성을 확보한 것을 난연이라 하며 불연, 준불연 등이 해당된다.
② 일정 시간 동안 일정 구획에서 화재를 한정시킬 수 있는 성능을 가진 구조를 방화구획이라고 한다.
③ 방화구획의 기준은 면적별, 층별, 용도별로 각각 다르다.
④ 방화구획의 구획의 구조는 내화구조의 바닥, 벽, 60+ 방화문, 60분 방화문, 자동방화셔터가 있다.

16 상 중 하 ☐☐☐

「건축물의 피난·방화구조 등의 기준에 관한 규칙」상 건축물에 설치하는 방화벽에 관한 기준이다. ( ) 안에 들어갈 내용으로 알맞은 것은?

> 방화벽에 설치하는 출입문의 너비 및 높이는 각 (ㄱ)미터 이하로 하고, 해당 출입문에는 (ㄴ)을 설치할 것

	(ㄱ)	(ㄴ)
①	2.5	60+방화문 또는 60분 방화문
②	2.5	60분 방화문 또는 30분 방화문
③	3	60+방화문 또는 60분 방화문
④	3	60+방화문 또는 30분 방화문

17 상 중 하 ☐☐☐

연면적이 1,000㎡ 이상인 건축물에 설치하는 방화벽이 갖추어야 할 기준으로 옳지 않은 것은?

① 내화구조로서 홀로 설 수 있는 구조일 것
② 방화벽이 양쪽 끝과 위쪽 끝을 건축물의 외벽면으로부터 0.1[m] 이상 튀어 나오게 할 것
③ 방화벽에 설치하는 출입문의 너비는 2.5[m] 이하로 할 것
④ 방화벽에 설치하는 출입문의 높이는 2.5[m] 이하로 할 것

18 상 중 하 ☐☐☐

다음 중 건축물의 용어 및 방화설비에 대한 설명으로 옳지 않은 것은?

① 방화벽이란 화재 발생 시 화염확산을 방지하기 위해 공간을 구획하는 것을 말한다.
② 무창층은 지상층 중 개구부의 요건을 모두 갖춘 개구부의 면적 합계가 해당 층 바닥면적의 1/20 이하가 되는 층을 말한다.
③ 부속실을 거쳐 계단실에 도달할 수 있도록 한 계단은 특별피난계단으로 피난계단보다 더 높은 수준의 화재안전성능을 지녔다.
④ 60분 방화문은 연기 및 불꽃을 차단할 수 있는 시간이 60분 이상인 방화문을 말한다.

19 상 중 하 ☐☐☐

건축물의 용어의 정의로 옳지 않은 것은?

① 피난층이란 곧바로 지상으로 갈 수 있는 출입구가 있는 층을 말한다.
② 지하층이란 건축물의 바닥이 지표면 아래에 있는 층으로서 바닥에서 지표면까지 평균높이가 해당 층 높이의 1/2 이상인 것을 말한다.
③ 건축물의 5층(공동주택의 경우에는 11층) 이상인 층 또는 지하 2층 이하인 층으로부터 피난층 또는 지상으로 통하는 직통계단은 특별피난계단으로 설치하여야 한다.
④ 무창층이란 지상층 중 개구부의 면적합계가 해당 층 바닥면적의 1/30 이하가 되는 층을 말한다.

20 상 중 **하** □□□

건축물의 방재계획 사항으로 옳은 것을 모두 고른 것은?

> ㄱ. 부지선정 및 배치계획
> ㄴ. 평면계획
> ㄷ. 단면계획
> ㄹ. 입면계획
> ㅁ. 재료계획

① ㄱ, ㄴ, ㄷ
② ㄴ, ㄷ, ㄹ
③ ㄱ, ㄴ, ㄷ, ㄹ
④ ㄱ, ㄴ, ㄷ, ㄹ, ㅁ

21 상 **중** 하 □□□

다음 설명에 맞는 건축물 방재계획을 고른 것은?

> 벽과 개구부가 가장 큰 요소가 된다. 불·연기가 다른 건물로 이동하지 않도록 구획하며 외부에서 건축물 내에 진입하기 위한 진입구를 마련하여 소화 및 구조의 원활한 활동 및 피난의 원활성을 위해 발코니나 옥외계단을 설치할 수 있도록 한다.

① 내장(재료)계획
② 평면계획
③ 입면계획
④ 단면계획

22 상 중 **하** □□□

건축물의 연소확대 방지를 위한 구획방법으로 옳지 않은 것은?

① 일정한 면적마다 방화구획을 함으로써 화재규모를 가능한 한 작은 범위로 줄이고 피해를 최소한으로 한다.
② 외벽의 개구부에는 내화구조의 차양, 발코니 등을 설치하지 않는 것이 바람직하며, 고온의 화기가 상부로 올라가도록 구획한다.
③ 건축물을 수직으로 관통하는 부분은 다른 층으로 화재가 확산되지 않도록 구획한다.
④ 복합건축물에서 화재위험을 많이 내포하고 있는 공간을 그 밖의 공간과 구획하여 화재 시 피해를 줄인다.

23 상 중 **하** □□□

피난계획의 일반적인 원칙으로 옳지 않은 것은?

① 건물 내 임의의 지점에서 피난 시 한 방향이 화재로 사용이 불가능하면 다른 방향으로 사용되도록 한다.
② 피난수단은 보행에 의한 피난을 기본으로 하고 인간본능을 고려하여 설계한다.
③ 피난경로는 굴곡부가 많거나 갈림길이 생기지 않도록 간단하고 명료하게 설계한다.
④ 피난경로의 안전구획을 1차로 계단, 2차는 복도로 설정한다.

24 ⓢⓒⓗ ☐☐☐

건축물 피난계획의 기본원칙으로 옳지 않은 것은?

① 2개 이상의 방향으로 피난 할 수 있는 피난로를 확보해야 한다.
② 안내 표지판 등은 그림이나 색보다는 상세한 문자로 해야 한다.
③ 피난유도와 배연설비 등 전력을 이용하는 설비에는 예비전원을 갖추어야 한다. 또한 피난로에는 정전 시에도 피난방향을 명백히 할 수 있는 표시를 한다.
④ 피난경로에 따라서 일정한 구획을 한정하여 피난 Zone을 설정하고 최종적으로 안전성을 높이는 것이 합리적이다.

25 ⓢⓒⓗ ☐☐☐

다음 중 피난계획의 일반원칙을 모두 고른 것은?

> ㄱ. 피난문은 피난방향으로 열리는 구조여야 한다.
> ㄴ. 2방향 이상의 피난로를 확보하며, 그 말단은 화재로부터 안전한 장소이어야 한다.
> ㄷ. 상호 반대 방향으로 혼란을 방지하기 위해서 하나의 출구와 연결되는 것이 좋다.
> ㄹ. 피난 대책은 fool-proof와 fail-safe의 원칙을 중시해야 한다.
> ㅁ. 피난설비는 고정시설이 좋으며, 이동식 기구와 장치 등은 최후의 소수 인원을 위한 보조수단으로 생각해야 한다. 이동식 설비로는 피난용 로프, 구조대 등이 있다.

① ㄱ, ㄷ, ㅁ
② ㄴ, ㄷ, ㄹ
③ ㄱ, ㄴ, ㄹ
④ ㄱ, ㄴ, ㄹ, ㅁ

26 ⓢⓒⓗ ☐☐☐

화재 시 인간의 피난행동 특성을 고려하여 혼란을 최소화하는 건축물 피난계획의 일반적인 원칙에 관한 설명으로 옳지 않은 것은?

① 피난경로 중 한 방향이 화재 등의 재난으로 사용할 수 없을 경우에 다른 방향이 사용되도록 고려하는 페일 세이프(fail safe) 원칙이 필요하다.
② 피난로에는 정전 시에도 피난방향을 명백히 확인 할 수 있는 표시를 한다.
③ 피난경로에 따라 일정 구역을 한정하여 피난 존으로 설정하고, 최종 안전한 피난 장소 쪽으로 진행됨에 따라 각 존의 안전성을 높인다.
④ 피난설비는 이동식 기구와 이동식 장치(피난기구) 등이 원칙이며, 고정시설은 탈출에 늦은 소수 사람에 대한 극히 예외적인 보조수단으로 고려한다.

27 ⓢⓒⓗ ☐☐☐

피난원칙 중 Fail safe에 관한 설명으로 옳은 것은?

① 피난경로는 간단명료하게 하여야 한다.
② 피난 시 하나의 수단이 고장으로 실패하여도 다른 수단에 의해 피난할 수 있도록 하는 것을 말한다.
③ 비상 시 판단능력 저하를 대비하여 누구나 알 수 있도록 피난수단 등을 문자나 그림 등으로 표시한다.
④ 피난수단은 원시적 방법에 의한 것을 원칙으로 한다.

28 상 중 하 ☐☐☐

건축물 화재 시 피난자들의 집중으로 패닉(panic) 현상이 일어날 수 있는 피난방향은?

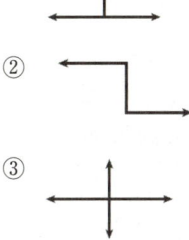

29 상 중 하 ☐☐☐

건물화재 시 패닉(panic)의 발생원인과 직접적인 관계있는 것을 모두 고른 것은?

> ㄱ. 불연내장재의 사용
> ㄴ. 연기에 의한 시계 제한
> ㄷ. 유독가스에 의한 호흡 장애
> ㄹ. 외부와 단절되어 고립

① ㄱ, ㄴ
② ㄷ, ㄹ
③ ㄴ, ㄷ, ㄹ
④ ㄱ, ㄴ, ㄷ, ㄹ

30 상 중 하 ☐☐☐

인간의 본능적 피난행동에 대한 내용으로 옳지 않은 것은?

① 시계회전의 반대회전, 즉 좌를 내측, 우를 외측으로 하여 보행하려는 본능을 좌회본능이라 한다.
② 인간은 비상시 늘 사용하던 익숙한 경로를 따라 대피하는 본능을 귀소본능이라 한다.
③ 건물내부에 연기로 인해 시야가 제한을 받을 경우 빛이 새어나오는 방향으로 피난하려는 본능을 지광본능이라 한다.
④ 화염, 연기에 대한 공포감으로 발화의 반대방향으로 이동하는 본능을 추종본능이라 한다.

✦ 고난도 문제

31 상 중 하 ☐☐☐

화재 시 인간의 피난행동 특성에 관한 설명으로 옳지 않은 것은?

① 처음에 들어온 빌딩 등에서 내부 상황을 모를 경우 들어왔던 경로로 피난하려는 본능을 귀소본능이라 한다.
② 위험 상황으로부터 멀어지려고 하는 경향을 본능적 위험의 회피성이라고 한다.
③ 열린 느낌이 드는 방향으로 피난하려는 경향을 직진성이라 한다.
④ 안전하다고 생각되는 경로로 피난하려는 경향을 이성적 안전지향성이라 한다.

✦고난도 문제

32 상⟨중⟩하 ☐☐☐

「건축물의 피난·방화구조 등의 기준에 관한 규칙」상 피난안전구역에 관한 내용으로 옳지 않은 것은?

① 내부마감재료는 준불연재료로 설치할 것
② 건축물의 내부에서 피난안전구역으로 통하는 계단은 특별피난계단의 구조로 설치할 것
③ 비상용 승강기는 피난안전구역에서 승하차할 수 있는 구조로 설치할 것
④ 관리사무소 또는 방재센터 등과 긴급연락이 가능한 경보 및 통신시설을 설치할 것

✦고난도 문제

33 상⟨중⟩하 ☐☐☐

「건축물의 피난·방화구조 등의 기준에 관한 규칙」상 피난안전구역의 구조 및 설비에 관한 설명으로 옳지 않은 것은?

① 피난안전구역의 내부마감재료는 불연재료로 설치할 것
② 건축물의 내부에서 피난안전구역으로 통하는 계단은 특별피난계단의 구조로 설치할 것
③ 비상용 승강기는 피난안전구역을 통과하는 구조로 설치할 것
④ 피난안전구역의 높이는 2.1미터 이상일 것

✦고난도 문제

34 상⟨중⟩하 ☐☐☐

「건축물의 피난·방화구조 등의 기준에 관한 규칙」에서 정하고 있는 건축물의 피난안전구역의 설치기준 중 구조 및 설비 기준으로 옳지 않은 것은?

① 피난안전구역의 높이는 2.1미터 이상일 것
② 피난안전구역의 내부마감재료는 준불연재료로 설치할 것
③ 비상용 승강기는 피난안전구역에서 승하차할 수 있는 구조로 설치할 것
④ 건축물의 내부에서 피난안전구역으로 통하는 계단은 특별피난계단의 구조로 설치할 것

✦고난도 문제

35 상⟨중⟩하 ☐☐☐

초고층 및 지하연계 복합건축물 재난관리에 관한 특별법령에서 정한 피난안전구역에 설치하여야 하는 소방시설로 옳지 않은 것은?

① 소화기 및 간이소화용구
② 자동화재속보설비
③ 비상조명등 및 휴대용비상조명등
④ 자동화재탐지설비

✦ 고난도 문제

36 상 중 하 ☐☐☐

「건축물의 피난·방화구조 등의 기준에 관한 규칙」에서 소방관 진입창의 기준으로 옳지 않은 것은?

① 2층 이상 11층 이하인 층에 각각 1개소 이상 설치할 것
② 창문의 한쪽 모서리에 타격지점을 지름 3센티미터 이상의 원형으로 표시 할 것
③ 강화 유리 또는 배강도유리로서 그 두께가 6밀리미터 이상인 것
④ 창문의 가운데에 지름 20센티미터 이상의 역삼각형을 야간에도 알아볼 수 있도록 빛 반사 등으로 붉은색으로 표시할 것

✦ 고난도 문제

37 상 중 하 ☐☐☐

「건축물의 피난·방화구조 등의 기준에 관한 규칙」 및 건축법령상 피난 및 방화구조 등에 관한 내용으로 옳은 것은?

① 시멘트모르타르 위에 타일을 붙인 것으로서 그 두께의 합계가 2센티미터 이상인 것은 방화구조이다.
② 초고층 건축물에는 피난층 또는 지상으로 통하는 직통계단과 직접 연결되는 피난안전구역을 지상층으로부터 최대 30개 층마다 1개소 이상 설치하여야 한다.
③ 소방관 진입창의 기준은 창문의 가운데에 지름 20센티미터 이상의 사각형을 야간에도 알아볼 수 있도록 빛 반사 등으로 붉은 색으로 표시할 것
④ 준초고층 건축물에는 피난층 또는 지상으로 통하는 직통계단과 직접 연결되는 피난안전구역을 해당 건축물 전체 층수의 2분의 1에 해당하는 층으로부터 상하 10개층 이내에 1개소 이상 설치하여야 한다.

✦ 고난도 문제

38 상 중 하 ☐☐☐

건축물의 바깥쪽에 설치하는 피난계단의 구조기준 중 계단의 유효 너비는 몇 m 이상으로 하여야 하는가?

① 0.6
② 0.7
③ 0.8
④ 0.9

✦ 고난도 문제

39 상 중 하 ☐☐☐

「건축물의 피난·방화구조 등의 기준에 관한 규칙」에서 정한 건축물의 내부에 설치하는 피난계단의 구조의 기준으로 옳지 않은 것은?

① 계단실은 창문·출입구 기타 개구부를 제외한 당해 건축물의 다른 부분과 내화구조의 벽으로 구획할 것
② 건축물의 내부와 접하는 계단실의 창문 등(출입구를 제외한다)은 망이 들어 있는 유리의 붙박이창으로서 그 면적을 각각 1제곱미터 이하로 할 것
③ 건축물의 내부에서 계단실로 통하는 출입구의 유효너비는 0.9미터 이상으로 할 것
④ 계단실의 바깥쪽과 접하는 창문등은 당해 건축물의 다른 부분에 설치하는 창문등으로부터 1미터 이하의 거리를 두고 설치할 것

40 상 중 하 ☐☐☐

「건축물의 피난·방화구조 등의 기준에 관한 규칙」상 특별피난계단의 구조에 관한 설명으로 옳지 않은 것은?

① 계단실의 노대 또는 부속실에 접하는 창문 등(출입구를 제외한다)은 망이 들어 있는 유리의 붙박이창으로서 그 면적을 각각 2㎡ 이하로 할 것
② 노대 및 부속실에는 계단실 외의 건축물의 내부와 접하는 창문 등(출입구를 제외한다)을 설치하지 아니할 것
③ 출입구의 유효너비는 0.9m 이상으로 하고 피난의 방향으로 열 수 있을 것
④ 계단은 내화구조로 하되, 피난층 또는 지상까지 직접 연결되도록 할 것

41 상 중 하 ☐☐☐

「건축물의 피난·방화구조 등의 기준에 관한 규칙」상 건축물에 설치하는 특별피난계단 구조에 관한 기준으로 옳지 않은 것은?

① 부속실에는 예비전원에 의한 조명설비를 할 것
② 계단은 내화구조로 하고 피난층 또는 지상까지 직접 연결되도록 할 것
③ 계단실 실내에 접하는 부분의 마감은 불연재료로 할 것
④ 계단실은 창문 등을 제외하고 내화구조의 벽으로 구획할 것

42 상 중 하 ☐☐☐

「건축물의 피난·방화구조 등의 기준에 관한 규칙」상 건축물의 출입구에 설치하는 회전문의 설치기준으로 옳지 않은 것은?

① 계단이나 에스컬레이터로부터 1.5m 이상의 거리를 둘 것
② 출입에 지장이 없도록 일정한 방향으로 회전하는 구조로 할 것
③ 회전문의 회전속도는 분당회전수가 8회를 넘지 아니하도록 할 것
④ 자동회전문은 충격이 가하여지거나 사용자가 위험한 위치에 있는 경우에는 전자감지장치 등을 사용하여 정지하는 구조로 할 것

Simtail

Simple Detail

2026

PART

5

소화

정답 및 해설 | 68~69p

01 ⓢⓩ**ⓗ** □□□

소화 효과에 대한 설명으로 옳지 않은 것은?

① 산소공급원 차단에 의한 소화는 제거효과이다.
② 가연물질의 온도를 떨어뜨려서 소화하는 것은 냉각효과이다.
③ 촛불을 입으로 바람을 불어 끄는 것은 제거효과이다.
④ 물에 의한 소화는 냉각효과이다.

02 ⓢ**ⓩ**ⓗ □□□

다음 중 제거소화 방법으로 옳은 것을 모두 고른 것은?

> ㄱ. 산림화재 시 풍상측의 나무를 잘라 제거한다.
> ㄴ. 유류탱크 화재 시 질소폭탄으로 폭풍을 일으켜 증기를 날려 보낸다.
> ㄷ. 가스화재 시 밸브를 차단시켜 가스공급을 중단한다.
> ㄹ. 공기보다 비중이 큰 소화약제를 사용하여 가연물의 주위를 피복한다.
> ㅁ. 활성화 에너지를 높여 연쇄반응을 차단한다.

① ㄴ, ㄷ
② ㄱ, ㄴ, ㄷ
③ ㄷ, ㄹ, ㅁ
④ ㄱ, ㄴ, ㄷ, ㄹ

03 ⓢⓩ**ⓗ** □□□

다음 중 소화의 원리가 다른 것은?

① 가연성 가스의 화재 시 주 밸브를 닫아 연료공급을 차단하여 소화하는 방법
② 연쇄 전달체의 발생을 억제하여 소화하는 방법
③ 요리 중 음식물에 불이 붙었을 때 용기의 뚜껑을 덮어 소화하는 방법
④ 유류탱크화재 시 탱크 밑에서 기름을 빼내어 소화하는 방법

04 ⓢⓩ**ⓗ** □□□

소화에 관한 설명으로 옳지 않은 것은?

① 연소의 3요소 중 어느 하나라도 제거하면 화재는 소화된다.
② 표면화재 시 연쇄반응을 차단하는 방법으로는 소화가 불가능하다.
③ 가연성 기체의 농도가 연소범위를 벗어나면 연소는 일어나지 않는다.
④ 유화소화 시 유화의 효과를 높이기 위해서는 질식효과의 물방울 입자크기보다는 약간 크게 하고 고압으로 방사한다.

05 상 중 하 ☐☐☐

소화의 기본 원리에 대한 설명으로 옳지 않은 것은?

① 제거소화란 물리적 소화로 가연물을 제거 또는 차단하여 연소반응을 중지시키는 소화방법을 말한다.
② 부촉매소화(억제소화)란 연소의 4요소 중 연쇄반응을 차단하는 화학적 소화방법을 말한다.
③ 질식소화는 산소공급원을 차단하는 소화방법으로 유화질식, 희석질식 등 산소공급원을 차단하여 소화하는 방법으로 물리적 소화에 해당한다.
④ 냉각소화에 많이 이용되는 물은 비열 및 증발잠열의 값이 다른 물질에 비해 작아 가연성 물질을 인화점 이하로 냉각하는 효과가 있다.

06 상 중 하 ☐☐☐

소화효과에 대한 설명으로 옳은 것을 모두 고른 것은?

> ㄱ. 피복소화: 공기보다 비중이 큰 소화약제를 사용하여 가연물의 주위를 덮어 산소 공급을 차단하여 소화하는 방법
> ㄴ. 유화소화: 중질유 화재 시 물을 무상으로 방사하여 유류표면에 얇은 층을 형성하여 유류의 증기압을 떨어뜨려 소화하는 방법
> ㄷ. 희석소화: 비수용성의 가연물질에 다량의 물을 주입하여 가연물질의 농도를 연소농도 이하로 낮춰 소화하는 방법
> ㄹ. 부촉매소화: 제1종 분말소화약제 사용 시 분해되어 나온 암모늄이온에 의해 연쇄반응을 억제·차단하는 소화방법

① ㄱ, ㄴ
② ㄴ, ㄷ
③ ㄴ, ㄷ, ㄹ
④ ㄱ, ㄴ, ㄷ, ㄹ

07 상 중 하 ☐☐☐

소화의 방법 내용으로 옳은 것을 모두 고른 것은?

> ㄱ. 전기화재 시 전원을 차단하여 전기의 공급을 중단하여 제거소화 할 수 있다. 하지만 공기를 차단하는 질식작용이 가장 중요한 소화방법이다.
> ㄴ. 퍼징은 가연성 혼합기체에 불활성 가스를 첨가하여 산소의 농도를 최소산소농도 이상으로 유지시켜 화염이 전파되지 않도록 하는 방법으로 일반적으로 산소농도는 MOC보다 4% 높은 농도로 제어한다.
> ㄷ. 물의 증발잠열을 이용하기 위해 화재 시 주로 물을 사용한다. 주수방법으로는 봉상, 적상, 무상이 있으며 모두 냉각 소화효과가 있는 방법이다.
> ㄹ. 냉각소화란 열을 흡수하여 연소반응의 속도를 지연시키는 목적이 있는 소화방법을 말한다.

① ㄷ
② ㄱ, ㄷ
③ ㄱ, ㄷ, ㄹ
④ ㄱ, ㄴ, ㄷ, ㄹ

08 상 중 하 ☐☐☐

부촉매 소화 방법에 대한 내용으로 옳은 것을 모두 고른 것은?

> ㄱ. 억제소화(부촉매효과)는 연소의 4요소 중 연쇄반응의 속도를 빠르게 하는 촉매를 억제시켜 화학반응 속도를 느리게 하는 것으로 화학적 소화방법에 해당한다.
> ㄴ. 강화액 소화약제, 할론 소화약제, 분말 소화약제는 모두 부촉매 효과가 있다.
> ㄷ. 연쇄 전달체의 발생을 증가하여 소화하는 방법이다.
> ㄹ. 부촉매 주입 시 활성화 에너지는 감소하게 된다.
> ㅁ. 자유 라디칼(Free radical) 생성과 관계가 있다.

① ㄱ, ㄴ, ㄷ
② ㄱ, ㄴ, ㅁ
③ ㄱ, ㄴ, ㄷ, ㄹ
④ ㄱ, ㄷ, ㄹ, ㅁ

다음 중 소화에 대한 설명으로 옳은 것을 모두 고른 것은?

ㄱ. 제거소화의 예시로는 산림을 벌채하는 것과, 촛불을 불어서 끄는 것 등이 있다.

ㄴ. 가스계 소화약제인 이산화탄소 소화약제는 냉각효과, 질식효과가 있다.

ㄷ. 공기 중의 산소농도를 한계산소량 이하로 낮추어 연소를 중지시키는 소화방법은 제거소화이다.

ㄹ. 가연성 액체(중질유) 화재 시 물을 무상으로 방사하거나 포 소화약제를 방사하여 유류표면에 얇은 층(유화층)을 형성시키는 유화소화는 화학적 소화라고 볼 수 있다.

ㅁ. Halon 1211 소화기의 주된 소화효과는 산소공급원의 차단에 의한 소화이다.

① ㄱ, ㄴ

② ㄱ, ㄴ, ㅁ

③ ㄱ, ㄴ, ㄷ, ㄹ

④ ㄴ, ㄷ, ㄹ, ㅁ

소화에 대한 설명으로 옳지 않은 것은?

① CF_3Br은 부촉매 효과가 뛰어난 소화약제이다.

② 유류탱크 화재 시 질소폭탄으로 폭풍을 일으켜 증기를 날려 보내는 방법은 제거소화의 예다.

③ 무상주수할 경우 질식소화와 피복소화가 부가적으로 작용하게 된다.

④ 마그네슘 분말의 화재 시 이산화탄소 소화약제를 방사할 경우 가연성의 탄소가 생성되기 때문에 소화적응성이 없다.

소화 및 소화약제에 대한 내용으로 옳지 않은 것은?

① 물은 유화효과를 높이기 위해서 질식 효과의 물방울 입자 크기보단 약간 크게 하고 고압으로 방사해야 한다.

② 물은 금수성 화재에는 적응성이 없으며, 탄화칼슘 물질에 주수소화 시 가연성 가스인 아세틸렌을 발생시킨다.

③ 제3종 분말소화약제($NH_4H_2PO_4$)는 A급을 제외한 모든 화재에 적응성이 있으며, 담홍색(또는 황색)으로 착색되어 있다.

④ 할로겐화합물 소화약제는 전기적으로 부도체이므로 전기화재에 사용가능하다.

정답 및 해설 | 69~81p

01 (상)(중)(하) □□□

소화기구의 소화약제 중 가스계 소화약제가 아닌 것은?

① 이산화탄소소화약제
② 할론소화약제
③ 할로겐화합물 및 불활성기체 소화약제
④ 산·알칼리소화약제

02 (상)(중)(하) □□□

물에 관한 설명으로 옳지 않은 것은?

① 압력이 감소함에 따라 비등점은 낮아진다.
② 물의 기화열은 융해열보다 크다.
③ 물의 침투성을 높이기 위해서는 표면장력을 낮추어야 한다.
④ 온도가 상승할수록 물의 점도는 증가한다.

03 (상)(중)(하) □□□

소화약제로서 물이 갖는 특성에 대한 설명으로 옳은 것은?

> ㄱ. 수용성 가연물질에 적응성이 있다.
> ㄴ. 증발잠열이 커서 증발 시 다량의 열을 제거한다.
> ㄷ. 기화팽창률이 커서 질식효과가 있다.
> ㄹ. 물보다 얼음으로 존재할 때 밀도가 크다.
> ㅁ. 물은 비교적 큰 표면장력을 가지고 있다.
> ㅂ. 비압축성이므로 압력이나 유속의 변화에 따라 체적이 변하지 않는다.

① ㄱ, ㄴ, ㅁ
② ㄴ, ㄷ, ㄹ, ㅂ
③ ㄱ, ㄴ, ㄷ, ㅁ, ㅂ
④ ㄱ, ㄴ, ㄷ, ㄹ, ㅁ

04 (상)(중)(하) □□□

다음 중 물 소화약제에 대한 설명으로 옳지 않은 것은?

① 물은 비열이 크기 때문에 물 입자가 많은 열량을 흡수한다.
② 무상은 물방울 형태를 가지는 주수 형태이다.
③ 물 소화약제가 가지는 소화효과로는 냉각, 질식, 유화작용 등이 있다.
④ 적은 양으로도 소화효과를 발휘하기 위해 각종 화학물질을 첨가하기도 한다.

05 상중하 ☐☐☐

물 소화약제의 소화작용으로 옳지 않은 것은?

① 질식작용
② 냉각작용
③ 타격 및 파괴작용
④ 억제작용

06 상중하 ☐☐☐

유류화재 시 물을 이용하여 소화를 할 경우 우선적으로 고려해야 하는 위험물의 성질로 옳은 것은?

① 수용성, 비중
② 증기비중, 끓는점
③ 색상, 발화점
④ 분해온도, 녹는점

07 상중하 ☐☐☐

소화약제로 사용되는 물의 특징으로 옳은 것을 모두 고른 것은?

> ㄱ. 물은 이산화탄소 소화약제보다 수손피해가 적다.
> ㄴ. 물을 봉상이나 적상주수 시 연소물을 파괴해서 소화할 수 있다.
> ㄷ. 물은 비압축성이므로 펌프를 통해 원하는 장소로 보낼 수 있다.
> ㄹ. 물에 유화제를 섞으면 소방용수의 유출 속도가 높아진다.
> ㅁ. 물은 일반화재에서 우수한 능력을 보이나 유류화재나 전기화재에서는 사용이 적절하지 못하다.

① ㄴ, ㄷ, ㄹ
② ㄴ, ㄷ, ㅁ
③ ㄴ, ㄷ, ㄹ, ㅁ
④ ㄱ, ㄴ, ㄷ, ㄹ

08 상중하 ☐☐☐

물 소화약제에 대한 설명으로 옳지 않은 것은?

① 물이 A급 화재에서는 우수한 소화능력이 발휘되나, 일반적으로 B급 화재에서는 오히려 연소면이 확대될 수 있다.
② 중질유 화재의 경우 무상으로 주수 시 에멀젼 형성에 의한 유화효과로 소화가 가능하다.
③ 물에는 수소결합으로 안정성이 높아 각종 약제를 혼합하여 사용이 가능하므로 모든 화재에 적응성이 뛰어나다.
④ 물은 극성분자이기 때문에 분자 간의 결합은 쌍극자–쌍극자 힘에 의한 수소결합으로 표면장력이 크다. 또한 열용량이 높은 장점이 있다.

09 상중하 ☐☐☐

물 소화약제에 사용되는 첨가제의 설명으로 옳은 것을 모두 고른 것은?

> ㄱ. 유화제로 계면활성제를 사용한다.
> ㄴ. 강화액이란 물의 소화력을 높이기 위해 화재에 억제효과가 있는 염류를 첨가하여 만든 것으로 물이 갖는 냉각 · 질식효과와 첨가제가 갖는 부촉매효과가 있다.
> ㄷ. 물의 흡착력을 증가시켜 소화수의 유실을 최소화하기 위해 침투제를 첨가한다.
> ㄹ. 동결 방지를 위한 첨가제로 글리세린, 에틸렌글리콜 등의 부동액이 사용된다.

① ㄱ, ㄴ
② ㄴ, ㄷ
③ ㄱ, ㄹ
④ ㄱ, ㄴ, ㄹ

10 상 중 하 ☐☐☐

물 소화약제는 첨가제를 활용하여 소화력을 증대시킬 수 있다. 다음 중 첨가제에 대한 설명으로 옳지 않은 것은?

① 첨가제는 소화수를 부패시키지 않아야 하고, 물과의 혼합이 용이해야 한다.
② 첨가제 중 부동액(Antifreeze agent)은 물의 어는점을 0℃ 이하로 낮추어 동결 방지를 위한 첨가제로 대표적으로 글리세린, 에틸렌글리콜 등이 있다.
③ 첨가제 중 증점제(Viscosity water agent)는 물의 점성을 높여 흡착력을 증가시켜 소화수 유실을 최소화하기 위한 첨가제로, 점도를 증가시킬수록 침투성이 향상된다.
④ 첨가제는 소화설비를 부식시키지 않아야 하고, 소방대상물에 영향이 없어야 한다.

12 상 중 하 ☐☐☐

아래 특징에 해당하는 소화약제는?

- 어는점이 낮기 때문에 한랭지역에서도 사용이 가능하다.
- 물이 가지는 냉각·질식효과와 함께 부촉매효과를 갖고 있다.
- 일반화재(A급 화재)에 적용되며 무상으로 방사할 경우 유류화재(B급 화재), 전기화재(C급 화재)에도 적응성이 있다.

① 강화액 소화약제
② 포 소화약제
③ 할로겐화합물 소화약제
④ 이산화탄소 소화약제

13 상 중 하 ☐☐☐

강화액 소화약제에 소화력을 향상시키기 위하여 첨가하는 물질로 옳은 것은?

① 탄산칼륨
② 질소
③ 사염화탄소
④ 아세틸렌

✦ 고난도 문제

14 상 중 하 ☐☐☐

다음 중 소화약제 강화액의 주성분으로 옳은 것은?

① K_2CO_3
② K_2O_2
③ CaO_2
④ $KBrO_3$

11 상 중 하 ☐☐☐

물의 소화력을 증대시키기 위해 사용하는 첨가제와 그 약제의 연결이 옳지 않은 것은?

① 증점제: 카르복시메틸셀룰로오스
② 동결방지제: 친수성콜로이드
③ 유화제: 계면활성제
④ 유동화제: 폴리에틸렌옥사이드

15 (상)(중)(하) □□□

다음 중 탄산칼륨을 물에 용해시킨 강화액 소화약제의 pH에 가장 가까운 것은?

① 1
② 4
③ 7
④ 12

16 (상)(중)(하) □□□

강화액 소화약제에 대한 설명으로 옳지 않은 것은?

① 강화액 소화기는 방사원리에 따라 축압식, 가압식 및 반응압식으로 구분한다.
② 액체로 되어 있어 굳을 일이 없고 장기 보관이 가능하다.
③ 일반적인 기름과 다른 식용유 등 가정의 작은 튀김기름, 휴지통, 방석, 커튼 등의 작은 초기화재에는 사용할 수 없다.
④ 염류 등을 물에 용해시켜 어는점을 강화시킨 것으로 알칼리성 약제이다.

17 (상)(중)(하) □□□

질식효과를 위해 포의 성질로서 갖추어야 할 조건으로 옳지 않은 것은?

① 응집성과 안정성이 있을 것
② 기화성이 좋을 것
③ 유동성이 좋을 것
④ 부착성이 있을 것

18 (상)(중)(하) □□□

포 소화약제에 관한 설명으로 옳지 않은 것은?

① 기계포는 공기포라고도 한다.
② 금수성물질의 화재에 적응성이 있다.
③ 질식과 냉각 등의 소화효과가 있다.
④ 유류화재에 적응성이 있다.

19 (상)(중)(하) □□□

포소화약제의 발포배율과 환원시간에 관한 설명으로 옳은 것은?

① 발포배율이 커지면 환원시간이 길어진다.
② 일반적으로 유동성이 좋으면 내열성이 부족해진다.
③ 발포배율이 작아지면 환원시간과 내열성, 유동성이 커진다.
④ 포의 막이 두꺼울수록 포의 입자가 균일할수록 포의 환원시간은 짧아진다.

20 (상)(중)(하) □□□

다음 중 포 소화약제에 대한 설명으로 옳지 않은 것은?

① 포 소화약제로 기대할 수 있는 소화효과로는 냉각, 질식, 희석작용이 있다.
② 불화단백포는 단백포와 달리 침전물이 많이 발생해 장기보관이 어렵다.
③ 포 소화약제는 생성원리에 따라 화학포, 기계포로 나뉘며, 팽창비에 따라 저팽창포, 고팽창포로 나뉜다.
④ 환원시간이란 방출된 포가 파포되어 원래의 포수용액으로 환원되는 시간을 말하며, 환원시간이 길면 내열성이 우수하여 화열에 의해 쉽게 파포되지 않는다.

21 (상)(중)(하)　　　　　□□□

수성막포 소화약제에 사용되는 계면활성제는?

① 염화단백포 계면활성제
② 산소계 계면활성제
③ 황산계 계면활성제
④ 불소계 계면활성제

22 (상)(중)(하)　　　　　□□□

수성막포 소화약제에 대한 설명으로 옳지 않은 것은?

① 물보다 비중이 작은 유류의 화재에는 사용할 수 없다.
② 내열성이 약해 탱크 내벽을 따라 잔불이 남게 되는 윤화 현상이 발생할 수 있다.
③ 단친매성으로 유동성이 좋은 거품과 수성막이 형성되어 초기 소화속도가 빨라서 유출화재에 적합하다.
④ 표면장력이 낮으므로 침투성이 좋아 목재나 섬유, 고무와 같은 연소가 깊은 곳에 있는 화재에 사용되어 신속히 소화시킨다.

23 (상)(중)(하)　　　　　□□□

다음 중 포 소화약제에 대한 설명으로 옳은 것을 모두 고른 것은?

> ㄱ. 화재가 확대될 우려가 있는 인화성, 가연성 액체 위험물 화재 시 사용된다.
> ㄴ. 기계포는 이산화탄소를 핵으로 하는 소화약제이다.
> ㄷ. 수성막포는 불소계 계면활성제를 주성분으로 하며, 초기소화 속도가 빠르다는 장점이 있다.
> ㄹ. 단백포는 양친매성으로 친수성과 친유성을 가지고 있다.
> ㅁ. 단친매성의 성질을 띄는 소화약제는 표면하주입방식이 가능하다.

① ㄱ, ㄴ, ㄷ
② ㄱ, ㄴ, ㅁ
③ ㄱ, ㄴ, ㄷ, ㄹ
④ ㄱ, ㄷ, ㄹ, ㅁ

24 (상)(중)(하)　　　　　□□□

기계포 소화약제 특징에 관한 설명으로 옳지 않은 것은?

① 내알코올포: 수용성 용매가 포 속의 물을 탈취하여 포가 파괴되는 현상을 방지하기 위해 사용하는 포 소화약제이다.
② 수성막포: 양친매성으로 유동성이 좋은 거품과 수성막이 형성되어 초기 소화속도가 빨라서 유출화재에 적합하며 기름에 오염이 되지 않아 표면하주입방식에 효과적이다. 또한 내약품성이 좋아 분말소화약제와 Twin Agent System이 가능하다.
③ 합성계면활성제포: 저팽창포, 고팽창포 모두 가능하며, 고발포로 사용하는 경우 사정거리가 짧은 것이 문제점이다.
④ 단백포: 특이한 냄새가 나는 흑갈색 액체이며, 양친매성으로 물과 기름 모두 친하므로 점착력이 좋아 유동성이 작아서 소화시간이 길어져 화재 진압이 느리다.

◆ 고난도 문제

25 (상)(중)(하)　　　　　□□□

포 소화약제에 관한 설명으로 옳지 않은 것은?

① 수성막포와 단백포의 단점을 개선한 것이 불화단백포이다.
② 단백포에 철염을 많이 첨가하면 유동성이 좋아지므로 초기소화에 우수하다.
③ 합성계면활성제포는 유동성은 좋은 반면 내열성, 유면 봉쇄성이 좋지 않기 때문에 다량의 유류화재에는 그다지 효과적이지 못하다.
④ 포 소화약제는 팽창비에 따라 저발포와 고발포로 나뉘는데, 고발포 중 제1종 기계포의 팽창비는 80배 이상 250배 미만에 해당한다.

26 (상)(중)(하) □□□

포소화약제의 설명으로 옳지 않은 것은?

① 고팽창포는 저팽창포에 비해 수분 함량이 적고 공기 함량이 많아 바람에 대한 저항력이 약하다.

② 합성계면활성제포는 저팽창에서 고팽창까지 팽창범위가 넓으며, 「소화설비용헤드의 성능인증 및 제품검사 기술기준」에 의해 25% 환원시간은 180초 이상이어야 한다.

③ 고발포는 고발포용 고정포 방출구를 사용하며 창고, 물류시설, 격납고 등과 같은 넓은 장소의 급속한 소화, 지하층 등 소방대의 진입이 곤란한 장소에 매우 효과적이다.

④ 합성계면활성제포는 저팽창(3%, 6%)에서 고팽창(1, 1.5, 2%)까지 팽창범위가 넓어 유류화재 뿐만 아니라 고체 및 기체 연료의 화재에도 적응이 가능하며 고팽창포를 건물화재에 사용하는 경우 소화 시 사용 수량이 많아 소화 후 물에 의한 피해가 크다.

27 (상)(중)(하) □□□

일반적으로 고급알코올황산에스터염을 기포제로 사용하며 냄새가 없는 황색의 액체로서 밀폐 또는 준밀폐 구조물의 화재 시 고팽창포로 사용하여 화재를 진압할 수 있는 포소화약제는?

① 단백포소화약제
② 합성계면활성제포소화약제
③ 알코올형포소화약제
④ 수성막포소화약제

28 (상)(중)(하) □□□

제4류 위험물 중 수용성 물질의 화재 시 적응성이 가장 큰 포소화약제는?

① 단백포
② 수성막포
③ 합성계면활성제포
④ 알코올형포

29 (상)(중)(하) □□□

이산화탄소 소화약제의 소화효과로 모두 옳은 것은?

① 질식소화, 부촉매소화
② 부촉매소화, 제거소화
③ 부촉매소화, 냉각소화
④ 질식소화, 냉각소화

30 (상)(중)(하) □□□

이산화탄소가 불연성인 이유로 옳은 것은?

① 산소와의 반응이 느리기 때문
② 산소와 반응하지 않기 때문
③ 착화온도가 높기 때문
④ 산소와는 반응하나 흡열반응하기 때문

31 상중하 □□□

CO₂에 대한 설명으로 모두 고른 것은?

> ㄱ. 이산화탄소는 공기보다 가벼워 방출 시 가연물이나 화염 표면을 덮지 못한다.
> ㄴ. 물에 용해 시 약 산성을 띈다.
> ㄷ. 농도에 따라 질식을 유발할 위험성이 있어 사람이 상주하는 장소에는 사용을 제한한다.
> ㄹ. 임계온도가 실온보다 높아 상온에서 가압 또는 냉각에 의해 쉽게 액화되는 액화가스이다.

① ㄱ, ㄴ
② ㄷ, ㄹ
③ ㄴ, ㄷ, ㄹ
④ ㄱ, ㄴ, ㄷ, ㄹ

32 상중하 □□□

다음 중 이산화탄소 소화약제에 대한 설명으로 옳은 것은?

① 상온에서는 기체이지만 압력을 가하면 액화되므로 수계 소화약제로 많이 사용하고 있다.
② 이산화탄소는 무색, 무취이며 부식성이 있어 약제를 장시간 저장하기 힘들다.
③ 뉴턴의 냉각법칙으로 이산화탄소 방출시 주위의 기화열을 흡수한다.
④ 개방된 공간에서 이산화탄소 소화약제를 사용하는 경우에는 쉽게 분산되기 때문에 심부화재에 사용하는 경우 재발화 우려가 있다.

33 상중하 □□□

이산화탄소 소화약제에 관한 설명으로 옳지 않은 것은?

① 이산화탄소 소화약제의 소화원리는 산소농도의 희석 감소에 의한 질식소화, 가스 방출 시 기화열에 의한 냉각소화 비중이 공기보다 무겁기 때문에 연소 중인 가연물에 대한 피복소화, 연쇄반응을 차단하는 부촉매소화 효과가 있다.
② 이산화탄소의 최소설계농도는 보통 34[V%]이상으로 설계하기 때문에 상기에서 구한 최소설계농도가 34[V%]이하일 때에도 34[V%]로 설계해야 한다.
③ 유류화재, 전기화재에 주로 사용되며 밀폐상태에서 방출되는 경우 일반화재에도 사용이 가능하다.
④ 액화 이산화탄소는 자체증기압이 매우 높기 때문에 다른 가압원의 도움 없이 자체 압력으로 방사가 가능하다.

34 상중하 □□□

공기 중 산소가 20[%]있다. 화재 시 CO_2를 방출하여 산소의 농도를 15[%]로 낮추어 소화하려고 한다. 이 때 CO_2의 최소소화농도와 최소설계농도는 얼마로 해야 하는가?

① 24[%], 28.8[%]
② 25[%], 34[%]
③ 28.57[%], 34[%]
④ 30[%], 36[%]

35 (상)(중)(하) ☐☐☐

이산화탄소 소화기에 대한 설명으로 옳은 것은?

> ㄱ. 밀폐된 공간에서 사용 시 질식으로 인명피해가 발생할 수 있다.
> ㄴ. 전도성이어서 전류가 통하는 장소에서의 사용은 위험하다.
> ㄷ. 자체의 압력으로 방출할 수가 있다.
> ㄹ. 이산화탄소를 축압식 소화기로 사용하는 경우 지시압력계를 설치하여야 한다.

① ㄱ, ㄷ
② ㄱ, ㄹ
③ ㄴ, ㄷ, ㄹ
④ ㄱ, ㄴ, ㄷ, ㄹ

36 (상)(중)(하) ☐☐☐

이산화탄소 소화기 사용 중 소화기 방출구에서 생길 수 있는 물질은?

① 포스겐
② 일산화탄소
③ 드라이아이스
④ 수소가스

37 (상)(중)(하) ☐☐☐

화재안전기준상 이산화탄소 소화설비의 분사헤드 설치제외 장소로 옳지 않은 것은?

① 방재실·제어실 등 사람이 상시 근무하는 장소
② 나트륨·칼륨·칼슘 등 활성금속물질을 저장·취급하는 장소
③ 전시장 등의 관람을 위하여 다수인이 출입·통행하는 통로 및 전시실 등
④ 무인 변전소 등 사람이 없는 장소

38 (상)(중)(하) ☐☐☐

분말소화기에 사용되는 소화약제의 주성분으로 옳지 않은 것은?

① $NH_4H_2PO_4$
② Na_2SO_4
③ $NaHCO_3$
④ $KHCO_3$

39 (상)(중)(하) ☐☐☐

분말소화약제의 주성분과 착색의 연결이 옳지 않은 것은?

① 제1종: 탄산수소나트륨, 백색
② 제2종: 탄산칼슘, 담회색
③ 제3종: 제일인산암모늄, 담홍색
④ 제4종: 탄산수소칼륨과 요소와의 반응물, 회색

40 (상)(중)(하) □□□

제1종 분말소화약제의 소화효과에 대한 설명으로 옳은 것을 모두 고른 것은?

> ㄱ. 열분해 시 발생하는 이산화탄소와 수증기에 의한 질식효과
> ㄴ. 열분해 시 흡열반응에 의한 냉각효과
> ㄷ. K^+ 이온에 의한 부촉매 효과
> ㄹ. 분말 운무에 의한 열방사의 차단효과
> ㅁ. 오르소인산에 의한 탄화 · 탈수 효과

① ㄱ, ㄴ, ㄷ
② ㄱ, ㄴ, ㄹ
③ ㄱ, ㄴ, ㄷ, ㄹ
④ ㄴ, ㄷ, ㄹ, ㅁ

42 (상)(중)(하) □□□

다음 중 제1종 분말 소화약제에 대한 설명으로 옳은 것을 모두 고른 것은?

> ㄱ. 열분해 반응과정에서 H_2O, NH_3 등 불연성 가스에 질식효과를 볼 수 있다.
> ㄴ. 중탄산나트륨을 주성분으로 하며 백색의 색상을 띄고 있다.
> ㄷ. 열분해 반응과정에서 생성된 나트륨이온이 부촉매효과를 가져온다.
> ㄹ. 수성막포 소화약제와 함께 사용하는 것을 Twin Agent System이라 한다.
> ㅁ. 다른 분말 소화약제에는 없는 비누화 반응을 가지고 있다.

① ㄱ, ㄴ, ㄷ
② ㄴ, ㄷ, ㄹ
③ ㄴ, ㄷ, ㅁ
④ ㄷ, ㄹ, ㅁ

41 (상)(중)(하) □□□

다음 중 분말 소화약제에 대한 설명으로 옳지 않은 것은?

① 분말의 입자크기는 너무 커도, 미세해도 좋지 않다.
② 분말 소화약제에 비누화 반응이 있어 식용유 화재에 적용할 수 있다.
③ 분말 소화약제는 약제의 유동성을 높인 후 이를 자체 증기압으로 분출시켜 소화하는 약제이다.
④ 분말 소화약제를 구분하기 위해서 색소를 첨가하여 사용한다.

43 (상)(중)(하) □□□

제1인산암모늄을 주성분으로 하고 있어 유류화재와 전기화재 뿐만 아니라 일반화재에도 적응성을 갖는 분말소화약제는?

① 제1종 분말소화약제
② 제2종 분말소화약제
③ 제3종 분말소화약제
④ 제4종 분말소화약제

44 상중하 □□□

A · B · C급 화재에 소화적응성이 있는 분말소화약제에 관한 설명으로 옳지 않은 것은?

① 제3종 분말소화약제를 사용한다.

② 열분해 과정에서 생성된 암모늄이온(NH_4^+)에 의해 연쇄반응을 차단하는 부촉매 효과가 있다.

③ 주성분은 제1인산암모늄이다.

④ 열분해 시 발생된 이산화탄소에 의한 질식소화효과가 있다.

45 상중하 □□□

분말 소화약제에 대한 설명으로 옳은 것은?

① 분말 소화약제는 냉각소화 작용을 기대하기 어렵다.

② 질식소화 이전에 부촉매 소화효과가 먼저 일어나기 때문에 질식소화는 결정적으로 작용하지 않는다.

③ 분말 소화약제의 주성분에 따라 탄화 · 탈수효과, 방진효과를 갖는다.

④ 다른 소화약제에 비해 변질이 적지만, 오존층파괴의 원인이 될 수 있다.

46 상중하 □□□

다음은 CDC(Compatible Dry Chemical) 분말 소화약제에 대한 설명이다. ( ) 안에 들어갈 것으로 옳은 것은?

- 포 소화약제의 단점인 화재진압시간과 분말 소화약제의 단점인 재발화 위험성을 보완하고자 만든 약제이다.
- CDC 분말소화약제를 소포성이 적은 분말소화약제 또는 겸용성이 있는 분말소화약제라고도 한다.
- 제( )종 분말 소화약제 + ( ) 소화약제=트윈 에이전트 시스템(Twin AgentSystem)

① 제1종, 수성막포

② 제3종, 수성막포

③ 제1종, 단백포

④ 제3종, 합성계면활성제포

47 상중하 □□□

다음 중 분말 소화약제에 대한 설명으로 옳지 않은 것은?

① 제1종 분말 소화약제 - 백색으로 착색되어 있고, 다른 분말 소화약제와는 달리 비누화 반응을 일으킨다.

② 제2종 분말 소화약제 - 요리용 기름에는 비누화작용을 일으키지 않고, 나트륨이 칼륨보다 반응성이 더 크기 때문에 제1종 분말소화약제보다 소화력이 떨어진다.

③ 제3종 분말 소화약제 - 약 360[℃]에서 열분해되는 반응과정에서 생성된 메타인산(HPO_3)을 통해 연소표면에 유리피막을 형성하여 일반화재(A급 화재)에도 사용이 가능하다.

④ 제4종 분말 소화약제 - 회색으로 착색되며, 화염과 만나면 산탄처럼 미세한 입자로 분해되기 때문에 다른 분말 소화약제에 비해 소화능력이 가장 우수하다.

48 (상)(중)(하)   □□□

분말소화약제에 관한 내용으로 옳지 않은 것은?

① 저장용기 및 배관에는 잔류 소화약제를 처리할 수 있는 청소 장치를 설치하여야 한다.
② 분말소화약제는 피연소 물질에 영향을 끼칠 수 있으며, 오래된 분말은 습기와 반응하여 고화될 수 있다.
③ 제3종 분말소화약제의 열분해 반응식은
   $NH_4H_2PO_4 \rightarrow HPO_3 + NH_3 + H_2O$ 이다.
④ 전기절연성이 좋지 않아 고전압 전기화재에도 적응성을 갖는다.

49 (상)(중)(하)   □□□

분말 소화약제에서 넉다운 효과에 대한 설명으로 옳은 것은?

① 분말약제를 미세화하여 표면적을 크게 함으로써 연쇄반응 억제 효능을 높이고 짧은 시간에 불꽃 규모보다 높은 방사율로 방사하면 소화성능이 극대화되어 불꽃이 순식간에 사그라지면서 소화되는 작용
② 분말소화약제는 방사 시 열분해되어 생성되는 반응식은 모두 흡열반응으로서 이로 인하여 연소면의 열을 빼앗아 소화되는 작용
③ 유지를 알칼리처럼 처리하여 글리세린과 지방산 또는 글리세린과 비누로 만드는 반응
④ 연소표면에 유리피막을 형성하여 가연물을 피복하여 연소에 필요한 산소의 유입을 차단

50 (상)(중)(하)   □□□

분말소화약제 중 제1종과 제2종 분말이 각각 열분해 될 때 공통적으로 생성되는 물질은?

① N_2, CO_2
② N_2, O_2
③ H_2O, CO_2
④ H_2O, N_2

51 (상)(중)(하)   □□□

제1종 분말소화약제의 분해반응식이다. ( ) 안에 들어갈 내용으로 알맞은 것은?

$$2NaHCO_3 \rightarrow (\quad) + CO_2 + H_2O$$

① $2NaCO$
② $2NaCO_2$
③ Na_2CO_3
④ Na_2CO_4

52 (상)(중)(하)   □□□

분말 소화약제의 열분해 반응식 중 옳은 것은?

① $2KHCO_3 \rightarrow KCO_3 + 2CO_2 + H_2O$
② $2NaHCO_3 \rightarrow NaCO_3 + 2CO_2 + H_2O$
③ $NH_4H_2PO_4 \rightarrow HPO_3 + NH_3 + H_2O$
④ $2KHCO_3 + (NH_2)_2CO \rightarrow K_2CO_3 + NH_2 + CO_2$

53 상 중 하 ☐☐☐

제3종 분말소화약제에서 열분해 반응으로 인해 발생된 ( )에 의해 섬유소를 연소하기 어려운 난연성의 탄소와 물로 분해하여 연소반응을 차단시킨다. ( ) 안에 들어갈 말로 옳은 것은?

① P_2O_5

② $H_4P_2O_7$

③ H_3PO_4

④ HPO_3

54 상 중 하 ☐☐☐

제3종 분말소화약제인 제1인산암모늄(인산이수소 암모늄)의 열분해 반응을 통해 생성되는 물질로 부착성 막을 만들어 공기를 차단시키는 역할을 하는 것은?

① HPO_3

② PH_3

③ NH_3

④ P_2O_3

55 상 중 하 ☐☐☐

Halon 1301에 해당하는 화학식은?

① CH_3Br

② CF_3Br

③ CBr_3F

④ CH_3Cl

56 상 중 하 ☐☐☐

Halon 1301, Halon 1211, Halon 2402 중 상온, 상압에서 액체 상태인 Halon 소화약제로만 나열한 것은?

① Halon 1211

② Halon 2402

③ Halon 1301, Halon 1211

④ Halon 2402, Halon 1211

57 상 중 하 ☐☐☐

Halon 1011의 화학식에서 수소 원자의 수는?

① 0

② 1

③ 2

④ 3

58 상 중 하 ☐☐☐

할론 소화약제에 관한 설명으로 옳은 것은?

① 전기전도성이 매우 낮아 전기화재에 적응성이 있다.

② 산소결핍에 의한 질식의 위험은 이산화탄소에 비하여 높다.

③ 밀폐된 실에서 방출하여도 일반화재에 적응성이 없다.

④ 소화 후 오염의 피해로 박물관, 미술관, 통신기기실의 화재에 적합하지 않다.

59 상중하 ☐☐☐

다음 중 할론 소화약제에 대한 설명으로 옳지 않은 것은?

① Halon 1301 자체는 인체에 무해하지만 열분해 시 미량의 독성물질이 발생되며 소화효과가 가장 우수하다.

② Halon 2402는 상온·상압에서 액체로 존재하고, 옥외·옥내 구분 없이 사용이 가능하다.

③ Halon 1211은 오존파괴지수가 가장 낮으며 소화기용으로 사용할 경우 일반화재(A급 화재)에 적응성이 있다.

④ Halon 2402는 다른 할론 소화약제와 다르게 유일하게 에탄에서 치환된 소화약제이다.

60 상중하 ☐☐☐

할론(Halon)소화약제에 관한 설명으로 옳지 않은 것을 모두 고른 것은?

> ㄱ. 상온·상압에서 Halon 1211, Halon 1301은 액체, Halon 2402는 기체로 존재하고 있다.
>
> ㄴ. 연쇄반응을 차단하는 화학적 소화효과가 뛰어나다.
>
> ㄷ. 할론 1301 소화약제는 오존파괴지수가 할론 소화약제 중 가장 낮다.
>
> ㄹ. 금속화재에 적응성이 좋다.
>
> ㅁ. 일반적으로 B급, C급 화재에 주로 사용되며, 밀폐상태에서 방출되는 경우 A급 화재에도 사용이 가능하다.
>
> ㅂ. Halon 명명법은 C → F → Cl → Br의 순서대로 원자 수만큼 해당하는 숫자를 부여한다.
>
> ㅅ. 할론 1301은 소화약제의 용도 이외에 저온 냉매 또는 저온 유체로도 사용된다.

① ㄱ, ㄷ, ㄹ

② ㄱ, ㄴ, ㄷ, ㅂ

③ ㄴ, ㅁ, ㅂ, ㅅ

④ ㄱ, ㄴ, ㄷ, ㅁ, ㅂ, ㅅ

61 상중하 ☐☐☐

다음 중 할론 소화약제의 특징으로 옳은 것은?

① 브로민 화합물은 소화의 강도는 가장 강하나 다른 물질과 쉽게 결합하여 많은 분해부산물을 생성하여 독성이 많아지게 되고 또한 경제성이 없어 소화약제로는 잘 사용하지 않는다.

② 할론 1211 소화약제를 소화기용 소화약제로 사용하는 경우 일반 가연물화재에는 적응성이 없다.

③ 심부화재에 소화효과가 뛰어나다.

④ 가격이 비싸며 사용 제한으로 안정적 수급이 불가능하다.

✦ 고난도 문제

62 상중하 ☐☐☐

할로겐화 수소의 결합에너지 크기를 비교하였을 때 옳은 것은?

① HI > HBr > HCl > HF

② HBr > HI > HF > HCl

③ HF > HCl > HBr > HI

④ HCl > HBr > HF > HI

63 상중하 ☐☐☐

방호구역으로 방출된 소화약제가 심장의 역반응(심장장애현상)을 일으키지 않는 최고농도를 의미하는 것은?

① ALT

② GWP

③ LOAEL

④ NOAEL

64 상 중 하 □□□

(가)오존파괴지수와 (나)지구온난화지수의 기준물질로 옳은 것은?

① (가) 이산화탄소   (나) 삼염화불화탄소
② (가) 삼염화불화탄소   (나) 이산화탄소
③ (가) 삼염화불화탄소   (나) 일산화탄소
④ (가) 이산화탄소   (나) 일산화탄소

65 상 중 하 □□□

할로겐화합물 소화약제의 조건으로 옳은 것은?

① 비점이 높을 것
② 기화되기 쉬울 것
③ 공기보다 가벼울 것
④ 연소성이 좋을 것

66 상 중 하 □□□

할로겐화합물 및 불활성기체 소화설비 중 약제의 저장 용기 내에서 저장상태가 기체상태의 압축가스인 소화약제는?

① IG-541
② HCFC-BLEND A
③ HFC-227ea
④ HFC-23

67 상 중 하 □□□

할로겐화합물 청정소화약제 중 HFC-23 의 화학식은?

① CF_3I

② CHF_3

③ $CF_3CH_2CF_3$

④ C_4F_{10}

✦ 고난도 문제

68 상 중 하 □□□

할로겐화합물 및 불활성기체 소화약제의 종류 중 HFC 계열로 옳지 않은 것은?

① CHF_3

② CF_3I

③ C_2HF_4Cl

④ $CF_3CH_2CF_3$

69 상 중 하 □□□

할로겐화합물 소화약제 중 'HCFC BLEND A'의 구성으로 옳지 않은 것은?

① HCF-125: 4.75%

② HCFC-22: 82%

③ HCFC-124: 9.5%

④ $C_{10}H_{16}$: 3.75%

70 상 중 **하** □□□

불활성기체 소화약제에 관한 내용이다. (   )에 들어갈 내용으로 옳은 것은?

> 헬륨, 네온, 아르곤, (   ) 중 하나 이상의 원소를 기본성분으로 하는 소화약제를 말한다.

① 질소
② 염소
③ 브롬(브로민)
④ 요오드(아이오딘)

71 상 중 **하** □□□

소화약제로 사용되는 불연성·불활성기체 혼합가스인 IG-541의 구성 물질에 해당하지 않는 것은?

① 헬륨
② 아르곤
③ 질소
④ 이산화탄소

72 상 중 **하** □□□

불활성기체 소화약제 중 IG-55의 구성성분으로 옳은 것은?

① 질소
② 이산화탄소
③ 질소와 아르곤
④ 질소, 아르곤, 이산화탄소

✦고난도 문제

73 **상** 중 하 □□□

할로겐화합물 및 불활성기체 소화약제의 최대허용설계농도가 옳은 것을 모두 고른 것은?

> ㄱ. FC-3-1-10: 40
> ㄴ. HFC-23: 30
> ㄷ. FK-5-1-12: 10
> ㄹ. HCFC BLEND A: 20
> ㅁ. HCFC-124: 1.0
> ㅂ. IG-541: 43

① ㄷ, ㅁ, ㅂ
② ㄴ, ㄷ, ㄹ, ㅁ
③ ㄱ, ㄴ, ㄷ, ㄹ, ㅁ
④ ㄱ, ㄴ, ㄷ, ㅁ, ㅂ

✦고난도 문제

74 **상** 중 하 □□□

할로겐화합물 소화약제의 최대허용설계농도가 큰 순서대로 나열한 것은?

① HCFC-124 > HFC-23 > IG-100 > HFC-125
② HFC-23 > HFC-125 > IG-100 > HCFC-124
③ IG-100 > HFC-125 > HCFC-124 > HFC-23
④ IG-100 > HFC-23 > HFC-125 > HCFC-124

75 ⓢⓩⓗ ☐☐☐

다음 중 불활성기체에 대한 설명으로 옳지 않은 것은?

① IG-541은 소화성능을 발휘할 수 있는 약제의 농도에서도 사람의 호흡에 문제가 없어 사람이 있는 곳에서도 사용이 가능하다.

② 사람이 상주하는 곳으로서 최대허용설계농도를 초과하지 않는 장소에는 설치를 제외한다.

③ IG-55는 N_2 50[%]와 Ar 50[%]으로 구성되어 있으며 ODP는 0이다.

④ 제3류 위험물 및 제5류 위험물을 사용하는 장소에는 설치를 제외하지만 소화성능이 인정되는 위험물에는 설치할 수 있다.

77 ⓢⓩⓗ ☐☐☐

다음 중 할로겐화합물 및 불활성기체 소화약제에 대한 설명으로 옳은 것은?

① 할로겐화합물(할론 1301, 1211, 2402 포함) or 불활성기체 소화약제로 화재진화 후 잔사가 남지 않으며 전기적으로 비전도성인 소화약제이다.

② 할로겐화합물 소화약제의 GWP를 현저하게 낮추기 위하여 요오드(아이오딘, I)를 배제한다.

③ 구비조건으로는 오존층파괴지수(ODP), 지구온난화지수(GWP)는 낮아야 하지만 대기잔존시간(ALT)은 높아야 한다.

④ 다른 소화설비보다 소화약제량이 많아 넓은 저장 공간이 필요하다.

78 ⓢⓩⓗ ☐☐☐

할로겐화합물 및 불활성기체 소화약제에 관한 설명으로 옳지 않은 것은?

① 할로겐화합물 소화약제란 불소(F), 염소(Cl), 브롬(브로민, Br), 요오드(아이오딘, I) 중 하나 이상의 원소를 포함하고 있는 유기화합물을 기본성분으로 하는 소화약제를 말한다.

② 불활성기체 소화약제는 헬륨(He), 네온(Ne), 아르곤(Ar), 질소(N_2) 중 하나 이상의 원소를 기본성분으로 하는 소화약제를 말한다.

③ 할로겐화합물 소화약제의 오존파괴지수를 현저하게 낮추기 위하여 브롬(브로민)을 배제한다.

④ 불활성기체 소화약제는 물리적 · 화학적 소화가 가능하다.

76 ⓢⓩⓗ ☐☐☐

불활성기체 소화약제에 관한 설명으로 옳지 않은 것은?

① 지금까지 개발된 소화약제로는 IG-100, IG-01, IG-55, IG-541 이며 주로 연쇄반응을 차단하여 소화한다.

② ODP가 0이고 IG-541을 제외한 IG-100, IG-01, IG-55 등은 GWP도 0이다. 다만, 이산화탄소가 함유된 IG-541은 GWP가 0.1이다.

③ 불활성 가스의 소화 원리는 소화원리 중 산소 저감 기능(질식효과) 및 냉각효과로 인한 소화기능을 수행한다.

④ 사람이 상주하는 곳으로 최대허용설계농도를 초과하는 장소에는 사용할 수 없다.

79 상 중 하 □□□

할로겐화합물 및 불활성기체 소화설비를 설치할 수 없는 장소의 기준 중 옳은 것은? (단, 소화성능이 인정되는 위험물은 제외한다)

① 제1류 위험물 및 제2류 위험물 사용
② 제2류 위험물 및 제4류 위험물 사용
③ 제3류 위험물 및 제5류 위험물 사용
④ 제4류 위험물 및 제6류 위험물 사용

80 상 중 하 □□□

할로겐화합물 소화약제의 적응성에 관한 내용으로 옳지 않은 것은?

① 전기화재에 사용한다.
② 금속물질(Na, K, Al, Mg 등)화재에 사용한다.
③ 유류화재에 사용한다.
④ 박물관, 미술관, 도서관 등에 사용한다.

81 상 중 하 □□□

다음 중 소화약제에 관한 설명으로 옳지 않은 것은?

① IG-541은 질소(N_2) 52%, 아르곤(Ar) 40%, 이산화탄소(CO_2) 8%로 구성되어 있다.
② 제3종 분말소화약제의 주성분은 제1인산암모늄이고, 분자식은 $NH_4H_2PO_4$로 구성되어 있다.
③ 포 소화약제 중 수성막포는 무독성 불소계 계면활성제를 주성분으로 하며, 표면하주입방식이 가능하다.
④ 이산화탄소 소화약제 및 할론 소화약제는 금속 화재 시 적응성이 뛰어난 장점이 있다.

82 상 중 하 □□□

다음 중 부촉매효과가 없는 소화약제는?

① Halon 1301 소화약제
② 제3종 분말소화약제
③ HFC-125 소화약제
④ IG-541 소화약제

Simtail

Simple Detail

2026

정답 및 해설 | 83~101p

01 상 중 하 ☐☐☐

「위험물안전관리법」에서 위험물에 따라 규정하는 사항으로 옳지 않은 것은?

① "산화성고체"라 함은 고체로서 산화력의 잠재적인 위험성 또는 충격에 대한 민감성을 판단하기 위하여 소방청장이 정하여 고시하는 시험에서 고시로 정하는 성질과 상태를 나타내는 것을 말한다.

② "자연발화성물질 및 금수성물질"이라 함은 고체 또는 액체로서 공기 중에서 발화의 위험성이 있거나 물과 접촉하여 발화하거나 가연성 가스를 발생하는 위험성이 있는 것을 말한다.

③ "자기반응성물질"이라 함은 고체 또는 액체로서 폭발의 위험성 또는 폭발분해의 격렬함을 판단하기 위하여 고시로 정하는 시험에서 고시로 정하는 성질과 상태를 나타내는 것을 말하며, 위험성 유무와 등급에 따라 제1종 또는 제2종으로 분류한다.

④ "산화성액체"라 함은 액체로서 산화력의 잠재적인 위험성을 판단하기 위하여 고시로 정하는 시험에서 고시로 정하는 성질과 상태를 나타내는 것을 말한다.

02 상 중 하 ☐☐☐

「위험물안전관리법」에서 위험물에 따라 규정하는 사항으로 옳은 것은?

① "산화성고체"라 함은 고체 또는 액체로서 가연성 가스를 발생하는 위험성이 있는 것을 말한다.

② "가연성고체"라 함은 고체로서 충격에 의한 발화의 위험성 또는 인화의 위험성을 판단하기 위하여 고시로 정하는 시험에서 고시로 정하는 성질과 상태를 나타내는 것을 말한다.

③ "자기반응성물질"이라 함은 고체 또는 액체로서 폭발의 위험성 또는 가열분해의 격렬함을 판단하기 위하여 고시로 정하는 시험에서 고시로 정하는 성질과 상태를 나타내는 것을 말하며, 위험성 유무와 등급에 따라 제1종 또는 제2종으로 분류한다.

④ "산화성액체"라 함은 액체로서 충격에 대한 민감성을 판단하기 위하여 고시로 정하는 시험에서 고시로 정하는 성질과 상태를 나타내는 것을 말한다.

03 상 중 하 ☐☐☐

제1류 위험물의 품명 및 지정수량으로 옳은 것은?

① 과산화나트륨: 50[kg]

② 과염소산칼륨: 1,000[kg]

③ 질산나트륨: 50[kg]

④ 과망가니즈산칼륨: 300[kg]

04 (상)(중)(하) □□□

제1류 위험물에 해당되지 않는 것은?

① 염소산칼륨
② 과염소산암모늄
③ 과산화나트륨
④ 질산구아니딘

05 (상)(중)(하) □□□

다음 중 제1류 위험물로 모두 고른 것은?

ㄱ. 과염소산나트륨	ㄴ. 질산암모늄
ㄷ. 수소화나트륨	ㄹ. 마그네슘
ㅁ. 다이크로뮴산암모늄	ㅂ. 과산화수소

① ㄱ, ㄷ
② ㄱ, ㄴ, ㅁ
③ ㄷ, ㄹ, ㅂ
④ ㄱ, ㄴ, ㄷ, ㅁ

+ 고난도 문제

06 (상)(중)(하) □□□

위험물안전관리법령상 제1류 위험물에 해당하는 것은?

① 염소화규소화합물
② 질산구아니딘
③ 과아이오딘산염류
④ 할로젠간화합물

07 (상)(중)(하) □□□

제1류 위험물 중 무기과산화물 100kg, 질산염류 300kg, 아이오딘산염류 450kg, 다이크로뮴산염류 2,500kg을 저장하고 있다. 각각 지정수량의 배수의 총합은 얼마인가?

① 7
② 8
③ 9
④ 10

08 (상)(중)(하) □□□

위험물을 옥내저장소에 다음과 같이 저장할 때 지정수량의 배수는 얼마인가?

| • 휘발유 400[L] | • 아세톤 400[L] |
| • 나이트로벤젠 4,000[L] | • 글리세린 8,000[L] |

① 3배
② 4배
③ 6배
④ 7배

09 (상)(중)(하) □□□

제2류 위험물의 품명, 위험등급의 연결이 옳지 않은 것은?

① 황화인, 황 - 2등급
② 철분, 금속분 - 3등급
③ 인화성고체, 마그네슘 - 3등급
④ 적린, 황화인 - 1등급

10 상 중 하 ☐☐☐

제3류 위험물의 품명 및 지정수량으로 옳지 않은 것은?

① 칼슘: 50kg
② 유기금속화합물: 50kg
③ 알칼리토금속: 300kg
④ 나트륨: 10kg

11 상 중 하 ☐☐☐

제4류 위험물 중 제3석유류로 옳은 것은?

① 크레오소트유
② 디에틸에테르
③ 등유
④ 실린더유

12 상 중 하 ☐☐☐

제4류 위험물 중 지정수량이 6,000ℓ로 옳은 것은?

① 가솔린
② 경유
③ 기어유
④ 이황화탄소

13 상 중 하 ☐☐☐

제5류 위험물의 품명 및 지정수량으로 옳지 않은 것은?

① 유기과산화물 1종: 10kg
② 아조화합물 2종: 100kg
③ 하이드라진유도체 1종: 100kg
④ 질산에스터류 1종: 10kg

✦ 고난도 문제

14 상 중 하 ☐☐☐

위험물안전관리법령상 제5류 위험물에 해당하지 않는 것은?

① 나이트로벤젠
② 트리나이트로페놀
③ 트리나이트로톨루엔
④ 나이트로글리세린

15 상 중 하 ☐☐☐

위험물 지정수량이 다른 하나는?

① 인화칼슘
② 브로민산염류
③ 다이아조화합물(2종)
④ 과산화수소

16 상중하 ☐☐☐

위험물 및 지정수량의 연결이 옳은 것은?

① 제1류 위험물 - 아이오딘산염류 - 300[kg]
② 제2류 위험물 - 황린 - 20[kg]
③ 제3류 위험물 - 황화인 - 100[kg]
④ 제4류 위험물 - 과염소산 - 300[kg]

17 상중하 ☐☐☐

다음 중 위험물의 지정수량으로 가장 큰 것은?

① 다이크로뮴산염류
② 하이드록실아민(2종)
③ 황린
④ 마그네슘

✦ 고난도 문제

18 상중하 ☐☐☐

다음 중 지정수량이 같은 물질로만 이루어져 있는 것은?

ㄱ. 과산화칼슘	ㄴ. 마그네슘
ㄷ. 과염소산마그네슘	ㄹ. 하이드록실아민염류(2종)
ㅁ. 과염소산	ㅂ. 나이트로글리세린(1종)
ㅅ. 질산암모늄	ㅇ. 유기금속화합물
ㅈ. 아이오딘산칼륨	ㅊ. 아염소산칼륨

① ㄱ, ㄷ, ㄹ, ㅂ
② ㄱ, ㄷ, ㅇ, ㅊ
③ ㄴ, ㅁ, ㅅ, ㅈ
④ ㄷ, ㅇ, ㅈ, ㅊ

19 상중하 ☐☐☐

위험물안전관리법령상 위험등급 Ⅰ의 위험물로 옳지 않은 것은?

① 무기과산화물
② 황화인
③ 아염소산염류
④ 질산

✦ 고난도 문제

20 상중하 ☐☐☐

다음 중 위험등급이 같은 물질들로 이루어진 것을 모두 고르시오.

ㄱ. 과산화마그네슘	ㄴ. 적린
ㄷ. 황린	ㄹ. 유기금속화합물
ㅁ. 톨루엔	ㅂ. 글리세린

① ㄱ, ㄷ, ㅂ
② ㄴ, ㄷ, ㄹ
③ ㄴ, ㄹ, ㅁ
④ ㄴ, ㅁ, ㅂ

21 상중하 ☐☐☐

「위험물안전관리법」에서 정한 '황'이 위험물로 취급되는 기준이다. ( ) 안에 들어갈 말로 옳은 것은?

황은 순도가 (ㄱ) 중량퍼센트 이상인 것을 말한다. 이 경우 순도측정에 있어서 불순물은 활석 등 불연성물질과 (ㄴ)에 한한다.

	(ㄱ)	(ㄴ)
①	30	수분
②	30	분진
③	60	분진
④	60	수분

22 (상)(중)(하) □□□

「위험물안전관리법」상 위험물 용어의 정의로 옳은 것을 모두 고른 것은?

> ㄱ. 철분: 철의 분말로서 53마이크로미터의 표준체를 통과하는 것이 50중량퍼센트 미만인 것은 제외이다.
> ㄴ. 금속분: 알칼리금속·알칼리토류금속·철 및 마그네슘의 금속 분말을 말하고, 구리분·니켈분 및 150마이크로미터의 체를 통과하는 것이 60중량퍼센트 미만인 것은 제외이다.
> ㄷ. 인화성 고체: 고형알코올 그 밖에 1기압에서 인화점이 섭씨 20도 미만인 고체를 말한다.
> ㄹ. 알코올류: 1분자를 구성하는 탄소원자의 수가 1개부터 3개까지인 불포화1가 알코올(변성알코올 제외)을 말한다.
> ㅁ. 과산화수소: 그 농도가 36중량퍼센트 이상인 것에 한한다.
> ㅂ. 질산: 그 비중이 1.49 이상인 것에 한한다.

① ㄱ, ㄷ, ㄹ
② ㄱ, ㅁ, ㅂ
③ ㄴ, ㄷ, ㅂ
④ ㄷ, ㄹ, ㅁ

23 (상)(중)(하) □□□

제1류 위험물의 대표적인 성질로 옳은 것은?

① 산화성 또는 충격 민감성
② 환원성 또는 충격 민감성
③ 자기반응성
④ 인화성 또는 강산화성

24 (상)(중)(하) □□□

제1류 위험물의 특징에 대해 옳은 것을 모두 고른 것은?

> ㄱ. 자신은 불연성이며, 다른 가연물의 연소를 돕는 지연성 물질이다.
> ㄴ. 대부분 유기화합물로, 분해 시 산소를 방출한다.
> ㄷ. 비중이 1보다 크며, 물에 녹지 않는 것이 대부분이다.
> ㄹ. 제1류 위험물 중 무기과산화물은 물과의 접촉을 금지시킨다.
> ㅁ. 가연물과 혼합하면 연소·폭발의 위험이 있다.

① ㄱ, ㅁ
② ㄴ, ㄷ, ㄹ
③ ㄱ, ㄹ, ㅁ
④ ㄱ, ㄷ, ㄹ, ㅁ

25 (상)(중)(하) □□□

제1류 위험물에 관한 설명으로 옳지 않은 것은?

① 산화력이 강하다.
② 물보다 비중이 큰 물질이 많다.
③ 가열하여 용융된 진한 용액은 가연성 물질과 접촉 시 위험성이 커진다.
④ 분해하여 방출된 산소에 의해 자체 연소한다.

26 (상)(중)(하) □□□

다음 중 제1류 위험물에 대한 설명으로 옳지 않은 것은?

① 강산화제의 성질을 가지고 있어 다른 물질을 환원시키며, 염소산칼륨, 질산칼륨 등이 있다.
② 대부분 무색결정 또는 백색 분말이다.
③ 비중이 1보다 크며 대부분 수용성이다.
④ 수용액 상태에서도 산화성이 있다.

27 상 중 하 □□□

다음 중 제1류 위험물의 저장·취급 시 주의사항으로 옳지 않은 것은?

① 강산류와는 반응하지 않는다.
② 조해성 물질은 습기를 방지하고 용기를 밀폐시켜야 한다.
③ 통풍이 잘되는 차가운 곳에 저장하며 직사광선을 피해야 한다.
④ 가연물과 분해를 촉진하는 약품류와의 접촉을 피한다.

28 상 중 하 □□□

제1류 위험물의 경우 가열·충격·마찰 등에 의해 산소를 방출하는 산화성 물질이다. 가연성 물질과 혼합하고 있는 경우 제1류 위험물이 연소에 미치는 연소현상으로 옳지 않은 것은?

① 연소속도가 빨라지고 화염의 온도가 상승한다.
② 연소열량이 증가하고, 화염의 길이가 짧아진다.
③ 폭발의 위험성이 증가한다.
④ 연소확대 위험이 증가한다.

✦ 고난도 문제

29 상 중 하 □□□

제1류 위험물의 산화성이 급격하게 증대되는 요인으로 옳은 것은?

① 물과의 혼합
② 가연물과 혼합
③ 공기와의 접촉
④ 제6류 위험물과 혼합

✦ 고난도 문제

30 상 중 하 □□□

제1류 위험물에 대한 설명으로 옳은 것을 모두 고른 것은?

ㄱ. 무기과산화물은 물과 반응하여 발열하고 O_2를 방출한다.
ㄴ. 삼산화크로뮴은 물과 반응하여 강산이 되며 심하게 발열한다.
ㄷ. 대부분 무기화합물이며 염소화아이소사이아누르산은 유기화합물이다.
ㄹ. 제6류 위험물과 혼합하면 산화성이 증대되어 위험성이 높아진다.

① ㄱ, ㄷ
② ㄱ, ㄴ
③ ㄱ, ㄷ, ㄹ
④ ㄱ, ㄴ, ㄷ, ㄹ

✦ 고난도 문제

31 상 중 하 □□□

과산화나트륨이 물과 반응할 때의 변화를 가장 옳게 설명한 것은?

① 산화나트륨과 수소를 발생한다.
② 물을 흡수하여 탄산나트륨이 된다.
③ 산소를 방출하며 수산화나트륨이 된다.
④ 서서히 물에 녹아 과산화나트륨의 안정한 수용액이 된다.

32 (상)(중)(하) □□□

다음 중 과염소산칼륨과 혼합하였을 때 발화폭발의 위험이 가장 높은 것은?

① 석면
② 목탄
③ 유리
④ 벽돌

33 (상)(중)(하) □□□

과산화칼륨에 대한 설명으로 옳지 않은 것은?

① 염산과 반응하여 과산화수소를 발생한다.
② 물과의 접촉을 피하고 밀전하여 저장한다.
③ 탄산가스와 반응하여 산소를 발생한다.
④ 물과 반응하여 수소를 발생한다.

34 (상)(중)(하) □□□

「위험물안전관리법」상 알칼리금속 과산화물에 적응성이 있는 소화설비는?

① 할론소화설비
② 물분무소화설비
③ 탄산수소염류분말소화설비
④ 스프링클러설비

35 (상)(중)(하) □□□

「위험물안전관리법」상 염소산염류에 대해 적응성이 있는 소화설비는?

① 포소화설비
② 탄산수소염류 분말소화설비
③ 불활성가스소화설비
④ 할로겐화합물소화설비

36 (상)(중)(하) □□□

제1류 위험물 중 알칼리금속의 과산화물을 저장 또는 취급하는 위험물제조소에 표시하여야 하는 주의사항은?

① 화기엄금
② 물기엄금
③ 화기주의
④ 물기주의

37 (상)(중)(하) □□□

제2류 위험물의 위험성으로 옳은 것은?

① 연소 시 유독가스를 발생하기 쉽다.
② 공기 중 자신은 환원된다.
③ 대부분 유기화합물이다.
④ 대부분 물보다 가볍고 물에 녹는 수용성이다.

38 상 중 하

가연성 고체의 특징에 대해 옳지 않은 것은?

① 산소를 함유하고 있지 않은 강환원제이다.
② 적린은 연소하는 경우 오산화인의 흰 연기를 낸다.
③ 삼황화인은 조해성이 없다.
④ 철분, 금속분은 밀폐된 공간 내에서 부유하더라도 분진폭발의 위험이 없다.

39 상 중 하

적린이 연소하였을 때 발생하는 물질은?

① 오산화인
② 포스겐
③ 인화수소
④ 이산화황

40 상 중 하

다음 중 제2류 위험물에 대한 설명으로 옳지 않은 것은?

① 물을 주수하는 냉각소화가 효과적이지만, 물과 급격히 발열 반응하는 위험물은 건조사 등으로 질식소화한다.
② 오황화인은 조해성이 있다.
③ 독성이 있어 취급 시 주의해야 하고 산화제와 혼합, 혼촉을 방지해야 한다.
④ 인화성 고체를 운반 시 운반용기 외부에 화기주의를 표시해야 하며, 화재 시 제4류 위험물의 화재와 양상이 유사하다.

✦ 고난도 문제

41 상 중 하

제2류 위험물에 대한 설명으로 옳은 것을 모두 고른 것은?

> ㄱ. Cu분과 Ni분은 공기 중 점화원에 의해 잘 연소한다.
> ㄴ. 산화제와 접촉하고 있는 것은 가열하면 위험해진다.
> ㄷ. 적린의 발화점은 황린의 발화점보다 낮다.
> ㄹ. 금속(덩어리)의 경우 목재와 달리 열전도율이 높기 때문에 산화열이 축적되기 어려워 연소가 어렵다.

① ㄱ, ㄷ
② ㄴ, ㄹ
③ ㄱ, ㄴ, ㄷ
④ ㄱ, ㄴ, ㄷ, ㄹ

42 상 중 하

제2류 위험물의 특징 및 저장·취급 기준으로 옳지 않은 것은?

① 가열하거나 화기 및 고온체와의 접촉을 피한다.
② 철분은 상온에서 묽은 산과 반응하여 산소가스를 발생한다.
③ 저장용기는 밀봉하여 통풍이 잘되는 냉암소에 보관하며 파손에 의한 위험물 누출에 주의한다.
④ 강환원제로 산소와 결합이 용이하여 연소되기 쉽고, 저농도의 산소에서도 결합이 용이하다.

43 상 중 하

다음의 분말은 모두 150마이크로미터의 체를 통과하는 것이 50 중량퍼센트 이상이 된다. 이들 분말 중 「위험물안전관리법」상 품명이 "금속분"으로 분류되는 것은?

① 철분
② 구리분
③ 알루미늄분
④ 니켈분

44 상 중 하　□□□

금속의 경우 덩어리보다 분진으로 존재할 때 연소의 위험성이 증가하는 이유로 옳지 않은 것은?

① 표면적 증가
② 부유성 증가
③ 비열 증가
④ 복사선의 흡수율 증가

45 상 중 하　□□□

과염소산칼륨과 적린을 혼합하는 것이 위험한 이유로 옳은 것은?

① 산화제인 과염소산칼륨과 가연물인 적린이 혼합하면 가열, 충격 등에 의해 연소·폭발할 수 있기 때문에
② 과염소산칼륨이 연소하면서 생성된 연소열이 적린을 연소시킬 수 있기 때문에
③ 산화열이 발생하여 과염소산칼륨이 자연발화할 수 있기 때문에
④ 둘의 반응으로 수소가스가 발생할 수 있기 때문에

46 상 중 하　□□□

다음은 오황화인(P_2S_5)과 물의 화학반응이다. (　)안에 알맞은 숫자를 차례대로 나열한 것은?

$$P_2S_5 + (\quad)H_2O \rightarrow (\quad)H_3PO_4 + (\quad)H_2S$$

① 2, 8, 5
② 2, 5, 8
③ 8, 5, 2
④ 8, 2, 5

47 상 중 하　□□□

오황화인이 물과 작용해서 발생하는 기체는?

① 황화수소
② 인화수소
③ 포스겐가스
④ 이황화탄소

✦ 고난도 문제

48 상 중 하　□□□

각 황화인의 설명으로 옳지 않은 것은?

① 삼황화인은 조해성이 없으며, 연소시 오산화인과 이산화황을 생성한다.
② 오산화인은 물, 알칼리에 분해하여 황화수소와 인산을 발생한다.
③ 칠황화인은 이황화탄소에 잘 녹으며, 냉수 및 온수에서 급격하게 분해되어 황화수소와 인산을 발생한다.
④ 삼황화인은 이황화탄소, 질산, 알칼리 등에 녹는다.

✦ 고난도 문제

49 상 중 하　□□□

「위험물안전관리법」상 철분, 금속분, 마그네슘에 적응성이 있는 소화설비로 모두 고른 것은?

> ㄱ. 불활성가스소화설비
> ㄴ. 할로겐화합물소화설비
> ㄷ. 포소화설비
> ㄹ. 탄산수소염류소화설비

① ㄹ
② ㄷ, ㄹ
③ ㄱ, ㄴ, ㄹ
④ ㄱ, ㄴ, ㄷ, ㄹ

50 상 중 하 ☐☐☐

마그네슘에 관한 설명으로 옳은 것을 모두 고른 것은?

> ㄱ. 이산화탄소 소화약제를 사용하여 질식소화한다.
> ㄴ. $2Mg + O_2 \rightarrow 2MgO$는 발열반응을 나타낸다.
> ㄷ. 무기과산화물과 혼합한 것은 마찰을 시키거나 약간의 수분에 의해 발화한다.
> ㄹ. 강산과 반응하여 수소를 발생한다.

① ㄴ, ㄷ
② ㄱ, ㄴ, ㄷ
③ ㄴ, ㄷ, ㄹ
④ ㄱ, ㄴ, ㄷ, ㄹ

51 상 중 하 ☐☐☐

자연발화성 및 금수성 물질의 특징에 대해 옳지 않은 것은?

① 대부분 고체이며, 강산화성 물질과 접촉하면 위험성이 증가한다.
② 다량으로 한 번에 저장하지 않고 소분하여 저장한다.
③ 제3류 위험물에 해당하는 모든 물질은 물보다 무겁다.
④ 알킬알루미늄, 알킬리튬은 물 또는 공기와 접촉하면 폭발·발화하기 때문에 벤젠이나 헥산의 희석제를 사용한다.

52 상 중 하 ☐☐☐

제3류 위험물의 성상에 관한 설명으로 옳지 않은 것은?

① 알킬알루미늄, 알킬리튬과 유기금속화합물은 유기화합물이다.
② 금수성물질은 물과 접촉하면 발화·폭발한다.
③ 가열되거나 강산화성 물질 또는 강산류와 접촉하면 위험성이 증가한다.
④ 알킬알루미늄은 물과 반응하여 산소를 발생한다.

53 상 중 하 ☐☐☐

황린이 자연발화하기 쉬운 이유로 옳은 것은?

① 끓는점이 낮고 증기압이 높기 때문에
② 인화점이 낮고 조연성 물질이기 때문에
③ 조해성이 강하고 공기 중의 수분에 의해 쉽게 분해되기 때문에
④ 산소와 친화력이 강하고 발화온도가 낮기 때문에

54 상 중 하 ☐☐☐

공기를 차단한 상태에서 황린을 약 250~260℃로 가열하면 생성되는 물질은 제 몇 류 위험물인가?

① 제1류 위험물
② 제2류 위험물
③ 제5류 위험물
④ 제6류 위험물

55 상 중 하 ☐☐☐

황린이 공기 중에서 완전 연소할 때 생성되는 물질은?

① 오산화인
② 황화수소
③ 인화수소
④ 이산화황

56 상 중 하 □□□

제3류 위험물인 황린의 특징으로 옳은 것을 모두 고른 것은?

> ㄱ. 환원력이 강하기 때문에 산소농도가 낮은 분위기
>   에서도 연소한다.
> ㄴ. 황린은 공기 중에서 산화방지를 위해 ph9 이하
>   의 약알칼리성 물속에 저장한다.
> ㄷ. 지정수량 10kg인 물질로 위험등급 I인 물질이다.
> ㄹ. 연소 시 오산화인의 흰연기를 낸다.
> ㅁ. 공기를 차단하여 260℃로 가열하면 적린이 된다.
> ㅂ. 수산화칼륨 용액 등 강알칼리 용액과 반응하여
>   가연성·유해성의 포스핀(PH_3)을 발생한다.

① ㄴ, ㄹ, ㅁ
② ㄱ, ㄴ, ㄷ, ㄹ
③ ㄱ, ㄴ, ㄹ, ㅁ, ㅂ
④ ㄱ, ㄴ, ㄷ, ㄹ, ㅁ, ㅂ

57 상 중 하 □□□

황린과 적린의 성질에 관한 설명으로 옳지 않은 것은?

① 적린은 암적색인 무취 분말상 고체이며, 황린의 동소체
  이다.
② 적린과 황린 모두 이황화탄소에 녹는다.
③ 황린은 백린이라고도 불리는 독성물질이다.
④ 적린은 산화제인 염소산염류와 혼합시 자연발화할 수
  있다.

58 상 중 하 □□□

탄화칼슘(카바이드)이 물과 반응했을 때 반응식을 옳게 나타낸 것은?

① 탄화칼슘 + 물 → 수산화칼슘 + 메탄
② 탄화칼슘 + 물 → 수산화칼슘 + 아세틸렌
③ 탄화칼슘 + 물 → 칼슘 + 수소
④ 탄화칼슘 + 물 → 칼슘 + 아세틸렌

59 상 중 하 □□□

인화칼슘(인화석회)이 물과 반응하였을 때 발생하는 가스는?

① 수소
② 포스겐
③ 포스핀
④ 아세틸렌

60 상 중 하 □□□

물과 심하게 반응하여 독성의 포스핀을 발생시키는 위험물은?

① 인화칼슘
② 탄화칼슘
③ 수소화나트륨
④ 탄화알루미늄

61 상 중 하 　□□□

물과 반응하여 가연성 가스를 발생하지 않는 것은?

① 나트륨
② 과산화칼륨
③ 탄화알루미늄
④ 트리메틸알루미늄

62 상 중 하 　□□□

인화칼슘, 탄화알루미늄, 나트륨이 물과 반응하였을 때 발생하는 가스에 해당하지 않는 것은?

① 포스핀
② 수소
③ 이황화탄소
④ 메탄

63 상 중 하 　□□□

칼륨과 트리에틸알루미늄의 공통 성질을 모두 고른 것은?

> ㄱ. 모두 고체이다.
> ㄴ. 물과 반응하여 수소가스를 발생한다.
> ㄷ. 위험등급이 1등급이다.

① ㄱ
② ㄴ
③ ㄷ
④ ㄱ, ㄷ

✦ 고난도 문제

64 상 중 하 　□□□

제3류 위험물 중 금수성 물질을 제외한 위험물에 적응성이 있는 소화설비가 아닌 것은?

① 분말소화설비
② 스프링클러설비
③ 옥내소화전설비
④ 포소화설비

65 상 중 하 　□□□

제3류 위험물의 소화방법에 대한 설명으로 옳지 않은 것은?

① 제3류 위험물은 모두 물에 의한 소화가 불가능하다.
② 팽창질석은 제3류 위험물에 적응성이 있다.
③ K, Na의 화재 시에는 물을 사용할 수 없다.
④ 할로겐화합물소화설비는 제3류 위험물에 적응성이 없다.

66 상 중 하 　□□□

알코올류가 위험물이 되기 위하여 갖추어야 할 조건이 아닌 것은?

① 한 분자내에 탄소원자수가 1개부터 3개까지 일 것
② 포화 1가 알코올일 것
③ 수용액일 경우 위험물안전관리법령에서 정의한 알코올 함유량이 60중량퍼센트 이상일 것
④ 인화점 및 연소점이 에틸알코올 60wt% 수용액의 인화점 및 연소점을 초과하는 것

67 상 중 하 ☐☐☐

다음은 제2석유류에 관한 내용이다. ( )안에 들어갈 것으로 옳은 것은?

> 1기압에서 인화점이 섭씨 21도 이상 70도 미만인 것. 다만, 도료류 그 밖의 물품에 있어서 가연성 액체량이 40 중량퍼센트 이하이면서 인화점이 섭씨 (ㄱ)도 이상인 동시에 연소점이 섭씨 (ㄴ)도 이상인 것은 제외

	(ㄱ)	(ㄴ)
①	40	60
②	40	100
③	60	100
④	60	200

68 상 중 하 ☐☐☐

알코올류와 지정수량의 값이 같은 것은?

① 제1석유류(비수용성)
② 제1석유류(수용성)
③ 제2석유류(비수용성)
④ 제2석유류(수용성)

 **+ 고난도 문제**

69 상 중 하 ☐☐☐

위험물안전관리법령상 제4류 위험물 중 알코올류에 해당하는 것은?

① C_4H_9OH
② C_3H_7OH
③ $C_5H_{11}OH$
④ $C_3H_5(OH)_3$

70 상 중 하 ☐☐☐

위험물안전관리법령상 제4류 위험물을 제1석유류, 제2석유류, 제3석유류로 분류하는 기준은?

① 비점
② 발화점
③ 인화점
④ 연소점

71 상 중 하 ☐☐☐

1기압에서 인화점이 200℃인 것은 제 몇 석유류인가?

① 제1석유류
② 제2석유류
③ 제3석유류
④ 제4석유류

72 상 중 하 ☐☐☐

제4류 위험물 중 특수인화물은 1기압에서 발화점이 100℃ 이하인 것 또는 인화점이 ( ) 이하이고 비점이 40℃ 이하인 것으로 정의한다. ( ) 안에 들어갈 말로 옳은 것은?

① -20℃
② 20℃
③ -10℃
④ -40℃

73 상중하 ☐☐☐

제4류 위험물의 일반적인 성질에 대한 설명으로 옳지 않은 것은?

① 인화되기 쉽다.
② 인화점, 발화점이 낮은 것은 위험하다.
③ 증기는 대부분 공기보다 가볍다.
④ 액체비중은 대체로 물보다 가볍고 물에 녹기 어려운 것이 많다.

74 상중하 ☐☐☐

다음 중 제4류 위험물에 대한 설명으로 옳은 것을 모두 고른 것은?

ㄱ. 대부분이 유기화합물이며, 공기와 접촉 시 가연성 혼합기를 형성한다.
ㄴ. 동식물유류는 아이오딘 값에 따라서 성질이 달라지는데 아이오딘 값이 130 이상이면 건성유에 해당된다.
ㄷ. 초기 또는 소규모 화재 시 가스계 소화설비로 소화가 가능하다.
ㄹ. 이황화탄소를 취급하는 설비는 은, 수은, 동, 마그네슘 또는 이들을 성분으로 하는 합금으로 만들지 아니한다.
ㅁ. 클로로벤젠은 제2석유류 수용성으로 지정수량이 2,000[L]이다.

① ㄱ, ㄴ, ㄷ
② ㄱ, ㄴ, ㄹ
③ ㄴ, ㄷ, ㄹ
④ ㄷ, ㄹ, ㅁ

75 상중하 ☐☐☐

동·식물유류에 대한 설명으로 옳지 않은 것은?

① 연소하면 열에 의해 액온이 상승하여 화재가 커질 위험이 있다.
② 아이오딘 값이 낮을수록 자연발화의 위험이 높다.
③ 아마인유는 건성유이므로 자연발화의 위험이 있다.
④ 요오드값이 100 초과 130미만인 것을 반건성유라고 한다.

✦ 고난도 문제

76 상중하 ☐☐☐

제4류 위험물인 동식물유류의 취급 방법으로 옳지 않은 것은?

① 액체의 누설을 방지하여야 한다.
② 화기 접촉에 의한 인화에 주의하여야 한다.
③ 아마인유는 섬유질 등에 흡수되어 있으면 매우 안정하므로 취급하기 편리하다.
④ 가열할 때 증기는 인화되지 않도록 조치하여야 한다.

✦ 고난도 문제

77 상중하 ☐☐☐

다음 중 요오드값이 가장 작은 것은?

① 아마인유
② 들기름
③ 정어리기름
④ 피마자유

78 상 중 하 ☐☐☐

다음 중 자연발화의 위험성이 제일 높은 것은?

① 야자유
② 올리브유
③ 아마인유
④ 피마자유

79 상 중 하 ☐☐☐

제4류 위험물 중 제1석유류를 저장, 취급하는 장소에서 정전기를 방지하기 위한 방법으로 볼 수 없는 것은?

① 습도를 낮춘다.
② 주위 공기를 이온화시킨다.
③ 위험물 취급설비를 접지시킨다.
④ 사용기구 등은 도전성 재료를 사용한다.

80 상 중 하 ☐☐☐

「위험물안전관리법」상 위험물의 성질에 따른 제조소의 특례에 관한 내용이다. ( )에 해당하는 위험물은?

> ( )을 취급하는 설비는 은·수은·동·마그네슘 또는 이들을 성분으로 하는 합금으로 만들지 아니할 것

① 칼륨
② 아세틸렌
③ 아세트알데하이드
④ 알킬알루미늄

81 상 중 하 ☐☐☐

이황화탄소를 물속에 저장하는 이유로 가장 타당한 것은?

① 공기와 접촉하면 즉시 폭발하므로
② 가연성 증기의 발생을 방지하므로
③ 온도의 상승을 방지하므로
④ 불순물을 물에 용해시키므로

82 상 중 하 ☐☐☐

제4류 위험물의 특징에 대해 옳은 것을 모두 고른 것은?

> ㄱ. 전기적으로 부도체로, 정전기 축적에 용이하여 정전기가 점화원으로 작용할 수 있다.
> ㄴ. 대부분 물질은 비중이 1보다 작아 물보다 가볍고 물에 잘 녹지 않는다.
> ㄷ. 발생 증기는 가연성이며, 공기보다 무거워 낮은 곳에 체류한다.
> ㄹ. 액체는 유동성이 있고 화재 확대의 위험이 있다.
> ㅁ. 특수인화물에 해당하는 이황화탄소는 가연성 증기 발생을 억제하기 위하여 물속에 저장한다.
> ㅂ. 소규모 화재 시 CO_2, 포, 물분무, 분말, 할론소화약제를 이용하여 소화할 수 있다.

① ㄴ, ㄹ, ㅁ
② ㄱ, ㄷ, ㄹ, ㅁ
③ ㄱ, ㄴ, ㄷ, ㄹ, ㅁ
④ ㄱ, ㄴ, ㄷ, ㄹ, ㅁ, ㅂ

83 (상)(중)(하) ☐☐☐

제4류 위험물의 화재예방 및 취급방법으로 옳지 않은 것은?

① 이황화탄소는 물 속에 저장한다.
② 휘발유의 경우 증기발생 시 정전기에 의해 인화할 수 있으니 주의해야 한다.
③ 초산은 내산성 용기에 저장하여야 한다.
④ 건성유는 다공성 가연물과 함께 보관한다.

84 (상)(중)(하) ☐☐☐

제4류 위험물에 적응성이 있는 소화로 옳지 않은 것은?

① 이산화탄소 소화기
② 봉상강화액 소화기
③ 포 소화기
④ 인산염류분말 소화기

85 (상)(중)(하) ☐☐☐

자기반응성물질에 대한 특징으로 옳지 않은 것은?

① 하이드라진유도체를 제외한 나머지 물질은 무기화합물이다.
② 유기화합물 중 유기과산화물을 제외하고는 질소를 함유한 유기질소화합물이다.
③ 강산화제 또는 강산류와 접촉시 발화가 촉진되고 위험성이 현저히 증가한다.
④ 물질 자체가 산소를 함유하고 있어 외부의 산소 공급 없이 연소가 가능하다.

86 (상)(중)(하) ☐☐☐

제5류 위험물에 대한 설명으로 옳은 것은?

> ㄱ. 연소속도가 대단히 빠른 폭발성의 물질로 화약, 폭약의 원료로 사용된다.
> ㄴ. 하이드라진 유도체는 제5류 위험물이지만, 하이드라진은 제4류 위험물이다.
> ㄷ. 모두 가연성 액체 또는 고체이며, 공기 중에서 장시간 노출 시 분해열 축적에 의한 자연발화를 일으킬 수 있다.
> ㄹ. 가연성물질로서 그 자체가 산소를 함유하므로 자기연소를 일으키기 쉬운 자기반응성물질이다.
> ㅁ. 질식소화의 효과가 없어, 다량의 물로 주수소화한다.

① ㄱ, ㄷ, ㄹ
② ㄱ, ㄴ, ㄷ, ㅁ
③ ㄴ, ㄷ, ㄹ, ㅁ
④ ㄱ, ㄴ, ㄷ, ㄹ, ㅁ

87 (상)(중)(하) ☐☐☐

제5류 위험물에 대한 설명으로 옳은 것을 모두 고른 것은?

> ㄱ. 유기과산화물과 하이드라진유도체를 제외하고 유기질소화합물이다.
> ㄴ. 셀룰로오스에 질산과 황산을 혼합하여 만든 나이트로셀룰로오스의 경우 질화도가 클수록 폭발성이 크다.
> ㄷ. 장시간 공기 중에 방치하는 경우 분해열이 축적되어 자연발화를 일으키는 것도 있다.
> ㄹ. 나이트로화합물의 경우 나이트로기가 많을수록 분해가 용이하고, 폭발성이 크다.

① ㄴ, ㄹ
② ㄱ, ㄷ, ㄹ
③ ㄱ, ㄴ, ㄷ
④ ㄱ, ㄴ, ㄷ, ㄹ

88 상 중 하 ☐☐☐

제5류 위험물의 성질에 관한 설명으로 옳지 않은 것은?

① 강산화제, 강산류와 혼합한 것은 발화를 촉진시키고 위험성도 증가한다.

② 질화도가 작은 것일수록 분해도, 폭발성, 위험도가 증가한다.

③ 나이트로화합물은 화기, 가열, 충격 등에 민감하여 폭발위험이 있다.

④ 가연성 물질로 외부의 산소공급이 없어도 자기연소하므로 연소속도가 빠르다.

89 상 중 하 ☐☐☐

제5류 위험물에 관한 설명으로 옳지 않은 것은?

① "자기반응성물질"이라 함은 고체 또는 액체로서 폭발의 위험성 또는 가열분해의 격렬함을 판단하기 위하여 고시로 정하는 시험에서 고시로 정하는 성질과 상태를 나타내는 것을 말하며, 위험성 유무와 등급에 따라 제1종 또는 제2종으로 분류한다.

② 가급적 소분하여 저장하고 위험물의 누출을 방지해야 한다.

③ 건조하고 고농도일수록 충격, 마찰 시 위험하다.

④ 제5류 위험물 제조소등에는 적색 바탕에 백색문자로 "화기주의"라는 주의사항을 표시한 게시판을 설치해야 한다.

90 상 중 하 ☐☐☐

셀룰로이드류의 자연발화 형태로 옳은 것은?

① 분해열에 의한 자연발화

② 흡착열에 의한 자연발화

③ 발효열에 의한 자연발화

④ 중합열에 의한 자연발화

✦ 고난도 문제

91 상 중 하 ☐☐☐

외부의 산소공급이 없어도 연소하는 물질로 모두 고른 것은?

> ㄱ. 알루미늄의 탄화물
> ㄴ. 과산화벤조일
> ㄷ. 나이트로셀룰로오스
> ㄹ. 파라디나이트로소벤젠

① ㄷ, ㄹ

② ㄱ, ㄷ, ㄹ

③ ㄴ, ㄷ, ㄹ

④ ㄱ, ㄴ, ㄷ, ㄹ

✦ 고난도 문제

92 상 중 하 ☐☐☐

위험물안전관리법령상 제5류 위험물 중 질산에스터류에 해당하는 것은?

① 나이트로벤젠

② 나이트로셀룰로오스

③ 트리나이트로페놀

④ 트리나이트로톨루엔

✦ 고난도 문제

93 상 중 하 ☐☐☐

위험물안전관리법령상 품명이 다른 하나는?

① 나이트로글리콜

② 나이트로글리세린

③ 셀룰로이드

④ 테트릴

+ 고난도 문제

94 상 중 하 ☐☐☐

위험물안전관리법령상 품명이 나머지 셋과 다른 하나는?

① 트리나이트로톨루엔
② 나이트로글리세린
③ 나이트로글리콜
④ 셀룰로이드

95 상 중 하 ☐☐☐

다음 중 제5류 위험물의 화재 시에 가장 적당한 소화 및 주의사항으로 옳지 않은 것은?

① 화재 초기에 다량의 물로 냉각소화한다.
② 외부로부터 산소 공급을 절대적으로 차단한다.
③ 항상 폭발에 대비하여 소화작업 시 안전거리를 유지하고 엄폐물을 활용한다.
④ 화재현장이 밀폐공간인 경우 질식이나 급성중독에 대비하여 공기호흡기 등의 호흡보호구를 착용하여야 한다.

96 상 중 하 ☐☐☐

제6류 위험물에 대한 설명으로 옳지 않은 것은?

① 모두 무기화합물이다.
② 과산화수소는 물과 접촉 시 심하게 발열한다.
③ 할로젠간화합물을 제외하고 산소를 포함하고 있다.
④ 모두 위험 Ⅰ등급에 해당한다.

97 상 중 하 ☐☐☐

제6류 위험물에 대한 설명으로 옳지 않은 것은?

① 과산화수소는 물로 소화하고, 나머지는 물과 발열하여 반응하기 때문에 주수소화가 불가능하나 소량 화재 시에는 다량의 물로 소화한다.
② 용기는 내산성을 사용하고 용기의 파손 등에 주의한다.
③ 제1류 위험물과 혼합 시 산화성이 증가한다.
④ 강한 환원력을 가지고 있다.

+ 고난도 문제

98 상 중 하 ☐☐☐

제6류 위험물의 취급 방법에 대한 설명 중 옳은 것을 모두 고른 것은?

> ㄱ. 지정수량의 1/10을 초과할 경우 제2류 위험물과의 혼재를 금한다.
> ㄴ. 과산화수소를 제외하고 강산성 물질이며, 수용액도 강산작용을 나타낸다.
> ㄷ. 위험물 운반 시 "화기엄금" 및 "물기엄금" 주의사항을 표시해야 한다.
> ㄹ. 과산화수소를 제외하고 분해하여 유해성 가스를 발생하며, 부식성이 강하여 피부를 침투한다.
> ㅁ. 과산화수소의 경우 농도 66% 이상은 충격·마찰에 의해서 단독으로 분해폭발 위험이 있다.

① ㄴ, ㄹ
② ㄱ, ㄴ, ㄷ, ㄹ
③ ㄱ, ㄴ, ㄹ, ㅁ
④ ㄱ, ㄴ, ㄷ, ㄹ, ㅁ

99 ⓈⓄⒽ ☐☐☐

과산화수소가 제6류 위험물에 해당하는 농도 기준으로 옳은 것은?

① 36wt% 이상
② 36vol% 이상
③ 60wt% 이상
④ 60vol% 이상

100 ⓈⓄⒽ ☐☐☐

질산과 과염소산의 공통 성질로 옳지 않은 것은?

① 가연성이며, 강산화제이다.
② 비중이 1 보다 크다.
③ 가연물과 혼합 시 화재를 발생시킬 위험이 있다.
④ 물과 접촉하면 발열한다.

✦ 고난도 문제

101 ⓈⓄⒽ ☐☐☐

「위험물안전관리법」상 제6류 위험물에 해당하는 물질로서 햇빛에 의해 갈색의 연기를 내며 분해할 위험이 있으므로 갈색병에 보관해야 하는 것은?

① 질산
② 황산
③ 염산
④ 과산화수소

102 ⓈⓄⒽ ☐☐☐

다음 설명에 해당하는 위험물을 고른 것은?

- 강산화제로 분해 시 산소를 방출한다.
- 자신은 불연성이며 다른 가연물의 연소를 돕는 조연성 (지연성) 물질이다.
- 부식성이 강하며 유독성의 증기가 발생한다.

① 금속분
② 알킬리튬
③ 과염소산
④ 나이트로화합물

✦ 고난도 문제

103 ⓈⓄⒽ ☐☐☐

제6류 위험물의 화재에 적응성이 없는 소화설비는?

① 옥내소화전설비
② 스프링클러설비
③ 포소화설비
④ 불활성가스소화설비

104 ⓈⓄⒽ ☐☐☐

위험물의 분류별 특성에 대한 설명으로 옳지 않은 것은?

① 제6류 위험물은 산화성 액체로 불연성이지만, 강산화제로 다른 물질의 연소를 돕는다.
② 제4류 위험물은 인화성 액체로 인화점이 낮아 연소하기 쉽고, 증기비중이 공기보다 무겁다.
③ 제1류 위험물은 산화성 고체로 산화력의 잠재적인 위험성 또는 충격에 대한 민감성을 판단하기 위해 고시로 정하는 성질과 상태를 나타내는 것을 말한다.
④ 제5류 위험물은 자기반응성물질로 물과 반응하여 가연성 가스를 발생하는 물질이다.

105 ⑤ⓒ하 □□□

다음 중 위험물의 종류에 따른 소화 대책으로 옳지 않은 것은?

① 황화인은 분해온도를 낮추기 위해 물을 주수하여 냉각소화한다.
② 황린은 물을 주수하여 냉각소화한다.
③ 유기과산화물, 질산에스터류, 나이트로화합물, 나이트로소화합물은 물질 자체에 산소를 함유하고 있으므로 질식소화에는 적응성이 없고, 다량의 물을 주수하여 냉각소화한다.
④ 질산은 건조사에 의한 질식소화한다.

106 ⑤중하 □□□

화재진압 시 질식소화에 적응성이 있는 위험물로 옳지 않은 것은?

① 트리에틸알루미늄
② 황화인
③ 중유
④ 아조화합물

107 ⑤중하 □□□

(가) 무기과산화물과 (나) 유기과산화물의 소화방법으로 옳은 것은?

① (가) CO₂에 의한 질식소화
   (나) CO₂에 의한 냉각소화
② (가) 건조사에 의한 피복소화
   (나) 분말에 의한 질식소화
③ (가) 포에 의한 질식소화
   (나) 분말에 의한 질식소화
④ (가) 건조사에 의한 피복소화
   (나) 물에 의한 냉각소화

108 ⑤중하 □□□

각 유별 위험물의 소화방법에 관한 설명으로 옳지 않은 것은?

① 제1류 - 과염소산나트륨의 경우에는 주수소화가 불가능하므로 건조사에 의한 질식소화한다.
② 제2류 - 적린은 다량의 물로 냉각소화한다.
③ 제3류 - 금수성 물질의 경우 강산화제와의 접촉을 피하고, 건조사, 팽창질석, 팽창진주암 등을 사용하여 질식소화를 시도한다.
④ 제5류 - 질식소화는 효과가 없으며, 다량의 주수소화가 효과적이다.

✦ **고난도 문제**

109 상⑥하 □□□

다음 중 위험물의 종류에 따른 소화방법으로 옳은 것을 모두 고른 것은?

ㄱ. 아염소산염류는 분해온도를 낮추기 위해 물을 주수하여 냉각소화한다.
ㄴ. 수소화칼슘에 들어있는 수소로 인해 물을 주수하여 냉각소화하는 것이 효과적이다.
ㄷ. 하이드라진은 제4류 위험물 중 비수용성으로 주수소화가 불가능하다.
ㄹ. 유기과산화물은 물질 자체에 산소를 가지고 있어 질식소화가 불가능하다.
ㅁ. 제6류 위험물 중에 과산화수소는 주수소화가 가능하다.

① ㄱ, ㄴ, ㄷ
② ㄱ, ㄹ, ㅁ
③ ㄱ, ㄴ, ㄷ, ㄹ
④ ㄱ, ㄴ, ㄹ, ㅁ

110 상중하 ☐☐☐

위험물안전관리법령상 소화설비의 적응성에 관한 내용으로 옳은 것은?

① 팽창질석 또는 팽창진주암은 제1류~제6류 위험물 모두에 적응성이 있다.
② 철분·금속분·마그네슘에는 인산염류등의 분말소화설비가 적응성이 있다.
③ 분말소화약제는 셀룰로이드류의 화재에 가장 적당하다.
④ 물분무소화설비는 전기설비에 사용할 수 없다.

111 상중하 ☐☐☐

다음 중 위험물의 저장방법에 대한 설명으로 옳은 것은?

① 알킬리튬과 알킬알루미늄은 등유, 경유와 같이 석유류 속에 저장한다.
② 나이트로셀룰로오스는 용기에 불연성 가스를 봉입하여 저장한다.
③ 아세틸렌은 다공성 물질에 다이메틸프로마미드, 아세톤을 흡수시키고 여기에 아세틸렌을 다시 용해시켜 저장한다.
④ 칼륨은 벤젠이나 헥산의 희석제를 사용한다.

112 상중하 ☐☐☐

위험물의 보호액 및 보호방법으로 옳지 않은 것을 모두 고른 것은?

> ㄱ. 황린과 이황화탄소는 물 속에 넣어 저장한다.
> ㄴ. 알킬리튬, 나이트로셀룰로오스는 벤젠이나 헥산의 희석제를 사용한다.
> ㄷ. 칼륨, 나트륨은 석유류 속에 넣어 저장한다.
> ㄹ. 아세틸렌은 다공성 물질에 다이메틸프로마미드, 아세톤을 흡수시킨 후 아세틸렌을 용해시켜 저장한다.
> ㅁ. 산화프로필렌은 구리 용기에 불연성 가스를 봉입하여 저장한다.

① ㄱ, ㄴ
② ㄴ, ㅁ
③ ㄷ, ㄹ
④ ㄱ, ㄷ, ㄹ

113 상중하 ☐☐☐

다음은 위험물을 함께 저장·취급할 수 있는 경우를 나열한 것이다. 올바르게 연결되지 않은 것은?

① 과산화나트륨 - 질산
② 염소산칼륨 - 과염소산
③ 디에틸에테르 - 고형알코올
④ 질산염류 - 유기과산화물

114 (상)(중)(하)　□□□

수납하는 위험물의 종류에 따라 운반용기의 외부에 표시하여야 할 주의사항으로 옳지 않은 것은?

① 제2류 위험물 중 인화성 고체: 화기엄금
② 제3류 위험물 중 자연발화성 물질: 화기주의 및 공기접촉 주의
③ 제5류 위험물: 화기엄금 및 충격주의
④ 제6류 위험물: 가연물접촉주의

115 (상)(중)(하)　□□□

제4류 위험물의 운반용기의 외부에 표시하여야 할 주의사항은?

① 화기엄금
② 화기주의
③ 물기엄금
④ 물기주의

116 (상)(중)(하)　□□□

「위험물안전관리법」상 운송책임자의 감독·지원을 받아 운송하여야 하는 위험물에 해당하는 것은?

① 특수인화물
② 알킬리튬
③ 질산구아니딘
④ 하이드라진 유도체

정답 및 해설 | 102~103p

01 상 중 **하** ☐☐☐

특수가연물의 종류 및 지정수량의 내용으로 옳지 않은 것은?

① 면화류: 200kg 이상
② 종이부스러기: 1,000kg 이상
③ 목탄류: 3,000kg 이상
④ 목재가공품: 10㎥ 이상

02 상 **중** 하 ☐☐☐

특수가연물에 대한 내용으로 옳지 않은 것은?

① 특수가연물에 살수설비를 설치하거나 방사능력 범위에 해당 특수가연물이 포함되도록 대형수동식소화기를 설치하는 경우 높이는 15[m] 이하, 쌓는 부분의 바닥면적은 200[㎡] (석탄 · 목탄류의 경우에는 300[㎡]) 이하로 한다.
② 석탄 · 목탄류를 발전용으로 저장하는 경우 쌓는 부분의 바닥면적은 200[㎡] 이하로 한다.
③ 면화류란 불연성 또는 난연성이 아닌 면상 또는 팽이모양의 섬유와 마사 원료를 말하며 지정수량은 200[kg] 이상이다.
④ 고무류 · 플라스틱류란 불연성 또는 난연성이 아닌 고체의 합성수지제품, 합성수지반제품, 원료합성수지 및 합성수지 부스러기(불연성 또는 난연성이 아닌 고무제품, 고무반제품, 원료고무 및 고무 부스러기를 포함한다)를 말한다.

03 상 **중** 하 ☐☐☐

특수가연물의 저장 및 취급 방법에 대한 설명으로 옳지 않은 것은?

① 품명별로 구분하여 쌓을 것
② 실외에 쌓아 저장하는 경우 쌓는 부분이 대지경계선, 도로 및 인접 건축물과 최소 6미터 이상 간격을 둘 것
③ 실내에 쌓아 저장하는 경우 주요구조부는 내화구조이면서 불연재료여야 하고, 대지경계선, 도로 및 인접 건축물과 최소 3미터 이상 간격을 둘 것
④ 쌓는 부분 바닥면적의 사이는 실내의 경우 1.2미터 또는 쌓는 높이의 1/2 중 큰 값 이상으로 간격을 두어야 하며, 실외의 경우 3미터 또는 쌓는 높이 중 큰 값 이상으로 간격을 둘 것

04 상 **중** 하 ☐☐☐

특수가연물의 저장 및 취급하는 장소에 설치해야 하는 표지의 내용으로 옳지 않은 것은?

① 최대저장수량
② 관리책임자 성명 · 직책, 연락처
③ 화기취급 금지표시
④ 단위질량당 체적

05 상 중 하 ☐☐☐

위험물의 분류 및 표지에 관한 기준상 GHS의 물리적 위험성과 그림문자의 연결로 옳지 않은 것은?

① 자연발화성 액체:

② 둔감화된 폭발성물질:

③ 금속부식성 물질:

④ 산화성 액체:

Simtail

Simple
Detail

2026

01 상 중 하 ☐☐☐

소방시설의 분류와 해당 소방시설의 종류가 옳지 않게 연결된 것은?

① 경보설비: 비상벨설비, 누전경보기, 가스누설경보기
② 피난구조설비: 유도표지, 휴대용비상조명등, 인공소생기
③ 소화용수설비: 소화수조, 연결송수관설비, 상수도소화용수설비
④ 소화활동설비: 제연설비, 비상콘센트설비, 무선통신보조설비

03 상 중 하 ☐☐☐

다음 중 소화설비에 대한 설명으로 옳지 않은 것은?

① 소화기구는 화재가 발생한 경우 초기에 화재를 진압할 수 있는 가장 간편한 기구다.
② 소화기의 지시압력계의 눈금이 노란색 범위에 있다면 압력 부족을 뜻한다.
③ 소화설비의 종류로는 소화기구, 자동소화장치, 스프링클러설비, 소화수조 등이 있다.
④ 마른모래, 팽창질석은 소화약제 외의 것을 이용한 간이소화용구이다.

02 상 중 하 ☐☐☐

소방시설 중 옳지 않은 것을 모두 고른 것은?

> ㄱ. 소화설비에는 스프링클러설비등, 옥외소화전설비, 자동확산소화기가 있다.
> ㄴ. 경보설비에는 피난구유도등, 자동화재속보설비, 비상경보설비가 있다.
> ㄷ. 소화활동설비에는 비상방송설비, 연소방지설비, 연결살수설비가 있다.
> ㄹ. 피난구조설비 중 인명구조기구에는 보호장갑을 제외한 방열복, 방화복을 포함한다.

① ㄱ, ㄴ, ㄷ
② ㄱ, ㄴ, ㄹ
③ ㄴ, ㄷ, ㄹ
④ ㄱ, ㄷ, ㄹ

정답 및 해설 | 105~122p

01 상 중 하 ☐☐☐

소화기구에 관한 내용이다. ( )안에 들어갈 내용으로 알맞은 것은?

- 소형소화기란 능력단위가 (ㄱ)단위 이상이고, 대형소화기의 능력단위 미만인 소화기를 말한다.
- 대형소화기란 화재 시 사람이 운반할 수 있도록 운반대와 바퀴가 설치되어 있고 능력단위가 A급 (ㄴ)단위 이상, B급 (ㄷ)단위 이상인 소화기를 말한다.

① ㄱ: 2, ㄴ: 5, ㄷ: 10
② ㄱ: 5, ㄴ: 10, ㄷ: 20
③ ㄱ: 1, ㄴ: 10, ㄷ: 20
④ ㄱ: 20, ㄴ: 10, ㄷ: 20

02 상 중 하 ☐☐☐

다음 중 소화기에 대한 설명으로 옳은 것을 모두 고른 것은?

ㄱ. 소화기는 소화약제를 압력에 따라 방사하는 기구이며, 방출방식에 따른 분류로 대형소화기와 소형소화기가 있다.
ㄴ. 소형소화기는 능력단위가 1단위 이상 대형소화기의 능력단위 미만인 소화기를 말한다.
ㄷ. 소화기 소화약제에 따른 분류로 수계, 가스계, 분말계 소화기가 있다.
ㄹ. 소형소화기는 보행거리 10[m], 대형소화기는 보행거리 20[m]마다 배치한다.
ㅁ. 이산화탄소 소화기는 좁고 밀폐된 공간에서 사용을 금지한다.

① ㄱ, ㄴ, ㄷ
② ㄴ, ㄷ, ㅁ
③ ㄴ, ㄷ, ㄹ
④ ㄱ, ㄹ, ㅁ

소화설비 중 소화기에 대한 설명으로 옳지 않은 것은?

① 물소화기는 일반화재(A급 화재)에 적용되며 무상으로 방사할 경우 유류화재(B급 화재), 전기화재(C급 화재)에도 적응성이 있다.

② 이산화탄소 또는 할로겐화합물을 방사하는 소화기구(자동확산소화기를 제외한다)는 지하층이나 무창층 또는 밀폐된 거실로서 그 바닥면적이 20[㎡] 미만의 장소에는 설치할 수 없다.

③ 강화액소화기는 -20[℃] 이상 40[℃] 이하의 온도범위에서 사용할 경우 소화 및 방사의 기능을 유효하게 발휘할 수 있는 것이어야 한다.

④ 축압식 소화기(이산화탄소 및 할론1211 소화약제를 충전한 소화기와 한 번 사용한 후에는 다시 사용할 수 없는 형의 소화기는 제외한다)는 지시압력계를 설치하여야 한다.

소화기구의 화재안전기준상 소화기의 설치기준으로 옳은 것을 모두 고른 것은?

> ㄱ. 소화기는 바닥으로부터 높이 1[m] 이하의 곳에 비치할 것
> ㄴ. 소형소화기의 경우 소방대상물의 각 부분으로부터 1개의 소화기까지의 보행거리가 20[m] 이내가 되도록 배치할 것
> ㄷ. 능력단위가 2단위 이상이 되도록 수동식 소화기를 설치하여야 할 소방대상물 또는 그 부분에 있어서는 간이소화용구의 능력단위수치의 합계수가 전체 능력단위 합계수의 3/4을 초과하지 아니할 것
> ㄹ. 특정소방대상물의 각 층마다 설치하되, 각 층이 둘 이상의 거실로 구획된 경우에는 각 층마다 설치하는 것 외에 바닥면적이 33[㎡] 이상으로 구획된 각 거실에도 배치할 것

① ㄱ, ㄷ

② ㄴ, ㄷ

③ ㄷ, ㄹ

④ ㄴ, ㄹ

대형소화기의 충전량 기준으로 옳지 않은 것은?

① 분말 소화기: 20[kg] 이상

② 이산화탄소 소화기: 60[kg] 이상

③ 강화액 소화기: 60[L] 이상

④ 물 소화기: 80[L] 이상

06 상중하 □□□

소화약제로 소화기를 분류하는 경우 가스계 소화기에 해당하지 않는 것은?

① 이산화탄소 소화기
② 인산염류 소화기
③ 할론1211 소화기
④ 할론1301 소화기

07 상중하 □□□

소화기의 설치기준으로 옳지 않은 것은?

① 특정소방대상물의 각 층마다 설치하되, 각 층이 2 이상의 거실로 구획된 경우에는 각 층마다 설치하는 것 외에 바닥면적이 33[㎡] 이상으로 구획된 각 거실에도 배치한다.
② 특정소방대상물의 각 부분으로부터 1개의 소화기까지의 보행거리가 소형소화기의 경우에는 10[m] 이내, 대형소화기의 경우에는 20[m] 이내가 되도록 배치할 것. 다만, 가연성물질이 없는 작업장의 경우에는 작업장의 실정에 맞게 보행거리를 완화하여 배치할 수 있다.
③ 능력단위가 2단위 이상이 되도록 소화기를 설치해야 할 특정소방대상물 또는 그 부분에 있어서는 간이소화용구의 능력단위가 전체 능력단위의 2분의 1을 초과하지 않게 할 것. 다만, 노유자시설의 경우에는 그렇지 않다.
④ 지하구에 소화기를 설치하는 경우 바닥면으로부터 1.5[m] 이하의 높이에 설치하며, 사람이 출입할 수 있는 출입구(환기구, 작업구를 포함한다) 부근에 5개 이상 설치한다.

08 상중하 □□□

다음 중 특정소방대상물에 따른 소화기 설치기준 중 바닥면적 50[㎡]마다 능력단위 1단위 이상 배치해야 하는 특정소방대상물로 옳지 않은 것은?

① 전시장
② 집회장
③ 공연장
④ 관람장

09 상중하 □□□

건축물의 주요 구조부가 내화구조이고, 벽 및 반자의 실내에 면하는 부분이 불연재료로 된 바닥 면적이 600[㎡]인 숙박시설에 필요한 소화기구의 능력단위는 최소 얼마 이상으로 하여야 하는가?

① 1단위
② 2단위
③ 3단위
④ 4단위

10 상중하 □□□

내화구조이며, 벽 및 반자의 실내에 면하는 부분이 불연재료로 되어 있는 바닥면적 400[㎡]인 의료시설에 소화기를 설치하고자 한다. 소화기 몇 개를 설치해야 하는가? (단, 설치하는 소화기는 3단위로 한다)

① 2개
② 3개
③ 4개
④ 5개

11 상 중 하 ☐☐☐

다음 중 소화기 설치기준에 대한 설명으로 옳지 않은 것은?

① 업무시설은 능력단위를 해당 용도의 바닥면적 50[㎡]마다 능력단위 1단위 이상 배치해야 한다.

② 가연성물질이 없는 작업장의 경우에는 작업장의 실정에 맞게 보행거리를 완화하여 배치할 수 있다.

③ 특정소방대상물의 각 부분으로부터 1개의 소화기까지의 거리로 대형소화기는 보행거리 30[m] 이내, 소형소화기는 보행거리 20[m] 이내마다 설치한다.

④ 지하구에는 소화기를 바닥면으로부터 1.5[m] 이하의 높이에 설치한다.

12 상 중 하 ☐☐☐

다음에 해당하는 간이소화용구를 비치하였을 경우 능력 단위의 합은 얼마인가?

- 삽을 상비한 마른모래 50L 1포
- 삽을 상비한 팽창질석 80L 2포
- 삽을 상비한 팽창진주암 50L 1포

① 1 단위

② 1.5 단위

③ 2.5 단위

④ 3 단위

13 상 중 하 ☐☐☐

자동소화장치를 모두 고른 것은?

ㄱ. 분말자동소화장치
ㄴ. 액체자동소화장치
ㄷ. 고체에어로졸자동소화장치
ㄹ. 공업용주방자동소화장치
ㅁ. 캐비닛형자동소화장치

① ㄱ, ㄴ

② ㄴ, ㄷ, ㄹ

③ ㄱ, ㄷ ,ㅁ

④ ㄱ, ㄴ, ㄷ, ㄹ, ㅁ

14 상 중 하 ☐☐☐

자동소화장치에 관한 내용으로 주방에 설치된 열발생 조리기구의 사용으로 인한 가연성 가스 등의 누출을 자동으로 차단하며, 소화약제를 방사하여 소화하는 장치는?

① 캐비닛형 자동소화장치

② 분말자동소화장치

③ 고체에어로졸식 자동소화장치

④ 주거용 주방자동소화장치

15 상 중 하 ☐☐☐

옥내소화전설비에 관한 기준으로 ( ) 안에 들어갈 내용으로 옳은 것은?

> 특정소방대상물의 어느 층에 있어서도 해당 층의 옥내소화전(2개 이상 설치된 경우에는 2개의 옥내소화전)을 동시에 사용할 경우 각 소화전의 노즐선단에서의 방수압력이 (ㄱ)[MPa] 이상이고, 방수량이 (ㄴ)[ℓ/min] 이상이 되는 성능의 것으로 할 것

	(ㄱ)	(ㄴ)
①	0.25	80
②	0.7	130
③	0.7	80
④	0.17	130

16 상 중 하 ☐☐☐

옥내소화전 설비의 설치기준에 관한 설명으로 옳은 것은?

① 각 소화전의 노즐선단 방수량은 분당 350[L] 이상이어야 한다.
② 하나의 옥내소화전을 사용하는 노즐선단 방수압력이 0.17 [MPa]을 초과할 경우에는 호스접결구의 인입측에 감압장치를 설치해야 한다.
③ 저수량은 소화전의 설치개수에 3.2[㎥]를 곱한 양 이상으로 지하수조에 저장해야 한다.
④ 옥내소화전설비의 수원은 산출된 유효수량 외에 유효수량의 3분의 1 이상을 옥상에 설치하여야 한다.

17 상 중 하 ☐☐☐

다음 중 옥내소화전에 대한 설명으로 옳지 않은 것은?

① 건물 내에서의 화재 발생 시 당해 소방대상물의 관계자 또는 자위소방대원이 이를 사용하여 발화 초기에 신속하게 진화할 수 있도록 건물 내에 설치하는 설비이다.
② 초고층 건축물의 수원의 양을 산정할 때 옥내소화전의 최대 설치개수는 2개이다.
③ 건축물의 높이가 지표면으로부터 10[m] 이하인 경우 옥상수조를 설치하지 않을 수 있다.
④ 호스릴옥내소화전설비는 노약자 또는 비전문가도 쉽게 사용할 수 있는 구조의 설비이다.

18 상 중 하 ☐☐☐

다음 중 옥내소화전설비에 대한 설명 중 옳은 것을 모두 고른 것은?

> ㄱ. 수조의 내측 상단에 수위계를 설치하여 수위를 편리하게 확인할 수 있도록 한다.
> ㄴ. 수조의 상단이 바닥보다 높으면 수조의 외측에 고정식 사다리를 설치한다.
> ㄷ. 고가수조로부터 옥내소화전설비 수직배관에 물을 공급하는 급수구를 다른 설비의 급수구보다 높은 위치에 설치했을 때 소방설비의 전용수조로 하지 않을 수 있다.
> ㄹ. 지하층만 있는 건축물에는 옥상수조를 설치하지 않을 수 있다.
> ㅁ. 옥내소화전설비는 수원, 호스, 노즐, 배선, 가압송수장치 등으로 구성되어 있다.

① ㄱ, ㄴ, ㄷ
② ㄱ, ㄷ, ㄹ
③ ㄴ, ㄹ, ㅁ
④ ㄴ, ㄷ, ㄹ, ㅁ

✦ 고난도 문제

19 상 중 하 ☐☐☐

옥내소화전펌프의 풋밸브를 소방용 설비 외의 다른 설비의 풋밸브보다 낮은 위치에 설치한 경우의 유효수량으로 옳은 것은? (단, 옥내소화전설비와 다른 설비 수원을 저수조로 겸용하여 사용한 경우이다)

① 저수조의 바닥면과 상단 사이의 전체 수량
② 옥내소화전설비 풋밸브와 소방용 설비 외의 다른 설비의 풋밸브 사이의 수량
③ 옥내소화전설비의 풋밸브와 저수조 상단 사이의 수량
④ 저수조의 바닥면과 소방용 설비 외의 다른 설비의 풋밸브 사이의 수량

✦ 고난도 문제

20 상 중 하 ☐☐☐

다음 중 압력수조에 의한 가압송수장치에 대한 설명으로 옳은 것을 모두 고른 것은?

> ㄱ. 옥내소화전에 설치된 노즐에서 규정 방수량을 토출할 수 있도록 자연낙차압을 이용하여 가압송수하는 방식이다.
> ㄴ. 전원이 필요없는 방식으로 신뢰도가 우수한 방식이다.
> ㄷ. 반드시 급수펌프와 공기압축기가 부설되어야 한다.
> ㄹ. 옥내소화전에 설치된 호스의 노즐에서 규정 방수압력, 규정 방수량을 얻기 위해 사용하는 가장 보편화된 방법이다.
> ㅁ. 수위계, 급수관, 배수관, 급기관, 맨홀, 압력계, 안전장치 및 압력저하 방지를 위한 자동식 공기압축기를 설치한다.

① ㄱ, ㄴ, ㄹ
② ㄱ, ㄷ, ㅁ
③ ㄴ, ㄷ, ㅁ
④ ㄴ, ㄷ, ㄹ

✦ 고난도 문제

21 상 중 하 ☐☐☐

옥내소화전설비의 가압송수장치로 압력수조의 필요압력을 산출할 때 필요한 것이 아닌 것은?

① 낙차의 환산수두압
② 노즐의 설계압력
③ 배관의 마찰손실 수두압
④ 소방용 호스의 마찰손실 수두압

22 상 중 하 ☐☐☐

수계 소화설비에서 구조물 또는 지형지물 등에 설치하여 자연낙차의 압력으로 급수하는 수조는?

① 지하수조
② 고가수조
③ 압력수조
④ 가압수조

✦ 고난도 문제

23 ⒮ⓩⓗ □□□

옥내소화전설비의 가압송수장치로 고가수조를 사용할 경우 설치해야 하는 구성요소를 모두 고른 것은?

ㄱ. 수위계	ㄴ. 배수관
ㄷ. 배기관	ㄹ. 급수관
ㅁ. 급기관	ㅂ. 오버플로우관
ㅅ. 압력계	ㅇ. 자동식 공기압축기

① ㄱ, ㄴ, ㄹ, ㅂ
② ㄱ, ㄷ, ㅁ, ㅂ
③ ㄴ, ㄹ, ㅂ, ㅅ
④ ㄴ, ㄹ, ㅂ, ㅅ, ㅇ

24 ⒮ⓩⓗ □□□

다음 중 가압송수장치에 대한 설명으로 옳은 것은?

① 펌프에 의한 가압송수장치는 다른 가압송수장치들과는 다르게 비상전원이 필요 없다.
② 고가수조의 자연낙차를 이용한 가압송수장치를 설치하는 경우 고가수조의 자연낙차수두는 방수압 및 방수량이 30분 이상 유지되도록 해야 한다.
③ 압력수조에 의한 가압송수장치는 시간에 따라 점점 방수압력이 감소된다는 단점이 있다.
④ 펌프를 이용해 옥내소화전에 설치된 호스의 노즐에서 규정 방수압력과 방수량을 얻을 수 있기 때문에 신뢰성이 가장 좋은 방법이다.

25 ⒮ⓩⓗ □□□

옥내소화전설비에서 소화설비의 배관 내 압력변동을 검지하여 자동적으로 펌프를 기동 및 정지시키는 것은?

① 기동용수압개폐장치
② 개폐표시형밸브
③ 플렉시블조인트
④ 순환배관

26 ⒮ⓩⓗ □□□

옥내소화전설비의 화재안전기준상 용어의 정의가 옳지 않은 것은?

① 연성계란 대기압 이상의 압력과 대기압 이하의 압력을 측정할 수 있는 계측기를 말한다.
② 체절운전이란 펌프의 성능시험을 목적으로 펌프 흡입측의 개폐밸브를 닫은 상태에서 펌프를 운전하는 것을 말한다.
③ 압력수조란 소화용수와 공기를 채우고 일정압력 이상으로 가압하여 그 압력으로 급수하는 수조를 말한다.
④ 정격토출압력이란 정격토출량에서의 펌프의 토출측 압력을 말한다.

27 (상)(중)(하) ☐☐☐

소화수조 및 저수조의 전동기 또는 내연기관에 따른 펌프를 이용하는 가압송수장치의 설치기준 중 다음 ( ) 안에 들어갈 내용으로 알맞은 것은?

> 펌프의 토출 측에는 (ㄱ)를 체크밸브 이전에 펌프 토출 측 플랜지에서 가까운 곳에 설치하고, 흡입 측에는 (ㄴ) 또는 (ㄷ)를 설치할 것. 다만, 수원의 수위가 펌프의 위치보다 높거나 수직회전축펌프의 경우에는 연성계 또는 진공계를 설치하지 않을 수 있다.

	(ㄱ)	(ㄴ)	(ㄷ)
①	압력계	연성계	진공계
②	연성계	압력계	진공계
③	진공계	압력계	연성계
④	연성계	진공계	압력계

28 (상)(중)(하) ☐☐☐

옥내소화전설비의 구성요소가 아닌 것은?

① 가압송수장치
② 배관
③ 수원
④ 유수검지장치

29 (상)(중)(하) ☐☐☐

다음 중 펌프방식 옥내소화전에 대한 설명으로 옳지 않은 것은?

① 순환배관은 펌프의 토출 측 체크밸브 이전에서 분기시켜 20[mm] 이상의 배관에 체절압력 미만에서 개방되는 릴리프 밸브를 설치하여야 한다.
② 펌프의 토출 측에는 압력계를 체크밸브 이전에 펌프 토출 측 플랜지에서 가까운 곳에 설치하고, 흡입 측에는 연성계 또는 진공계를 설치한다.
③ 충압펌프는 주펌프와는 다르게 평상시에 기동되며 비상전원이 필요없다.
④ 기동용수압개폐장치는 소화설비의 배관 내 압력변동을 검지하여 관계인이 직접 신속하게 기동하여 펌프를 기동 및 정지시킬 수 있도록 하는 장치이다.

30 (상)(중)(하) ☐☐☐

다음은 물올림장치에 대한 설명이다. 빈칸에 들어갈 말로 옳은 것을 모두 고른 것은?

> 수원의 수위가 펌프보다 낮은 위치에 있는 가압송수장치에는 물올림장치에 전용의 탱크를 설치하며, 탱크의 유효수량은 (ㄱ)[L] 이상으로 하되, 구경 (ㄴ)[mm] 이상의 급수배관에 따라 해당 탱크에 물이 계속 보급되도록 한다.

	(ㄱ)	(ㄴ)
①	50	15
②	50	20
③	100	15
④	100	20

31 상 중 하 □□□

펌프의 성능시험배관에 사용되는 유량측정장치는 펌프의 정격 토출량의 몇 % 이상 측정할 수 있는 성능이 있어야 하는가?

① 65
② 140
③ 150
④ 175

◆ 고난도 문제

33 상 중 하 □□□

옥내소화전 2개가 설치되어 있을 경우 펌프성능시험의 내용으로 ( ) 안에 들어갈 내용으로 알맞은 것은?

구분	체절운전 시	정격토출량 100[%] 운전 시	정격토출량 150% 운전 시
펌프 토출량	(ㄱ)[L/min]	260[L/min]	(ㄴ)[L/min]
펌프 토출압	(ㄷ)[Mpa]	1.1[Mpa]	(ㄹ)[Mpa]

	(ㄱ)	(ㄴ)	(ㄷ)	(ㄹ)
①	0	390	0.65	0.65
②	0	390	1.54	0.715
③	0	390	1.65	0.89
④	130	4.55	1.7	1.7

32 상 중 하 □□□

옥내소화전설비의 화재안전기준상 펌프의 정격토출량이 500[ℓ/min]일 때 성능시험배관의 유량측정장치 용량은 몇 [ℓ/min] 이상으로 하여야 하는가?

① 650
② 800
③ 875
④ 950

34 상 중 하 □□□

옥내소화전설비의 내용으로 옳은 것은?

① 유량측정장치는 성능시험배관의 직관부에 설치하되, 펌프의 정격토출량의 150[%] 이상 측정할 수 있는 성능이 있어야 하며, 유량계를 통과하는 수류는 정확한 유량을 측정하기 위하여 층류가 아닌 난류상태가 되어야 한다.
② 펌프는 항상 전용으로 하여야 한다.
③ 가압송수장치의 기동을 표시하는 표시등은 옥내소화전함의 상부 또는 그 직근에 설치하되 황색등으로 한다.
④ 옥내소화전설비의 수원은 그 저수량이 옥내소화전의 설치개수가 가장 많은 층의 설치개수(2개 이상 설치된 경우에는 2개)에 2.6[㎥]를 곱한 양 이상이 되도록 하여야 한다.

35 상 중 하　　　□□□

옥내소화전 방수구의 설치기준으로 옳지 않은 것은?

① 호스릴옥내소화전설비의 경우 그 노즐에는 노즐을 쉽게 개폐할 수 있는 장치를 부착할 것
② 특정소방대상물의 각 부분으로부터 하나의 방수구까지의 수평거리가 40[m] 이하가 되도록 할 것
③ 바닥으로부터의 높이가 1.5[m] 이하가 되도록 할 것
④ 호스는 구경 40[mm](호스릴옥내소화전설비의 경우에는 25[mm]) 이상의 것으로 할 것

36 상 중 하　　　□□□

스프링클러설비의 가압송수장치의 정격토출압력은 하나의 헤드 선단에 얼마의 방수압력이 될 수 있는 크기이어야 하는가?

① 0.1 MPa 이상 0.7 MPa 이하
② 0.1 MPa 이상 1.2 MPa 이하
③ 0.1 MPa 이상 2.5 MPa 이하
④ 0.17 MPa 이상 1.2 MPa 이하

✦ 고난도 문제

37 상 중 하　　　□□□

스프링클러설비를 설치하여 수원의 양을 산정하는 경우 헤드의 기준개수로 옳은 것은?

① 지하층을 제외한 층수가 10층 이하인 복합건축물(판매시설이 설치된 경우): 20개
② 지하가 또는 지하역사: 30개
③ 지하층을 제외한 층수가 10층 이하인 특정소방대상물로서 헤드의 부착높이 8m 미만의 것: 20개
④ 지하층을 제외한 층수가 10층 이하인 공장(특수가연물 저장·취급하는 것): 10개

✦ 고난도 문제

38 상 중 하　　　□□□

지상 15층인 건축물의 3층에 스프링클러설비가 설치되어 있다. 이 때 설치된 폐쇄형 헤드의 수는 한 층당 50개라고 할 때 산출된 최소 저수량[㎥]은?

① 16
② 32
③ 48
④ 80

✦ 고난도 문제

39 상 중 하　　　□□□

폐쇄형 스프링클러헤드를 최고 주위온도 100[℃]인 장소(공장 및 창고 제외)에 설치할 경우 표시온도는 몇 [℃]의 것을 설치하여야 하는가?

① 79℃ 미만
② 79℃ 이상 121℃ 미만
③ 121℃ 이상 162℃ 미만
④ 162℃ 이상

40 상 중 하 ☐☐☐

스프링클러설비의 내용으로 옳지 않은 것은?

ㄱ. 스프링클러 헤드의 구성요소는 감열체, 프레임, 반사판, 클래퍼이다.
ㄴ. 스프링클러설비의 헤드 방수량은 80L/min 이상이다.
ㄷ. 하향식 헤드는 하방살수 목적을 가지고 있다.
ㄹ. 폐쇄형 헤드는 감열부가 있으며, 주로 무대부 또는 연소할 우려가 있는 개구부에 설치한다.

① ㄱ, ㄹ
② ㄴ, ㄷ, ㄹ
③ ㄱ, ㄷ, ㄹ
④ ㄱ, ㄴ, ㄷ, ㄹ

◆ 고난도 문제

41 상 중 하 ☐☐☐

스프링클러설비의 화재안전기준상 하나의 스프링클러헤드의 수평거리 기준으로 옳지 않은 것은?

① 무대부: 1.7[m] 이하
② 아파트등의 세대 내: 2.6[m] 이하
③ 특수가연물을 저장 또는 취급하는 창고: 2.1[m] 이하
④ 그 외 내화구조로 된 경우: 2.3[m] 이하

42 상 중 하 ☐☐☐

다음 중 스프링클러 헤드의 설치 제외 장소를 모두 고른 것은?

ㄱ. 고온의 노가 설치된 장소 또는 물과 격렬하게 반응하는 물품의 저장 또는 취급장소
ㄴ. 천장 및 반자가 불연재료 외의 것으로 되어 있고 천장과 반자 사이의 거리가 2[m] 미만인 부분
ㄷ. 발전실 · 변전실 · 변압기 그 밖에 이와 유사한 전기설비가 설치되어 있는 장소
ㄹ. 목욕실, 수영장(관람석 부분 포함) 그 밖에 이와 유사한 장소
ㅁ. 엘리베이터 권상기실
ㅂ. 현관 또는 로비 등으로서 바닥으로부터 높이가 20[m] 이상인 장소

① ㄱ, ㄴ, ㄷ, ㄹ
② ㄱ, ㄷ, ㅁ, ㅂ
③ ㄴ, ㄷ, ㅁ, ㅂ
④ ㄴ, ㄷ, ㄹ, ㅂ

43 상 중 하 ☐☐☐

스프링클러설비의 화재안전기준상 스프링클러설비를 설치하여야 할 특정소방대상물에 있어서 스프링클러헤드를 설치하지 아니할 수 있는 장소 기준으로 옳지 않은 것은?

① 천장과 반자 양쪽이 불연재료로 되어 있고 천장과 반자 사이의 거리가 2.5m 미만인 부분
② 천장 및 반자가 불연재료 외의 것으로 되어 있고 천장과 반자 사이의 거리가 0.5m 미만인 부분
③ 천장 · 반자 중 한쪽이 불연재료로 되어 있고 천장과 반자 사이의 거리가 1m 미만인 부분
④ 현관 또는 로비 등으로서 바닥으로부터 높이가 20m 이상인 장소

44 상 중 하 ☐☐☐

당해 층에서 유수검지장치로부터 교차배관까지 물을 보급시켜주는 배관은?

① 수직배관
② 가지배관
③ 수평주행배관
④ 순환배관

45 상 중 하 ☐☐☐

스프링클러설비의 교차배관에서 분기되는 지점을 기점으로 한쪽 가지배관에 설치되는 헤드의 개수는 최대 몇 개 이하인가? (단, 방호구역 안에서 칸막이 등으로 구획하여 헤드를 증설하는 경우와 격자형 배관방식을 채택하는 경우는 제외한다)

① 5
② 8
③ 10
④ 16

46 상 중 하 ☐☐☐

스프링클러설비의 배관에 대한 내용으로 옳은 것은?

① 스프링클러설비의 교차배관에서 분기되는 지점을 기점으로 한쪽 가지배관에 설치되는 헤드는 6개 이하로 한다.
② 교차배관이란 당해 층에서 유수검지장치로부터 수평주행배관까지 물을 보급시켜주는 배관이다.
③ 습식 또는 부압식 스프링클러설비 외의 설비에는 헤드를 향하여 상향으로 수평주행배관의 기울기를 1/500 이상으로 한다.
④ 습식 또는 부압식 스프링클러설비 외의 설비에는 헤드를 향하여 하향으로 가지배관의 기울기를 1/250 이상으로 한다.

47 상 중 하 ☐☐☐

폐쇄형 스프링클러헤드의 방호구역·유수검지장치에 대한 기준으로 옳지 않은 것은?

① 하나의 방호구역에는 1개 이상의 유수검지장치를 설치하되, 화재발생 시 접근이 쉽고 점검하기 편리한 장소에 설치한다.
② 하나의 방호구역에는 2개 층에 미치지 아니하도록 한다.
③ 스프링클러헤드에 공급되는 물은 유수검지장치 등을 지나도록 한다.
④ 하나의 방호구역의 바닥면적은 1,000[㎡]를 초과하지 아니한다.

✦ 고난도 문제

48 상 중 하 ☐☐☐

조기반응형 스프링클러헤드를 설치해야 하는 장소가 아닌 것은?

① 공동주택의 거실
② 수련시설의 거실
③ 오피스텔의 침실
④ 숙박시설의 침실

49 상 중 하 ☐☐☐

다음 중 스프링클러설비에 대한 설명으로 옳지 않은 것은?

① 체절운전이란 펌프의 성능시험을 목적으로 펌프 토출 측의 밸브를 닫은 상태에서 펌프를 운전하는 것을 말한다.
② 반사판은 스프링클러헤드의 방수구에서 유출되는 물을 세분시키는 작용을 하는 것을 말하며, 상향식에는 반사판을 상방향으로 설치한다.
③ 개방형스프링클러설비의 경우 하나의 방수구역을 담당하는 헤드의 개수는 30개 이하로 한다.
④ 정상상태에서 방수구를 막다가 일정온도에서 자동적으로 파괴 또는 이탈됨으로써 방수구를 개방시키는 감열체는 폐쇄형에만 있다.

50 상 중 하 ☐☐☐

스프링클러설비 본체 내의 유수현상을 자동적으로 검지하여 신호 또는 경보를 발하는 장치는?

① 기동용수압개폐장치
② 물올림장치
③ 일제개방밸브
④ 유수검지장치

51 상 중 하 ☐☐☐

습식 스프링클러설비 및 부압식 스프링클러설비 외의 스프링클러설비에는 특정한 제외 조건 이외에는 상향식 스프링클러헤드를 설치해야 하는데, 특정한 제외조건에 해당하지 않는 경우는?

① 스프링클러헤드의 설치장소가 동파의 우려가 없는 곳인 경우
② 건식 스프링클러헤드를 사용하는 경우
③ 드라이펜던트 스프링클러헤드를 사용하는 경우
④ 일제살수식 스프링클러헤드를 사용하는 경우

52 상 중 하 ☐☐☐

스프링클러설비의 종류에 따른 밸브 및 헤드의 연결이 옳은 것은? (단, 설비의 종류 - 밸브 - 헤드의 순이다)

① 습식 - 델류즈밸브 - 폐쇄형 헤드
② 건식 - 건식밸브 - 개방형 헤드
③ 준비작동식 - 준비작동식밸브 - 개방형 헤드
④ 일제살수식 - 일제개방밸브 - 개방형 헤드

53 상 중 하 ☐☐☐

유수검지장치 시험장치를 설치해야 하는 스프링클러설비를 모두 고른 것은?

> ㄱ. 습식 스프링클러설비
> ㄴ. 건식 스프링클러설비
> ㄷ. 준비작동식 스프링클러설비
> ㄹ. 부압식 스프링클러설비

① ㄱ, ㄴ
② ㄱ, ㄴ, ㄷ
③ ㄱ, ㄴ, ㄹ
④ ㄱ, ㄴ, ㄷ, ㄹ

54 (상)(중)(하)　　　□□□

다음 중 유수검지장치 시험장치에 대한 설명으로 옳은 것은?

① 모든 스프링클러설비에는 유수검지장치 시험장치를 설치해야 한다.
② 습식 스프링클러설비는 유수검지장치에서 가장 먼 거리에 위치한 가지배관의 끝으로부터 연결하여 설치한다.
③ 시험장치 배관의 구경은 25[mm] 이상으로 한다.
④ 건식 스프링클러설비는 2차측이 압축공기로 채워져 있기 때문에 유수검지장치 시험장치가 필요 없다.

55 (상)(중)(하)　　　□□□

스프링클러설비의 화재안전기준에 따른 습식유수검지장치를 사용하는 스프링클러설비 시험장치의 설치기준에 대한 설명으로 옳지 않은 것은?

① 유수검지장치에서 가장 가까운 가지배관의 끝으로부터 연결하여 설치해야 한다.
② 시험장치 배관의 구경은 25mm 이상으로 하고, 그 끝에 개폐밸브 및 개방형 헤드 또는 스프링클러헤드와 동등한 방수성능을 가진 오리피스를 설치한다.
③ 화장실과 같은 배수처리가 쉬운 장소에 시험배관을 설치한 경우에는 물받이 통 및 배수관을 생략할 수 있다.
④ 습식유수검지장치 또는 건식유수검지장치를 사용하는 스프링클러설비와 부압식스프링클러설비에는 동 장치를 시험할 수 있는 시험장치를 기준에 따라 설치해야 한다.

56 (상)(중)(하)　　　□□□

습식 스프링클러설비의 누수로 인한 유수검지장치의 오작동을 방지하기 위한 목적으로 설치하는 것은?

① 기동용수압개폐장치
② 리타딩 챔버
③ 물올림 장치
④ 성능시험배관

57 (상)(중)(하)　　　□□□

다음에서 설명하고 있는 스프링클러설비의 종류는?

> 유수검지장치의 1차측 및 2차측의 배관 내에 가압수가 채워져 있으며, 동파의 우려가 있어 부동액 주입, 보온조치 등의 방지대책이 반드시 필요하다.

① 습식
② 건식
③ 준비작동식
④ 일제살수식

58 (상)(중)(하)　　　□□□

다음에서 설명하는 스프링클러소화설비는?

> • 1차측은 가압수로 2차측은 공기로 채워져 있다.
> • 스프링클러헤드는 폐쇄형이다.
> • 화재감지회로는 교차회로방식을 사용한다.
> • 동파 우려가 있는 장소에 사용한다.

① 일제살수식스프링클러
② 습식스프링클러
③ 건식스프링클러
④ 준비작동식스프링클러

59 (상)(중)(하)

건식스프링클러 설비의 구성품을 모두 고른 것은?

> ㄱ. 개방형 헤드
> ㄴ. 시험장치
> ㄷ. 급속개방장치
> ㄹ. 드라이밸브

① ㄷ, ㄹ
② ㄱ, ㄴ, ㄷ
③ ㄴ, ㄷ, ㄹ
④ ㄱ, ㄴ, ㄷ, ㄹ

60 (상)(중)(하)

다음 중 그림에서 설명하는 스프링클러설비의 구성에 대한 설명으로 옳지 않은 것은?

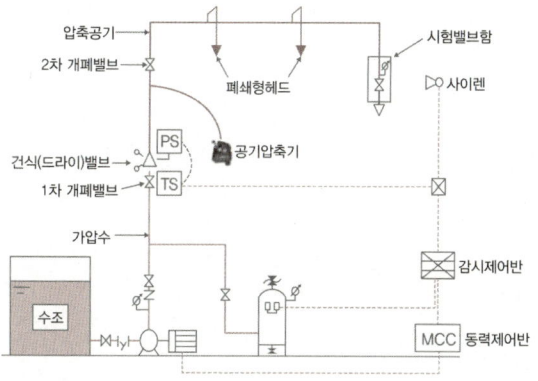

① 압력스위치는 압력수에 의한 접점으로 회로를 연결시켜 수신부에 화재표시 및 경보를 발령시키는 장치다.
② 공기압축기는 밸브 2차측에 압축공기를 채우기 위해 설치하는 장치이다.
③ 솔레노이드밸브(전자밸브): 화재감지기의 신호에 의해 작동하며 가압부의 충압수를 배출시켜 클래퍼를 개방시키는 밸브이다.
④ 건식 스프링클러설비의 압축공기는 질소 등의 기체로 2차측을 충전한다.

61 (상)(중)(하)

다음 중 스프링클러설비에 대한 설명으로 옳지 않은 것은?

① 습식 스프링클러설비는 공사비가 저렴하지만 헤드 오작동에 의한 수손피해가 크다.
② 건식 스프링클러설비는 오작동의 우려가 적으며, 압축공기로 인해 초기소화에 효과적이다.
③ 준비작동식 스프링클러설비는 고장의 우려 및 화재 시 작동에 대한 신뢰성이 상대적으로 낮다.
④ 일제살수식 스프링클러설비는 초기화재에 효과적이며, 층고가 높은 장소에서도 사용이 가능하다.

62 (상)(중)(하)

소화설비의 오작동을 줄이기 위해 감지기를 교차회로방식으로 설치한다. 다음 중 교차회로방식을 적용해야 하는 설비를 모두 고른 것은?

> ㄱ. 부압식 스프링클러설비
> ㄴ. 이산화탄소 소화설비
> ㄷ. 일제살수식 스프링클러설비
> ㄹ. 할론 소화설비
> ㅁ. 준비작동식 스프링클러설비

① ㅁ
② ㄴ, ㄷ, ㄹ
③ ㄴ, ㄷ, ㄹ, ㅁ
④ ㄱ, ㄴ, ㄷ, ㄹ, ㅁ

63 상 중 하 ☐☐☐

간이스프링클러설비의 화재안전기준상 간이스프링클러설비의 배관 및 밸브 등의 설치순서로 옳지 않은 것은? (단, 수원이 펌프보다 낮은 경우이다)

① 상수도직결형은 수도용계량기, 급수차단장치, 개폐표시형밸브, 체크밸브, 압력계, 유수검지장치, 2개의 시험밸브 순으로 설치할 것

② 펌프 설치 시에는 수원, 연성계 또는 진공계, 펌프 또는 압력수조, 압력계, 체크밸브, 성능시험배관, 개폐표시형밸브, 유수검지장치, 시험밸브의 순으로 설치할 것

③ 압력수조 이용 시에는 수원, 가압수조, 압력계, 체크밸브, 성능시험배관, 개폐표시형밸브, 유수검지장치, 2개의 시험밸브의 순으로 설치할 것

④ 캐비닛형인 경우 수원, 연성계 또는 진공계, 펌프 또는 압력수조, 압력계, 체크밸브, 개폐표시형밸브, 2개의 시험밸브의 순으로 설치할 것

64 상 중 하 ☐☐☐

옥외소화전에 관한 내용으로 옳은 것은?

① 압력챔버를 사용할 경우 그 용적은 50[L] 이하의 것으로 한다.

② 노즐 선단에서 방수압력 0.17[MPa] 이상, 방수량이 130[L/min] 이상의 가압송수장치가 필요하다.

③ 호스는 구경 40[mm]의 것으로 한다.

④ 옥외소화전이 10개 이하 설치된 때에는 옥외소화전마다 5[m] 이내의 장소에 1개 이상의 소화전함을 설치하여야 한다.

65 상 중 하 ☐☐☐

옥외소화전설비의 수원의 기준으로 ( ) 안에 들어갈 말로 옳은 것은?

> 옥외소화전의 수원은 그 저수량이 옥외소화전의 설치개수에 ( )[㎥]를 곱한 양 이상이어야 한다.

① 2.6

② 7

③ 1.4

④ 5.2

66 상 중 하 ☐☐☐

옥외소화전설비의 화재안전기준에 따라 옥외소화전 배관은 특정소방대상물의 각 부분으로부터 하나의 호스접결구까지의 수평거리가 최대 몇 [m] 이하가 되도록 설치하여야 하는가?

① 25

② 35

③ 40

④ 50

67 상중하 ☐☐☐

옥외소화전설비에서 소화전함의 설치기준에 관한 설명으로
( ) 안에 들어갈 말로 옳은 것은?

- 옥외소화전이 10개 이하 설치된 때에는 옥외소화전마다
  (ㄱ)m 이내의 장소에 1개 이상의 소화전함을 설치하
  여야 한다.
- 옥외소화전이 11개 이상 30개 이하 설치된 때에는 (ㄴ)개
  이상의 소화전함을 각각 분산하여 설치하여야 한다.
- 옥외소화전이 31개 이상 설치된 때에는 옥외소화전 (ㄷ)개
  마다 1개 이상의 소화전함을 설치하여야 한다.

	(ㄱ)	(ㄴ)	(ㄷ)
①	3	10	5
②	5	11	3
③	3	11	3
④	5	10	5

68 상중하 ☐☐☐

옥외소화전설비의 화재안전기준상 옥외소화전설비에서 성능시
험배관의 직관부에 설치된 유량측정장치는 펌프 및 정격토출량의
최소 몇 % 이상 측정할 수 있는 성능이 있어야 하는가?

① 175

② 150

③ 75

④ 50

69 상중하 ☐☐☐

펌프의 이상현상의 내용으로 옳지 않은 것은?

① 공동현상이란 물이 배관 내에 유동하고 있을 때 흐르는 물
   속 어느 부분의 정압이 그 때 물의 온도에 해당하는 증기압
   이하로 되면 부분적으로 기포가 발생하는 현상을 말한다.
② 서징현상이란 송출압력과 송출유량이 주기적으로 변하는
   현상을 말한다.
③ 단흡입펌프보다는 양흡입펌프를 사용할 경우 공동현상이
   발생한다.
④ 수격현상이란 유체의 운동에너지가 압력에너지로 변하여
   고압이 발생하거나 유속이 급변하여 압력의 변화를 가져
   와 배관 내의 벽면을 치는 현상을 말한다. 플라이휠을 부착
   하면 이 현상을 방지할 수 있다.

70 상중하 ☐☐☐

펌프의 이상현상에 대한 내용으로 옳은 것을 모두 고른 것은?

ㄱ. 배관 내의 유체의 흐름을 갑자기 막으면, 유체의 운동
   에너지가 압력에너지로 변환되어 급격하게 관내 압력이
   상승하여 펌프에 손상을 주는 현상을 수격현상이라고
   한다.
ㄴ. 수격현상 시 매우 큰 소음을 발생시키며, 배관·이음쇠·
   밸브류·기기류 등을 진동시켜 누수를 발생시키고 파
   손시킬 수 있다.
ㄷ. 서징현상이란 펌프 운전 중 압력계기의 눈금이 큰 진
   폭으로 흔들림과 동시에 토출량도 주기적으로 변동
   이 발생되는 것을 말한다.
ㄹ. 공동현상은 펌프의 흡입압력이 유체의 증기압보다 높
   은 경우 발생한다.
ㅁ. 공동현상을 방지하기 위하여 펌프의 흡입관경을 크게
   한다.

① ㄱ, ㄷ

② ㄱ, ㄴ, ㄷ, ㅁ

③ ㄴ, ㄷ, ㄹ, ㅁ

④ ㄱ, ㄴ, ㄷ, ㄹ, ㅁ

71 상 중 하 □□□

다음 중 공동현상의 발생원인과 방지대책으로 옳은 것은?

> ㄱ. 펌프의 흡입측 수두가 클수록
> ㄴ. 흡입양정이 짧을수록
> ㄷ. 펌프의 흡입관경이 너무 작을수록
> ㄹ. 양흡입 펌프를 사용시
> ㅁ. 펌프의 흡입압력<유체의 증기압
> ㅂ. 흡수관측의 손실이 작을수록

	발생원인	방지대책
①	ㄱ, ㄴ, ㄷ	ㄹ, ㅁ, ㅂ
②	ㄱ, ㄷ, ㅁ	ㄴ, ㄹ, ㅂ
③	ㄴ, ㄷ, ㅂ	ㄱ, ㄹ, ㅁ
④	ㄴ, ㄹ, ㅂ	ㄱ, ㄷ, ㅁ

◆ 고난도 문제

72 상 중 하 □□□

옥내소화전설비에 설치되는 펌프에 관한 내용으로 옳지 않은 것은?

① 소방용 펌프로는 원심펌프를 주로 사용하며 원심펌프에는 볼류트펌프와 터빈펌프가 있다.
② 볼류트 펌프란 안내날개가 없으며, 이로 인하여 임펠러가 직접 물을 케이싱(Casing)으로 유도하는 펌프로서 저양정 펌프이다.
③ 터빈(Turbine)펌프란 안내날개가 있어 임펠러 회전운동 시 물을 일정하게 유도하여 속도에너지를 효과적으로 압력에너지로 변환시킬 수 있다.
④ 소방용 펌프는 일반 공정용 펌프와 달리 펌프의 토출량이 항상 동일한 것이 아니고 개방된 소화전이 1개에서 5개까지 수량이 변화하여도 각각 규정압(0.17[MPa])과 규정 방사량(130[LPM])이 발생하여야 하는 특징이 있다.

---

73 상 중 하 □□□

다음 중 물분무등소화설비가 아닌 것은?

① 강화액소화설비
② 미분무소화설비
③ 호스릴옥내소화전설비
④ 이산화탄소소화설비

---

74 상 중 하 □□□

특고압의 전기시설을 보호하기 위한 소화설비로 물분무소화설비를 사용하는 이유로 옳은 것은?

① 분무상태의 물은 전기적으로 비전도성이므로
② 물분무설비는 다른 물 소화설비에 비해서 물의 소모량이 적으므로
③ 물분무설비는 다른 물 소화설비에 비해서 신속한 소화를 보여주므로
④ 전기 시설물을 젖게 하지 않기 위해

---

75 상 중 하 □□□

물분무소화설비의 수원의 저수량 기준으로 ( )에 들어갈 내용으로 옳은 것은?

> 특수가연물을 저장 또는 취급하는 특정소방대상물 또는 그 부분에 있어서 수원의 저수량은 그 바닥면적 1㎡에 대하여 (ㄱ)[ℓ/min]로 (ㄴ)분간 방수할 수 있는 양 이상으로 할 것

	(ㄱ)	(ㄴ)
①	10	20
②	12	10
③	20	10
④	30	20

76 상 중 하 □□□

물분무소화설비의 화재안전기준상 수원의 저수량 설치 기준으로 옳지 않은 것은?

① 특수가연물을 저장 또는 취급하는 특정소방대상물 또는 그 부분에 있어서 그 바닥면적(최대 방수구역의 바닥면적을 기준으로 하며, 50[㎡] 이하인 경우에는 50[㎡]) 1[㎡]에 대하여 10[L/min]로 20분간 방수할 수 있는 양 이상으로 할 것
② 차고 또는 주차장은 그 바닥면적(최대 방수구역의 바닥면적을 기준으로 하며, 50[㎡] 이하인 경우에는 50[㎡]) 1[㎡]에 대하여 20[L/min]로 20분간 방수할 수 있는 양 이상으로 할 것
③ 케이블트레이, 케이블덕트 등은 투영된 바닥면적 1[㎡]에 대하여 12[L/min]로 20분간 방수할 수 있는 양 이상으로 할 것
④ 콘베이어 벨트 등은 벨트 부분의 바닥면적 1[㎡]에 대하여 20[L/min]로 20분간 방수할 수 있는 양 이상으로 할 것

◆ 고난도 문제

77 상 중 하 □□□

다음은 물분무헤드를 설치하지 아니할 수 있는 장소의 기준이다. ( ) 안에 들어갈 말로 옳은 것은?

> 운전 시에 표면의 온도가 ( )[℃] 이상으로 되는 등 직접 분무를 하는 경우 그 부분에 손상을 입힐 우려가 있는 기계장치 등이 있는 장소

① 100
② 200
③ 260
④ 350

◆ 고난도 문제

78 상 중 하 □□□

물분무등소화설비에 대한 설명으로 옳지 않은 것은?

① 물분무헤드란 화재 시 직선류 또는 나선류의 물을 충돌·확산시켜 미립상태로 분무함으로써 소화하는 헤드를 말하며 종류로는 개방형 물분무헤드를 사용하는 일제살수식이 있다.
② 고온의 물질이 저장 및 취급되어 있는 장소에는 물의 큰 증발잠열로 인하여 물분무소화설비를 설치한다.
③ 미분무소화설비는 물만을 사용하여 소화하며, A·B·C급 화재에 적응성이 있다.
④ 할로겐화합물 및 불활성기체 소화설비도 물분무등소화설비에 포함된다.

◆ 고난도 문제

79 상 중 하 □□□

미분무소화설비의 용어의 정의 중 ( ) 안에 들어갈 내용으로 알맞은 것은?

> 미분무란 물만을 사용하여 소화하는 방식으로 최소 설계압력에서 헤드로부터 방출되는 물입자 중 99%의 누적체적분포가 (ㄱ)[㎛] 이하로 분무되고 (ㄴ)급 화재에 적응성을 갖는 것을 말한다.

	(ㄱ)	(ㄴ)
①	100	A, B, C
②	200	B, C
③	300	A, B, C
④	400	A, B, C

80 (상)(중)(하) ☐☐☐

미분무소화설비의 화재안전기준에 따라 최고사용압력이 몇 MPa 이하일 때 저압 미분무소화설비로 분류하는가?

① 1.2
② 2.5
③ 3.5
④ 4.2

81 (상)(중)(하) ☐☐☐

특수가연물을 저장·취급하는 공장 또는 창고에 적응성이 없는 포소화설비는?

① 압축공기포소화설비
② 포소화전설비
③ 고정포방출설비
④ 포워터스프링클러설비

82 (상)(중)(하) ☐☐☐

다음 중 고정포방출설비의 사용이 가능한 장소로 옳은 것을 모두 고른 것은?

> ㄱ. 차고
> ㄴ. 주차장
> ㄷ. 특수가연물을 저장·취급하는 공장 또는 창고
> ㄹ. 전기케이블실
> ㅁ. 발전기실
> ㅂ. 항공기격납고

① ㄱ, ㄴ, ㄷ, ㅂ
② ㄱ, ㄷ, ㅁ, ㅂ
③ ㄴ, ㄷ, ㄹ, ㅁ
④ ㄷ, ㄹ, ㅁ, ㅂ

83 (상)(중)(하) ☐☐☐

방출된 포가 탱크옆판의 내면을 따라 흘러내려가면서 액면 아래로 몰입되거나 액면을 뒤섞지 않고 액면상을 덮을 수 있는 반사판 및 탱크 내의 위험물 증기가 외부로 역류되는 것을 저지할 수 있는 구조·기구를 갖는 포방출구는?

① Ⅰ형 방출구
② Ⅱ형 방출구
③ Ⅲ형 방출구
④ 특형 방출구

84 ⑤중하 ☐☐☐

포소화설비에 대한 내용으로 옳지 않은 것은?

① 압축공기포 소화설비란 포소화약제와 물이 혼합된 포수용액에 압축공기 또는 압축질소를 일정한 비율로 혼합하여 방출하는 설비이다.

② 차고, 주차장에 사용하는 포 소화전 또는 호스릴포소화설비는 고발포 약제이어야 한다.

③ 저발포는 팽창비가 20배 이하인 것을 말한다.

④ 고발포는 고발포용 고정포 방출구를 사용하며 창고, 물류시설, 격납고 등과 같은 넓은 장소의 급속한 소화, 지하층 등 소방대의 진입이 곤란한 장소에 매우 효과적이다.

85 상중ⓗ ☐☐☐

포소화설비에서 펌프의 토출관에 압입기를 설치하여 포소화약제 압입용 펌프로 포소화약제를 압입시켜 혼합하는 방식은?

① 라인 프로포셔너

② 펌프 프로포셔너

③ 프레져 프로포셔너

④ 프레져사이드 프로포셔너

86 상중ⓗ ☐☐☐

포소화약제의 혼합장치 중 펌프의 토출관과 흡입관 사이의 배관 도중에 설치한 흡입기에 펌프에서 토출된 물의 일부를 보내고, 농도조절밸브에서 조정된 포소화약제의 필요량을 포소화약제 탱크에서 펌프 흡입측으로 보내어 이를 혼합하는 방식은?

① 펌프 프로포셔너 방식

② 프레져 프로포셔너 방식

③ 라인 프로포셔너 방식

④ 프레져 사이드 프로포셔너 방식

87 상중ⓗ ☐☐☐

포소화약제 혼합방식에 관한 설명으로 옳은 것은?

① 라인 프로포셔너 방식: 혼합가능 유량범위가 넓어 1개의 혼합기로 다수의 소방대상물에 어느 정도 충족시킬 수 있다.

② 프레져 사이드 프로포셔너 방식: 약제탱크의 토출압력이 급수펌프의 토출압력보다 높으면 원액유입이 안된다.

③ 프레져 프로포셔너 방식: 물과 비중이 비슷한 소화약제(수성막포)는 혼합에 어려움이 있다.

④ 펌프 프로포셔너 방식: 전용펌프를 사용하지 않아도 된다.

88 상중ⓗ ☐☐☐

할론소화설비의 국소방출방식에 대한 설명으로 옳은 것은?

① 소화약제 공급장치에 배관 및 분사헤드를 설치하여 직접 화점에 소화약제를 방출하는 방식이다.

② 소화약제 공급장치에 배관 및 분사헤드 등을 설치하여 밀폐 방호구역 전체에 소화약제를 방출하는 방식이다.

③ 소화수 또는 소화약제 저장용기 등에 연결된 호스릴을 이용하여 사람이 직접 화점에 소화수 또는 소화약제를 방출하는 방식을 말한다.

④ 소화약제 저장용기와 배관을 방호구역별로 독립적으로 설치하는 방식이다.

89 상중ⓗ ☐☐☐

이산화탄소 소화설비의 구성요소로 옳지 않은 것은?

① 방출표시등, 사이렌, 감지기, 압력스위치

② 비상스위치, 수동잠금밸브, 수동기동장치, 자동폐쇄장치

③ 정압작동장치, 감지기, 수동기동장치, 기동용기

④ 사이렌, 기동용기, 선택밸브, 음향경보장치

90 상 중 하 ☐☐☐

이산화탄소 소화설비의 내용으로 옳지 않은 것은?

① 저장용기의 충전비는 고압식은 1.1 이상 1.4 이하, 저압식은 1.5 이상 1.9 이하로 한다.
② 저압식 저장용기에는 안전밸브, 봉판, 액면계, 압력계, 압력 경보장치 및 자동냉동장치 등의 안전장치를 설치한다.
③ 감지기, 수신기, 솔레노이드밸브(전자밸브), 기동용기, 선택 밸브, 저장용기, 압력스위치, 헤드 등으로 구성한다.
④ 하나의 특정소방대상물 또는 그 부분에 둘 이상의 방호구역 또는 방호대상물이 있어 이산화탄소 저장용기를 공용하는 경우에는 방호구역 또는 방호대상물마다 선택밸브를 설치해야 한다.

✦ 고난도 문제

91 상 중 하 ☐☐☐

이산화탄소 소화설비의 내용으로 옳지 않은 것은?

① 고압식 저장용기에는 액면계 및 압력계와 2.3[MPa] 이상 1.9[MPa] 이하의 압력에서 작동하는 압력경보장치를 설치한다.
② 저압식 저장용기에는 용기 내부의 온도가 섭씨 영하 18[℃] 이하에서 2.1[MPa]의 압력을 유지할 수 있는 자동냉동장치를 설치한다.
③ 분사헤드의 방출압력이 2.1[MPa](저압식은 1.05[MPa]) 이상의 것으로 한다.
④ 자동폐쇄장치를 설치한 경우 자동폐쇄장치는 방호구역 또는 방호대상물이 있는 구획의 밖에서 복구할 수 있는 구조로 하고, 그 위치를 표시하는 표지를 한다.

92 상 중 하 ☐☐☐

전역방출방식의 이산화탄소 소화설비의 분사헤드 방사압력은 저압식인 경우 최소 몇 [MPa] 이상이어야 하는가?

① 0.5
② 1.05
③ 2.1
④ 2.3

93 상 중 하 ☐☐☐

이산화탄소 소화설비의 내용으로 옳지 않은 것은?

① 이산화탄소 소화설비의 수동식 기동장치의 부근에는 소화 약제의 방출을 지연시킬 수 있는 방출지연스위치를 설치해야 한다.
② 소화약제의 저장용기와 선택밸브 사이의 집합배관에는 수동잠금밸브를 설치하되 선택밸브 직전에 설치한다. 다만, 선택밸브가 없는 설비의 경우에는 저장용기실 내에 설치하되 조작 및 점검이 쉬운 위치에 설치해야 한다.
③ 방호구역 내에 교차회로방식의 감지기를 설치한다.
④ 음향경보장치는 방호구역 또는 방호대상물에 접근을 방지하기 위해 방호구역 또는 방호대상물이 있는 구획 바깥에 있는 자에게 유효하게 경보할 수 있는 것으로 한다.

94 상 중 하 ☐☐☐

다음 중 이산화탄소 소화설비에 대한 설명으로 옳지 않은 것은?

① 전역방출방식은 출입문, 창문 등이 폐쇄되어 있는 장소에 주로 사용한다.
② 국소방출방식은 큰 개구부가 있거나 외부에 노출된 대상물에 대하여 전역방식이 곤란한 장소에 주로 사용한다.
③ 이산화탄소 소화설비의 기동방식으로는 가스압력식, 전기식, 기계식이 있다.
④ 전역방출방식은 국소방출방식보다 단위체적당 소화약제가 많이 든다.

+ 고난도 문제

95 상 중 하 □□□

할론소화설비의 설치 내용으로 옳은 것은?

① 저장용기 가스가 방출되면 그 압력으로 선택밸브가 개방되는 동시에 소화용 가스용기의 밸브가 일제히 작동하게 된다.

② 기동용기 가스의 압력을 이용하여 압력 스위치를 작동시켜 '방출표시등'을 점등케 하고 또 피스톤 릴리즈를 작동시켜 댐퍼를 폐쇄시키기도 한다.

③ 할론소화설비가 설치된 방호구역 내 보기 쉬운 곳에 소화약제의 방출을 표시하는 표시등을 설치해야 한다.

④ 수동식 기동장치의 부근에는 소화약제의 방출을 지연시킬 수 있는 방출지연스위치를 설치해야 한다.

96 상 중 하 □□□

화재안전기준상 할로겐화합물 및 불활성기체소화약제 저장용기의 설치 장소에 관한 기준으로 옳지 않은 것은?

① 저장용기를 방호구역 외에 설치한 경우에는 방화문으로 구획된 실에 설치할 것

② 온도가 70℃ 이하이고 온도의 변화가 작은 곳에 설치할 것

③ 직사광선 및 빗물이 침투할 우려가 없는 곳에 설치할 것

④ 용기 간의 간격은 점검에 지장이 없도록 3cm 이상의 간격을 유지할 것

+ 고난도 문제

97 상 중 하 □□□

분말소화약제의 가압용가스 용기에는 최대 몇 [MPa] 이하의 압력에서 조정이 가능한 압력조정기를 설치하여야 하는가?

① 1.5

② 2.0

③ 2.5

④ 3.0

98 상 중 하 □□□

다음은 분말소화설비의 작동순서이다. (ㄱ), (ㄴ), (ㄷ)에 들어가야 되는 것이 순서대로 나열한 것은?

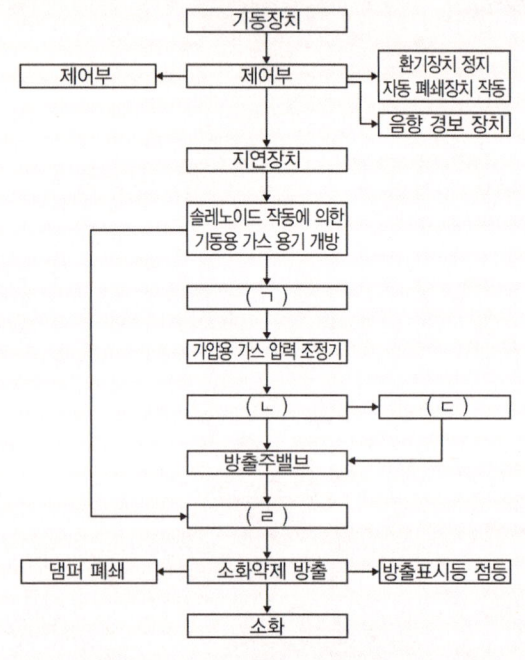

	(ㄱ)	(ㄴ)	(ㄷ)	(ㄹ)
①	가압용 가스 용기 개방	소화약제 저장용기	정압 작동장치	선택밸브
②	가압용 가스 용기 개방	소화약제 저장용기	선택밸브	정압 작동장치
③	가압용 가스 용기 개방	선택밸브	소화약제 저장용기	정압 작동장치
④	소화약제 저장용기	가압용 가스 용기 개방	정압 작동장치	선택밸브

99 상 중 하 □□□

분말소화설비의 수동식 기동장치 부근에 설치하는 비상스위치에 대한 설명으로 옳은 것은?

① 수동복귀형 스위치로서 수동식 기동장치가 수신기를 순간 정지 시키는 기능의 스위치를 말한다.
② 자동복귀형 스위치로서 수동식 기동장치가 수신기를 순간 정지 시키는 기능의 스위치를 말한다.
③ 수동복귀형 스위치로서 수동식 기동장치의 타이머를 순간 정지 시키는 기능의 스위치를 말한다.
④ 자동복귀형 스위치로서 수동식 기동장치의 타이머를 순간 정지 시키는 기능의 스위치를 말한다.

100 상 중 하 □□□

토너먼트 방식으로 적용할 수 있는 소방시설의 종류를 모두 고른 것은?

ㄱ. 분말소화설비, 습식스프링클러설비
ㄴ. 할론소화설비, 이산화탄소소화설비
ㄷ. 압축공기포소화설비, 할로겐화합물 및 불활성기체 소화설비
ㄹ. 준비작동식스프링클러설비, 일제살수식스프링클러설비

① ㄱ, ㄴ
② ㄴ, ㄷ
③ ㄱ, ㄴ, ㄷ
④ ㄴ, ㄷ, ㄹ

정답 및 해설 | 123~126p

01 상 중 하 ☐☐☐

다음에서 설명하는 설비는 무엇인가?

- 화재 초기 단계에서 발생하는 열이나 연기를 자동 또는 수동으로, 건물 내의 관계자에게 발화 장소를 알리고 동시에 경보를 내보내는 설비이다.
- 감지기, 수신기, 발신기, 음향장치 등으로 구성되어 있다.

① 자동화재탐지설비
② 자동화재속보설비
③ 단독경보형감지기
④ 비상방송설비

02 상 중 하 ☐☐☐

자동화재탐지설비에 대한 내용으로 옳은 것을 모두 고른 것은?

ㄱ. 자동화재탐지설비의 구성요소에는 수신기, 발신기, 음향장치, 중계기, 유도등, 전원, 배선 등이 있다.
ㄴ. 발신기란 화재신호를 직접 수신하거나 중계기를 통하여 수신하여 화재발생을 표시 및 경보하는 장치를 말한다.
ㄷ. 감지기란 화재 시 발생하는 열, 연기, 불꽃 또는 연소생성물을 자동적으로 감지하여 수신기에 발신하는 장치를 말한다.

① ㄱ
② ㄴ
③ ㄷ
④ ㄱ, ㄴ, ㄷ

03 상 중 하 ☐☐☐

연기감지기에 해당되는 것은?

① 광전식감지기
② 차동식감지기
③ 정온식감지기
④ 보상식감지기

04 상 중 하 ☐☐☐

차동식 분포형 감지기의 종류에 해당되지 않는 것은?

① 열전대식
② 이온화식
③ 공기관식
④ 열반도체식

05 상 중 하

자동화재탐지설비의 감지기 종류에 대한 설명이다. 다음 중 해당되는 것으로 옳게 짝지어진 것은?

> (ㄱ): 주위온도가 일정 상승율 이상이 되는 경우에 작동하는 것으로서 넓은 범위 내에서의 열 효과의 누적에 의하여 작동되는 것을 말한다.
>
> (ㄴ): 일국소의 주위온도가 일정한 온도 이상이 되는 경우에 작동하는 것으로서 외관이 전선으로 되어 있는 것을 말한다.
>
> (ㄷ): ㄱ, ㄴ 두 감지기의 성능이 있는 것으로 두 가지 성능의 감지기능이 함께 작동될 때 화재신호를 발신하거나 또는 두 개의 화재신호를 각각 발신하는 것을 말한다.

	(ㄱ)	(ㄴ)	(ㄷ)
①	차동식스포트형 감지기	정온식감지선형 감지기	보상식스포트형 감지기
②	차동식스포트형 감지기	정온식스포트형 감지기	열복합형감지기
③	차동식분포형 감지기	정온식감지선형 감지기	열복합형감지기
④	차동식분포형 감지기	정온식감지선형 감지기	보상식스포트형 감지기

06 상 중 하

부착높이 8m 이상 15m 미만에 설치 가능한 감지기로 옳지 않은 것은?

① 불꽃감지기
② 보상식 분포형감지기
③ 차동식 분포형감지기
④ 광전식 분리형 1종 감지기

07 상 중 하

부착높이가 11m인 장소에 설치할 수 있는 감지기는?

① 차동식분포형
② 정온식스포트형
③ 차동식스포트형
④ 정온식감지선형

08 상 중 하

자동화재탐지설비의 연기복합형 감지기를 설치할 수 없는 부착높이는?

① 4 [m] 이상 8 [m] 미만
② 8 [m] 이상 15[m] 미만
③ 15 [m] 이상 20 [m] 미만
④ 20 [m] 이상

09 상 중 하

부착높이가 15[m] 이상 20[m] 미만에 적응성이 있는 감지기로 옳지 않은 것은?

① 이온화식 1종 감지기
② 연기복합형 감지기
③ 불꽃감지기
④ 차동식 분포형 감지기

10 상 중 하 ☐☐☐

자동화재탐지설비의 표시등 설치기준이다. ( ) 안에 들어갈 내용으로 옳은 것은?

> 발신기의 위치를 표시하는 표시등은 함의 상부에 설치하되, 그 불빛은 부착면으로부터 (ㄱ) 이상의 범위 안에서 부착지점으로부터 (ㄴ) 이내의 어느 곳에서도 쉽게 식별할 수 있는 적색등으로 하여야 한다.

	(ㄱ)	(ㄴ)
①	15°	10m
②	20°	15m
③	25°	20m
④	30°	25m

11 상 중 하 ☐☐☐

자동화재탐지설비의 발신기 설치기준으로 옳은 것은?

① 특정소방대상물의 층마다 설치하되, 해당 특정소방대상물의 각 부분으로부터 하나의 발신기까지 수평거리가 20[m] 이하가 되도록 한다.

② 조작이 쉬운 장소에 설치하고, 스위치는 바닥으로부터 0.5[m] 이상 1.8[m] 이하의 높이에 설치한다.

③ 복도 또는 별도로 구획된 실로서 보행거리가 40[m] 이상일 경우에는 추가로 설치하여야 한다.

④ 발신기의 위치를 표시하는 표시등은 함의 상부에 설치하되, 그 불빛은 부착면으로부터 10[°] 이상의 범위 안에서 부착지점으로부터 15[m] 이내의 어느 곳에서도 쉽게 식별할 수 있는 적색등으로 하여야 한다.

12 상 중 하 ☐☐☐

특정소방대상물 중 화재신호를 발신하고 그 신호를 수신 및 유효하게 제어할 수 있는 구역을 경계구역이라고 한다. 이 경계구역을 설정할 때 2개의 층을 하나의 경계구역으로 정할 수 있는 기준은?

① 100[㎡] 이하

② 300[㎡] 이하

③ 500[㎡] 이하

④ 600[㎡] 이하

13 상 중 하 ☐☐☐

자동화재탐지설비의 경계구역의 설정기준으로 옳지 않은 것은?

① 하나의 경계구역의 면적은 600[㎡] 이하로 하고 한 변의 길이는 50[m] 이하로 할 것

② 외기에 면하여 상시 개방된 부분이 있는 차고·주차장·창고 등에 있어서는 외기에 면하는 각 부분으로부터 5[m] 미만의 범위 안에 있는 부분은 경계구역의 면적에 산입하지 아니한다.

③ 하나의 경계구역이 2개 이상의 건축물에 미치지 아니하도록 할 것

④ 하나의 경계구역이 2개 이상의 층에 미치지 아니하도록 할 것. 다만, 600[㎡] 이하의 범위 안에서는 2개의 층을 하나의 경계구역으로 할 수 있다.

14 (상)(중)(하)　　　☐☐☐

자동화재탐지설비의 내용으로 옳지 않은 것은?

① 외기에 면하여 상시 개방된 부분이 있는 차고·주차장·창고 등에 있어서는 외기에 면하는 각 부분으로부터 5[m] 미만의 범위 안에 있는 부분은 경계구역의 면적에 산입하지 않는다.

② 스프링클러설비·물분무등소화설비 또는 제연설비의 화재감지장치로서 화재감지기를 설치한 경우라도 경계구역은 600[㎡] 이하로 한다.

③ 계단·경사로 및 에스컬레이터 경사로에는 연기감지기를 설치해야 한다.

④ 수신기는 해당 특정소방대상물의 경계구역을 각각 표시할 수 있는 회선수 이상의 수신기를 설치하여야 한다.

◆ 고난도 문제

15 (상)(중)(하)　　　☐☐☐

자동화재탐지설비의 수신기 설치기준으로 옳지 않은 것은?

① P형 1급 수신기는 화재표시 동작, 감지기 배선 도통시험, 상용전원 및 비상전원 간의 전환 등이 가능하며 회로수에 제한이 없다.

② 해당 특정소방대상물의 경계구역을 각각 표시할 수 있는 회선 수 이상의 수신기를 설치하여야 한다.

③ R형 수신기 감지기 회로의 배선에 있어서 하나의 공통선에 접속할 수 있는 경계구역은 7개 이하로 하여야 한다.

④ R형 수신기는 감지기 또는 발신기로부터 발하여지는 신호를 중계기를 통하여 고유신호로서 수신하여 화재의 발생을 당해 소방대상물의 관계자에게 경보하여 주는 것을 말한다.

16 (상)(중)(하)　　　☐☐☐

자동화재탐지설비의 음향장치 설치기준으로 옳지 않은 것은?

① 지구음향장치는 특정소방대상물의 층마다 설치할 것

② 주음향장치는 수신기의 내부 또는 그 직근에 설치할 것

③ 지구음향장치는 해당 층의 각 부분에 유효하게 경보를 발할 수 있도록 설치할 것

④ 지구음향장치는 해당 특정소방대상물의 각 부분으로부터 하나의 음향장치까지의 수평거리가 40[m] 이하가 되도록 할 것

17 (상)(중)(하)　　　☐☐☐

지하 3층, 지상 20층 아파트의 지하 1층에서 화재가 발생하였다. 음향장치가 우선 경보되지 않는 층은?

① 지상 1층

② 지상 2층

③ 지하 3층

④ 지하 2층

18 상중하 ☐☐☐

다음은 화재알림설비에 관한 용어의 정의이다. 옳지 않은 것은?

① 화재알림형 중계기: 화재알림형 감지기, 발신기 또는 전기적인 접점 등의 작동에 따른 화재정보값 또는 화재신호 등을 받아 이를 화재알림형 수신기에 전송하는 장치
② 발신기: 수동누름버튼 등의 작동으로 화재신호를 수신기에 발신하는 장치
③ 원격감시서버: 원격지에서 각각의 화재알림설비로부터 수신한 화재정보값 및 화재신호, 상태신호 등을 원격으로 감시하기 위한 서버
④ 화재알림형 감지기: 화재 시 발생하는 열, 연기, 불꽃을 자동적으로 감지하는 기능 중 두 가지 이상의 성능을 가진 열·연기 또는 열·연기·불꽃 복합형 감지기로서 화재알림형 수신기에 주위의 온도 또는 연기의 양의 변화에 따라 각각 다른 전류 또는 전압 등(화재정보값)의 출력을 발하고, 경종을 통해 경보할 수 있도록 발신하는 것

19 상중하 ☐☐☐

단독경보형감지기를 정의하는 내용으로 옳은 것은?

① 화재발생 상황을 단독으로 감지하여 자체에 내장된 음향장치로 경보하는 감지기
② 화재발생 상황을 단독으로 감지하여 경보설비와 연동해서 경보하는 감지기
③ 화재발생 상황을 단독으로 감지하여 수신기와 연동해서 음향장치로 경보하는 감지기
④ 화재발생 상황을 단독으로 감지하여 인접 경종 및 사이렌과 연동해서 경보하는 감지기

✦ 고난도 문제

20 상중하 ☐☐☐

단독경보형감지기의 설치기준으로 ( ) 안에 들어갈 말로 옳은 것은?

> 각 실(이웃하는 실내의 바닥면적이 각각 30[㎡] 미만이고 벽체의 상부의 전부 또는 일부가 개방되어 이웃하는 실내와 공기가 상호유통되는 경우에는 이를 1개의 실로 본다)마다 설치하되, 바닥면적이 ( )[㎡]을/를 초과하는 경우에는 ( )[㎡]마다 1개 이상 설치한다.

① 30
② 50
③ 100
④ 150

21 상중하 ☐☐☐

비상방송설비의 음향장치의 설치기준으로 옳지 않은 것은?

① 확성기의 음성출력은 1W(실내는 3W) 이상일 것
② 음량조정기를 설치하는 경우 음량조정기의 배선은 3선식으로 할 것
③ 확성기는 각 층마다 설치하되, 그 층의 각 부분으로부터 하나의 확성기까지의 수평거리가 25m 이하가 되도록 할 것
④ 층수가 11층 이상인 특정소방대상물 지상 1층에서 발화한 때에는 발화층·그 직상 4개층 및 지하층에 경보를 발할 것

22 상중하 ☐☐☐

자동화재탐지설비와 연동으로 작동하여 자동적으로 화재발생 상황을 소방관서에 전달하는 설비는?

① 비상경보설비
② 비상방송설비
③ 자동화재속보설비
④ 누전경보기

23 (상)(중)(하)

자동화재속보설비의 속보기 기능으로 ( ) 안에 들어갈 말로 옳은 것은?

> 작동신호를 수신하거나 수동으로 동작시키는 경우 ( ) 이내에 소방관서에 자동적으로 신호를 발하여 통보하되, ( ) 이상 속보할 수 있어야 한다.

① 20초, 3회
② 20초, 5회
③ 30초, 2회
④ 30초, 1회

24 (상)(중)(하)

누전경보기의 주요 구성부는?

① 전원부, 차단부
② 탐지부, 경보부
③ 탐지부, 수신부
④ 변류기, 수신부

25 (상)(중)(하)

경계전로의 정격전류가 60[A] 이하일 경우 사용할 수 있는 누전경보기의 종류를 모두 고른 것은?

> ㄱ. 1급 누전경보기
> ㄴ. 2급 누전경보기
> ㄷ. 3급 누전경보기

① ㄱ, ㄴ
② ㄴ, ㄷ
③ ㄴ
④ ㄷ

26 (상)(중)(하)

가스누설경보기의 설명으로 ( ) 안에 들어갈 내용으로 알맞은 것은?

> • 단독형 경보기는 가스연소기의 중심으로부터 직선거리 (ㄱ)[m](공기보다 무거운 가스를 사용하는 경우에는 (ㄴ)[m]) 이내에 1개 이상 설치해야 한다.
> • 단독형 경보기는 천장으로부터 경보기 (ㄷ)까지의 거리가 (ㄹ)[m] 이하가 되도록 설치한다. 다만, 공기보다 무거운 가스를 사용하는 경우에는 바닥면으로부터 단독형 경보기 (ㅁ)까지의 거리는 (ㅂ)[m] 이하로 한다.

	(ㄱ)	(ㄴ)	(ㄷ)	(ㄹ)	(ㅁ)	(ㅂ)
①	8	4	하단	0.3	상단	0.3
②	8	4	상단	0.3	하단	0.3
③	4	8	하단	0.3	상단	0.3
④	4	8	상단	0.6	하단	0.6

✦ 고난도 문제

27 (상)(중)(하)

지하구의 통합감시시설 설치기준으로 옳지 않은 것은?

① 소방관서와 지하구의 통제실 간에 화재 등 소방활동과 관련된 정보를 상시 교환할 수 있는 정보통신망을 구축할 것
② 수신기는 방재실과 공동구의 입구 및 연소방지설비 송수구가 설치된 장소(지상)에 설치할 것
③ 정보통신망(무선통신망 포함)은 광케이블 또는 이와 유사한 성능을 가진 선로일 것
④ 수신기는 화재신호, 경보, 발화지점 등 수신기에 표시되는 정보가 기준에 적합한 방식으로 119상황실이 있는 관할 소방관서의 정보통신장치에 표시되도록 할 것

정답 및 해설 | 127~129p

01 (상)(중)**하** □□□

포지 등을 사용하여 자루형태로 만든 것으로서 화재 시 사용자가 그 내부에 들어가서 내려옴으로써 대피할 수 있는 피난기구는?

① 공기안전매트
② 구조대
③ 완강기
④ 다수인피난장비

02 (상)(중)**하** □□□

피난기구의 설명으로 옳은 것을 모두 고른 것은?

ㄱ. 승강식 피난기: 사용자의 몸무게에 의하여 자동으로 하강하고 내려서면 스스로 상승하여 연속적으로 사용할 수 있는 것
ㄴ. 간이완강기: 사용자의 몸무게에 따라 자동적으로 내려올 수 있는 기구 중 사용자가 연속적으로 사용할 수 없는 것
ㄷ. 다수인피난장비: 화재 시 2인 이상의 피난자가 동시에 해당층에서 1층으로 하강하는 것
ㄹ. 하향식 피난구용 내림식사다리: 하향식 피난구 해치에 격납하여 보관하고 사용 시에는 사다리 등이 소방대상물과 접촉되지 아니하는 것

① ㄱ, ㄴ, ㄹ
② ㄱ, ㄷ, ㄹ
③ ㄴ, ㄷ, ㄹ
④ ㄱ, ㄴ, ㄷ, ㄹ

+ 고난도 문제

03 **상**(중)(하) □□□

의료시설에 구조대를 설치하여야 할 층은?

① 지하 1층
② 지상 1층
③ 지상 2층
④ 지상 3층

+ 고난도 문제

04 **상**(중)(하) □□□

숙박시설 · 노유자시설 및 의료시설로 사용되는 층에 있어서는 그 층의 바닥면적이 몇 [㎡]마다 피난기구를 1개 이상 설치해야 하는가?

① 100
② 500
③ 600
④ 1,000

05 상 중 **하** ☐☐☐

인명구조기구에 관한 내용이다. ( ) 안에 들어갈 내용으로 알맞은 것은?

( )란 호흡 부전 상태인 사람에게 인공호흡을 시켜 환자를 보호하거나 구급하는 기구를 말한다.

① 방화복
② 방열복
③ 공기호흡기
④ 인공소생기

✦ 고난도 문제

06 상 중 하 ☐☐☐

피난기구의 설치 및 유지에 관한 사항 중 옳지 않은 것은?

① 피난기구를 설치하는 개구부는 서로 동일직선상의 위치에 있어야 한다.
② 피난기구를 설치한 장소에는 가까운 곳의 보기 쉬운 곳에 피난기구의 위치를 표시하는 발광식 또는 축광식 표지와 그 사용방법을 표시한 표지를 부착해야 한다.
③ 피난기구는 소방대상물의 기둥·바닥·보 기타 구조상 견고한 부분에 볼트조임·매입·용접 기타의 방법으로 견고하게 부착한다.
④ 피난기구는 계단·피난구 기타 피난시설로부터 적당한 거리에 있는 안전한 구조로 된 피난 또는 소화활동상 유효한 개구부에 고정하여 설치하거나 필요한 때에 신속하고 유효하게 설치할 수 있는 상태에 둔다.

✦ 고난도 문제

07 상 중 하 ☐☐☐

특정소방대상물의 용도 및 장소별로 설치해야 할 인명구조기구의 기준으로 옳지 않은 것은?

① 인명구조기구는 화재 시 쉽게 반출 사용할 수 있는 장소에 비치할 것
② 판매시설 중 대규모 점포는 공기호흡기를 층마다 2개 이상 비치할 것
③ 지하층을 포함하는 층수가 7층 이상인 관광호텔은 방열복(또는 방화복), 공기호흡기, 인공소생기를 각 2개 이상 비치할 것
④ 물분무등소화설비 중 분말 소화설비를 설치해야 하는 특정소방대상물은 공기호흡기를 분말 소화설비가 설치된 장소의 출입구 외부 인근에 1대 이상 비치할 것

08 상 중 **하** ☐☐☐

통로유도등의 종류가 아닌 것은?

① 거실통로유도등
② 복도통로유도등
③ 계단통로유도등
④ 객석통로유도등

09 (상)(중)(하)

다음 중 유도등에 대한 설명으로 옳지 않은 것은?

① 유도등의 종류로는 크게 피난유도선, 피난구유도등, 통로유도등, 객석유도등, 유도표지가 있으며, 피난기구에 속한다.
② 피난유도선은 어두운 상태에서 피난을 유도할 수 있도록 띠 형태로 설치가 되며 종류로는 축광방식과 광원점등방식이 있다.
③ 유도표지는 피난구유도표지와 통로유도표지가 있으며 피난구유도표지는 출입구 상단에 설치한다.
④ 피난구유도등은 녹색바탕에 백색문자이고, 통로유도등은 백색바탕에 녹색문자이다.

10 (상)(중)(하)

유도등의 설치기준으로 옳은 것을 모두 고른 것은?

ㄱ. 복도통로유도등은 보행거리 20[m]마다 설치하여야 한다.
ㄴ. 피난구유도등이란 피난구 또는 피난경로로 사용되는 출입구를 표시하여 피난을 유도하는 등을 말하며, 백색바탕에 녹색문자로 한다.
ㄷ. 거실통로유도등은 바닥으로부터 높이 1.5[m] 이하에 설치한다.
ㄹ. 객석유도등은 통로, 천장 또는 벽에 설치하는 유도등이다.

① ㄱ
② ㄱ, ㄴ
③ ㄷ, ㄹ
④ ㄱ, ㄴ, ㄷ, ㄹ

11 (상)(중)(하)

다음 중 바닥으로부터 높이 1.5[m] 이상의 위치에 설치할 수 있는 유도등의 종류를 모두 고른 것은?

ㄱ. 피난구유도등
ㄴ. 복도통로유도등
ㄷ. 거실통로유도등
ㄹ. 계단통로유도등
ㅁ. 객석유도등

① ㄱ, ㄴ
② ㄱ, ㄷ
③ ㄱ, ㄴ, ㄷ
④ ㄱ, ㄷ, ㄹ, ㅁ

12 (상)(중)(하)

복도 직선부분의 길이가 75[m]일 경우 설치해야 하는 객석유도등의 개수는?

① 14개
② 15개
③ 17개
④ 18개

13 ⓈⓇ⑤

다음 조건에 따른 객석유도등의 최소 설치개수는?

- 공연장 객석의 양측면에 직선 부분의 길이가 20[m]인 통로가 각 1개씩 2개소 설치되어 있다.
- 공연장 객석의 후면에 직선부분의 길이가 15[m]인 통로가 1개소 설치되어 있다.

① 9개
② 11개
③ 14개
④ 17개

14 Ⓢ⑤Ⓗ

다음 중 비상조명등 및 휴대용 비상조명등에 대한 설명으로 옳지 않은 것은?

① 비상전원은 비상조명등을 20분 이상 유효하게 작동시킬 수 있는 용량으로 한다.
② 화재발생 등으로 정전 시 안전하고 원활한 피난을 위하여 피난자가 휴대할 수 있는 조명등을 휴대용 비상조명등이라 한다.
③ 휴대용 비상조명등은 특정소방대상물의 각 거실과 그로부터 지상에 이르는 복도 · 계단 및 그 밖의 통로에 설치한다.
④ 휴대용 비상조명등의 외함은 난연성능이 있어야하며, 건전지 및 배터리의 용량은 20분 이상 유효하게 사용할 수 있는 것으로 한다.

15 ⓈⓇⓗ

휴대용 비상조명등의 설치기준으로 ( ) 안에 들어갈 내용으로 알맞은 것은?

지하상가 및 지하역사에는 보행거리 (ㄱ)[m] 이내마다 (ㄴ)개 이상 설치한다.

	(ㄱ)	(ㄴ)
①	25	1
②	25	3
③	50	1
④	50	3

정답 및 해설 | 130p

01 상중하 ☐☐☐

상수도 소화용수설비의 설치기준 중 다음 ( ) 안에 들어갈 내용으로 알맞은 것은?

> 호칭지름 (㉠)[mm] 이상의 수도배관에 호칭지름 (㉡)[mm] 이상의 소화전을 접속할 것

	(㉠)	(㉡)
①	75	100
②	65	90
③	65	100
④	100	75

02 상중하 ☐☐☐

상수도소화용수설비의 화재안전기준에 따라 호칭지름 75[mm] 이상의 수도배관에 호칭지름 100[mm] 이상의 소화전을 접속한 경우 상수도소화용수설비 소화전의 설치 기준으로 맞는 것은?

① 특정소방대상물의 수평투영면의 각 부분으로부터 80m 이하가 되도록 설치할 것
② 특정소방대상물의 수평투영면의 각 부분으로부터 100m 이하가 되도록 설치할 것
③ 특정소방대상물의 수평투영면의 각 부분으로부터 120m 이하가 되도록 설치할 것
④ 특정소방대상물의 수평투영면의 각 부분으로부터 140m 이하가 되도록 설치할 것

03 상중하 ☐☐☐

소화수조의 채수구는 소방차가 최대 몇 [m] 이내의 지점까지 접근할 수 있도록 설치하여야 하는가?

① 1[m]
② 2[m]
③ 4[m]
④ 5[m]

✦ 고난도 문제

04 상중하 ☐☐☐

내화건축물의 소화용수설비 최소 유효저수량[㎥]은? (단, 소수점 이하의 수는 1로 본다)

> • 지하 2층, 지상 10층
> • 각 층의 바닥면적은 7,000[㎡]

① 50[㎥]
② 100[㎥]
③ 140[㎥]
④ 200[㎥]

✦ 고난도 문제

05 상중하 ☐☐☐

연면적이 50,000[㎡]인 특정소방대상물에 소화용수설비를 설치하는 경우 소화수조의 최소 저수량은 몇 [㎥]인가? (단, 지상 1층 및 2층의 바닥면적 합계가 15,000[㎡] 이상인 경우이다)

① 50[㎥]
② 100[㎥]
③ 120[㎥]
④ 140[㎥]

+ 고난도 문제

01 상 중 하 ☐☐☐

제연설비의 화재안전기준상 용어의 정의로 옳지 않은 것은?

① 유입풍도란 예상제연구역으로 공기를 유입하도록 하는 풍도를 말한다.
② 수직거리란 제연경계의 하단 끝으로부터 그 수직한 하부 바닥면까지의 거리를 말한다.
③ 통로배출방식이란 거실 내 연기를 직접 옥외로 배출하는 방식을 말한다.
④ 공동예상제연구역이란 2개 이상의 예상제연구역을 동시에 제연하는 구역을 말한다.

02 상 중 **하** ☐☐☐

제연설비 설치장소의 제연구역 구획기준으로 옳지 않은 것은?

① 하나의 제연구역의 면적은 1000㎡ 이내로 할 것
② 거실과 통로는 각각 제연구획 하지 아니할 것
③ 통로상의 제연구역은 보행중심선의 길이가 60m를 초과하지 아니할 것
④ 하나의 제연구역은 지름 60m 원내에 들어갈 수 있을 것

03 상 **중** 하 ☐☐☐

다음 중 제연설비에 대한 설명으로 옳지 않은 것은?

① 제연설비는 거주자를 유해한 연기로부터 보호하여 안전하게 피난시킴과 동시에 소화 활동을 유리하게 할 수 있도록 돕는 설비이다.
② 통로상의 제연구역은 보행중심선의 길이가 60[m]를 초과하지 아니하도록 하며, 거실과 통로는 각각 제연구획한다.
③ 스모크타워제연방식은 주로 고층건축물에 사용하는 제연방식으로 1종, 2종, 3종으로 나누어져 있다.
④ 창문이나 배기구를 통해 연기를 자연적으로 배출하는 방식은 자연제연방식이다.

04 상 중 **하** ☐☐☐

소방대상물에 제연 샤프트를 설치하여 건물 내ㆍ외부의 온도차와 화재 시 발생되는 열기에 의한 밀도 차이를 이용하여 실내에서 발생한 화재 열, 연기 등을 지붕 외부의 루프모니터 등을 통해 옥외로 배출ㆍ환기시키는 제연 방식은?

① 자연제연방식
② 밀폐제연방식
③ 스모크 타워 제연방식
④ 제3종 기계제연방식

05 ⓢ ⓜ ⓗ □□□

다음 중 연결송수관설비에 대한 설명으로 옳지 않은 것은?

① 건축물의 옥외에 설치된 송수구에 소방차로부터 가압수를 송수하며 소방관이 건축물 내에 설치된 방수구에 호스를 연결하여 화재를 진압하는 설비이다.

② 습식과 건식의 종류가 있으며 11층 이상인 특정소방대상물에는 습식연결송수관설비를 사용한다.

③ 습식 연결송수관설비는 송수구, 자동배수밸브, 체크밸브, 자동배수밸브의 순으로 설치한다.

④ 주배관의 구경은 100[mm] 이상의 것으로 하며, 주배관의 구경이 100[mm] 이상인 옥내소화전설비의 배관과 겸용할 수 있다.

06 ⓢ ⓜ ⓗ □□□

연결살수설비의 송수구 기준으로 옳지 않은 것은?

① 소방차가 쉽게 접근할 수 있고 노출된 장소에 설치할 것

② 송수구는 구경 65[mm]의 쌍구형으로 설치할 것. 다만, 하나의 송수구역에 부착하는 살수헤드의 수가 8개 이하인 것은 단구형인 것으로 할 수 있다.

③ 개방형헤드를 사용하는 송수구의 호스접결구는 각 송수구역마다 설치할 것. 다만, 송수구역을 선택할 수 있는 선택밸브가 설치되어 있고 각 송수구역의 주요구조부가 내화구조로 되어 있는 경우에는 그렇지 않다.

④ 소방관의 호스연결 등 소화작업에 용이하도록 지면으로부터 높이가 0.5[m] 이상 1[m] 이하의 위치에 설치할 것

07 ⓢ ⓜ ⓗ □□□

연결송수관설비에 관한 설치기준으로 ( )에 들어갈 말을 순서대로 나열한 것은?

- 주배관의 구경은 ( )[mm] 이상의 것으로 한다.
- 연결송수관설비의 배관은 주배관의 구경이 ( )[mm] 이상인 옥내소화전설비의 배관과 겸용할 수 있다.
- 지면으로부터의 높이가 ( )[m] 이상인 특정소방대상물 또는 ( )층 이상인 특정소방대상물에 있어서는 습식설비로 할 것

① 100, 100, 31, 11

② 100, 100, 31, 6

③ 65, 100, 30, 10

④ 65, 100, 31, 6

08 ⓢ ⓜ ⓗ □□□

연결살수설비의 헤드에 관한 기준으로 ( ) 안에 들어갈 내용으로 알맞은 것은?

천장 또는 반자의 각 부분으로부터 하나의 살수헤드까지의 수평거리가 연결살수설비 전용헤드의 경우에는 (ㄱ)[m] 이하, 스프링클러헤드의 경우는 (ㄴ)[m] 이하로 한다.

	(ㄱ)	(ㄴ)
①	2.5	3.7
②	2.7	2.5
③	3.2	2.5
④	3.7	2.3

09 상 중 하

연결살수설비의 배관 설치기준 중 하나의 배관에 부착하는 살수헤드의 개수가 4개인 경우 배관의 구경은 최소 몇 mm 이상으로 설치해야 하는가? (단, 연결살수설비 전용 헤드를 사용하는 경우이다)

① 32
② 40
③ 50
④ 65

10 상 중 하

비상콘센트설비의 설치기준으로 옳은 것은?

① 층수가 6층 이상인 특정소방대상물의 경우 6층 이상의 층에 설치한다.
② 비상콘센트설비의 전원회로는 단상교류 220[V]인 것으로서, 그 공급용량은 3[kVA] 이상인 것으로 한다.
③ 전원회로는 각층에 2 이상이 되도록 설치한다.
④ 바닥으로부터 높이 0.5[m] 이상 1.8[m] 이하의 위치에 설치한다.

11 상 중 하

무선통신보조설비의 용어 정의로 옳지 않은 것은?

① "누설동축케이블"이란 동축케이블의 외부도체에 가느다란 홈을 만들어서 전파가 외부로 새어나갈 수 있도록 한 케이블을 말한다.
② "분배기"란 서로 다른 주파수의 합성된 신호를 분리하기 위해서 사용하는 장치를 말한다.
③ "무선중계기"란 안테나를 통하여 수신된 무전기 신호를 증폭한 후 음영지역에 재방사하여 무전기 상호 간 송수신이 가능하도록 하는 장치를 말한다.
④ "옥외안테나"란 감시제어반 등에 설치된 무선중계기의 입력과 출력포트에 연결되어 송수신 신호를 원활하게 방사·수신하기 위해 옥외에 설치하는 장치를 말한다.

12 상 중 하

다음은 무선통신보조설비를 설치 제외할 수 있는 기준이다. ( ) 안에 들어갈 내용으로 알맞은 것은?

- 지하층으로서 특정소방대상물의 바닥부분 ( )면 이상이 지표면과 동일한 경우
- 지표면으로부터의 깊이가 ( )[m] 이하인 경우

① 1, 1
② 1, 2
③ 2, 1
④ 2, 2

13 상 중 하 　　□□□

연소방지설비를 설치하여야 하는 적용대상물의 기준 중 옳은 것은?

① 지하구(전력 또는 통신사업용인 것만 해당)
② 가스시설 중 지상에 노출된 탱크의 용량이 30톤 이상인 탱크시설
③ 지하층(피난층으로 주된 출입구가 도로와 접한 경우는 제외)으로서 바닥면적의 합계가 150㎡ 이상인 것
④ 판매시설, 운수시설, 창고시설 중 물류터미널로서 해당 용도로 사용되는 부분의 바닥면적의 합계가 1,000㎡ 이상인 것

◆ 고난도 문제

14 상 중 하 　　□□□

연소방지설비헤드의 설치기준으로 옳은 것은?

① 헤드간의 수평거리는 연소방지설비 전용헤드의 경우에는 1.5[m] 이하로 할 것
② 헤드간의 수평거리는 스프링클러헤드의 경우에는 2[m] 이하로 할 것
③ 천장 또는 벽면에 설치할 것
④ 한쪽 방향의 살수구역의 길이는 2[m] 이상으로 할 것

---

15 상 중 하 　　□□□

다음 중 지면 또는 바닥으로부터 높이가 0.5[m] 이상 1.0[m] 이하의 위치에 설치하는 것으로 옳은 것을 모두 고른 것은?

ㄱ. 연결송수관설비의 방수구
ㄴ. 연소방지설비의 송수구
ㄷ. 소화용수설비에 설치하는 채수구
ㄹ. 옥외소화전 호스접결구
ㅁ. 옥내소화전설비의 송수구
ㅂ. 옥내소화전설비의 방수구

① ㄱ, ㄴ, ㄷ
② ㄱ, ㄷ, ㅁ, ㅂ
③ ㄱ, ㄴ, ㄷ, ㄹ, ㅁ
④ ㄱ, ㄴ, ㄷ, ㄹ, ㅁ, ㅂ

Simtail

Simple
Detail

2026

정답 및 해설 | 135~139p

01 (상)(중)**하** ☐☐☐

전문화의 원리 또는 기능의 원리와 관련 있는 소방조직의 원리는 무엇인가?

① 분업의 원리
② 통솔범위의 원리
③ 계층제의 원리
④ 명령계 통일의 원리

02 (상)(중)**하** ☐☐☐

소방 조직의 원리 중 '분업, 전문화된 조직 내 각 구성원의 개별적 노력을 통합화하는 기능이 필요하다는 원리'는 어떤 원리인가?

① 계선의 원리
② 조정의 원리
③ 계층제의 원리
④ 명령계 통일의 원리

03 (상)(중)**하** ☐☐☐

소방조직의 기본원리에 대한 설명으로 옳은 것을 모두 고른 것은?

> ㄱ. 명령계 통일의 원리: 한 사람의 부하는 한 사람의 상관으로부터만 명령을 받아야 한다.
> ㄴ. 계선의 원리: 특정 사안에 대한 결정에 있어서 의사결정 과정에서는 개인의 의견이 참여 되며, 결정을 내리는 것 또한 개인이 내린다.
> ㄷ. 계층제의 원리: 구성원들 간에 상·하의 계층을 설정하여 명령, 지휘, 감독 체계를 확립한다.
> ㄹ. 조정의 원리: 조직의 공통목표를 달성하기 위해 구성원의 노력을 통합하고 조정한다.

① ㄱ, ㄴ
② ㄱ, ㄴ, ㄹ
③ ㄱ, ㄷ, ㄹ
④ ㄱ, ㄴ, ㄷ, ㄹ

04 (상)(중)**하** ☐☐☐

다음 중 소방공무원의 특수성이 아닌 것은?

① 현장성
② 일체성
③ 대기성
④ 프리즘식

05 상 중 하 ☐☐☐

소방업무의 특성상 화재·재난 등에 신속하고 효과적인 대처를 하기 위해 지휘·명령권이 확립된 조직의 ( )이 요구된다. ( ) 안에 들어갈 소방공무원의 특성은?

① 현장성
② 일체성
③ 대기성
④ 신속·정확성

06 상 중 하 ☐☐☐

소방의 발전 과정에서 화재에 대한 최초의 기록이 발견된 시기는 언제인가?

① 삼국시대
② 고구려시대
③ 조선시대
④ 정부수립 이후

07 상 중 하 ☐☐☐

우리나라 소방의 역사에 대한 설명으로 옳은 것을 모두 고른 것은?

> ㄱ. 최초의 소방조직은 1426년에 설치된 금화도감이다.
> ㄴ. '소방'이라는 용어를 처음 사용한 시기는 일제강점기 이후이다.
> ㄷ. 1972년에 서울, 부산에서 각각 소방본부가 발족되어 광역자치소방체제를 시작하였다.
> ㄹ. 2004년 3월 「재난 및 안전관리 기본법」이 제정되었으며, 같은 해 5월 소방방재청을 설립하여 6월 1일 개청되었다.

① ㄱ, ㄹ
② ㄴ, ㄷ
③ ㄷ, ㄹ
④ ㄱ, ㄷ, ㄹ

08 상 중 하 ☐☐☐

우리나라 소방 역사에 대한 설명으로 옳지 않은 것은?

① 고려시대에 화통도감을 신설하여 화약제조 및 화약의 사용을 관리하였으며, 또한 실화 및 방화자에 대한 처벌을 강화하였다.
② 조선시대 1417년 금화법령이 공포되었으며, 1426년 병조에 금화도감을 설치하였고, 통금시간 이후에도 불을 끄러 가는 사람을 증명하기 위해 구화패를 발급하였다.
③ 고려시대에 5가구를 하나로 묶어 통으로 하고 각 가구마다 우물을 파고 물통을 준비하게 하는 5가작통법이 시행되었다.
④ 1895년 경무청 세칙에 수화 소방은 난파선 및 출화, 홍수 등 구호에 관한 사항으로 소방이라는 용어가 처음으로 사용되었다.

09 상 중 하 ☐☐☐

다음 중 국가 소방체제를 시행하던 시기상 일어난 일로 맞는 것은?

① 소방법이 제정되어 화재뿐만 아니라 풍수해와 설해도 소방공무원의 업무가 되었다.
② 소방이란 용어를 최초로 사용하여 화재에 대해 경계를 강화하였다.
③ 최초의 소방서인 경성소방서를 설치하였다.
④ 화재를 사회적 재앙으로 인식하여 화재에 대한 예방의식이 높아졌다.

10 상 중 하 □□□

우리나라 소방 역사에 대한 내용으로 옳지 않은 것은?

① 대한민국 정부 수립 이후인 1958년에 소방법이 제정·공포되었다.

② 1925년에 우리나라 최초 소방서인 경성소방서를 설치하였다.

③ 1947년에 중앙소방위원회의 집행기구로 소방청을 설치하였다.

④ 정부수립이후 경무부 소속의 상비소방수제도가 생겼다.

11 상 중 하 □□□

우리나라 소방 역사에 대한 내용으로 옳지 않은 것은?

① 미군정시대는 독립된 자치소방체제로 중앙에는 중앙소방위원회, 각 도에는 도소방위원회, 시·읍·면에는 소방부를 설치하였다.

② 1947년 소방청이 설치되었으며 일제 말기까지 5개 소방서에 불과하였으나 자치소방체제로 전환된 후에는 50여개로 증설되었다.

③ 1948년 정부가 수립되며 자치소방체제의 폐지로 소방이 경찰기구에 흡수되며 국가소방체제로 전환되었으며, 중앙은 내무부 치안국 소방과에서 관장하였고, 지방은 경찰국 소방과 소방서에서 관장하였다.

④ 1972년 서울과 부산에 각각 소방본부를 설치하며 광역자치소방체제가 시행되었다.

12 상 중 하 □□□

우리나라 소방 역사에 대한 내용으로 옳지 않은 것은?

① 1958년 소방법이 제정·공포되었다.

② 1975년 민방위본부가 발족하면서 내무부 치안국 소방과에서 민방위본부 소방국으로 개편되었다.

③ 1973년 2월 지방소방공무원법을 제정하고 그 이후 1975년 독자적 신분법인 소방공무원법이 시행됨에 따라 국가·지방직 모두 소방공무원법을 적용 받았다.

④ 민방위본부로 소방업무가 이관되었으나 소방교육기관이 없어 경찰대학에서 소방공무원교육을 위탁하여 실시해오다 1978년 소방학교 직제가 제정 공포됨에 따라 경기도 수원에 개교하였다.

13 상 중 하 □□□

우리나라 소방 역사에 대한 내용으로 옳지 않은 것은?

① 1992년 모든 시·도에 소방본부를 설치하였다.

② 2004년에는 소방방재청을 설립하여 소방업무, 민방위 재난·재해업무까지 관장하였다.

③ 2017년 국민안전처가 행정자치부에 흡수·통합되면서 행정안전부 산하의 소방청으로 신설되었다.

④ 현재 소방공무원은 경력직 공무원 중 특수경력직에 해당한다.

14 상 중 하 　　☐☐☐

소방역사에 관한 내용으로 옳지 않은 것은?

① 금화도감은 병조 아래에 설치되어 방화업무를 담당하기 시작했다.

② 세종 8년 6월에 성문도감과 금화도감을 합쳐 수성금화도감으로 하고 공조에 속하게 했다.

③ 1958년 소방법이 제정되었고, 제정 당시 소방업무영역은 화재를 포함한 풍수해, 설해의 예방·경계·진압으로 규정돼 자연재해까지 소방업무로 인식됐다.

④ 미군정시대에 파괴소방차와 갈쿠리, 도끼, 구조대, 구조막 등 고층건물의 화재진압을 위하여 사다리 소방차도 도입하였으며, 119전화, 화재발생경보, 차고 등이 설치되었다.

15 상 중 하 　　☐☐☐

소방조직의 변천과정을 순서대로 옳게 나열한 것은?

ㄱ. 소방공무원 신분이 국가직으로 변경됨에 따라 시·도 소방공무원의 복무는 국가공무원법의 적용을 받는다.

ㄴ. 서울, 부산에서 각각 소방본부가 발족되어 소방사무를 관장하였지만, 다른 도에서는 계속 경찰기구 내에서 소방업무를 관장하였다.

ㄷ. 사회발달과 함께 소방수요가 증가됨에 따라 화재예방 등에 관심이 높아지면서 최초의 소방법이 제정·공포됐다.

ㄹ. 소방부 및 소방위원회를 설치하고 소방행정을 경찰에서 분리하여 자치화하였다.

① ㄱ - ㄴ - ㄷ - ㄹ

② ㄹ - ㄷ - ㄴ - ㄱ

③ ㄷ - ㄹ - ㄴ - ㄱ

④ ㄹ - ㄴ - ㄷ - ㄱ

16 상 중 하 　　☐☐☐

지방 소방행정조직으로 옳지 않은 것은?

① 서울종합방재센터

② 의용소방대

③ 의무소방대

④ 소방본부

17 상 중 하 　　☐☐☐

다음 중 지방 소방행정조직으로 옳은 것을 모두 고른 것은?

ㄱ. 국립소방연구원

ㄴ. 대한소방공제회

ㄷ. 의무소방대

ㄹ. 소방본부

ㅁ. 자체소방대

ㅂ. 서울종합방재센터

① ㄱ, ㄴ, ㄷ

② ㄱ, ㄴ, ㅁ

③ ㄴ, ㄷ, ㄹ

④ ㄷ, ㄹ, ㅂ

18 상 중 하 　　☐☐☐

중앙 소방행정조직 중 간접적 소방행정조직으로 옳지 않은 것은?

① 서울종합방재센터

② 한국소방안전원

③ 한국소방산업기술원

④ 대한소방공제회

19 (상)(중)(하)

중앙119구조본부에서 관장하는 사무에 대한 내용으로 옳지 않은 것은?

① 특별시장 · 광역시장 · 특별자치시장 · 도지사 및 특별자치도지사의 요청 시 중앙119구조본부장이 필요하다고 판단하는 재난사고의 구조 및 지원
② 재난유형별 구조기술의 연구 · 보급 및 구조대원의 교육훈련
③ 위성중계차량 운영에 관한 사항
④ 화재진압 · 구조 · 구급 등 재난 대응기술 연구 · 개발 및 실용화 지원에 관한 사항

20 (상)(중)(하)

소방서, 119안전센터 등의 설치기준으로 옳지 않은 것은?

① 석유화학단지 · 공업단지 · 주택단지 또는 문화관광단지의 개발 등으로 대형 화재의 위험이 있거나 소방수요가 급증하여 특별한 소방대책이 필요한 경우에는 해당 지역마다 소방서를 설치할 수 있다.
② 시 · 군 · 구 단위로 설치하되, 소방업무의 효율적인 수행을 위하여 특히 필요한 경우에는 인근 시 · 군 · 구를 포함한 지역을 단위로 설치할 수 있다.
③ 소방서의 관할구역에 설치된 119안전센터의 수가 7개를 초과하는 경우에는 소방서를 추가로 설치할 수 있다.
④ 석유화학단지 · 공업단지 · 주택단지 또는 문화관광단지의 개발 등으로 대형 화재의 위험이 있거나 소방수요가 급증하여 특별한 소방대책이 필요한 경우에는 해당 지역마다 119안전센터를 설치할 수 있다.

21 (상)(중)(하)

민간소방행정조직과 관련된 내용으로 옳지 않은 것은?

① 시 · 도지사 또는 소방서장은 재난현장에서 화재진압, 구조 · 구급 등의 활동과 화재예방활동에 관한 업무를 보조하기 위하여 의용소방대를 설치할 수 있다.
② 대통령령으로 정하는 특정소방대상물의 관계인은 소방안전관리업무를 수행하기 위하여 대통령령으로 정하는 자를 행정안전부령으로 정하는 바에 따라 소방안전관리자 및 소방안전관리보조자로 선임하여야 한다.
③ 제조소등의 관계인은 위험물의 안전관리자에 관한 직무를 수행하기 위하여 제조소등마다 대통령령이 정하는 위험물 취급자격자를 위험물 안전관리자로 선임하여야 한다.
④ 제4류 위험물을 저장하는 옥외탱크저장소로서 옥외탱크저장소에 저장하는 제4류 위험물의 최대수량이 지정수량의 20만배 이상인 경우에는 자체소방대를 설치하여야 한다.

22 (상)(중)(하)

의용소방대에 대한 설명으로 옳지 않은 것은?

① 시 · 도지사 또는 소방본부장은 재난현장에서 화재진압, 구조 · 구급 등의 활동과 화재예방활동에 관한 업무(소방업무)를 보조하기 위하여 의용소방대를 설치할 수 있다.
② 의용소방대는 시 · 도, 시 · 읍 또는 면에 둔다.
③ 소방본부장 또는 소방서장은 소방업무를 보조하게 하기 위하여 필요한 때에는 의용소방대원을 소집할 수 있다.
④ 1958년 소방법 제정 시 의용소방대 설치규정이 마련되었다.

23 (상)(중)(하)

다음 중 의용소방대의 임무범위가 아닌 것은?

① 화재의 경계와 진압 및 조사업무
② 구조 · 구급 업무의 보조
③ 화재 등 재난 발생 시 대피 및 구호업무의 보조
④ 화재예방업무의 보조

24 상 중 **하** ☐☐☐

소방공무원법상 용어의 정의로 옳지 않은 것은?

① "임용"이란 신규채용·승진·전보·파견·강임·휴직·직위
해제·정직·강등·복직·면직·해임 및 파면을 말한다.
② "전보"란 같은 직렬 내에서 담당분야가 같은 직무의 군을
말한다.
③ "강임"이란 동종의 직무 내에서 하위의 직위에 임명하는 것
을 말한다.
④ "복직"이란 휴직·직위해제 또는 정직(강등에 따른 정직을
포함한다) 중에 있는 소방공무원을 직위에 복귀시키는 것
을 말한다.

25 상 중 **하** ☐☐☐

소방공무원 임용에 대한 설명으로 옳지 않은 것은?

① 소방령 이상의 소방공무원은 소방청장의 제청으로 국무총
리를 거쳐 대통령이 임용한다.
② 소방령, 소방정, 소방준감의 소방공무원에 대한 임용 중 휴직,
직위해제, 강등만은 소방청장이 한다.
③ 소방경 이하의 소방공무원은 소방청장이 임용한다.
④ 소방공무원을 신규채용할 때에는 소방장 이하는 6개월간
시보로 임용하고, 소방위 이상은 1년간 시보로 임용하며,
그 기간이 만료된 다음날 정규 소방공무원으로 임용한다.

26 상 **중** 하 ☐☐☐

소방공무원과 관련된 내용으로 옳지 않은 것은?

① 소방공무원은 경력직 공무원 중 특정직공무원이다.
② 소방공무원의 중징계에는 파면, 해임, 강등, 정직이 있다.
③ 소방령 이상 소방준감 이하의 소방공무원에 대한 전보, 휴직,
직위해제, 강등, 정직 및 복직은 소방청장이 한다.
④ 소방청장은 시·도 소속 소방령 이하의 소방공무원에 대한
임용권을 시·도지사에게 위임할 수 있다.

27 상 중 **하** ☐☐☐

소방공무원 임용에 대한 내용으로 옳지 않은 것은?

① 소방정의 계급정년은 14년이다.
② 소방청장은 소방경 이하의 소방공무원에 대한 임용권을 중앙
소방학교장에게 위임할 수 있다.
③ 소방청장은 중앙119구조본부 소속 소방공무원 중 소방령
에 대한 전보·휴직·직위해제·정직 및 복직에 관한 권한
을 중앙119구조본부장에게 위임할 수 있다.
④ 경징계에는 감봉과 견책이 있으며 감봉의 경우에는 1개월
이상 3개월 이하의 기간동안 보수의 3분의 1을 감한다.

28 상 중 **하** ☐☐☐

다음 소방공무원의 승진 소요 최저근무연수로 옳은 것은?

① 소방령: 3년
② 소방경: 3년
③ 소방위: 2년
④ 소방장: 1년

29 상 **중** 하 ☐☐☐

다음 중 소방공무원 임용에 관한 설명으로 옳지 않은 것은?

① 대통령은 소방청장에게 소방청과 그 소속기관의 소방정 및
소방령에 대한 임용권을 위임할 수 있다.
② 소방청장은 중앙소방학교장에게 소방경 이하의 소방공무
원에 대한 임용권을 위임할 수 있다.
③ 소방청장은 시·도지사에게 시·도 소속 소방정 이상 소방
준감 이하의 소방공무원에 대한 전보, 휴직, 직위해제, 강
등, 정직 및 복직에 관한 권한을 위임할 수 있다.(소방본부
장 및 지방소방학교장 제외)
④ 소방령 이상의 임용권은 소방청장의 제청으로 국무총리를
거쳐 대통령이 임용한다.

30 (상)(중)(하) □□□

다음 중 「소방공무원 임용령」상 소방기관으로 옳지 않은 것은?

① 소방본부
② 중앙소방학교
③ 중앙119구조본부
④ 지방소방학교

31 (상)(중)(하) □□□

소방정책 관리자 교육을 받아야 하는 대상으로 옳은 것은?

① 소방정
② 소방위, 소방경, 소방령
③ 소방위 이상
④ 소방령 이하

32 (상)(중)(하) □□□

관리역량교육을 받아야 하는 대상으로 옳지 않은 것은?

① 소방정
② 소방령
③ 소방경
④ 소방위

33 (상)(중)(하) □□□

다음 중 징계의 종류가 아닌 것은?

① 권고
② 파면
③ 해임
④ 견책

34 (상)(중)(하) □□□

징계에 관한 내용으로 옳지 않은 것은?

① 중징계란 파면, 해임, 강등, 정직을 말한다.
② 강등이란 1계급 아래로 직급을 내리고 공무원 신분은 보유하나 1개월 이상 3개월 이하의 기간 동안 직무에 종사하지 못하며 그 기간 중 보수는 전액을 감한다.
③ 견책이란 경징계에 해당하며 전과에 대하여 훈계하고 회계하게 하는 것이다.
④ 해임이란 공무원 관계로부터 배제하고 처분일로부터 3년간 공직재임용을 제한하는 것을 말한다.

35 ㉦㉧㉢ ☐☐☐

다음 중 징계에 대한 설명으로 옳지 않은 것은?

① 파면: 공무원 관계로부터 배제하고 처분일로부터 5년 간 공직재임용을 제한한다.

② 해임: 공무원 관계로부터 배제하고 처분일로부터 3년 간 공직재임용을 제한한다.

③ 강등: 1계급 아래로 직급을 내리고 공무원 신분은 보유하나 3개월 간 직무에 종사하지 못하며 그 기간 중 보수는 전액을 감한다.

④ 감봉: 3개월 이하의 기간 동안 보수의 3분의 1을 감한다.

Simtail

Simple Detail

2026

정답 및 해설 | 141~144p

01 상 중 하 ☐☐☐

소방신호의 종류 및 방법(사이렌 신호)으로 옳지 않은 것은?

① 경계신호 - 5초 간격을 두고 30초씩 3회

② 발생신호 - 5초 간격을 두고 5초씩 3회

③ 해제신호 - 1분간 1회

④ 훈련신호 - 10초 간격을 두고 1분씩 3회

02 상 중 하 ☐☐☐

다음 중 소방신호의 종류 중에 발화신호에 대한 설명으로 옳은 것을 모두 고른 것은?

> ㄱ. 화재예방상 필요하다고 인정되거나 화재위험경보 시 발령한다.
>
> ㄴ. 소방신호의 방법은 그 전부 또는 일부를 함께 사용할 수 있지만 발화신호는 단독으로만 사용해야 한다.
>
> ㄷ. 소방대의 비상소집을 하는 경우에 사용한다.
>
> ㄹ. 사이렌 신호로는 5초 간격을 두고 5초씩 3회로 알린다.
>
> ㅁ. 타종으로는 난타하여 화재가 발생했음을 알린다.

① ㄱ, ㄴ

② ㄹ, ㅁ

③ ㄴ, ㄷ, ㄹ

④ ㄱ, ㄴ, ㄷ, ㄹ

03 상 중 하 ☐☐☐

화재진압 단계별 활동순서로 옳은 것은?

① 화재출동 - 현장도착 - 진입 - 인명구조 - 화점확인 - 수관연장 - 방수활동

② 화재출동 - 현장도착 - 화점확인 - 인명구조 - 진입 - 방수활동 - 수관연장

③ 화재출동 - 현장도착 - 화점확인 - 진입 - 인명구조 - 수관연장 - 방수활동

④ 화재출동 - 현장도착 - 진입 - 화점확인 - 인명구조 - 수관연장 - 방수활동

04 상 중 하 ☐☐☐

선착대의 업무를 모두 고른 것은?

> ㄱ. 비화경계
>
> ㄴ. 인명검색 · 구조
>
> ㄷ. 화점직근의 소화용수시설 점유
>
> ㄹ. 상황보고 및 정보제공
>
> ㅁ. 수손 방지

① ㄱ, ㄴ, ㄷ, ㄹ

② ㄴ, ㄹ

③ ㄴ, ㄷ, ㄹ

④ ㄱ, ㅁ

05 상 중 하 ☐☐☐

로이드레만전법으로도 불리우며 간접공격법에 가장 우수한 주수 방법은 무엇인가?

① 직사주수
② 고속분무주수
③ 중속분무주수
④ 저속분무주수

06 상 중 하 ☐☐☐

소방전술 중 주로 인접건물로의 화재확대 방지를 위해 적용하는 것으로 블록의 4방면 중 확대가능한 면을 동시에 방어하는 전술은 무엇인가?

① 블록전술
② 중점전술
③ 집중전술
④ 포위전술

07 상 중 하 ☐☐☐

화세에 비해 소방력이 부족하여 소방상 중요한 시설 또는 대상물을 중점적으로 대응 또는 진압하는 것은?

① 공격전술
② 중점전술
③ 집중전술
④ 포위전술

08 상 중 하 ☐☐☐

특수구조대에 해당하는 것을 모두 고른 것은?

ㄱ. 화학구조대	ㄴ. 고속국도구조대
ㄷ. 산악구조대	ㄹ. 국제구조대
ㅁ. 지하철구조대	ㅂ. 테러대응구조대

① ㄱ, ㄴ, ㄹ
② ㄱ, ㄴ, ㄷ, ㅁ
③ ㄱ, ㄷ, ㄹ, ㅂ
④ ㄱ, ㄴ, ㄷ, ㄹ, ㅁ, ㅂ

09 상 중 하 ☐☐☐

직할구조대에 설치할 수 있는 구조대로 옳은 것을 모두 고른 것은?

ㄱ. 산악구조대	ㄴ. 고속국도구조대
ㄷ. 일반구조대	ㄹ. 국제구조대
ㅁ. 수난구조대	ㅂ. 119항공대

① ㄱ, ㄷ, ㅁ
② ㄱ, ㄴ, ㅂ
③ ㄴ, ㄹ, ㅁ
④ ㄴ, ㄹ, ㅂ

10 (상·중·하)

구조대 편성 · 운영에 대한 내용으로 옳지 않은 것은?

① 일반구조대: 시 · 도 규칙으로 정하는 바에 따라 소방서마다 1개 이상 설치한다.

② 직할구조대: 대형 · 특수 재난사고의 구조, 현장지휘 및 테러현장 등의 지원 등을 위하여 소방청, 시 · 도의 소방본부 또는 소방서에 설치한다.

③ 테러대응구조대: 테러 및 특수재난에 전문적으로 대응하기 위하여 소방청과 시 · 도 소방본부에 각각 설치한다.

④ 119항공대: 소방청장 또는 소방본부장이 초고층 건축물 등에서 요구조자 생명을 안전하게 구조하거나 도서 · 벽지에서 발생한 응급환자를 의료기관에 긴급히 이송하기 위하여 편성하여 운영한다.

11 (상·중·하)

국제구조대를 편성하여 운영할 수 있는 자로 옳은 것은?

① 소방청장

② 소방본부장

③ 소방서장

④ 외교부장관

12 (상·중·하)

구조대원의 자격기준으로 옳은 것을 모두 고른 것은?

> ㄱ. 소방청장이 실시하는 인명구조사 교육을 받았거나 인명구조사 시험에 합격한 사람
>
> ㄴ. 국가 · 지방자치단체 및 「공공기관의 운영에 관한 법률」 제4조에 따른 공공기관의 구조 관련 분야에서 근무한 경력이 2년 이상인 사람
>
> ㄷ. 「응급의료에 관한 법률」 제36조에 따른 응급구조사 자격을 가진 사람으로서 소방청장이 실시하는 구조 업무에 관한 교육을 받은 사람
>
> ㄹ. 「응급의료에 관한 법률」 제36조 제2항에 따라 1급 응급구조사 자격을 취득한 사람
>
> ㅁ. 보건복지부장관이 정하여 고시하는 기준에 해당하는 외국의 응급구조사 자격인정을 받은 사람

① ㄱ, ㄴ

② ㄱ, ㄴ, ㄷ

③ ㄱ, ㄴ, ㄷ, ㄹ

④ ㄱ, ㄴ, ㄷ, ㄹ, ㅁ

13 (상·중·하)

구급대원의 자격기준으로 옳지 않은 것은?

① 의료인

② 1급 응급구조사

③ 2급 응급구조사

④ 행정안전부장관이 실시하는 구급업무에 관한 교육을 받은 사람

14 상 중 하 ☐☐☐

초고층 건축물 등에서 요구조자의 생명을 안전하게 구조하거나 도서·벽지에서 발생한 응급환자를 의료기관에 긴급히 이송하기 위하여 119항공대를 편성하여 운영할 수 있는 권한자를 모두 고른 것은?

ㄱ. 소방청장
ㄴ. 소방본부장
ㄷ. 소방서장
ㄹ. 119안전센터장

① ㄱ
② ㄱ, ㄴ
③ ㄱ, ㄴ, ㄷ
④ ㄱ, ㄴ, ㄷ, ㄹ

15 상 중 하 ☐☐☐

화재 현장에서 인명구조 활동 순서를 옳게 나열한 것은?

ㄱ. 신체구출 활동을 개시한다.
ㄴ. 정신적, 육체적 고통경감을 위해 필요한 조치를 한다.
ㄷ. 구명에 필요한 조치를 한다.
ㄹ. 현장에서의 피해를 최소화한다.

① ㄱ-ㄴ-ㄷ-ㄹ
② ㄱ-ㄷ-ㄹ-ㄴ
③ ㄷ-ㄹ-ㄱ-ㄴ
④ ㄷ-ㄱ-ㄴ-ㄹ

16 상 중 하 ☐☐☐

「119구조·구급에 관한 법률 시행령」상 구조 또는 구급 요청을 거절할 수 있는 사유에 해당하지 않는 것은?

① 시설물에 대한 단순 안전조치
② 생체징후가 안정된 타박상 환자
③ 외상이 있는 주취자
④ 단순 감기환자

17 상 중 하 ☐☐☐

「119구조·구급에 관한 법률 시행령」상 구급 요청을 거절할 수 있는 사유를 모두 고른 것은?

ㄱ. 섭씨 38도 이상의 고열 또는 호흡곤란이 있는 경우
ㄴ. 혈압 등 생체징후가 안정된 타박상 환자
ㄷ. 만성질환자로서 검진 또는 입원 목적의 이송 요청자
ㄹ. 병원 간 이송 또는 자택으로의 이송 요청자
ㅁ. 동물의 단순 처리·포획·구조 요청을 받은 경우

① ㄱ, ㄷ
② ㄴ, ㄷ, ㄹ
③ ㄴ, ㄷ, ㄹ, ㅁ
④ ㄱ, ㄴ, ㄷ, ㄹ, ㅁ

18 ⬤상 ⬤중 ⬤하   ☐☐☐

1급 응급구조사의 시험에 응시할 수 있는 자격으로 옳지 않은 것은?

① 전문대학에서 응급구조학을 전공하고 졸업한 사람
② 보건복지부장관이 정하여 고시하는 기준에 해당하는 외국의 응급구조사 자격인정을 받은 사람
③ 2급 응급구조사로서 응급구조사의 업무에 3년 이상 종사한 사람
④ 보건복지부장관이 지정하는 응급구조사 양성기관에서 대통령령으로 정하는 양성과정을 마친 사람

19 ⬤상 ⬤중 ⬤하   ☐☐☐

2급 응급구조사의 업무 범위는 몇 개인가?

- 후두 마스크 삽관
- 인공호흡기를 이용한 호흡의 유지
- 정맥로 확보
- 기도기를 이용한 기도유지
- 쇼크방지용 하의 등을 이용한 혈압 유지
- 구강 내 이물질 제거

① 2개
② 3개
③ 4개
④ 5개

20 ⬤상 ⬤중 ⬤하   ☐☐☐

응급환자의 심폐소생술 및 환자의 평가내용으로 옳지 않은 것은?

① 심폐소생술을 하는 경우 분당 100회에서 120회 속도(15~18초 이내)로 30회의 압박을 실시한다.
② 응급환자를 발견한 경우 즉시 생명을 위협하는 어떤 상황을 발견하고 즉각적인 이송과 현장평가 및 현장처치에 대한 우선순위를 결정해야 한다.
③ 1차 평가란 2차 평가에서 생명의 위협요소가 없는 비교적 안정된 상태지만 치료하지 않으면 위험할 수 있는 세부적인 환자상태를 평가하는 단계이다.
④ 2차 평가에서 M이란 현재 복용 중인 약물을 의미한다.

21 ⬤상 ⬤중 ⬤하   ☐☐☐

다음 중 응급환자의 1차 평가의 단계로 옳지 않은 것은?

① 호흡 평가
② 과거병력 평가
③ 순환 평가
④ 의식 평가

22 ⬤상 ⬤중 ⬤하   ☐☐☐

치료의 우선순위를 정하기 위한 중증도 분류(Triage 분류)로 옳은 것은? (분류, 색깔, 심벌, 증상의 순서이다)

① 긴급환자 - 적색 - 토끼 - 수분, 수시간 이내 응급처치
② 비응급환자 - 청색 - 거북이 - 수시간, 수일 이내 응급처치
③ 지연환자 - 흑색 - X표시 - 사망 또는 구명 불가능 상태
④ 응급환자 - 황색 - 십자가 표시 - 수시간 이내 응급처치

23 ⓢⓩⓗ　□□□

치료의 우선순위를 정하기 위한 중증도 분류(Triage 분류) 중 생명에는 큰 지장이 없는 부상 상태로 조치가 조금 지체되어도 상관없는 상태의 환자로 옳은 것은?

① 긴급환자
② 비응급환자
③ 지연환자
④ 응급환자

24 ⓢⓩⓗ　□□□

응급상황 시 치료의 우선순위를 정하기 위한 환자 분류 체계(Triage)의 내용으로 옳지 않은 것은?

① 긴급환자(적색): 즉각적인 수술이나 생명을 구하기 위한 조치가 필요하며, 수술팀이나 고급시설로의 이송에 최우선 순위가 있는 환자를 말한다.
② 응급환자(황색): 당장은 상태가 안정적이지만 훈련된 인력의 관찰과 중증도 재분류가 필요하며, 병원치료가 필요한 환자를 말한다.
③ 비응급환자(녹색): 걸을 수 있는 가벼운 부상을 입은 환자이다. 몇 시간에서 며칠 내에 의사의 진료가 필요하지만 즉시 필요한 것은 아니다. 복합골절 없이 골절된 뼈, 연조직 손상 등이 해당된다.
④ 지연환자(흑색): 가벼운 부상을 입은 환자. 응급처치나 가정간호로 충분하며, 의사의 진료는 필요하지 않다.

Simtail

Simple Detail

2026

정답 및 해설 | 146~148p

01 상 중 하 ☐☐☐

존스의 재난 분류에 관한 설명으로 옳은 것은?

① 인위재해는 사고성 재해와 계획적 재해로 구분한다.
② 자연재해는 기후성 재해와 지진성 재해로 구분한다.
③ 자연재해는 지구물리학적 재해와 생물학적 재해로 구분한다.
④ 지구물리학적 재해는 기후성 지해와 지진성 재해로 구분한다.

02 상 중 하 ☐☐☐

존스의 재난과 재난의 분류의 연결이 옳은 것은?

① 쓰나미 – 지형학적 재해
② 눈 – 준자연 재해
③ 가뭄 – 기상학적 재해
④ 산사태 – 지질학적 재해

03 상 중 하 ☐☐☐

존스(Jones)의 재해분류 중 성격이 다른 하나는?

① 이상기온
② 스모그현상
③ 사막화현상
④ 눈사태

04 상 중 하 ☐☐☐

아네스의 재난분류에 대한 설명으로 옳지 않은 것은?

① 재해는 자연재해와 인위재해로 구분된다.
② 장시간에 걸쳐 완만하게 진행되는 재해는 제외하였다.
③ 자연재해는 지질학적, 지형학적, 기상학적으로 분류한다.
④ 인위재해는 사고성과 계획적으로 분류한다.

✦ 고난도 문제

05 상 중 하 ☐☐☐

선형적, 기계적인 과정만을 따르는 것이 아니라 비선형적, 유기적 혹은 진화적인 과정을 따를 수도 있다는 재난의 특성은?

① 누적성
② 복합성
③ 인지성
④ 불확실성

06 (상)중(하) □□□

재난의 특징으로 옳은 것은?

> ㄱ. 자연재난은 예방이 가능하다.
> ㄴ. 인적재난은 국소지역에서 피해가 집중적으로 발생한다.
> ㄷ. 인적재난은 재난 통제의 가능성이 높다.
> ㄹ. 자연재난은 장기간에 걸쳐 완만하게 진행된다.

① ㄱ, ㄴ
② ㄴ, ㄹ
③ ㄴ, ㄷ, ㄹ
④ ㄱ, ㄴ, ㄷ, ㄹ

07 (상)중(하) □□□

다음 중 자연재난의 특성으로 옳은 것을 모두 고른 것은?

> ㄱ. 피해규모를 최소화할 수 있는 여지가 있다.
> ㄴ. 영향범위가 광범위하고, 재산피해와 사상자 발생이 넓은 지역에서 산발적으로 발생한다.
> ㄷ. 장기간에 걸쳐 완만히 진행된다.
> ㄹ. 국소지역에서 재산피해와 사상자가 집중적으로 발생한다.
> ㅁ. 사전예방이 근본적으로 가능한 특징이 있다.
> ㅂ. 상황이 전개되는 시점에서 대응활동과 재난통제가 극히 제한적으로 진행된다.

① ㄱ, ㄴ, ㄷ
② ㄴ, ㄷ, ㅁ
③ ㄱ, ㄴ, ㄷ, ㅂ
④ ㄱ, ㄹ, ㅁ, ㅂ

08 (상)중(하) □□□

하인리히의 도미노이론 단계의 순서로 옳은 것은?

> ㄱ. 사회적 환경 및 유전적 요소
> ㄴ. 개인적 결함
> ㄷ. 불안전한 행동 및 불안전한 상태
> ㄹ. 사고
> ㅁ. 상해

① ㄱ → ㄴ → ㄷ → ㄹ → ㅁ
② ㄴ → ㄱ → ㄷ → ㄹ → ㅁ
③ ㄷ → ㄴ → ㄱ → ㅁ → ㄹ
④ ㄱ → ㄴ → ㄷ → ㅁ → ㄹ

09 (상)중(하) □□□

재난이론상 프랭크 버드의 이론으로 옳지 않은 것은?

① 프랭크 버드의 이론은 하인리히의 이론을 발전시킨 이론이다.
② 프랭크 버드는 직접원인을 제거하면 재해는 일어나지 않는 다고 하였다.
③ 프랭크 버드의 이론을 최신이론이라고도 한다.
④ 재해 발생 점유율을 1(중상) : 10(경상) : 30(무상해 사고, 물적재해) : 600(무상해 고장, 위험순간)법칙으로 정립했다.

10 (상)중(하)   □□□

다음 중 프랭크 버드 주니어(Frank Bird Jr.)의 이론에 해당되는 것을 모두 고른 것은?

> ㄱ. 프랭크 버드의 직접원인은 3단계에 해당된다.
> ㄴ. 직접원인의 배경인 기본원인을 반드시 제거해야 재해예방이 된다고 주장하였다.
> ㄷ. 프랭크 버드 주니어의 이론을 발전시킨 것이 하인리히의 도미노 이론이다.
> ㄹ. 기본원인을 4M이라고 보았다.
> ㅁ. 재해발생점유율을 1(중상) : 29(경상) : 300(무상해사고) 법칙으로 정립했다.

① ㄱ, ㄴ, ㄷ
② ㄱ, ㄴ, ㄹ
③ ㄱ, ㄴ, ㅁ
④ ㄷ, ㄹ, ㅁ

✦ 고난도 문제

11 (상)중(하)   □□□

하인리히가 제시한 재해예방 4원칙 중에서 '재해손실은 사고 발생 시 사고대상의 조건에 따라 달라진다.'는 내용을 포함하고 있는 원칙은 무엇인가?

① 손실우연의 원칙
② 원인연계의 원칙
③ 예방가능의 원칙
④ 대책선정의 원칙

12 (상)중(하)   □□□

재난관리 관계기관 간 유사성과 대응자원 공통성 문제를 보완하여 의사결정의 신속성을 확보하기 위한 재난관리 방식은?

① 아네스(Anesth)방식
② 존스(Jones)방식
③ 통합관리방식
④ 분산관리방식

13 (상)중(하)   □□□

재난관리방식에 대한 설명으로 옳은 것은?

① 통합관리방식은 유형별 재난의 특징을 강조한 방식이다.
② 정보의 전달체계가 분산관리방식은 다원화이고, 통합관리방식은 일원화이다.
③ 분산관리방식은 단일 부처 조정하의 병렬적 다수 부처 및 기관으로 이루어져 있고, 통합관리방식은 관련 부처 및 기관이 단순 병렬방식으로 되어있다.
④ 통합관리방식은 소관부처에서 해당하는 재해만을 담당하기 때문에 경험축적 및 전문성이 향상된다.

14 (상)중(하)   □□□

재난관리방식 중 통합관리방식의 내용을 모두 고른 것은?

> ㄱ. 전통적인 재난관리제도
> ㄴ. 재난대응에 참여하는 모든 비상대응기관 통합관리
> ㄷ. 정보전달의 단일화
> ㄹ. 재난의 유형에 따라 책임기관 각각 배정

① ㄱ, ㄹ
② ㄱ, ㄴ
③ ㄴ, ㄷ
④ ㄷ, ㄹ

15 상중하 ☐☐☐

페탁의 재난관리 4단계 모형의 단계별로 옳은 것은 무엇인가?

① 완화 – 준비 – 대응 – 복구
② 준비 – 완화 – 대응 – 복구
③ 대응 – 완화 – 준비 – 복구
④ 대비 – 예방 – 복구 – 대응

◆ **고난도 문제**

01 상 중 **하** □□□

「재난 및 안전관리 기본법」의 변천 과정에 대한 설명으로 옳지 않은 것은?

① 1975년 내무부에 민방위본부가 창설되었다.
② 1995년 삼풍백화점 붕괴사고 이후 재난관리법이 제정되었다.
③ 2003년 대구지하철 방화사고 이후 2004년에 재난 및 안전관리 기본법이 제정되었다.
④ 2014년 세월호 침몰사고 이후 안전의 중요성을 되새기자는 의미로 안전점검의 날이 추진되었다.

03 상 중 **하** □□□

「재난 및 안전관리 기본법」상 사회재난에 해당하는 것은?

① 태풍
② 낙뢰
③ 「우주개발진흥법」에 따른 자연우주물체의 추락 · 충돌
④ 「미세먼지 저감 및 관리에 관한 특별법」에 따른 미세먼지로 인한 피해

04 상 중 **하** □□□

「재난 및 안전관리 기본법」상 자연재난을 모두 고른 것은?

> ㄱ. 호우, 강풍, 해일, 가뭄
> ㄴ. 폭염, 황사, 조류 대발생
> ㄷ. 조수, 태풍, 홍수, 한파
> ㄹ. 대설, 붕괴, 화생방사고, 화산활동

① ㄱ
② ㄴ, ㄷ
③ ㄱ, ㄴ, ㄷ
④ ㄱ, ㄴ, ㄷ, ㄹ

02 상 중 **하** □□□

「재난 및 안전관리 기본법」상 사회재난에 해당하지 않는 것은?

① 미세먼지
② 화생방사고
③ 「우주개발진흥법」에 따른 자연우주물체의 추락 · 충돌
④ 아프리카 돼지 열병의 확산

05 상 중 하 ☐☐☐

「재난 및 안전관리 기본법」상 자연재난에 대한 용어의 정의에 대한 설명이다. ( ) 안에 들어갈 내용으로 알맞은 것은?

> 태풍, 홍수, 호우, (ㄱ), (ㄴ), 해일, 대설, 한파, (ㄷ),
> 가뭄, 폭염, (ㄹ), 황사, 조류 대발생, 조수, 화산활동,
> 「우주개발진흥법」에 따른 자연우주물체의 추락 · 충돌,
> 그 밖에 이에 준하는 자연현상으로 인하여 발생하는 재해

	(ㄱ)	(ㄴ)	(ㄷ)	(ㄹ)
①	강풍	풍랑	낙뢰	지진
②	강풍	붕괴	낙뢰	쓰나미
③	폭풍	풍랑	가뭄	쓰나미
④	폭풍	풍랑	화생방사고	지진

06 상 중 하 ☐☐☐

「재난 및 안전관리 기본법」상 재난관리의 정의로 옳은 것은?

① 재난이나 그 밖의 각종 사고로부터 사람의 생명 · 신체 및 재산의 안전을 확보하기 위하여 하는 모든 활동을 말한다.

② 대한민국의 영역 밖에서 대한민국 국민의 생명 · 신체 및 재산에 피해를 주거나 줄 수 있는 재난으로서 정부차원에서 대처할 필요가 있는 재난을 말한다.

③ 재난의 예방 · 대비 · 대응 및 복구를 위하여 하는 모든 활동을 말한다.

④ 재난이 발생할 우려가 있거나 재난이 발생하였을 때 국민의 생명과 신체의 피해를 줄이기 위해 하는 모든 활동을 말한다.

07 상 중 하 ☐☐☐

「재난 및 안전관리 기본법」상 용어의 정의로 옳지 않은 것은?

① 재난관리란 재난의 예방 · 대비 · 대응 및 복구를 위하여 하는 모든 활동을 말한다.

② 안전관리란 재난이나 그 밖의 각종 사고로부터 사람의 생명 · 신체 및 재산의 안전을 확보하기 위하여 하는 모든 활동을 말한다.

③ 재난관리정보란 재난관리를 위하여 필요한 재난상황정보, 동원가능 자원정보, 시설물정보, 지리정보를 말한다.

④ 안전기준이란 모든 유형의 재난에 공통적으로 활용할 수 있도록 재난관리의 전 과정을 통일적으로 단순화 · 체계화한 것으로서 행정안전부장관이 고시한 것을 말한다.

08 상 중 하 ☐☐☐

「재난 및 안전관리 기본법」상 정의로 옳지 않은 것을 모두 고른 것은?

> ㄱ. 「감염병의 예방 및 관리에 관한 법률」에 따른 감염병 또는 「가축전염병예방법」에 따른 가축전염병의 확산, 「미세먼지 저감 및 관리에 관한 특별법」에 따른 미세먼지, 「우주개발진흥법」에 따른 인공우주물체의 추락 · 충돌 등으로 인한 피해는 사회재난이다.
> ㄴ. 긴급구조기관이란 소방청, 소방본부, 소방서(단, 해양 재난 시 경찰청, 지방해양경찰청, 해양경찰서)를 말한다.
> ㄷ. 긴급구조지원기관이란 긴급구조에 필요한 인력 · 시설 및 장비, 운영체계 등 긴급구조능력을 보유한 기관이나 단체로서 대통령령으로 정하는 기관과 단체를 말한다.
> ㄹ. 국가재난관리기준은 모든 유형의 재난에 공통적으로 활용할 수 있도록 재난관리의 전 과정을 통일적으로 단순화 · 체계화한 것으로서 행정안전부장관이 고시한 것을 말한다.
> ㅁ. 재난관리란 재난, 각종 사고로부터 사람의 생명 · 신체 · 재산의 안전확보를 위한 모든 활동을 말한다.

① ㄱ, ㄷ, ㄹ

② ㄱ, ㄴ, ㅁ

③ ㄴ, ㄹ, ㅁ

④ ㄴ, ㅁ

 □□□

「재난 및 안전관리 기본법」상 용어 정의에 대한 설명으로 옳지 않은 것은?

① 긴급구조기관이란 긴급구조에 필요한 인력·시설 및 장비, 운영체계 등 긴급구조능력을 보유한 기관이나 단체로서 대통령령으로 정하는 기관과 단체를 말한다.

② 안전관리란 재난이나 그 밖의 각종 사고로부터 사람의 생명·신체 및 재산의 안전을 확보하기 위하여 하는 모든 활동을 말한다.

③ 재난관리정보란 재난관리를 위하여 필요한 재난상황정보, 동원가능 자원정보, 시설물정보, 지리정보를 말한다.

④ 재난관리주관기관이란 재난이나 그 밖의 각종 사고에 대하여 그 유형별로 예방·대비·대응 및 복구 등의 업무를 주관하여 수행하도록 대통령령으로 정하는 관계 중앙행정기관을 말한다.

 □□□

「재난 및 안전관리 기본법」상 용어의 정의에 대한 설명으로 옳은 것은?

(ㄱ): 각종 시설 및 물질 등의 제작, 유지관리 과정에서 안전을 확보할 수 있도록 적용하여야 할 기술적 기준을 체계화한 것을 말하며, 안전기준의 분야, 범위 등에 관하여는 대통령령으로 정한다.

(ㄴ): 재난의 예방·대비·대응 및 복구를 위하여 하는 모든 활동을 말한다.

(ㄷ): 대한민국의 영역 밖에서 대한민국 국민의 생명·신체 및 재산에 피해를 주거나 줄 수 있는 재난으로서 정부차원에서 대처할 필요가 있는 재난을 말한다.

(ㄹ): 재난이나 그 밖의 각종 사고로부터 사람의 생명·신체 및 재산의 안전을 확보하기 위하여 하는 모든 활동을 말한다.

	(ㄱ)	(ㄴ)	(ㄷ)	(ㄹ)
①	안전관리	재난관리	해외재난	안전기준
②	안전기준	재난관리	해외재난	안전관리
③	안전기준	재난활동	국외재난	안전관리
④	안전관리	재난활동	국외재난	안전기준

□□□

긴급구조기관을 모두 고른 것은?

ㄱ. 소방청	ㄴ. 지방해양경찰서
ㄷ. 소방본부	ㄹ. 소방서
ㅁ. 경찰서	ㅂ. 해양경찰서
ㅅ. 해양경찰청	

① ㄱ, ㄷ, ㄹ

② ㄱ, ㄷ, ㄹ, ㅂ, ㅅ

③ ㄱ, ㄴ, ㄷ, ㄹ, ㅂ, ㅅ

④ ㄱ, ㄴ, ㄷ, ㄹ, ㅅ

12 (상)(중)(하)

「재난 및 안전관리 기본법」상 재난이나 그 밖의 각종 사고에 대하여 그 유형별로 예방·대비·대응 및 복구 등의 업무를 주관하여 수행하도록 대통령령으로 정하는 기관은 무엇인가?

① 재난관리주관기관
② 재난관리책임기관
③ 중앙안전관리위원회
④ 중앙재난안전대책본부

13 (상)(중)(하)

「재난 및 안전관리 기본법」상 안전기준이란 각종 시설 및 물질 등의 제작, 유지관리 과정에서 안전을 확보할 수 있도록 적용하여야 할 기술적 기준으로 체계화한 것을 말한다. 안전기준의 분야 및 범위에 해당하지 않는 것은?

① 소방 관련 분야
② 건축 시설 분야
③ 생활 및 여가 분야
④ 보건·식품 분야

14 (상)(중)(하)

「재난 및 안전관리 기본법 시행령」상 자연재난 유형별 재난관리 주관기관의 연결이 옳지 않은 것은?

① 과학기술정보통신부 및 우주항공청 – 자연우주물체의 추락·충돌 등으로 인해 발생하는 재해
② 행정안전부 – 풍수해 중 조수로 인해 발생하는 재해
③ 기후에너지환경부 – 황사로 인해 발생하는 재해
④ 산림청 – 산사태로 인해 발생하는 재해

15 (상)(중)(하)

「재난 및 안전관리 기본법 시행령」상 사회재난 유형별 재난관리 주관기관의 연결이 옳지 않은 것은?

① 농림축산식품부 – 농수산물도매시장(축산물도매시장은 포함하며, 수산물도매시장은 제외한다)의 화재등으로 인해 발생하는 대규모 피해
② 보건복지부 – 노인복지시설의 화재등으로 인해 발생하는 대규모 피해
③ 해양수산부 및 해양경찰청 – 해양오염으로 인해 발생하는 대규모 피해
④ 기후에너지환경부 – 사방시설의 붕괴·파손 등으로 인해 발생하는 대규모 피해

16 (상)(중)(하)

「재난 및 안전관리 기본법 시행령」상 사회재난 유형별 재난관리 주관기관의 연결이 옳지 않은 것은?

① 고용노동부 – 산업재해 및 중대산업사고로 인해 발생하는 대규모 피해
② 중소벤처기업부 – 대규모점포의 화재등으로 인해 발생하는 대규모 피해
③ 문화체육관광부 – 공연장의 화재등으로 인해 발생하는 대규모 피해
④ 해양수산부 – 해수욕장의 안전사고로 인해 발생하는 대규모 피해

17 　　□□□

「재난 및 안전관리 기본법」상 국가 및 지방자치단체가 행하는 재난 및 안전관리업무를 총괄·조정하는 자는?

① 대통령
② 국무총리
③ 행정안전부장관
④ 소방청장

19 （상）（중）（하） 　　□□□

중앙안전관리위원회에서 심의하는 사항으로 옳은 것을 모두 고른 것은?

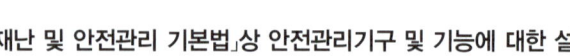

ㄱ. 재난 및 안전관리에 관한 중요 정책에 관한 사항
ㄴ. 재난사태의 선포에 관한 사항
ㄷ. 국가핵심기반의 지정에 관한 사항
ㄹ. 재난 및 안전관리기술 종합계획
ㅁ. 집행계획의 심의
ㅂ. 특별재난지역의 선포에 관한 사항

① ㄱ, ㄴ, ㄹ
② ㄱ, ㄴ, ㅂ
③ ㄷ, ㄹ, ㅁ
④ ㄷ, ㄹ, ㅂ

18 （상）（중）（하） 　　□□□

「재난 및 안전관리 기본법」상 안전관리기구 및 기능에 대한 설명으로 옳지 않은 것은?

① 중앙안전관리위원회는 국무총리 소속으로 국무총리가 위원장이다.
② 국가안전관리기본계획에 관한 사항은 중앙안전관리위원회에서 심의한다.
③ 중앙안전관리위원회에 안전정책조정위원회를 두며, 위원장은 행정안전부장관이다.
④ 안전기준관리에 관한 사항은 안전정책조정위원회에서 심의한다.

20 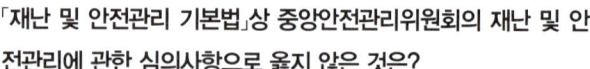 　　□□□

「재난 및 안전관리 기본법」상 중앙안전관리위원회의 재난 및 안전관리에 관한 심의사항으로 옳지 않은 것은?

① 재난관리기금의 적립 현황에 관한 사항
② 재난 및 안전관리에 관한 중요 정책에 관한 사항
③ 중앙행정기관의 장이 수립·시행하는 계획, 점검·검사, 교육·훈련, 평가 등 재난 및 안전관리업무의 조정에 관한 사항
④ 재난이나 그 밖의 각종 사고가 발생하거나 발생할 우려가 있는 경우 이를 수습하기 위한 관계 기관 간 협력에 관한 중요 사항

21 상 중 **하** □□□

「재난 및 안전관리 기본법」상 조정위원회의 심의사항으로 옳지 않은 것은?

① 집행계획의 심의
② 국가핵심기반의 지정에 관한 사항의 심의
③ 재난 및 안전관리업무의 조정에 관한 사항
④ 재난 및 안전관리기술 종합계획의 심의

22 상 중 **하** □□□

「재난 및 안전관리 기본법」상 안전정책조정위원회에서 수행하는 사무로 옳지 않은 것은? (단, 그 밖에 중앙안전관리위원회가 위임한 사항은 제외한다)

① 재난 및 안전관리기술 종합계획의 심의
② 국가핵심기반의 지정에 관한 사항의 심의
③ 지역재난안전대책본부의 연차계획 수립 검토
④ 국가안전관리기본계획에 따라 그 소관업무에 관한 집행계획의 심의

23 상 **중** 하 □□□

「재난 및 안전관리 기본법」 및 같은 법 시행령상 조정위원회와 실무위원회에 대한 설명으로 옳지 않은 것은?

① 조정위원회의 위원장은 행정안전부장관이 되고, 간사위원은 행정안전부의 재난안전관리사무를 담당하는 본부장이 된다.
② 조정위원회의 업무를 효율적으로 처리하기 위하여 조정위원회에 실무위원회를 둘 수 있다.
③ 실무위원회는 위원장 1명을 포함하여 50명 내외의 위원으로 구성하고 실무위원회의 위원장은 행정안전부의 재난안전관리사무를 담당하는 본부장이 된다.
④ 조정위원회에서는 국가안전관리기본계획과 집행계획의 심의 등의 사무를 한다.

24 상 **중** 하 □□□

「재난 및 안전관리 기본법」 및 같은 법 시행령상 안전관리기구에 대한 설명으로 옳은 것을 모두 고른 것은?

> ㄱ. 중앙안전관리위원회 위원장은 국무총리이며, 간사는 행정안전부장관이 된다.
> ㄴ. 중앙안전관리위원회는 안전기준관리, 재난 및 안진관리에 관한 중요 정책에 관한 사항을 심의한다.
> ㄷ. 중앙위원회에 상정될 안건을 사전에 검토하고 사무를 수행하기 위하여 안전정책조정위원회를 둔다.
> ㄹ. 중앙안전관리민관협력위원회는 위원장 1명을 포함하여 35명 이내의 위원으로 구성된다.
> ㅁ. 재난에 관한 예보, 경보, 통지나 응급조치 및 재난관리를 위한 재난방송이 원활히 수행될 수 있도록 조정위원회에 중앙재난방송협의회를 두어야 한다.

① ㄱ, ㄴ, ㄷ
② ㄱ, ㄷ, ㄹ
③ ㄱ, ㄷ, ㅁ
④ ㄴ, ㄷ, ㅁ

25 상 **중** 하 　□□□

「재난 및 안전관리 기본법」상 중앙민관협력위원회의 기능을 모두 고른 것은?

> ㄱ. 재난 및 안전관리 민관협력활동에 관한 협의
> ㄴ. 재난 및 안전관리 민관협력활동사업의 효율적 운영방안의 협의
> ㄷ. 평상시 재난 및 안전관리 위험요소 및 취약시설의 모니터링·제보
> ㄹ. 재난 발생 시 재난관리자원의 동원, 인명구조·피해복구 활동 참여, 피해주민 지원서비스 제공 등에 관한 협의

① ㄱ, ㄴ, ㄷ
② ㄱ, ㄴ, ㄷ, ㄹ
③ ㄴ, ㄹ
④ ㄱ, ㄴ

26 상 중 **하** 　□□□

「재난 및 안전관리 기본법」상 기구와 그 기능이 옳지 않은 것은?

① 중앙안전관리위원회 - 재난사태의 선포에 관한 사항 심의
② 안전정책조정위원회 - 특별재난지역의 선포에 관한 사항 심의
③ 중앙안전관리민관협력위원회 - 평상시 재난 및 안전관리 위험요소 및 취약시설의 모니터링·제보
④ 중앙재난안전상황실 - 재난정보의 수집·전파, 상황관리, 재난발생 시 초동조치 및 지휘 등의 업무 수행

27 상 **중** 하 　□□□

「재난 및 안전관리 기본법 시행령」상 재난긴급대응단의 임무로 옳지 않은 것은?

① 재난 발생 시 인명구조 및 피해복구 활동 참여
② 평상시 재난예방을 위한 활동 참여
③ 재난 발생 시 위험요소 제거 활동 참여
④ 그 밖에 신속한 재난대응을 위하여 필요한 활동

28 상 중 **하** 　□□□

「재난 및 안전관리 기본법」상 중앙재난안전대책본부 등에 대한 설명으로 옳지 않은 것은?

① 중앙대책본부의 본부장은 행정안전부장관이 되며, 해외재난의 경우에는 외교부장관이, 방사능재난의 경우에는 중앙방사능방재대책본부의 장이 각각 중앙대책본부장의 권한을 행사한다.
② 대통령령으로 정하는 대규모 재난의 예방·대비·대응·복구 등에 관한 사항을 총괄·조정하고 필요한 조치를 하기 위하여 행정안전부에 중앙재난안전대책본부를 둔다.
③ 재난의 효과적인 수습을 하기 위하여 국무총리가 범정부적 차원의 통합 대응이 필요하다고 인정하는 경우에는 국무총리가 중앙대책본부장의 권한을 행사할 수 있다.
④ 중앙대책본부장은 대규모 재난이 발생한 경우 중앙재난안전대책본부상황실을 설치하는 등 해당 대규모 재난에 대하여 효율적으로 대응하기 위한 체계를 갖추어야 한다. 이 경우 중앙재난안전상황실과 인력, 장비, 시설 등을 통합·운영할 수 있다.

29 상 중(하)   □□□

「재난 및 안전관리 기본법」상 재난관리주관기관의 장이 재난이 발생하거나 발생할 우려가 있는 경우 재난상황을 효율적으로 관리 재난을 수습하기 위하여 설치하는 기구의 명칭으로 옳은 것은?

① 중앙재난안전대책본부
② 통합지원본부
③ 중앙사고수습본부
④ 지역재난안전대책본부

30 상(중)하   □□□

「재난 및 안전관리 기본법」 및 같은 법 시행령상 재난안전대책본부 등에 대한 설명으로 옳지 않은 것은?

① 대규모 재난의 대응·복구(수습) 등에 관한 사항을 총괄·조정하고 필요한 조치를 하기 위하여 행정안전부에 중앙재난안전대책본부를 둔다.
② 재난의 효과적인 수습을 위하여 국무총리가 중앙대책본부장의 권한을 행사할 수 있다. 이 경우 행정안전부장관이 차장이 된다.
③ 중앙대책본부장은 구조·구급·수색 등의 활동을 신속하게 지원하기 위하여 특수기동구조대를 편성하여 재난현장에 파견할 수 있다.
④ 재난관리책임기관의 장은 재난이 발생하거나 발생한 우려가 있는 경우, 재난상황을 효율적으로 관리하고 재난을 수습하기 위한 중앙사고수습본부를 신속하게 설치·운영하여야 한다.

31 상 중(하)   □□□

「재난 및 안전관리 기본법 시행령」상 중앙재난안전대책본부회의 심의사항으로 옳지 않은 것은?

① 재난대응대책에 관한 사항
② 중앙대책본부장이 회의에 부치는 사항
③ 재난응급대책에 관한 사항
④ 국고지원 및 예비비 사용에 관한 사항

32 상 중(하)   □□□

재난 및 안전관리 기본법령상 지역재난안전대책본부에 관한 사항으로 옳지 않은 것은?

① 시·군·구대책본부의 장은 재난현장의 총괄·조정 및 지원을 위하여 재난현장 통합지원본부를 설치·운영할 수 없다.
② 시·도대책본부 또는 시·군·구대책본부의 본부장은 시·도지사 또는 시장·군수·구청장이 된다.
③ 지역대책본부장은 지역대책본부의 업무를 총괄하고 필요하다고 인정하면 지역재난안전대책본부회의를 소집할 수 있다.
④ 재난현장 통합지원본부의 장은 관할 시·군·구의 부단체장이 되며, 실무반을 편성하여 운영할 수 있다.

33 상 중(하)   □□□

「재난 및 안전관리 기본법」상 재난정보의 수집·전파, 상황관리, 재난발생 시 초동조치 및 지휘 등의 업무를 수행하기 위하여 설치하는 것은?

① 재난안전대책본부
② 재난안전상황실
③ 사고수습본부
④ 긴급구조통제단

34 상 중 **하** ☐☐☐

「재난 및 안전관리 기본법 시행규칙」상 재난상황의 보고 등에 대한 설명이다. 다음 ( )에 들어갈 내용으로 올바른 것은?

- (ㄱ): 인명피해 등 주요 재난 발생 시 지체 없이 서면, 팩스, 전화, 재난안전통신망 중 가장 빠른 방법으로 하는 보고
- (ㄴ): 전산시스템 등을 활용하여 재난 수습기간 중에 수시로 하는 보고
- (ㄷ): 재난 수습이 끝나거나 재난이 소멸된 후 재난상황의 보고에 따른 사항을 종합하여 하는 보고

	(ㄱ)	(ㄴ)	(ㄷ)
①	긴급 보고	수시 보고	종합 보고
②	최초 보고	중간 보고	최종 보고
③	긴급 보고	중간 보고	종합 보고
④	최초 보고	수시 보고	최종 보고

35 상 중 **하** ☐☐☐

「재난 및 안전관리 기본법」상 해외재난상황에 대한 설명으로 옳지 않은 것은?

① 재외공관의 장은 관할 구역에서 해외재난이 발생하거나 발생할 우려가 있으면 즉시 그 상황을 소방청장에게 보고하여야 한다.
② 해외재난의 효과적인 수습을 위하여 국무총리가 중앙대책본부장의 권한을 행사할 수 있으며, 이 경우 외교부장관은 차장이 된다.
③ 해외재난이란 대한민국 영역 밖에서 대한민국 국민의 생명·신체 및 재산에 피해를 주거나 줄 수 있는 재난으로서 정부차원에서 대처할 필요가 있는 재난을 말한다.
④ 중앙대책본부장은 국내 또는 해외에서 발생하였거나 발생할 우려가 있는 대규모재난의 수습을 지원하기 위하여 관계 중앙행정기관 및 관계 기관·단체의 재난관리에 관한 전문가 등으로 수습지원단을 구성하여 현지에 파견할 수 있다.

36 상 중 **하** ☐☐☐

「재난 및 안전관리 기본법」상 국가안전관리기본계획에 관한 사항으로 ( ) 안에 들어갈 말로 알맞은 것은?

( )은/는 재난 및 사고로부터 국민의 생명·신체 및 재산을 보호하기 위하여 ( )마다 국가의 재난 및 안전관리 업무에 관한 기본계획(국가안전관리기본계획)을 수립하여야 한다.

① 국가, 5년
② 국무총리, 5년
③ 소방청장, 5년
④ 시·도지사, 매년

✦ 고난도 문제

37 상 **중** 하 ☐☐☐

「재난 및 안전관리 기본법」상 조정위원회의 심의를 거쳐 국가핵심기반을 지정할 수 있는 기준에 해당하지 않는 것은?

① 민간기업과 개인의식에 미치는 피해 규모와 범위
② 둘 이상의 중앙행정기관의 공동대응 필요성
③ 재난의 발생 가능성 또는 그 복구의 용이성
④ 다른 국가핵심기반 등에 미치는 연쇄효과

✦ 고난도 문제

38 상 **중** 하 ☐☐☐

「재난 및 안전관리 기본법」상 국가핵심기반지정을 위한 조정위원회 심의 기준으로 옳지 않은 것은?

① 다른 국가핵심기반 등에 미치는 연쇄효과
② 재난의 발생 가능성 또는 그 복구의 용이성
③ 하나 이상의 중앙행정기관의 공동대응 필요성
④ 재난이 발생하는 경우 국가안전보장과 경제·사회에 미치는 피해 규모 및 범위

39 상 중 하　　　□□□

「재난 및 안전관리 기본법 시행령」상 분야별 국가핵심기반 시설의 분류로 옳지 않은 것은?

① 환경
② 에너지
③ 원자력
④ 국외민간시설

40 상 중 하　　　□□□

「재난 및 안전관리 기본법 시행령」상 재난관리책임기관의 장이 특정관리대상지역에 하여야 하는 정기안전점검 실시 횟수와 등급을 옳게 연결한 것은?

재난관리책임기관의 장은 다음 각 호의 구분에 따라 특정 관리대상시설 등에 대한 안전점검을 실시하여야 한다.
1. 정기안전점검
　가. A등급, B등급 또는 C등급에 해당하는 특정관리대상 시설 등 : (ㄱ)
　나. D등급에 해당하는 특정관리대상시설 등 : (ㄴ)
　다. E등급에 해당하는 특정관리대상시설 등 : (ㄷ)
2. 수시안전점검: 재난관리책임기관의 장이 필요하다고 인정하는 경우

	(ㄱ)	(ㄴ)	(ㄷ)
①	반기별 2회 이상	월 1회 이상	월 2회 이상
②	반기별 2회 이상	월 2회 이상	월 3회 이상
③	반기별 1회 이상	월 1회 이상	월 2회 이상
④	반기별 1회 이상	월 2회 이상	월 3회 이상

41 상 중 하　　　□□□

「재난 및 안전관리 기본법 시행령」상 특정관리대상지역에 대한 안전등급과 정기안전점검에 대한 설명으로 올바르게 연결된 것은?

① A등급 - 안전도가 우수한 경우 - 반기별 1회 이상
② C등급 - 안전도가 양호한 경우 - 반기별 1회 이상
③ D등급 - 안전도가 미흡한 경우 - 월 2회 이상
④ E등급 - 안전도가 불량한 경우 - 월 3회 이상

42 상 중 하　　　□□□

「재난 및 안전관리 기본법」 및 같은 법 시행령상 특정관리 대상지역의 안전등급 및 안전점검 등에 대한 설명으로 옳지 않은 것은?

① 재난관리책임기관의 장은 운영되는 정보화시스템을 이용하여 특정관리대상지역을 관리하여야 한다.
② 행정안전부장관은 특정관리대상지역을 체계적으로 관리하기 위하여 정보화시스템을 구축·운영할 수 있다.
③ 재난관리책임기관의 장은 C등급에 해당하는 특정관리 대상지역에 대하여 반기별 1회 이상 정기안전점검을 실시하여야 한다.
④ 재난관리책임기관의 장은 매년 1회 이상 특정관리대상 지역에 대한 지정 및 조치 현황을 국무총리에게 보고 하여야 하며, 필요한 경우에는 수시로 보고할 수 있다.

43 상 중 하 ☐☐☐

「재난 및 안전관리 기본법 시행규칙」상 재난안전분야 종사자의 교육에 대한 사항이다. 다음 빈칸에 들어갈 내용으로 옳은 것은?

> 전문교육의 대상자는 해당 업무를 맡은 후 (ㄱ) 이내에 신규교육을 받아야 하며, 신규교육을 받은 후 매 (ㄴ) 마다 정기교육을 받아야 한다.

	(ㄱ)	(ㄴ)
①	6개월	1년
②	6개월	2년
③	1년	1년
④	1년	2년

44 상 중 하 ☐☐☐

「재난 및 안전관리 기본법 시행규칙」상 재난안전분야 종사자 교육에 관한 사항의 내용으로 옳지 않은 것은?

① 전문교육의 이수시간은 관리자는 7시간 이상, 실무자는 14시간 이상으로 한다.
② 전문교육 대상자는 신규교육을 받은 후 1년마다 정기교육을 받아야 한다.
③ 전문교육의 대상자는 해당 업무를 맡은 후 6개월 이내에 신규교육을 받아야 한다.
④ 재난안전분야 종사자 전문교육은 관리자 전문교육과 실무자 전문교육으로 구분한다.

45 상 중 하 ☐☐☐

「재난 및 안전관리 기본법」상 재난예방을 위한 긴급안전점검에 대한 설명으로 옳지 않은 것은?

① 재난관리책임기관의 장은 소속 직원이나 다른 재난관리책임기관의 장에게 긴급안전점검을 하도록 요구할 수 있다.
② 행정안전부장관은 긴급안전점검을 하면 그 결과를 해당 재난 관리책임기관의 장에게 통보하여야 한다.
③ 긴급안전점검을 하는 공무원은 그 권한을 표시하는 증표를 지니고 이를 관계인에게 보여주어야 한다.
④ 긴급안전점검을 하는 공무원은 관계인에게 필요한 질문을 하거나 관계 서류 등을 열람할 수 있다.

46 상 중 하 ☐☐☐

「재난 및 안전관리 기본법」상 행정안전부장관 또는 재난관리책임기관의 장이 긴급안전점검 결과 재난 발생의 위험이 높다고 인정되는 시설 또는 지역에 대해서 안전조치를 명할 수 있는 내용으로 옳지 않은 것은?

① 정밀안전진단(시설만 해당)
② 위기경보 발령
③ 재난을 발생시킬 위험요인의 제거
④ 보수 또는 보강 등 정비

47 상 중 하 ☐☐☐

「재난 및 안전관리 기본법」상 시장·군수·구청장이 매년 1회 이상 관할 주민에게 공시하여야 하는 재난관리 실태에 포함되지 않는 것은?

① 재난훈련의 실적
② 재난예방조치 실적
③ 재난관리기금의 적립 현황
④ 전년도 재난의 발생 및 수습현황

48 상 중 하 ☐☐☐

다음은 위기관리 표준매뉴얼에 대한 내용이다. ( )에 들어갈 말로 옳은 것은?

> 위기관리 표준매뉴얼은 국가적 차원에서 관리가 필요한 재난에 대하여 재난관리 체계와 관계 기관의 임무와 역할을 규정한 문서로 위기대응 실무매뉴얼의 작성 기준이 되며, (ㄱ)이 작성한다. 다만, 다수의 재난관리주관기관이 관련되는 재난에 대해서는 관계 재난관리주관기관의 장과 협의하여 (ㄴ)이(가) 위기관리 표준매뉴얼을 작성할 수 있다.

	(ㄱ)	(ㄴ)
①	행정안전부 재난안전관리사무 본부장	행정안전부장관
②	행정안전부장관	국무총리
③	재난관리주관기관의 장	행정안전부장관
④	재난관리주관기관의 장	국무총리

49 상 중 하 ☐☐☐

「재난 및 안전관리 기본법」상 재난을 효율적으로 관리하기 위하여 재난유형에 따라 위기관리 매뉴얼을 작성·운용하여야 한다. 다음 빈칸에 들어갈 내용으로 옳은 것은?

> (ㄱ)은 실제 재난대응에 필요한 조치사항 및 절차를 규정한 문서이고, (ㄴ)은 재난현장에서 임무를 직접 수행하는 기관의 행동조치 절차를 구체적으로 수록한 문서이다.

	(ㄱ)	(ㄴ)
①	위기관리 표준매뉴얼	현장조치 행동매뉴얼
②	위기대응 실무매뉴얼	위기관리 표준매뉴얼
③	위기관리 표준매뉴얼	위기대응 실무매뉴얼
④	위기대응 실무매뉴얼	현장조치 행동매뉴얼

50 상 중 하 ☐☐☐

「재난 및 안전관리 기본법」상 재난분야 위기관리 매뉴얼에 대한 설명으로 옳지 않은 것은?

① '위기관리 표준매뉴얼'은 국가적 차원에서 관리가 필요한 재난에 대하여 재난관리 체계와 관계 기관의 임무와 역할을 규정한 문서로, 위기대응 실무매뉴얼의 작성 기준이 된다.
② '위기대응 실무매뉴얼'은 실제 재난대응에 필요한 조치사항 및 절차를 규정한 문서로, 지방자치단체의 장이 현장조치 행동매뉴얼과 통합하여 작성할 수 있다.
③ '현장조치 행동매뉴얼'은 재난현장에서 임무를 직접 수행하는 기관의 행동조치 절차를 구체적으로 수록한 문서로, 시장·군수·구청장이 작성한 현장조치 행동매뉴얼에 대하여는 시·도지사의 승인을 받아야 한다.
④ 재난관리주관기관의 장은 소관분야 위기관리 매뉴얼을 새로이 작성하거나 변경한 때에는 이를 행정안전부장관에게 통보하여야 한다.

51 상 중 하 ☐☐☐

「재난 및 안전관리 기본법」 및 같은 법 시행령상 재난분야 위기관리 매뉴얼 작성·운영에 관한 설명으로 옳지 않은 것은?

① 재난관리책임기관의 장은 재난유형에 따라 위기관리 매뉴얼을 작성·운용하여야 한다.
② 국무총리는 재난유형별 위기관리 매뉴얼협의회를 구성·운영한다.
③ 위기관리 매뉴얼 유형은 위기관리 표준매뉴얼, 위기대응 실무매뉴얼, 현장조치 행동매뉴얼이 있다.
④ 재난관리주관기관의 장은 위기관리 표준매뉴얼 및 위기대응 실무매뉴얼을 정기적으로 점검하여야 한다.

◆ 고난도 문제

52 상 중 하 ☐☐☐

「재난 및 안전관리 기본법」상 다중이용시설 등의 위기상황 매뉴얼에 따라 주기적 훈련의 의무를 가지는 사람은?

① 소유자, 관리자, 점유자
② 행정안전부장관
③ 재난관리주관기관장
④ 시장, 군수, 구청장

53 상 중 하 ☐☐☐

「재난 및 안전관리 기본법」상 재난대비훈련 기본계획을 수립하는 자와 주기로 옳은 것은?

① 행정안전부장관, 1년
② 행정안전부장관, 2년
③ 재난관리책임기관, 1년
④ 재난관리책임기관, 2년

54 상 중 하 ☐☐☐

「재난 및 안전관리 기본법」상 재난대비훈련을 실시하는 경우 훈련참여기관에 해당하는 것은 모두 몇 개인가?

ㄱ. 재난관리책임기관
ㄴ. 재난관리주관기관
ㄷ. 행정안전부장관
ㄹ. 긴급구조지원기관
ㅁ. 군부대
ㅂ. 시·도지사, 시장·군수·구청장
ㅅ. 긴급구조기관
ㅇ. 중앙행정기관의 장

① 3개
② 4개
③ 5개
④ 6개

◆ 고난도 문제

55 상 중 하 ☐☐☐

「재난 및 안전관리 기본법 시행령」상 훈련주관기관의 장이 재난대비훈련을 실시하는 경우 훈련참여기관의 장에게 통보하여야 하는 사항이 아닌 것은? (단, 그 밖에 훈련에 필요한 사항은 제외한다)

① 훈련비용
② 훈련내용
③ 훈련방법
④ 훈련참여 인력

56 (상)(중)하 □□□

「재난 및 안전관리 기본법 시행령」상 훈련주관기관의 장이 실시하는 재난대비훈련 평가항목으로 옳지 않은 것은?

① 재해구호시설물 안전점검 실시
② 유관기관과의 협력체제 구축 실태
③ 장비의 종류·기능 및 수량 등 동원 실태
④ 분야별 전문인력 참여도 및 훈련목표 달성 정도

57 (상)(중)(하) □□□

「재난 및 안전관리 기본법」상 재난사태 선포와 관련한 내용으로 ( )에 알맞은 내용은?

> ( )은 대통령령으로 정하는 재난이 발생하거나 발생할 우려가 있는 경우 사람의 생명·신체 및 재산에 미치는 중대한 영향이나 피해를 줄이기 위하여 긴급한 조치가 필요하다고 인정하면 중앙위원회의 심의를 거쳐 재난사태를 선포할 수 있다. 다만, ( )은 재난상황이 긴급하여 중앙위원회의 심의를 거칠 시간적 여유가 없다고 인정하는 경우에는 중앙위원회의 심의를 거치지 아니하고 재난사태를 선포할 수 있다.

① 중앙대책본부의 장
② 행정안전부장관
③ 국무총리
④ 대통령

58 (상)(중)하 □□□

「재난 및 안전관리 기본법」상 재난의 대응단계의 내용으로 옳지 않은 것은?

① 행정안전부장관은 대통령령으로 정하는 재난이 발생하거나 발생할 우려가 있는 경우 사람의 생명·신체 및 재산에 미치는 중대한 영향이나 피해를 줄이기 위하여 긴급한 조치가 필요하다고 인정하면 중앙위원회의 심의를 거쳐 재난사태를 선포할 수 있다.
② 지역통제단장의 경우에는 진화에 대한 응급조치와 긴급수송 및 구조 수단의 확보 및 현장지휘통신체계의 확보의 응급조치만 하여야 한다.
③ 재난사태가 선포된 지역에 여행 등 이동 자제를 금지할 수 있다.
④ 재난관리책임기관의 장은 사람의 생명·신체 및 재산에 대한 피해가 예상되면 그 피해를 예방하거나 줄이기 위하여 재난에 관한 예보 또는 경보 체계를 구축·운영할 수 있다.

59 (상)(중)하 □□□

「재난 및 안전관리 기본법」상 재난사태가 선포된 지역에 행정안전부장관 및 지방자치단체의 장이 할 수 있는 조치로 옳지 않은 것은?

① 해당 지역에 대한 여행 등 이동 자제 권고
② 해당 지역에 소재하는 행정기관 소속 공무원의 비상소집
③ 재난경보의 발령
④ 재난대응에 필요한 조치

60 상 중 하 ☐☐☐

「재난 및 안전관리 기본법」상 재난이 발생하거나 발생할 우려가 있는 경우 응급조치를 취할 수 있다. 다음 중, 지역통제단장이 취해야 하는 응급조치로 옳지 않은 것은?

① 현장지휘통신체계의 확보
② 피해시설의 응급복구
③ 긴급수송 및 구조 수단의 확보
④ 진화의 응급조치

61 상 중 하 ☐☐☐

「재난 및 안전관리 기본법」상 지역통제단장이 할 수 없는 응급조치는?

① 진화에 관한 응급조치
② 현장지휘통신체계의 확보
③ 긴급수송 및 구조수단의 확보
④ 급수 수단의 확보, 긴급피난처 및 구호품의 확보

62 상 중 하 ☐☐☐

「재난 및 안전관리 기본법」상 위기경보 발령에 관한 설명으로 옳지 않은 것은? (단, 기타 법령에 관한 사항은 제외한다)

① 위기경보는 관심 · 주의 · 경계 · 심각으로 구분할 수 있다.
② 재난관리주관기관의 장은 긴급한 경우라도 심각경보를 발령 또는 해제하기 전 행정안전부장관과 사전에 협의하여야 한다.
③ 재난관리주관기관의 장은 재난발생이 예상되는 경우에는 그 위험수준, 발생가능성 등을 판단하여 위기경보를 발령할 수 있다.
④ 재난관리책임기관의 장은 위기경보가 신속하게 발령될 수 있도록 재난과 관련한 위험정보를 얻으면 즉시 행정안전부장관, 재난관리주관기관의 장, 시 · 도지사 및 시장 · 군수 · 구청장에게 통보하여야 한다.

63 상 중 하 ☐☐☐

「재난 및 안전관리 기본법」상 대응단계에서 시장 · 군수 · 구청장이 취할 수 있는 조치사항으로 옳지 않은 것은?

① 위험구역에 출입하는 행위나 그 밖의 행위의 금지 또는 제한
② 동원 가능한 장비와 인력 등이 부족한 경우 국방부장관에 대한 군부대의 지원요청
③ 재난이 발생하거나 발생할 우려가 있는 주민이나 그 지역 안에 있는 사람에 대한 대피명령
④ 재난에 관한 예보 또는 경보 체계를 구축 · 운영

64 상중하 □□□

「재난 및 안전관리 기본법」상 재난현장에서 긴급구조통제단장이 될 수 있는 사람을 모두 고른 것은?

> ㄱ. 소방대장　　　　　ㄴ. 소방청장
> ㄷ. 소방본부장　　　　ㄹ. 소방서장
> ㅁ. 행정안전부장관

① ㄱ, ㄴ, ㄷ, ㄹ
② ㄴ, ㅁ
③ ㄴ, ㄷ, ㄹ
④ ㄴ, ㄷ, ㄹ, ㅁ

65 상중하 □□□

「재난 및 안전관리 기본법」상 긴급구조통제단에 대한 설명으로 옳지 않은 것은?

① 중앙긴급구조통제단의 단장은 소방청장, 지역긴급구조통제단의 단장은 소방본부장 또는 소방서장이 된다.
② 중앙통제단 및 지역통제단의 기능과 운영에 관한 사항은 대통령령으로 정한다.
③ 중앙통제단장은 대통령령으로 정하는 대규모 재난이 발생하거나 그 밖에 필요하다고 인정되는 경우에도 불구하고 직접 현장지휘를 하지 않는다.
④ 시·도긴급구조통제단장은 필요하다고 인정되면 직접 현장지휘를 할 수 있다.

66 상중하 □□□

「재난 및 안전관리 기본법」 및 같은 법 시행령상 중앙긴급구조통제단의 기능으로 올바른 것을 모두 고른 것은?

> ㄱ. 국가 긴급구조대책의 총괄·조정
> ㄴ. 긴급구조대응계획의 집행
> ㄷ. 긴급구조지원기관간의 역할분담 등 긴급구조를 위한 현장활동계획의 수립
> ㄹ. 긴급구조활동의 지휘·통제

① ㄱ
② ㄱ, ㄴ
③ ㄱ, ㄴ, ㄷ
④ ㄱ, ㄴ, ㄷ, ㄹ

67 상중하 □□□

「재난 및 안전관리 기본법」상 긴급구조현장지휘에 대하여 옳지 않은 것은?

① 긴급구조기관 및 긴급구조지원기관의 긴급구조요원·긴급구조지원요원 및 재난관리자원의 배치와 운용
② 긴급구조기관 및 긴급구조지원기관 등에 대한 임무의 부여
③ 재난현장에서 인명의 탐색·구조
④ 사상자의 응급처치 및 의료기관으로의 이송

68 상중하 □□□

「재난 및 안전관리 기본법 시행령」상 중앙긴급구조통제단의 구성조직으로 옳지 않은 것은?

① 총괄지휘부
② 대응계획부
③ 자원지원부
④ 현장지휘부

69 상중하 □□□

「재난 및 안전관리 기본법 시행령」상 긴급구조기관의 장이 수립하는 재난유형별 긴급구조대응계획에 포함되어야 할 내용으로 옳은 것은?

> ㄱ. 긴급구조대응계획의 기본방침과 절차
> ㄴ. 긴급구조대응계획의 목적 및 적용범위
> ㄷ. 주요 재난유형별 대응 매뉴얼에 관한 사항
> ㄹ. 비상경고 방송메시지 작성 등에 관한 사항
> ㅁ. 긴급구조대응계획의 운영책임에 관한 사항
> ㅂ. 재난 발생 단계별 주요 긴급구조 대응활동 사항

① ㄱ, ㄴ, ㄷ
② ㄱ, ㄴ, ㅁ
③ ㄴ, ㄹ, ㅂ
④ ㄷ, ㄹ, ㅂ

✦ 고난도 문제

70 상중하 □□□

「재난 및 안전관리 기본법 시행령」상 긴급구조기관의 장이 수립하는 기능별 긴급구조대응계획에 포함되어야 할 내용으로 옳지 않은 것은?

① 지휘통제, 대중정보, 긴급오염통제
② 긴급복구, 구조·진압, 재난통신
③ 응급의료, 현장조사, 대중안내
④ 피해상황분석, 비상경고, 긴급구호

✦ 고난도 문제

71 상중하 □□□

「재난 및 안전관리 기본법」상 재난피해 신고 및 조사와 재난복구계획 수립·시행에 대한 설명으로 옳지 않은 것은?

① 재난으로 피해를 입은 사람은 피해상황을 행정안전부령으로 정하는 바에 따라 시·군·구청장에게 신고할 수 있다.
② 중앙대책본부장은 재난피해의 조사를 위하여 필요한 경우에는 대통령령으로 정하는 바에 따라 관계 중앙행정기관 및 관계 재난관리책임기관의 장과 합동으로 중앙재난피해합동조사단을 편성하여 재난피해 상황을 조사할 수 있다.
③ 재난관리책임기관의 장은 특별재난지역으로 선포된 지역의 사회재난으로 인한 피해에 대하여 재난피해 조사를 마치면 지체 없이 자체복구계획을 수립·시행한다.
④ 재난관리책임기관의 장은 재난으로 인하여 피해가 발생한 경우에는 피해상황을 신속하게 조사한 후 그 결과를 중앙대책본부장에게 통보하여야 한다.

72 상 중 하

□□□

「재난 및 안전관리 기본법 시행령」상 (   ) 안에 들어갈 말로 옳은 것은?

중앙대책본부장은 재난복구사업의 지도점검을 하려는 경우에는 다음 각 호의 사항이 포함된 지도·점검 계획을 수립하여 지도·점검 (   )일 전까지 대상 기관에 통지하여야 한다.
1. 지도·점검의 목적
2. 지도·점검의 일시 및 대상
3. 그 밖에 지도·점검을 위하여 중앙대책본부장이 필요하다고 인정하는 사항

① 3일
② 5일
③ 10일
④ 30일

73 상 중 하

□□□

「재난 및 안전관리기본법」상 특별재난지역의 선포에 관한 사항으로 (   ) 안에 들어갈 내용으로 알맞은 것은?

① (ㄱ)은 대통령령으로 정하는 규모의 재난이 발생하여 국가의 안녕 및 사회질서의 유지에 중대한 영향을 미치거나 피해를 효과적으로 수습하기 위하여 특별한 조치가 필요하다고 인정하거나 지역대책본부장의 요청이 타당하다고 인정하는 경우에는 (ㄴ)를 거쳐 해당 지역을 특별재난지역으로 선포할 것을 (ㄷ)에게 건의할 수 있다.
② 특별재난지역의 선포를 건의받은 (ㄷ)은 해당 지역을 특별재난지역으로 선포할 수 있다.
③ 지역대책본부장은 관할지역에서 발생한 재난으로 인한 경우 (ㄹ)에게 특별재난지역의 선포 건의를 요청할 수 있다.

	(ㄱ)	(ㄴ)	(ㄷ)	(ㄹ)
①	중앙대책본부장	중앙위원회의 심의	대통령	중앙대책본부장
②	중앙대책본부장	조정위원회의 심의	대통령	행정안전부장관
③	행정안전부장관	중앙위원회의 심의	대통령	중앙대책본부장
④	행정안전부장관	조정위원회의 심의	대통령	행정안전부장관

74 (상)(중)(하)　　　□□□

「재난 및 안전관리 기본법 시행령」상 특별재난의 범위에 관한 설명이다. ( )에 들어갈 말로 옳은 것은?

1. 자연재난으로서 「자연재난 구호 및 복구 비용 부담 기준 등에 관한 규정」 제5조 제1항에 따른 국고 지원 대상 피해 기준금액의 (ㄱ)배를 초과하는 피해가 발생한 재난

1의 2. 자연재난으로서 「자연재난 구호 및 복구 비용 부담기준 등에 관한 규정」 제5조 제1항에 따른 국고 지원 대상에 해당하는 시·군·구의 관할 읍·면·동에 같은 항 각 호에 따른 국고 지원 대상 피해 기준금액의 (ㄴ)을 초과하는 피해가 발생한 재난

2. 사회재난의 재난 중 재난이 발생한 해당 지방자치단체의 행정능력이나 재정능력으로는 재난의 수습이 곤란하여 국가적 차원의 지원이 필요하다고 인정되는 재난

3. 그 밖에 재난 발생으로 인한 생활기반 상실 등 극심한 피해의 효과적인 수습 및 복구를 위하여 국가적 차원의 특별한 조치가 필요하다고 인정되는 재난

	(ㄱ)	(ㄴ)
①	2.5	2분의 1
②	2.5	4분의 1
③	3	2분의 1
④	3	4분의 1

75 (상)(중)(하)　　　□□□

「재난 및 안전관리 기본법」상 국가는 재난의 원활한 복구를 위하여 필요하면 비용의 전부 또는 일부를 국고에서 부담하거나 지방자치단체, 그 밖의 재난관리책임자에게 보조할 수 있다. 그 대상으로 옳지 않은 것은?

① 화산활동
② 태풍
③ 감염병 중 특별재난지역으로 선포된 지역의 재난
④ 미세먼지

76 (상)(중)(하)　　　□□□

「재난 및 안전관리 기본법 시행령」상 재난의 구호 및 복구를 위하여 지원하는 비용의 선지급 비율에 관한 사항으로 ( ) 안에 들어갈 내용으로 알맞은 내용은?

선지급의 비율은 시설의 종류 및 피해 규모 등에 따라 국고와 지방비에서 지원하는 금액을 합한 금액의 100분의 ( ) 이상으로 하며, 구체적인 선지급 비율 및 절차 등에 관한 사항은 행정안전부장관이 관계 중앙행정기관의 장과 협의한 후 고시하여야 한다.

① 2
② 5
③ 10
④ 20

77 ⓐ ⓑ **하**

「재난 및 안전관리 기본법」상 안전점검의 날과 방재의 날을 옳게 나열한 것은?

① 매월 4일, 매년 4월 25일
② 매월 4일, 매년 5월 25일
③ 매월 25일, 매년 4월 25일
④ 매월 25일, 매년 5월 25일

78 ⓐ **중** ⓒ

「재난 및 안전관리 기본법」 및 같은 법 시행령상 재난관리기금에 관한 설명으로 옳은 것은?

① 국가는 매월 재난관리기금을 적립하여야 한다.
② 매월 최저적립액은 1백만원으로 정한다.
③ 행정안전부장관은 매년도 최저적립액의 100분의 10 이하의 금액을 예치하여야 한다.
④ 시·도지사 및 시장·군수·구청장은 전용 계좌를 개설하여 매년 적립하는 재난관리기금을 관리하여야 한다.

79 ⓐ ⓑ **하**

「재난 및 안전관리 기본법」상 수립주기를 옳게 연결한 것은?

┌─────────────────────────────────┐
│ ㄱ. 국가안전관리 기본계획   │
│ ㄴ. 재난대비훈련 기본계획   │
│ ㄷ. 재난 및 안전관리기술개발 종합계획 │
└─────────────────────────────────┘

	ㄱ	ㄴ	ㄷ
①	5년	1년	5년
②	5년	5년	3년
③	10년	1년	3년
④	10년	5년	5년

80 ⓐ ⓑ **하**

「재난 및 안전관리 기본법」상 재난관리 단계별 활동내용 중 대비단계에 포함되어야 하는 내용은 모두 몇 개인가?

┌─────────────────────────────────┐
│ ㄱ. 재난관리자원의 관리   │
│ ㄴ. 재난대비훈련 기본계획 수립   │
│ ㄷ. 안전기준의 등록 및 심의   │
│ ㄹ. 재난대비훈련 실시   │
│ ㅁ. 재난관리체계 등에 대한 평가   │
│ ㅂ. 위험구역의 설정   │
└─────────────────────────────────┘

① 2개
② 3개
③ 4개
④ 5개

81 ⓐ **중** ⓒ

「재난 및 안전관리 기본법」상 대비단계를 모두 고른 것은?

┌─────────────────────────────────┐
│ ㄱ. 재난관리자원의 관리   │
│ ㄴ. 재난현장 긴급통신수단의 마련   │
│ ㄷ. 재난분야 위기관리 매뉴얼 작성·운용 │
│ ㄹ. 재난대비훈련 기본계획 수립   │
│ ㅁ. 다중이용시설 등의 위기상황 매뉴얼 작성·관리 및 │
│   훈련   │
└─────────────────────────────────┘

① ㄱ, ㄴ
② ㄴ, ㄷ, ㄹ
③ ㄴ, ㄷ, ㅁ
④ ㄱ, ㄴ, ㄷ, ㄹ, ㅁ

82 상 중 하 □□□

「재난 및 안전관리 기본법」상 재난의 예방·대비·대응 및 복구의 단계 중 재난의 대응을 위한 활동이 아닌 것은?

① 응급조치
② 위기경보 발령
③ 위험구역 설정
④ 특별재난지역 선포

83 상 중 하 □□□

「재난 및 안전관리 기본법」상 재난의 대응 활동에 해당하는 것은?

① 안전점검
② 위험구역의 설정
③ 긴급통신수단 마련
④ 특별재난지역 선포

84 상 중 하 □□□

「재난 및 안전관리 기본법 시행령」상 재난관리 단계와 주요 내용으로 옳은 것은?

① 예방: 재난현장 긴급통신수단의 마련
② 대비: 재난대비훈련 실시
③ 대응: 재난분야 위기관리 매뉴얼 작성
④ 복구: 재난사태선포

85 상 중 하 □□□

「재난 및 안전관리 기본법」상에서 재난의 단계와 내용이 옳지 않은 것은?

① 예방: 중앙행정기관의 장 또는 지방자체단체의 장은 재난이 발생할 위험이 높거나 재난예방을 위하여 계속적으로 관리할 필요가 있다고 인정되는 지역을 대통령령으로 정하는 바에 따라 특정관리대상지역으로 지정할 수 있다.
② 대비: 재난관리책임기관의 장은 재난을 효율적으로 관리하기 위하여 재난유형에 따라 위기관리 매뉴얼을 작성·운용하여야 한다.
③ 대응: 행정안전부장관, 중앙행정기관의 장, 시·도지사, 시장·군수·구청장 및 긴급구조기관의 장은 대통령령으로 정하는 바에 따라 매년 정기적으로 또는 수시로 재난관리책임기관, 긴급구조지원기관 및 군부대 등 관계기관과 합동으로 재난대비 훈련을 실시하여야 한다.
④ 복구: 중앙대책본부장은 대통령령으로 정하는 규모의 재난이 발생하여 국가의 안녕 및 사회질서의 유지에 중대한 영향을 미치거나 피해를 효과적으로 수습하기 위하여 특별한 조치가 필요하다고 인정하는 경우 중앙위원회의 심의를 거쳐 해당 지역을 특별재난지역으로 선포할 것을 대통령에게 건의할 수 있다.

86 상③하 □□□

「재난 및 안전관리 기본법」상 재난관리 단계별 조치 사항이 일치하지 않는 것은?

① 예방: 재난이 발생할 위험이 높거나 재난예방을 위하여 계속적으로 관리할 필요가 있다고 인정되는 지역을 특정관리대상지역으로 지정할 수 있다.

② 대비: 재난관리책임기관의 재난 및 안전관리 실태를 점검하기 위하여 정부합동안전점검단을 편성하여 안전점검을 실시할 수 있다.

③ 대응: 재난에 대한 징후를 식별하거나 재난발생이 예상되는 경우에는 그 위험 수준, 발생 가능성 등을 판단하여 그에 부합되는 조치를 할 수 있도록 위기경보를 발령할 수 있다.

④ 복구: 재난이 발생하여 국가의 안녕 및 사회질서의 유지에 중대한 영향을 미치거나 피해를 효과적으로 수습하기 위해 특별재난지역을 선포할 수 있다.

87 상③하 □□□

「재난 및 안전관리 기본법」상에서 대비단계에 대한 설명으로 옳은 것은?

① 관계 중앙행정기관의 장은 소관 분야의 국가핵심기반을 기준에 따라 조정위원회의 심의를 거쳐 지정할 수 있다.

② 행정안전부장관은 재난관리책임기관의 재난 및 안전관리 실태를 점검하기 위하여 대통령령으로 정하는 바에 따라 정부합동안전점검단을 편성하여 안전점검을 실시할 수 있다.

③ 재난관리책임기관에서 재난 및 안전관리업무를 담당하는 공무원이나 직원은 행정안전부장관이 실시하는 전문교육을 행정안전부령으로 정하는 바에 따라 정기적으로 또는 수시로 받아야 한다.

④ 재난관리책임기관의 장은 재난관리를 위하여 필요한 물품, 재산 및 인력 등의 물적, 인적자원(이하 "재난관리자원"이라고 한다)을 비축하거나 지정하는 등 체계적이고 효율적으로 관리하여야 한다.

Simple
Detail
2026

심승아
소방학개론
심기일전

단원별 예상문제집

정답 · 해설

 넥스트스터디

Sim Stail

Simple Detail 2026

심승아
소방학개론
심기일전

단원별 예상문제집

정답 · 해설

simtail

Simple Detail

2026

CHAPTER

01 기본이론

문제편 10~12p

01	④	02	②	03	②	04	④	05	④
06	③	07	①	08	①	09	④	10	②
11	②	12	④	13	③				

01 🔒④　　　　　　🔗LINK 기본서 23p

④ 물체가 주거나 받는 열(에너지)의 양을 **열량**이라고 한다.

추가학습

열량[cal, Kcal]

물체가 주거나 받는 열(에너지)의 양이며, 물체에 열을 가하면 온도가 올라가는데 이때 가해진 열의 양이 열량이다.

비열[Kcal/Kg · ℃]

1[Kg]의 물질을 1[℃] 높이는 데 필요한 열량이다.

열용량[Kcal/℃]

어떤 물질을 1[℃] 올리는 데 필요한 열량이다.

02 🔒②　　　　　　🔗LINK 기본서 23p

② **잠열**이란 물질의 온도변화 없이 상변화가 있을 때 필요한 열량으로 융해잠열은 80[kcal/kg]이다.
→ 현열=감열 / 잠열=숨은열

선지체크

③ 0[℃] 얼음 1[kg]을 100[℃] 수증기로 만드는 데 총 719[kcal]가 필요하다.
(1) 0℃ 얼음 → 0℃ 물: 80[kcal]
(2) 0℃ 물 → 100℃ 물: 100[kcal]
(3) 100℃ 물 → 100℃ 수증기: 539[kcal]
(4) 80 + 100 + 539 = 719[kcal]이 필요하다.

03 🔒②　　　　　　🔗LINK 기본서 23p

(1) 0[℃] 얼음 → 0[℃] 물: **80[cal]**
(2) 0[℃] 물 → 20[℃] 물: **20[cal]**
∴ **80+20=100[cal]**

+ 고난도 문제

04 🔒④　　　　　　🔗LINK 기본서 23p

(1) −10[℃] 얼음 → 0[℃] 얼음
10[℃]×0.5[kcal/kg · ℃]×2[kg]=10[kcal]
(2) 0[℃] 얼음 → 0[℃] 물
80[kcal/kg]×2[kg]=160[kcal]
(3) 0[℃] 물 → 100[℃] 물
100[℃]×1[kcal/kg · ℃]×2[kg]=200[kcal]
(4) 100[℃] 물 → 100[℃] 수증기
539[kcal/kg]×2[kg]=1,078[kcal]
(5) 100[℃] 수증기 → 150[℃] 수증기
50[℃]×0.4[kcal/kg · ℃]×2[kg]=40[kcal]
∴ 10+160+200+1078+40=1,488[kcal]

05 🔒④　　　　　　🔗LINK 기본서 24p

화씨온도는 1기압 상태에서 물의 어는점을 32[℉], 끓는점을 212[℉]로 180등분한 것이다.
랭킨온도[°R] = ℉+460 = 32+460 =492[°R]

+ 고난도 문제

06 🔒③　　　　　　🔗LINK 기본서 24p

(1) 섭씨[℃] → 화씨[℉]
(2) ℉ = $\frac{9}{5}$℃ + 32 = $\frac{9}{5}$ × 50 + 32 = 122
(3) 랭킨온도[°R]: °R = ℉ + 460
(4) °R = ℉+460 = 122+460 = 582

추가학습

켈빈온도[K]: K = ℃ + 273
랭킨온도[°R]: °R = ℉ + 460

온도값 변환공식

화씨[℉] → 섭씨[℃]	섭씨[℃] → 화씨[℉]
℃ = $\frac{5}{9}$ × (℉−32)	℉ = $\frac{9}{5}$℃ + 32

① 보일의 법칙: 일정한 온도에서 **기체의 부피는 압력에 반비례**한다.

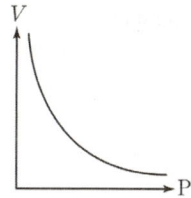

✅ **선지체크**

② 샤를의 법칙: 일정한 압력에서 기체의 부피는 절대온도에 비례한다.

③ 보일-샤를의 법칙: 기체의 부피는 압력에 반비례하고 절대온도에 비례한다.

④ 아보가드로의 법칙: 일정한 온도와 압력에서 기체의 부피는 몰수(분자수)에 비례한다.

(1) 보일-샤를의 법칙: $\dfrac{P_1 V_1}{T_1} = \dfrac{P_2 V_2}{T_2}$

(2) 문제상 일정한 압력으로 나왔으니 $P_1 = P_2$

(3) $\dfrac{V_1}{T_1} = \dfrac{V_2}{T_2}$

(4) $V_2 = \dfrac{T_2}{T_1} \times V_1 = \dfrac{273}{273+273} \times 10 = 5[L]$

✛ **고난도 문제**

④ 이상기체 상태방정식은 실제기체에서는 **낮은 압력, 높은 온도**에서 적용된다. 실제기체는 기체의 분자의 부피가 존재하고, **분자간의 인력이나 반발력이 작용**하기 때문에 이상기체 상태 방정식이 정확하게 적용되지는 않는다. 특히 **높은 압력, 낮은 온도에서 실제기체는 이상기체 상태 방정식에서 크게 벗어나게 된다.**

구분	이상기체	실제기체
분자 자체의 부피	×	O
분자간 인력, 반발력	×	O
보일-샤를의 법칙	잘 맞는다	잘 맞지 않는다
아보가드로의 법칙	잘 맞는다	잘 맞지 않는다
액화, 고화 여부	×	O
절대온도 0[k]에서의 부피	0(zero)	부피가 있다

② 이상기체의 경우 **액화나 고화되지 않는다.**

✅ **선지체크**

① 이상기체는 분자 자체의 **부피 및 분자간의 인력이나 반발력이 없다.**

④ 이상기체의 경우 **샤를의 법칙**에 의해 일정한 압력에서, 부피는 절대온도에 비례한다. 따라서 온도를 높이면 부피가 증가한다.

이상기체 상태방정식

$$PV = nRT = \dfrac{W}{M}RT$$

P: 압력[atm]

V: 부피(체적)[ℓ]

n: 몰수

R: 기체상수(0.082[atm · ℓ /mol · K])

W: 기체의 질량[g]

M: 분자량

T: 절대온도[K]

$\therefore R = \dfrac{PV}{nT} = \dfrac{atm \cdot \ell}{mol \cdot K}$

(1) 이상기체 상태방정식: $PV = nRT = \dfrac{W}{M}RT$

(2) $M = \dfrac{WRT}{PV} = \dfrac{22.4 \times 0.1 \times 273}{1 \times 11.2} = 54.6$

✛ **고난도 문제**

(1) 이상기체 상태방정식: $PV = nRT = \dfrac{W}{M}RT$

(2) $V = \dfrac{W}{M}RT \times \dfrac{1}{P}$

(3) 질량(W): 36 / 분자량(M): 2+16=18(H 원자량 1, O 원자량 16) / 온도(T): 273+21=294 / 압력(P): 1

(4) $V = \dfrac{36}{18} \times 0.082 \times 294 \times 1 = 48.216 ≒ 48.22[L]$

CHAPTER

02 연소이론

문제편 13~27p

01	④	**02**	②	**03**	④	**04**	②	**05**	②
06	②	**07**	③	**08**	②	**09**	③	**10**	①
11	②	**12**	③	**13**	④	**14**	④	**15**	③
16	②	**17**	④	**18**	③	**19**	④	**20**	①
21	②	**22**	④	**23**	③	**24**	①	**25**	②
26	④	**27**	②	**28**	③	**29**	④	**30**	③
31	④	**32**	②	**33**	④	**34**	③	**35**	③
36	①	**37**	④	**38**	③	**39**	②	**40**	④
41	①	**42**	③	**43**	③	**44**	②	**45**	①
46	④	**47**	②	**48**	③	**49**	②	**50**	②
51	④	**52**	③	**53**	④	**54**	④	**55**	③
56	④	**57**	④	**58**	①	**59**	④	**60**	④
61	④	**62**	①	**63**	③	**64**	④	**65**	②
66	④	**67**	①	**68**	③	**69**	①	**70**	④
71	①	**72**	③	**73**	③	**74**	②	**75**	①
76	①								

---

01 🔓④   📖 LINK 기본서 26p

④ 연소는 **발열반응**을 하며, 연소열이 발생한다.

→ 질소의 경우 산소와는 반응하나 흡열반응을 하므로 가연물이 될 수

없다. $(N_2 + \frac{1}{2}O_2 \rightarrow N_2O - Q[kcal])$

추가학습 ➕

산화 · 환원반응

구분	산소	수소, 전자
산화반응	얻다	잃다
환원반응	잃다	얻다

---

02 🔓②   📖 LINK 기본서 26p

환원: 물질이 전자를 얻어서 산화수가 감소하는 것

산화: 물질이 전자를 잃어서 산화수가 증가하는 것

✅ **선지체크**

① 전자를 얻는 현상을 **환원**이라 한다.

③ 산화제는 다른 물질을 **산화**시키고 자신은 **환원**되는 물질이다.

④ 수소를 잃는 현상을 **산화**라 한다.

---

03 🔓④   📖 LINK 기본서 26p

④ 연소열은 어떤 물질이 연소할 때 발생하는 열량으로 반드시 **발열반응만**

을 말한다.

---

04 🔓②   📖 LINK 기본서 26p

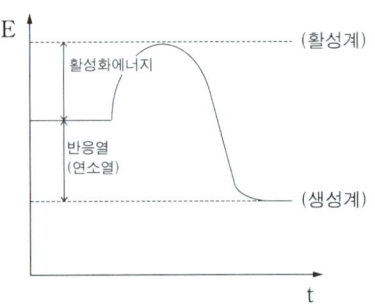

---

05 🔓②   📖 LINK 기본서 22, 26P

1. 문제에서 일산화탄소로 변화되었을 때를 나타내고 있다.

2. 따라서 두번째 반응식을 역반응시켜야 한다.

   · $CO_2 \rightarrow CO + \frac{1}{2}O_2$ $\triangle H = +283.0[kJ]$

3. 최종 반응의 엔탈피 변화는 반응 경로와 무관하게 동일하다(헤스의

   법칙)는 법칙을 이용한다.

   $\triangle H = (-393.5kJ) + (+283.0kJ) = -110.5kJ$

---

06 🔓②   📖 LINK 기본서 26~28p

ㄴ. 화학적활성도란 화학반응이 일어나는 정도를 말한다. 산화반응이란

   화학적반응이라고 볼 수 있다. 따라서 화학적 활성도가 클수록 산화반

   응이 잘 일어난다는 것으로 연소가 용이해진다.

ㄷ. 수분함유량이 적을수록 건조도가 높아 연소되기 쉽다.

ㄱ. 환원제란 환원성 물질로 **다른 물질을 환원**시키며 **자신은 산화**되는 물질이다.

→ 산화제란 산화성 물질로 다른 물질을 산화시키며 자신은 환원되는 물질이다.

ㄹ. **모든 산화반응은 연소라고 볼 수 없다.** 예로 철이 녹스는 것과 종이가 누렇게 변하는 것은 느린 산화반응에 의한 현상이지만 연소가 일어나는 것은 아니다. **연소가 일어나기 위해서는 급격한 산화반응+빛과 열을 수반하여야 한다.**

✦고난도 문제

07 🔒③　　　　　　　　　📎LINK 기본서 26p

③ **환원제란 환원성 물질로 다른 물질을 환원시키며 자신은 산화되는 물질**을 말한다. MnO_2는 산소를 가지고 있는 물질(산화성 물질)로 산화제 역할을 하고 있다.

→ **문제 풀이 시 반응 후** 생성된 물질($MnCl_2$, H_2O, Cl_2)에 대해서는 고려할 필요가 없다.

---

08 🔒②　　　　　　　　　📎LINK 기본서 26p

② ㄱ, ㄴ, ㅁ 활성화 에너지란 화학반응이 진행되기 위한 최소한의 에너지로 그 값이 작을수록 반응속도가 빠르다.

✓선지체크

ㄷ. 발화점이 낮아지기 위해서는 **활성화 에너지는 작아야 한다.**

ㄹ. 가연물로서 충족하기 위해서는 **활성화 에너지는 작아야 한다.**

✦고난도 문제

09 🔒③　　　　　　　　　📎LINK 기본서 26p

③ 이 반응은 **흡열반응의 그래프**이며, 생성물보다 반응물의 에너지가 **작다.**

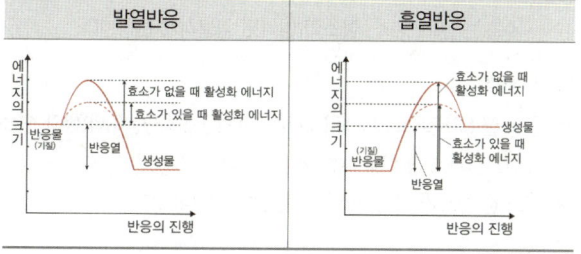

---

② 효소란 활성화 에너지를 낮추어 반응을 촉진시키는 역할을 하는 것으로 효소가 없을 때의 활성화 에너지는 'A(D+C)'이고, 효소가 있을 때의 활성화 에너지는 'D+B'가 된다. 또한 효소는 활성화 에너지만 감소시키며 반응열(D)에는 영향을 주지 않는다.

④ **동화작용**이란 작은 분자를 결합하여 큰 분자를 합성하는 것으로 반응 시 **에너지를 흡수(흡열반응)**한다. 반대로 **이화작용**은 큰 분자를 작은 분자로 분해하는 것으로 반응 시 **에너지가 방출(발열반응)**된다.

✦고난도 문제

10 🔒①　　　　　　　　　📎LINK 기본서 22~23p

① 얼음 → 물 → 수증기의 변화는 물질의 성질(H_2O)은 변하지 않고, 모양이나 상태가 변하는 것이므로 **물리적 변화**이다.

✓선지체크

② 산화염은 공기비($\dfrac{실제\ 공기량}{이론\ 공기량}$)를 아주 크게 하여 연소가스 중 산소가 포함된 화염을 말하며, 환원염이란 산소의 부족으로 일산화탄소와 같은 미연분을 포함한 상태의 화염을 말한다.

④ **엔탈피(△H)**란 일정 압력에서 **어떤 계(물질) 내에 포함되는 열 에너지**를 말한다. 발열반응이란 화학반응 시 열을 방출하는 반응으로 **반응물질의 에너지가 생성물질의 에너지보다 크기 때문에 엔탈피가 감소(△H<0)**하게 된다.

→ △H<0: 발열 반응, △H>0: 흡열 반응

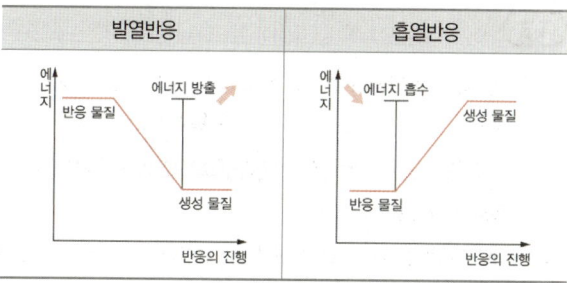

---

11 🔒②　　　　　　　　　📎LINK 기본서 32p, 38p

ㄴ. 착화점: 외부의 직접적인 점화원이 없이 가열된 열의 축적에 의하여 발화가 되고 연소가 되는 최저의 온도이다.

ㄷ. 위험도: 가연성 가스의 위험한 정도를 나타내는 척도로 사용된다.

$$위험도 = \frac{연소상한계 - 연소하한계}{연소하한계} = \frac{연소범위}{연소하한계}$$

ㄱ. 폭발연소: 가연성 기체와 공기의 혼합가스가 밀폐용기 안에 있을 때 점화되면 연소가 폭발적으로 일어나는 연소현상으로 **비정상연소**이기도 하다.(발생속도가 방산속도를 능가할 때 발생)

ㄹ. 자연발화: **외부의 점화원 없이**(인위적인 에너지 공급 없이) 일정한 장소에 장시간 저장하면 가연물 내부에서 발생된 열의 축적에 의해 발화점에 도달하여 부분적으로 발화되는 현상이다.

---

12 🔓③　　　　　　🔖LINK 기본서 27~28p

ㄱ. 열축적이 용이하도록 열전도율이 **작아야 한다.**

ㄹ. 연소반응이 일어나기 위한 최소한의 에너지인 활성화 에너지 값이 **작아야 한다.**

ㅁ. 수분의 함유량이 **적을수록** 열축적이 용이하다.

추가학습 ➕

가연물이 되기 쉬운 조건

작을수록 연소용이	활성화 에너지, 열전도도, 열용량, 인화점, 발화점, 비점, 비중, 한계산소지수, 수분함유량
클수록 연소용이	산소와 친화력, 표면적, 발열량(연소열), 온도, 압력, 연소범위, 건조도, 화학적 활성도

---

13 🔓④　　　　　　🔖LINK 기본서 28p

ㄱ. 완전산화: 산소와 이미 결합되어 더 이상 산화반응을 하지 않는다.

　→ 물(H_2O), 이산화탄소(CO_2), 산화알루미늄(Al_2O_3), 오산화인(P_2O_5), 삼산화크로뮴(CrO_3), 규조토(산화규소)(SiO_2), 삼산화황(SO_3) 등

ㄷ. 18족의 불활성 물질: 18족은 활성(결합력)이 없는 물질로 산소와 결합하지 못한다.

　→ 헬륨(He), 네온(Ne), 아르곤(Ar), 크립톤(Kr), 크세논(Xe), 라돈(Rn)

ㄹ. 자체가 연소하지 않는 물질: 돌, 흙 등

ㄴ. **산화흡열반응**: 산소와는 반응하나 발열반응이 아닌 흡열반응한다.

　→ 질소(N_2) 또는 질소산화물이 해당한다.

　→ 산화발열반응 하는 물질은 가연물이 될 수 있다.

---

14 🔓④　　　　　　🔖LINK 기본서 28p

• 완전산화물질: ㄱ. 삼산화황(SO_3), ㄴ. 산화알루미늄(Al_2O_3), ㄹ. 산화규소(SiO_2)

• 18족의 불활성 물질: ㄷ. 크립톤(Kr)

ㅁ. 수소화나트륨은 제3류 위험물이다.

---

15 🔓③　　　　　　🔖LINK 기본서 28~29p

③ 황화인의 경우 **제2류 위험물**이기 때문에 **산소공급원이 될 수 없다.**

위험물 중 **제1류, 제5류, 제6류** 위험물은 **산소공급원**이 될 수 있다.

① 과염소산 – 제6류

② 유기과산화물 – 제5류

④ 과산화수소 – 제6류

추가학습 ➕

산소공급원

① 공기

② 산화성물질(제1류 위험물, 제6류 위험물)

③ 자기반응성물질(제5류 위험물)

④ 조연성가스(산소, 이산화질소, 산화질소, 불소, 염소, 오존 등)

---

16 🔓②　　　　　　🔖LINK 기본서 26~30p

ㄱ. 연소란 가연물이 공기 중의 산소 또는 산화제와 반응하여 열과 빛을 발생하면서 산화하는 현상을 말한다.

ㄴ. 염소는 조연성으로 자신은 연소하지 않고 가연물이 잘 탈 수 있도록 도와주는 가스이다.

　→ 조연성(지연성) 가스: 산소(O_2), 이산화질소(NO_2), 산화질소(NO), 불소(F_2), 염소(Cl_2), 오존(O_3) 등

　→ 수소는 산소, 염소, 불소와 만나면 격렬하게 반응한다.

ㄷ. 철과 산소가 결합하여 녹이 생기는 반응을 산화반응이라 한다. 연소는 산화반응과 **빛과 열을 수반하여야 한다.**

ㄹ. 연소 중 산소가 부족하면 **불완전연소**가 된다.

17 🔒②   📎LINK 기본서 29p

② 수소는 산소, 염소, 불소와 만나면 격렬하게 반응한다.

염소폭명기($H_2 + Cl_2 \rightarrow 2HCl$)란 염소와 수소를 동일한 비율로 혼합한 기체를 말한다.

이 혼합기체에 빛이 접촉되면 심하게 반응한다. 수소는 산소($2H_2 + O_2 \rightarrow 2H_2O$), 염소($H_2 + Cl_2 \rightarrow 2HCl$), 불소($H_2 + F_2 \rightarrow 2HF$)와 반응하여 폭발할 수 있다.

18 🔒③   📎LINK 기본서 29p

(1) 부탄(C_4H_{10})의 완전연소 반응식:

$$C_4H_{10} + 6.5O_2 \rightarrow 4CO_2 + 5H_2O$$

(2) 이론공기량 = $\dfrac{\text{이론산소량}}{21\%}$ = $\dfrac{6.5}{0.21}$ = 30.95

+ 고난도 문제

19 🔒④   📎LINK 기본서 29p

(1) 메탄의 완전연소반응식: $CH_4 + 2O_2 \rightarrow CO_2 + 2H_2O$

(2) 메탄 1몰(16[g])이 완전연소하기 위해서는 산소 2몰(64[g])이 필요하다.

(3) 메탄 2몰(32[g])이 완전연소하기 위해서는 산소 4몰(128[g])이 필요하다.

∴ 단위변환: 4몰 × 22.4[L] = 89.6[L]

20 🔒①   📎LINK 기본서 30p

① 기화열이란 액체를 기체로 변화시키기 위해 공급해야 하는 열량으로 점화원이 될 수 없다.

✅ **선지체크**

② 산화열: 화학적 점화원

③ 정전기불꽃: 전기적 점화원

④ 마찰열: 기계적 점화원

추가학습 +

점화원이 될 수 없는 것: 단열팽창, 기화열, 증발열, 냉각열, 융해열, 절연저항 증가 등

21 🔒②   📎LINK 기본서 30~31p

✅ **선지체크**

ㄴ. **단열압축열 – 기계적 점화원**

추가학습 +

점화원 종류

① 전기적 점화원: 저항열, 아크열, 낙뢰, 정전기, 유도열, 누전열, 유전열, 전기스파크 등

② 화학적 점화원: 용해열, 연소열, 분해열, 자연발열(자연발화) 등

③ 기계적 점화원: 마찰열, 충격(스파크), 단열압축열 등

④ 열적 점화원: 고온표면, 적외선, 복사열 등

22 🔒④   📎LINK 기본서 30p

④ 황산이 물에 용해(묽은 황산)되며 발생하는 열은 **용해열의 예**이며, **화학적 점화원**에 해당한다.

✅ **선지체크**

① 저항열, ② 유도열, ③ 정전기열은 전기적 점화원에 해당한다.

23 🔒③   📎LINK 기본서 30p

③ 용해열이란 용질 1mol을 용매에 녹일 때 출입하는 반응열을 말한다.

24 🔒①   📎LINK 기본서 30p

① 저항열이란 전열기, 백열전구 등 전류가 흐르면 줄의 법칙(열에너지 발생)에 의해 발생하는 열에너지를 말한다.

✅ **선지체크**

② 유도열: 도체 주위의 자장변화에 의해 발생(전위차 발생)하며 전류의 흐름에 의한 열에너지

③ 아크열: 회로가 스위치에 의해(접촉 또는 접점이 불량) 발생하는 열에너지

④ 유전열: 전선피복의 불량으로 인한 누설전류(절연감소)에 의해 발생하는 열에너지

25 🔒②   📎LINK 기본서 30p

② **융해열은 점화원이 될 수 없다.**

26 🔒④ 📘LINK 기본서 31p

④ 정전기는 전하의 이동이 적어 전기가 흐르지 못하고 축적되어 있는 전기를 말한다.
(전하의 발생 → 전하의 축적(대전현상) → 방전 → 발화)

27 🔒② 📘LINK 기본서 31p

② 절연이라는 단어는 전기 또는 열을 통하지 않게 하는 것으로 정전기를 방지하기 위해서는 **전도성을 좋게 하여야 한다.**(도체 사용)

추가학습 ➕

정전기 방지대책

① 접지 및 본딩한다.
② 상대습도를 70% 이상 유지한다.
③ 전도성이 큰 물체(도체)를 사용한다.
④ 배관 내 유속을 제한하여 마찰을 감소시킨다.
⑤ 공기를 이온화한다.
⑥ 대전방지제를 사용한다.
⑦ 제전기를 사용한다.
⑧ 전위차를 작게('0'으로) 한다.

28 🔒③ 📘LINK 기본서 31p

③ **상대습도를 70% 이상 유지**하여 정전기 발생을 억제시킨다.

29 🔒④ 📘LINK 기본서 31p

④ **첨가물**에 의한 **전도성 증가 = 대전방지제 사용**
제품의 표면에 처리(전도성 증가)하여 제품의 표면에 형성되는 정전기를 감소시키거나 제거하는 작용을 하는 첨가제를 대전방지제라 한다.

✅ **선지체크**

③ 침액 파이프(Dip pipes. 딥 파이프)는 액체를 용기에 채울 때 액체의 낙하 시 축적되는 정전기 전하를 감소시키기 위해서 용기 내부 바닥 가까이에 설치하는 파이프를 말한다.

➕고난도 문제

30 🔒③ 📘LINK 기본서 31p

③ 유동대전: 액체나 분말 등이 흐르거나 이동할 때 발생

✅ **선지체크**

① 마찰대전: 물체를 마찰시켜 전자를 이동시켜 발생하는 현상
② 박리대전: 서로 접촉한 두 물체가 떨어질 때(박리될 때) 발생하는 현상
④ 분출대전: 액화 가스가 분출될 때 발생하는 현상

31 🔒① 📘LINK 기본서 27p

① **가연물**이란 연소의 3요소 중 **연료가 되는 것**으로 이연성 물질이라고도 한다.

✅ **선지체크**

② 연쇄반응은 전파반응과 분기반응으로 구분된다.
→ 전파반응: 원인계 활성라디칼 수 ≥ 생성계 활성라디칼 수
→ 분기반응: 원인계 활성라디칼 수 < 생성계 활성라디칼 수
③ 가연물 제거: 제거소화 / 산소공급원 제거: 질식소화 / 점화원 제거: 냉각소화 / 연쇄반응 차단: 부촉매소화

32 🔒② 📘LINK 기본서 33p

• 공기 중 산소농도가 증가할수록
① **연소속도가 빨라진다.**
② 연소범위(폭발범위)가 넓어진다.
③ **발화점이 낮아진다.**
④ 점화에너지가 작아진다.
⑤ 화염의 온도가 높아진다.

33 🔒④ 📘LINK 기본서 33~34p

④ 한계산소지수란 방염처리한 고분자 재료와 그 소재의 연소성을 비교하기 위한 지표로 사용하기 위한 것으로 가연물을 수직으로 한 상태에서 가장 윗부분에 점화하여 연소를 계속 유지(3분 이상)할 수 있는 필요한 산소의 최저농도이다.
→ 섬유류에서 한계산소지수가 **높을수록** 난연성이 되므로 열원이 제거된 후에 연소가 중단될 가능성이 높다.

최소산소농도	한계산소지수
연소하한계 × 산소의 양론계수	$\dfrac{O_2}{O_2 + N_2} \times 100$

---

34 🔓②   📖LINK 기본서 29p, 33p

(1) 완전연소시키는 데 필요한 산소부피

프로판 1[㎥]의 완전연소반응식: $C_3H_8 + 5O_2 \rightarrow 3CO_2 + 4H_2O$

프로판 2[㎥]의 완전연소반응식: $2C_3H_8 + 10O_2 \rightarrow 6CO_2 + 8H_2O$

∴ **프로판 2[㎥]가 완전연소하는 데 산소 10[㎥]이 필요하다.**

(2) 최소산소농도(MOC)

최소산소농도 = 연소하한계 × 산소의 양론계수 = 연소하한계 × $\dfrac{\text{산소몰수}}{\text{연료몰수}}$

∴ **최소산소농도 = 2.1 × $\dfrac{10}{2}$ = 10.5**

---

35 🔓③   📖LINK 기본서 31p

아세트알데하이드 완전연소반응식:

$2CH_3CHO + 5O_2 \rightarrow 4CO_2 + 4H_2O$

---

36 🔓①   📖LINK 기본서 33~34p

① **불활성가스의 함유량이 많을수록 연소범위는 좁아진다.**

추가학습 ➕

연소범위에 영향을 주는 인자

1. 산소
   ① 산소농도가 증가할수록 연소범위는 넓어진다.
   ② 연소하한계는 거의 변화없고, 연소상한계는 크게 높아진다.
2. 불활성 가스
   ① 불활성가스의 함유량이 많을수록 연소범위는 좁아진다.
   ② 연소하한계는 거의 변화 없고, 연소상한계는 크게 감소한다.
3. 압력
   ① 압력이 증가할수록 분자간의 거리가 가까워져 유효충돌횟수가 증가되어 연소범위는 넓어진다.
   ② 연소하한계는 약간 낮아지나 연소상한계는 크게 증가한다.
   (예외: 수소, 일산화탄소)

---

4. 온도
   ① 온도가 상승하면 기체분자의 운동이 활발해져 유효충돌횟수가 증가되어 반응성이 활발해져 연소범위가 넓어진다.
   ② 실험식에 의하면 공기 중에서 온도가 100[℃] 증가함에 따라 연소하한계 및 연소상한계의 연소범위가 약 8[%] 증감한다.
5. 난류
   난류의 형성은 분자간 유효충돌횟수를 증가시켜 연소범위가 넓어진다.

---

37 🔓④   📖LINK 기본서 32p

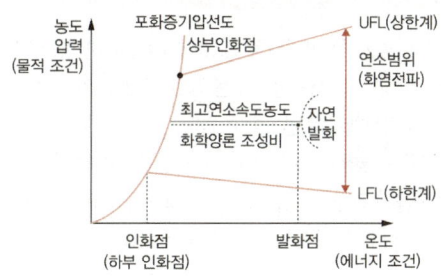

---

38 🔓③   📖LINK 기본서 32p, 37~38p

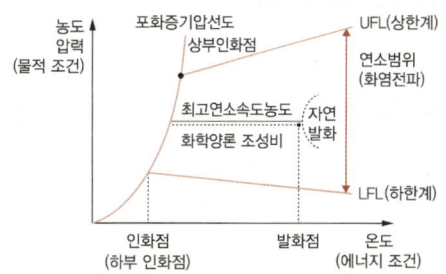

③ (ㄷ) 연소범위란 가연성 가스와 공기가 혼합하여 연소반응을 일으킬 수 있는 농도범위를 말하며, 또 다른 말로는 자력으로 화염을 전파하는 공간이라고도 한다.

✅ 선지체크

① ② **(ㄱ)은 하부인화점, (ㄴ)은 상부인화점**을 말한다. 인화점이란 가연물에 점화원(외부에너지)을 가했을 때 연소할 수 있는 최저온도이다.
   → 발화점이란 점화원 없이도 스스로 발화할 수 있는 최저온도이다.
   → 연소점이란 점화원을 제거한 후에도 5초 이상 지속적으로 연소할 수 있는 최저온도이다. 일반적으로 인화점보다 5~10℃ 높다. (인화점 〈 연소점 〈 발화점)

④ 가연물, 산소공급원, 점화원이 있어도 무조건 연소하는 것은 아니다. **적절한 농도범위를 가져야 연소할 수 있다.**

(39) 🔓②   📘LINK 기본서 33~34p

② UFL(연소상한계)은 온도가 상승하면 **연소범위가 넓어진다.**
→ 온도가 100℃ 증가할 때마다 8% 정도 증가한다.

✅ **선지체크**

③ 난류의 형성은 분자 간 유효충돌횟수를 증가시켜 연소범위가 넓어진다.
④ 압력이 증가할수록 분자 간의 거리가 가까워져 유효충돌횟수가 증가되어 연소범위는 넓어진다.

(40) 🔓④   📘LINK 기본서 32p

④ 연소범위의 높은 쪽 한계치를 연소상한계라고 하며, 가연물의 최대 용량비를 나타낸다. 지연성 가스는 적고, 가연성 가스만 많아 연소상한계(UFL) 이상에서는 연소할 수 없다.
→ 연소범위의 낮은 쪽 한계치를 연소하한계라고 하며, 가연물의 최저 용량비를 나타낸다. 지연성 가스는 많으나, 가연성 가스가 적어 연소하한계(LFL) 이하에서는 연소할 수 없다.

✅ **선지체크**

① 수소의 연소범위는 4~75[%]이다. 이것은 수소와 공기 혼합물이 대기압 21[℃]에서 **수소의 비율이 4~75[%]일 때** 연소가 발생하며 지속된다는 것을 의미한다.
② **연소범위를 연소하한계로 나누면** 위험도를 구할 수 있다.
→ 위험도 = $\dfrac{연소상한계-연소하한계}{연소하한계} = \dfrac{연소범위}{연소하한계}$
③ 파라핀계 탄화수소의 경우 탄소 수가 증가할수록 연소범위가 **좁아진다.**

(41) 🔓①   📘LINK 기본서 34p

① 일반적으로 압력이 증가할수록 분자 간의 거리가 가까워져 유효충돌횟수가 증가되어 연소범위는 넓어진다.
→ 예외
- 수소는 연소범위가 좁아지다가, 압력이 10atm 이상으로 증가되면, 압력과 무관하게 연소범위가 일정해진다.(또는 약간 넓어진다)
- 일산화탄소(CO)는 압력이 증가되면 연소범위가 좁아진다.

(42) 🔓③   📘LINK 기본서 36p

③ 질소는 가연성 가스가 아니므로 르샤틀리에 공식에 적용하지 않아도 된다.

$$L(\%) = \cfrac{100}{\dfrac{V_1}{L_1} + \dfrac{V_2}{L_2} + \dfrac{V_3}{L_3} + \cdots}$$

- L : 가연성 혼합가스의 연소하한계[%]
- V_1, V_2, V_3 : 각각의 가연성 가스의 체적[%]
- L_1, L_2, L_3 : 각각의 가연성 가스의 연소하한계[%]

→ $L(\%) = \cfrac{90}{\dfrac{50}{5} + \dfrac{30}{3} + \dfrac{10}{1}} = 3$

✦ **고난도 문제**

(43) 🔓③   📘LINK 기본서 36p

③ 르샤틀리에 법칙

$$L(\%) = \cfrac{100}{\dfrac{V_1}{L_1} + \dfrac{V_2}{L_2} + \dfrac{V_3}{L_3} + \cdots}$$

- L : 가연성 혼합가스의 연소하한계[%]
- V_1, V_2, V_3 : 각각의 가연성 가스의 체적[%]
- L_1, L_2, L_3 : 각각의 가연성 가스의 연소하한계[%]

→ $L(\%) = \cfrac{80}{\dfrac{50}{5} + \dfrac{10}{3} + \dfrac{15}{2.1} + \dfrac{5}{1.8}} = 3.44$

(44) 🔓②   📘LINK 기본서 35p

✅ **선지체크**

ㄱ. 인화점과 비점이 높아지고, **발화점은 낮아진다.**
ㄹ. 연소범위의 상한계와 하한계가 모두 낮아지고, **연소범위는 좁아진다.**

추가학습 ➕

파라핀계 탄화수소의 탄소수 증가에 따른 변화
① 연소범위의 상·하한계가 낮아진다.
② 연소범위가 좁아진다.
③ 위험도가 높아진다.
④ 인화점과 비점이 높아진다.

⑤ 발화점이 낮아진다.
⑥ 증기압이 감소한다.
⑦ 발열량이 증가한다.
⑧ 연소속도가 느려진다.
⑨ 열전도율이 증가한다.

③ 전기 전도도가 **낮은** 인화성 액체는 유동이나 여과 시 **정전기를 발생시킨다.**
④ **비열과 증발열이 작을수록**, 연소열이 클수록 위험성이 커진다.

---

(48) 🔓③　🔗LINK 기본서 36~37p

③ 수용성 액체는 물과 혼합되면(희석되므로) **증기압이 낮아져 인화점이 높아진다.**

---

(45) 🔓①　🔗LINK 기본서 35p

ㄴ. 아세틸렌(2.5~81%) = $\dfrac{81 - 2.5}{2.5}$ = 31.4

ㄹ. 에테르(1.9~48%) = $\dfrac{48 - 1.9}{1.9}$ = 24.26

ㄱ. 수소　(4~75%) = $\dfrac{75 - 4}{4}$ = 17.75

ㄷ. 프로판(2.1~9.5%) = $\dfrac{9.5 - 2.1}{2.1}$ = 3.52

---

(49) 🔓②　🔗LINK 기본서 36~37p

② 최소점화에너지가 **작을수록** 인화의 위험성이 커진다.

---

(50) 🔓②　🔗LINK 기본서 38p

② **발화점**이란 가연물이 공기 중에서 가연물이 가열될 때 그 산화열로 인해 스스로 발화하게 되는 온도를 말한다. 인화점은 외부의 직접적인 점화원에 의해 불이 붙을 수 있는 최저온도이다.
　→ 유도발화점=인화점: 가연물에 점화원(외부에너지)을 가했을 때 연소할 수 있는 최저온도이다.

---

(46) 🔓③　🔗LINK 기본서 36~37p

③ 가연물의 증기압이 **높을수록**

추가학습 ➕

물질의 위험성을 나타내는 성질
① 온도가 높을수록
② 연소속도가 빠를수록
③ 연소범위가 넓을수록
④ 증기압이 높을수록
⑤ 연소열이 클수록
⑥ 인화점, 발화점, 비점, 융점이 낮을수록
⑦ 증발열, 비열이 작을수록
⑧ 비중이 작을수록
⑨ 표면장력이 작을수록
⑩ 증기비중이 클수록

---

(51) 🔓④　🔗LINK 기본서 37~38p

✔ **선지체크**

① 연소점에 대한 설명이다.
② 인화점에 대한 설명이다.
③ 인화점에 대한 설명이다.

---

(52) 🔓③　🔗LINK 기본서 37~38p

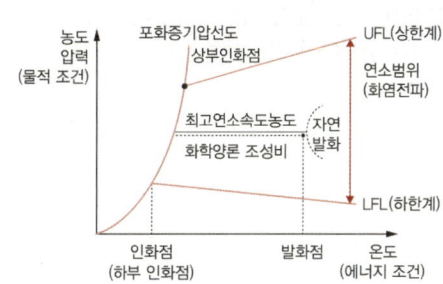

---

(47) 🔓②　🔗LINK 기본서 36~37p

✔ **선지체크**

① 끓는점이 낮으면 인화의 위험성이 **높아진다.**

ㅁ. 화학양론조성비에서 점화원 없이 발화될 수 있는 최저온도는 발화점을 나타낸다.

---

53 🔒 ④　　　　　📖 LINK 기본서 **38p**

④ 분자구조가 복잡할수록 발화점이 낮아진다.

➕추가학습

발화점이 낮아지는 조건

① 활성화 에너지가 작을 경우
② 화학적 활성도가 클수록
③ 열전도율이 작을 경우
④ 습도가 낮을 경우
⑤ 증기압이 낮을수록
⑥ 분자구조가 복잡한 경우
⑦ 발열량, 산소와 친화력이 클수록
⑧ 탄화수소계열의 분자량이 크거나 탄소수의 길이가 길수록
⑨ 금속의 열전도율이 낮을수록
⑩ 접촉하는 금속(용기재질)의 열전도도가 클수록

---

54 🔒 ④

④ 발화지연시간은 가연성 혼합기체를 활성화하는 데 필요한 시간(발화시간 이후 형성된 가연성 혼합기체 온도가 상승되는 시간부터 발화가 일어날 때까지의 경과시간)을 말하며, **발화온도가 낮을수록 발화지연시간은 길어진다.**

➕추가학습

발화지연시간

발화시간 이후 형성된 가연성 혼합기체 온도가 상승되는 시간부터 발화가 일어날 때까지의 경과시간이다. 즉, 가연성 혼합기체를 활성화하는 데 필요한 시간을 말한다.
① 발화지연시간은 발화온도에 의존한다.
② 발화온도가 낮을수록 발화지연시간은 길어진다.

---

55 🔒 ③　　　　　📖 LINK 기본서 **39p**

③ 발화지연시간이란 발화시간 이후 형성된 가연성 혼합기체 온도가 상승되는 시간부터 발화가 일어날 때까지의 경과시간이다. 즉, 가연성 혼합기체를 활성화하는 데 필요한 시간을 말한다.

◆ 선지체크

① 고온, 고압일수록 발화지연시간은 짧아진다.
② 발화온도가 **낮을수록** 발화지연시간은 길어진다.
④ 가연성가스와 산소의 혼합비가 완전 산화에 가까울수록 발화지연시간은 **짧아진다.**

---

56 🔒 ④　　　　　📖 LINK 기본서 **39p**

④ 용기는 관련 없다. 고온, 고압일수록, 가연성 가스와 산소의 혼합비가 완전 산화에 가까울수록 발화지연시간이 짧아진다.

---

57 🔒 ④　　　　　📖 LINK 기본서 **39p**

④ 가연성가스의 조성이 화학양론농도 부근일 때 MIE는 최저가 된다.

➕추가학습

화학양론농도

가연성가스와 공기 중의 산소가 과부족 없이 연소반응을 완결시킬 수 있는 농도를 말한다.

$$C_{st} = \frac{연료의\ 몰수}{연료의\ 몰수 + 공기의\ 몰수} \times 100$$

---

58 🔒 ①　　　　　📖 LINK 기본서 **39p**

① 온도가 상승하면 분자의 운동이 활발해져 최소발화에너지는 작아지며, 압력이 상승하면 분자 간의 거리가 **가까워져** 최소발화에너지는 작아진다.

➕추가학습

최소발화에너지

연소범위 안에 있는 가연성 혼합기를 발화시키는 데 필요한 최소한의 에너지를 말한다.

$$MIE = \frac{1}{2}CV^2$$

MIE: 최소발화에너지[J], C: 콘덴서 용량[F], V: 전압[V]

→ 최소점화에너지의 값이 매우 작아서 Joule의 1/1,000인 [mJ]의 단위를 사용한다.

---

59 🔒③   📄LINK 기본서 39p

✅ **선지체크**

① 혼합기의 온도가 상승하면 분자운동이 활발해져 최소발화에너지는 **작아진다.**

② 질소, 이산화탄소 등 불연성 가스를 투입하는 경우 최소발화에너지 값이 **커진다.**

④ 동일 유속 시 난류의 강도가 커지면 최소발화에너지는 **증가한다.**
→ 난류가 되면 입자운동이 층류인 경우보다 활발하기 때문에 열전달이 더 빠르게 일어난다. 따라서, 열 손실이 크기 때문에 발화가 쉽지 않으므로 발화에너지가 커진다.

---

60 🔒④   📄LINK 기본서 39p

④ 유속이 높아질수록 MIE는 **커진다.**

✦ **고난도 문제**

61 🔒③   📄LINK 기본서 29p, 39p

프로판의 완전연소반응식: $C_3H_8 + 5O_2 \rightarrow 3CO_2 + 4H_2O$

→ 화학양론농도 $C_{st} = \dfrac{\text{연료의 몰수}}{\text{연료의 몰수 + 공기의 몰수}} \times 100$

$$= \frac{1}{1+\dfrac{5}{0.21}} \times 100 = 4.03[\%]$$

추가학습 ➕

$$\text{이론공기량} = \frac{\text{이론산소량}}{0.21}$$

✦ **고난도 문제**

62 🔒①   📄LINK 기본서 29p, 39p

(1) 메탄의 완전연소반응식: $CH_4 + 2O_2 \rightarrow CO_2 + 2H_2O$

(2) 화학양론농도 $C_{st} = \dfrac{\text{연료의 몰수}}{\text{연료의 몰수 + 공기의 몰수}} \times 100$

$$= \frac{1}{1+\dfrac{2}{0.21}} \times 100 = 9.5[\%]$$

∴ LFL = 0.55Cst = 0.55 × 9.5 = 5.225 ≒ 5.2[%]

추가학습 ➕

존스의 법칙

실험실을 갖춰놓고 공기 중의 가연물의 농도를 변화시켜가면서 특정 온도, 압력 조건에서의 연소하한계와 연소상한계를 구하는 것이 가장 정확한 방법이지만 모든 물질에 대해서 실험을 실시할 여건이 안될 수도 있다. 이 때 특정 물질의 연소상한계 및 하한계를 추정하는 방법이다.

→ LFL = 0.55Cst

→ UFL = 3.5Cst

---

63 🔒③   📄LINK 기본서 32p

③ 최고연소속도: **화학양론조성비(Cst)보다 연료가 약간 많은 경우** 연소속도가 최고가 된다.

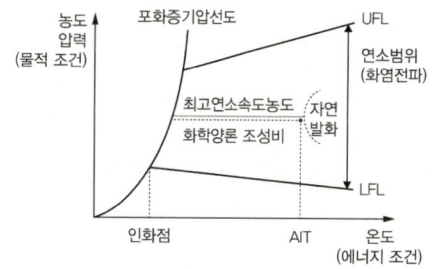

---

64 🔒④   📄LINK 기본서 39p

④ **농도가 높으면 분자 간의 충돌횟수가 많아져 MIE는 작아진다.** 따라서 최소점화에너지와 농도는 관계있다.

② 전극 간격이 좁아지면, 전극을 통한 **방열이 증대**하여 방열과 발열의 균형이 이루어지지 않기 때문에 점화되지 않는다. (**열의 발열 < 열의 방열**)

🔶 **추가학습** ➕

최소발화에너지

소염거리의 제곱에 비례하고, 화염온도와 미연소가스 온도의 차이에 비례하며, 연소속도에는 반비례한다.

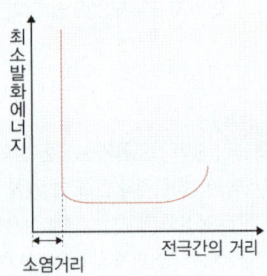

$$H = \lambda l^2 \frac{T_f - T_u}{V}$$

H : 화염에서 얻어지는 에너지(kcal)

λ : 화염 평균열전달률(kcal/m · s · ℃)

l : 소염거리(m)

T_f : 화염온도(℃)

T_u : 미연소가스온도(℃)

V : 연소속도(m/s)

④ **반응물질**의 중합에 의한 발열이 자연발화를 일으키는 열원의 종류 이다.

✅ **선지체크**

자연발화를 일으키는 원인에는 산화열, 분해열, 흡착열, 중합열, 발효열 (미생물열) 등이 있다.

산화: 어떤 물질이 산소와 결합하는 과정

분해: 물질이 보다 작은 물질로 나누어지는 현상

흡착: 어떤 물질이 달라붙는 현상

중합: 분자량이 작은 분자가 연속적으로 결합하여 분자량이 큰 분자 하나 를 만드는 현상

① 대두유는 건성유로서 **공기 중 산소와 화합하여 발생된 열**에 의해 자연 발화가 일어난다.

🔶 **추가학습** ➕

요오드(아이오딘) 값

① 요오드(아이오딘)가 클수록 산화되기 쉽고 자연발화 위험성이 높다.

② 건성유 > 반건성유 > 불건성유 순으로 자연발화 위험성이 크다.

구분	불건성유	반건성유	건성유
아이오딘 값	100 이하	100 초과 130 미만	130 이상
종류	올리브유, 피마자유, 동백기름	참기름, 면실유	아마인유, 들기름, 해바라기유

③ **나이트로셀룰로오스는 제5류 위험물**로 분해열에 의해 자연발화할 수 있다.

① **셀룰로이드는 분해열**에 의한 발열로 자연발화한다.

🔶 **추가학습** ➕

자연발화를 일으킬 수 있는 열원의 종류

① 산화열: 물질이 산화하는 과정에서 발생되는 열

　　예 기름걸레, 황린, 석탄, 건성유 등

② 분해열: 물질이 분해할 때 발생되는 열

　　예 아세틸렌, 산화에틸렌, 셀룰로이드, 나이트로셀룰로오스 등

③ 흡착열: 물질이 흡착할 때 발생하는 열

　　예 목탄, 활성탄 등

④ 중합열: 물질이 중합반응하는 과정에서 발생되는 열

　　예 산화에틸렌, 시안화수소 등

⑤ 발효열(미생물열): 미생물에 의해 물질이 발효되는 과정에서 발생 되는 열

　　예 먼지, 거름, 곡물, 퇴비 등

70 🔓④   📎 LINK 기본서 40~41p

④ 증발열은 물질이 기화할 때 외부에서 흡수하는 열량을 말한다. 자연발화와는 관련 없다.

✔ **선지체크**

① 발열량: 발열량이 클수록 열의 축적량이 많아져 자연발화가 쉽다.
② 열전도율: 열전도도가 작을수록 열 축적이 용이하여 자연발화가 쉽다.
③ 수분: 일정 수분은 촉매역할을 하여 반응속도를 가속시킨다. 따라서 습도가 높을수록 자연발화가 쉽다.

71 🔓①   📎 LINK 기본서 40~41p

✔ **선지체크**

ㄱ. 휘발성이 **낮을수록**
ㄹ. **열 발생속도**가 **열 방산속도**보다 큰 경우
ㅁ. 단열된 상태에서 **압력이 상승**하는 경우

🔖 **추가학습** ➕

자연발화가 일어나기 쉬운 조건

① 열 발생속도 > 열 방산속도
② 휘발성이 낮을수록
③ 축적된 열량이 큰 경우
④ 공기와의 접촉면이 큰 경우
⑤ 고온 다습한 경우
⑥ 단열된 상태에서 압력 상승하는 경우(단열압축)

72 🔓③   📎 LINK 기본서 40~41p

③ 공기의 유통이 적을수록, **열전도도가 작을수록** 자연발화가 쉽다.

✔ **선지체크**

① 화학적 점화원: 용해열, 연소열, 분해열, 자연발열(자연발화) 등
④ 자연발화 방지대책: 열축적 방지, 고온다습한 환경의 생성방지

73 🔓③   📎 LINK 기본서 40p, 191p

③ 요오드(아이오딘)가 **클수록** 산화되기 쉽고 자연발화 위험성이 높다.
(건성유 > 반건성유 > 불건성유 순으로 자연발화 위험성이 크다)

74 🔓②   📎 LINK 기본서 41p

✔ **선지체크**

① 열전도율이 작아야 하고, **고온 · 다습**하며 비표면적이 **클수록** 자연발화가 쉽다.
③ 발열량이 **클수록** 열의 축적량이 많아져 자연발화가 쉽다.
④ 자연발화를 방지하기 위해서 주위 온도를 낮게 유지하고, 상대습도를 **낮게** 유지한다.

75 🔓①   📎 LINK 기본서 41p

• 자연발화 VS 인화에 의한 발화

구분	자연발화	인화에 의한 발화
점화원	×	○
계의 구분	밀폐계	개방계
계의 온도 분포	계의 중심	점화원 접촉부
발화조건	• 발열 > 방열↓ • 물적조건, 에너지조건 필요	• 발열↑ > 방열 • 물적조건 필요
발화방지대책	열 축적 방지	점화원 관리

✔ **선지체크**

② 인화에 의한 발화는 점화원에 의한 발화로 **최소발화에너지 이상의 에너지가 필요**하다.
③ 자연발화는 외부로 열전달이 적어서 열의 축적은 **계의 중심부에서 가장 크다. 즉, 온도는 중심부가 최대로 높다.**
④ 자연발화란 외부에서 **점화에너지의 공급 없이 상온에서 물질이 공기 중 화학 변화를 일으켜 열이 축적되어 발화하는 현상**이다.

76 🔓①   📎 LINK 기본서 41p

① (ㄱ)은 자연발화, (ㄴ)은 인화에 의한 발화의 그림이다. (ㄱ)은 **점화원이 없기 때문에** 계의 중심에서 높은 온도의 양상을 보인다.

CHAPTER

03 연소의 분류

01 🔒① 📘LINK 기본서 43p

ㄱ. 불꽃연소는 가연물 자체로부터 발생된 증기나 가스가 공기 중의 산소와 혼합기를 형성하여 연소하는 것을 말한다. → 증기압 O

ㄴ. 불꽃연소 시 발생하는 연기: 비가시성 / 작열연소 시 발생하는 연기: 가시성

ㄷ. 작열연소는 휘발분이나 열분해 성분이 거의 없는 연료에서 발생한다. → 증기압 X

✅ 선지체크

ㄹ. 작열연소는 시간당 방출열량이 적고, CO_2보다 CO의 발생량이 더 많다.

→ 불꽃연소는 시간당 방출열량이 많고, CO보다 CO_2의 발생량이 더 많다.

02 🔒① 📘LINK 기본서 44~45p

① 예혼합연소는 연소시키기 전 연료(가연성 가스)와 1차 공기를 **미리 혼합시켜 연소가능한 상태**를 만들어 연소하는 것이다.

✅ 선지체크

② 가스 확산연소의 경우 분출속도가 빨라지는 경우 천이영역에서는 **화염의 길이가 감소하게 된다.**

③ 확산연소보다 **예혼합연소인 경우 역화 위험성이 더 크다.**

④ 가연성 기체와 산화제의 확산에 의해 화염을 유지하는 것을 **확산연소**라 한다.

03 🔒① 📘LINK 기본서 44~45p

① **예혼합연소**는 폭발의 경우에 주로 발생하는 형태이며 **확산연소**에 비해 반응대가 좁다.

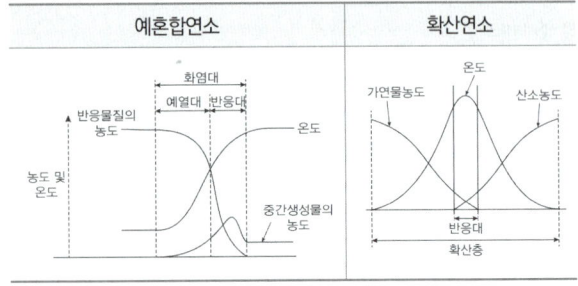

✅ 선지체크

③ **확산연소는 비균일(불균일)연소**이며, **예혼합연소는 균일연소**이다.

04 🔒① 📘LINK 기본서 44~45p

① 포트형 버너는 **확산연소**이다. (확산연소에는 포트형과 버너형이 있다)

→ 포트형 버너는 연료가 구멍(포트)을 통해 분사되고, 주변 공기와 자연적으로 혼합되면서 연소한다.

05 🔒① 📘LINK 기본서 42p

• 연소의 일반적인 양상

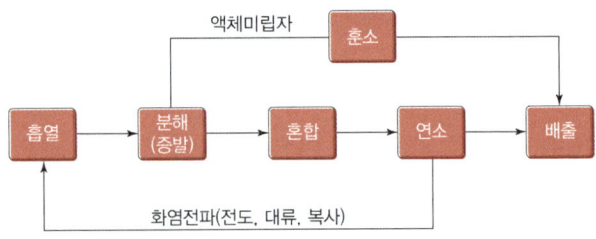

① 흡열: 열을 흡수

② 분해

③ 혼합: 가연성 기체 + 공기 = 가연성 혼합기 형성

④ 연소: 점화원 또는 발화온도 이상 시 연소 시작

⑤ 배출

- 흡열 → 분해 → 혼합 → 연소 → 배출: 연소생성물

- 흡열 → 분해 → 배출: 분해생성물

06 🔒②   🚫 LINK 기본서 44~45p

② 예혼합연소소란 연소시키기 전 연료(가연성 가스)와 1차 공기를 미리 혼합시켜 연소가능한 상태를 만들어 연소하는 것으로 연소속도가 빨라 폭발로 전이될 수 있다.

✅ 선지체크

① 확산연소는 열방출속도가 **낮고**, 예혼합연소는 열방출속도가 **높다.**
③ **예혼합연소**에서는 분젠버너 연소, 가스폭발 등이 있다.
④ **확산연소**에는 성냥연소, 양초연소, 액면연소 등이 있다.

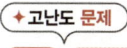
고난도 문제

07 🔒④   🚫 LINK 기본서 44~46p

④ 연료와 산화제가 적당 비율로 미리 혼합하여 연소하는 방법은 **예혼합연소**이다.

✅ 선지체크

③ 적화식 연소방식이란 연소에 필요한 **모든 공기를 불꽃 주위로부터 가스 확산에 의해 취하는 방식**이다. 즉, 연소에 필요한 공기를 **모두 2차 공기로 취하는 방법**으로 확산연소의 연소방식이다.

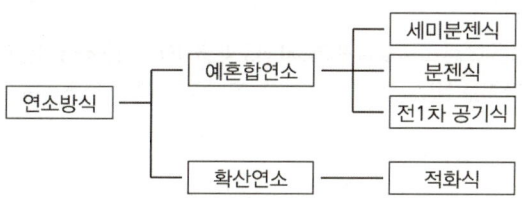

고난도 문제

08 🔒②   🚫 LINK 기본서 45~46p

② 적화식 연소방식: 연소에 필요한 **모든 공기를 불꽃 주위로부터 가스 확산에 의해 취하는 방식**이다. 즉 연소에 필요한 공기를 **모두 2차 공기로 취하는 방법**이다.

✅ 선지체크

① 세미분젠식 연소방식: 적화식과 분젠식의 중간 방법으로, **1차 공기량**이 약 40% 이하이다.
③ 분젠식 연소방식: 연소되기 전의 가스가 **1차 공기**를 흡입하여 관내에서 혼합하여 연소하며, 연소에 필요한 나머지 공기(2차 공기)는 불꽃 주위에서 취한다.
④ 전1차 연소방식: 연소에 필요한 공기량을 모두 **1차 공기**로 혼합시켜 연소하는 방법이다.

09 🔒①   🚫 LINK 기본서 44p

① 가스 확산연소의 경우 분출속도가 작은 곳, 즉 레이놀즈 수가 낮은 곳에서는 교란이 없기 때문에 층류 확산화염이 형성된다. 점차 레이놀즈 수의 증가에 따라 **화염의 길이가 증가**하게 된다.(반응속도에 비해 분출속도가 낮기 때문)

10 🔒④   🚫 LINK 기본서 44p

④ 난류 확산화염 영역에서는 **화염의 길이는 변화하지 않고 일정**하나, 난류가 강해져서 화염면의 굴곡이 심해지고 **화염면적이 증가한다.**

고난도 문제

11 🔒①   🚫 LINK 기본서 44~45p

① **층류 예혼합연소의 경우** 폭연으로 발전할 수 있으며, 온도 곡선의 변곡점을 경계로 하여 화염대는 예열대와 반응대로 분리된다. **확산연소는 예열대가 없다.**

✅ 선지체크

④ 층류에서 난류로 바뀌었을 때 화염전파속도가 가속되어 급격한 압력상승으로 충격파가 형성될 수 있다.(폭굉으로 발전할 수 있다)

12 🔒①   🚫 LINK 기본서 44~47p

① **분출화재**란 연료가스가 배관을 통하여 분출하는 경우 발생하는 것으로 연료가스가 분출되어 공기와 혼합되어 화염을 형성하는 것으로서 **기체연소**에 해당한다.

✅ 선지체크

액면화재, 등심연소, 액적연소는 액체연소에 해당한다.
② 액면화재: 등유나 경유의 연소 방법 중 하나로, 액체연료 표면이 가열되어 증발이 일어나며, 발생된 연료 증기가 공기와 접촉하여 액체표면에서 화재가 발생한 것이다.
③ 등심연소: 석유램프에서 사용하는 방법으로 연료를 심지로 빨아올려 표면에서 증발하여 연소하는 것이다.
④ 액적연소(분무연소): 비휘발성인 액체연료를 미립화(분무, 안개상태, mist)함으로 증발 표면적을 증가시켜 공기와의 혼합을 좋게 하여 연소하는 것이다.

13 🔓① 📘 LINK 기본서 46p

① 아세톤은 제1석유류로 **증발연소**한다.
- 증발연소: 특수인화물, 제1석유류, 제2석유류, 알코올류
- 분해연소: 제3석유류, 제4석유류, 동·식물유류

✅ **선지체크**

② 중유: 제3석유류
③ 기어유: 제4석유류

14 🔓③ 📘 LINK 기본서 46~47p

✅ **선지체크**

① **액면연소**란 등유나 경유의 연소 방법 중 하나로, 액체연료 표면이 가열되어 증발이 일어나며, 발생된 연료 증기가 공기와 접촉하여 액체 표면에서 연소하는 것이다.
② **분무연소**란 액체 연료를 수 μm에서 수백 μm으로 만들어 증발 표면적을 크게 하여 연소시키는 것으로서 공업적으로 주로 사용되는 연소 방법이다.
④ 액체 가연물질의 연소는 액체 자체가 연소하는 것이 아니라 **증발 또는 분해의 과정을 통해 발생된 증기 또는 가스가 연소하는 것**이다.

✦ **고난도 문제**

15 🔓③ 📘 LINK 기본서 46p

③ **액면화재는 액체의 인화점에 도달하면 연소가 일어나기 때문에** 액면아래의 온도 분포에 영향을 받는다.

✅ **선지체크**

④ 화염의 높이에 따라 주변에 복사열의 영향을 주고, 바람에 의한 화염경사가 접촉화염에 의한 확산이나 액체의 예열에 영향을 주기 때문에 액면화재에 영향을 미친다.

추가학습 ➕

액면연소(Pool fire)

등유나 경유의 연소 방법 중 하나로, 액체연료 표면이 가열되어 증발이 일어나며, 발생된 연료 증기가 공기와 접촉하여 액체표면에서 연소하는 것이다.
① 액면화재의 연소속도는 액면강하속도이다.
② 액체의 인화점에 도달하면 연소가 일어나기 때문에 액면아래의 온도분포에 영향을 받는다.
③ 화염의 높이에 따라 주변에 복사열의 영향을 준다.
④ 바람에 의한 화염경사가 접촉화염에 의한 확산이나 액체의 예열에 영향을 준다.

16 🔓① 📘 LINK 기본서 47p

① 분해연소: 석탄, 목재, 종이, 섬유, 플라스틱, 고무류 등 가연물이 **열분해하여 발생된 가스가 연소**하는 현상

✅ **선지체크**

② 자기연소: 하이드라진유도체, 나이트로화합물류 등 가연성이면서 공기 중의 산소가 아닌 그 자체가 함유하고 있는 산소로 연소하는 현상
③ 표면연소: 숯, 목탄, 금속분, 코크스 등 가연물이 증발이나 열분해 없이 고체 표면에서 산소와 급격하게 반응하여 물질 자체가 연소하는 현상 (불꽃이 없다)
④ 증발연소: 황, 나프탈렌, 파라핀, 아이오딘, 왁스 등 가연물이 증발하여 발생된 증기가 연소하는 현상

17 🔓② 📘 LINK 기본서 47p

② 표면연소(작열연소)가 아닌 **불꽃연소**를 하기 위해서는 연쇄반응이 필요하다.

18 🔓④ 📘 LINK 기본서 47p

④ 표면연소란 고체 **물질 표면에서 산소와 급격하게 반응하여 물질자체가 연소하는 현상**을 말한다.(적열이란 물체를 가열한 상태를 말한다)

19 🔓② 📘 LINK 기본서 46~47p

② 가솔린(휘발유): **증발연소**

20 🔓④ 📘 LINK 기본서 47p

④ **표면연소: 목탄**
  → 분해연소: 목재

21 🔓③ 📘 LINK 기본서 47p

③ 고체연료의 **자기연소**란 질산에스터류, 하이드라진유도체 등은 가연성 물질이면서 자체 내에 산소를 함유하고 있어 외부에서 열을 가하면 분해되어 가연성 기체와 산소를 발생하게 되므로 공기 중의 산소를 필요로 하지 않고, 그 자체의 산소에 의해 연소된다.

22 🔓③   📎 LINK 기본서 44p

③ 제트파이어 = 분출화재

✔️ **선지체크**

① 고체가연물은 잘게 나누어져 공기와 접촉하는 표면적이 넓을수록 **연소하기 쉽다.**

② 점화에너지가 외부에서 공급되지 않아도 연소가 일어나는 것을 **자연발화**라고 한다.

④ 가연성 기체가 공기 중 산소가 반응대로 확산하면서 연소하는 현상을 **확산연소**라고 한다.

23 🔓③   📎 LINK 기본서 35~36p, 47p

ㄴ. 비열[kcal/kg · ℃]이란 1[kg]의 물질을 1[℃] 높이는 데 필요한 열량을 말한다. 그 비열이 **작을수록 쉽게 온도가 상승되기 때문에 더 위험해진다.**

ㄷ. 탄소수가 많을수록 **비중과 연소열은 커지고** 하한계는 낮아진다.

ㅁ. 아세틸렌 기체(2.5~81V%)는 이황화탄소 기체(1.2~44V%)보다 연소범위는 넓으나 **위험도는 이황화탄소가 더 크다.**

24 🔓①   📎 LINK 기본서 48p

① 불꽃의 **온도가 낮을 때** 불완전연소한다.

추가학습 ➕

불완전연소

공기부족으로 인해 가연물의 일부가 반응에 참여하지 못하는 연소로 일산화탄소(CO)가 많이 발생된다.

① 공기의 공급량(산소량)이 부족한 때(환기지배형 화재일 때)

② 연소생성물의 배기량이 불량할 때

③ 가스의 조성이 균일하지 못할 때(공급되는 가연물의 양이 많을 때)

④ 주위의 온도가 낮을 때

25 🔓④   📎 LINK 기본서 48p

모두 옳은 선지이다.

ㄷ. 환기지배형 화재란 산소량이 부족하고 연료량이 충분하기 때문에 산소량에 따라 화재진행속도가 결정되는 화재를 말한다.

26 🔓③   📎 LINK 기본서 48p

③ **불완전연소**하는 경우 더 많은 생성물을 얻을 수 있다.

27 🔓③   📎 LINK 기본서 49p

③ 선화란 불꽃이 버너에서 부상하여 일정간격을 두고 연소되는 현상으로, **염공의 일부 막힘 등으로 분출속도가 증가된 경우 발생한다.** 염공이 부식으로 넓어진 경우 역화가 발생한다.

추가학습 ➕

역화 발생원인

① 연소속도 > 가스분출속도

② 버너과열로 가스온도가 상승된 경우

③ 염공이 부식 등으로 넓어진 경우

④ 공급가스의 압력이 저하된 경우

⑤ 혼합 가스량이 너무 적을 때

⑥ 용기 밖의 압력이 높을 때

28 🔓②   📎 LINK 기본서 49p

✔️ **선지체크**

ㄹ. 2차 공기의 공급이 불충분한 경우는 **선화에 대한 내용**이다.

29 🔓①   📎 LINK 기본서 49p

① 1차 공기량이 **많은 경우**

추가학습 ➕

선화 발생원인

① 염공의 일부 막힘 등으로 분출속도가 증가된 경우
   (연소속도 < 가스분출속도)

② 공급가스의 압력이 높은 경우

③ 2차 공기의 공급이 불충분한 경우

④ 연소가스의 배출이 불안전한 경우

⑤ 공기조절장치를 너무 많이 열었을 경우(1차 공기량이 많은 경우)

30 🔓②   📎 LINK 기본서 49p

공기조절장치를 너무 많이 열었을 경우(1차 공기량이 많은 경우) 선화가 발생한다.

③ 황염이란 불꽃의 색이 황색으로 되는 현상으로, 불완전연소 시 발생한다. ③은 **선화에 대한 설명**이다.

③ 블로우 오프(Blow-off): 선화 상태에서 연료가스의 분출속도가 더욱 증가하거나 주위 공기의 유동이 심하면 화염이 노즐에 정착하지 못하고 떨어져 화염이 꺼지는 현상을 말한다.

✅ **선지체크**

① 플래쉬백(flash back) = 역화: 연료의 분출속도가 연소속도보다 느릴 때 불꽃이 연소기의 내부로 빨려 들어가 혼합관 속에서 연소하는 현상
② 선화(Lifting): 역화의 반대 현상으로 연료가스의 분출속도가 연소속도보다 빠를 때 불꽃이 버너의 노즐에서 떨어져서 연소하는 현상
④ 주염: 가연성 가스가 연소하면서 바람을 타고 흘러가는 현상

② 2차 공기란 연소용 공기 중, 1차 공기로 일단 착화한 연료에 충분한 산소를 보급하여, **완전 연소시키기 위해 2차적으로 공급하는 공기**를 말한다.

③ 층류의 연소속도란 기체의 연소속도를 말한다. **기체(미연소 가스)의 경우 열전도율이 클수록 연소속도가 증가한다.**

🧩 **추가학습**

연소속도

① 연료 자체의 감소량이다.
② 연소 시 화염이 미연소 혼합가스에 대하여 수직으로 이동하는 속도이다.
③ 수증기, 이산화탄소, 질소 등 불활성 가스가 증가하면 연소속도는 감소한다.
④ 연소속도 = 화염속도 − 미연소가스 이동속도

② 미연소 가스의 **열전도율이 클수록** 연소속도가 증가한다.

🧩 **추가학습**

연소속도 영향요소

① 가연성 물질의 종류
② 산화제의 종류
③ 촉매의 존재 유무와 농도
④ 가연성 물질과 산화제의 혼합비(당량비)
⑤ 미연소 가스의 열전도율(열전도율 클수록)
⑥ 미연소 가스의 밀도(밀도 낮을수록)
⑦ 미연소 가스의 비열(비열 작을수록)
⑧ 화염온도(화염온도 높을수록)
⑨ 압력(압력 높을수록)

✦ **고난도 문제**

ㄹ. 비중량은 단위 체적당 중량을 말한다. 즉, 가연물의 양을 말하는 것으로 연료 자체의 감소량을 말하는 연소속도와는 관련이 없다.

④ 가연성 가스의 조성이 화학양론조성의 부근일 때 최고이며, 이보다 하한계 및 상한계로 향함에 따라 **감소한다.**

✦ **고난도 문제**

- 공기비(과잉공기비) = $\dfrac{\text{실제 공기량}}{\text{이론 공기량}}$

- 당량비 = $\dfrac{\text{실제 연공비}}{\text{이론 연공비}} = \dfrac{\dfrac{\text{실제 연료량}}{\text{실제 공기량}}}{\dfrac{\text{이론 연료량}}{\text{이론 공기량}}} = \dfrac{\text{이론 공기량}}{\text{실제 공기량}}$

(실제연료량과 이론연료량은 동일하다는 가정)

CHAPTER 04 연소생성물

문제편 35~42p

01	②	02	①	03	②	04	③	05	④
06	④	07	①	08	④	09	①	10	④
11	③	12	①	13	②	14	③	15	①
16	②	17	②	18	②	19	①	20	④
21	④	22	②	23	③	24	②	25	③
26	④	27	①	28	④	29	②	30	①
31	③	32	③	33	③	34	④	35	③
36	④	37	②	38	②	39	④		

01 🔓② 📄LINK 기본서 53p

② 암모니아(NH_3): 수지류, 나무 등 질소 함유물이 연소할 때 발생하는 연소생성물로, 자극성이 강한 무색의 유독성 기체이며 **상업용·공업용의 냉동시설의 냉매로 많이 사용**한다.

02 🔓① 📄LINK 기본서 53p

• 이산화질소 [NO_2]
① **질산셀룰로오스, 폴리우레탄 등이 불완전연소할 때 발생**하는 연소생성물이다.
② **붉은 빛이 도는 갈색의 기체**이다.
③ 흡입 시 인후의 감각신경이 마비된다.
④ 허용농도는 1ppm이다.

03 🔓② 📄LINK 기본서 54p

• 염화수소(HCl)
① **염소성분이 함유되어 있는 염화바이닐수지(PVC), 전선의 피복, 배관이 연소할 때 발생한다.**
② 유독성물질로 독성가스로 취급하고 있다.
③ 금속에 대한 강한 부식성이 있어 철을 녹슬게 한다.
④ 허용농도는 5ppm이다.

✓ 선지체크
① 황화수소(H_2S): 황을 포함한 유기화합물 등
③ 암모니아(NH_3): 질소 함유물인 수지류, 나무 등
④ 불화수소(HF): 합성수지인 불소수지 등

04 🔓③ 📄LINK 기본서 54p

• 포스겐($COCl_2$)
① 열가소성수지인 **폴리염화바이닐(PVC), 수지류 등이 연소할 때 발생한다.**
② 사염화탄소(CCl_4) 사용 시 발생한다.
③ 독성이 큰 맹독성 물질로 허용농도는 0.1ppm이다.
④ 일산화탄소와 염소가 반응하여 생성되기도 한다.

✓ 선지체크
① 이산화질소(NO_2): 질산셀룰로오스, 폴리우레탄 등
② 시안화수소(HCN): 질소성분을 가진 합성수지, 인조견, 모직물 등 섬유
④ 황화수소(H_2S): 황을 포함한 유기화합물 등

(✦고난도 문제)

05 🔓④ 📄LINK 기본서 53p

④ **붉은 빛이 도는 갈색의 기체는 이산화질소의 설명이다.**

✓ 선지체크
② 시안화수소는 중합폭발하므로 장기간 저장하지 못한다. 따라서 용기에 충전한 시안화수소는 충전한 후 60일이 경과되기 전에 다른 용기에 충전하여야 한다.

06 🔓④ 📄LINK 기본서 51~54p

④ 모두 옳은 선지이다.

07 🔓① 📄LINK 기본서 51~54p

① 암모니아(25) 〉 아황산가스(5) 〉 불화수소(3) 〉 아크로레인(0.1)

 추가학습 ➕

허용농도 ppm (TLV-TWA 기준)
이산화탄소: 5,000

일산화탄소: 50

암모니아: 25

황화수소: 10

시안화수소: 10

아황산가스: 5

염화수소: 5

취화수소: 5

불화수소: 3

이산화질소: 1

아크로레인: 0.1

포스겐: 0.1

08 🔓④　　　　　　　　　　　　　🔗 LINK 기본서 **55p**

④ 일반적으로 연기의 유동속도는 수평방향으로 0.5~1(m/s), 수직방향
으로 **2~3(m/s)**, 계단 실내에서는 **3~5(m/s)**이다.

추가학습 ➕

연기의 특징

① 연기의 입자 크기: 0.01~10[lm]

② 화재 초기의 발연량 〉성장기 발연량

③ 수소입자가 많으면 백색연기, 탄소입자가 많으면 흑색연기를 나타
낸다.

④ 화재 초기에는 백색연기, 이후에는 흑색연기로 변한다.

⑤ 일반화재는 백색연기, 유류화재는 흑색연기를 나타낸다.

09 🔓①　　　　　　　　　　　　　🔗 LINK 기본서 **55p**

① 연기단층화란 화재 시 발생한 열, 연기가 부력에 의해 상승하다가 주위
공기에 의해 희석 및 냉각되어 천장까지 상승하지 못하고 중간에 정체
되어 층을 이루는 현상을 말한다. **화재의 크기가 작아 충분한 상승력을
형성하지 못할 때 연기의 단층화가 발생한다.**

10 🔓④　　　　　　　　　　　　　🔗 LINK 기본서 **55p**

④ 완전연소보다 불완전연소하는 경우 발연량이 증가한다. 모두 발연량
이 증가되는 경우이다.

11 🔓③　　　　　　　　　　　　　🔗 LINK 기본서 **56p**

③ 일반적으로 감광계수가 커지면 가시거리가 **짧아진다.**
→ 감광계수와 가시거리는 반비례 관계이다.

✅ **선지체크**

② 연기의 농도 측정방법
→ 중량농도법: 단위체적당 연기입자의 질량을 측정하여 표시
→ 입자농도법: 단위체적당 연기입자의 개수를 측정하여 표시
→ 광학농도법(감광계수법, 투과율법): 연기 속을 투과하는 빛의 양을
측정하는 방법으로 감광계수로 표시

추가학습 ➕

구분	연소생성물	분해생성물
연기량	적다	많다
연기의 크기	비가시성 크기	가시성 크기
연기 감지기	이온화식	광전식
발생장소	석유화재	훈소

12 🔓①　　　　　　　　　　　　　🔗 LINK 기본서 **56p**

① 감광계수 10[m^{-1}], 가시거리 0.2~0.5m: **최성기 때의 정도이다.**

추가학습 ➕

광학농도법

감광계수 [m^{-1}]	가시거리 [m]	현 상
0.1	20 ~ 30	연기감지기가 작동할 때의 농도
0.3	5	건물 내부에 익숙한 사람이 피난에 지장을 느낄 정도
0.5	3	어두움을 느낄 정도
1	1 ~ 2	거의 앞이 보이지 않을 정도
10	0.2 ~ 0.5	최성기 때의 정도
30	–	출화실에서 연기가 분출할 정도

13 🔓②　　　　　　　　　　　　　🔗 LINK 기본서 **56p**

② 건축물 내부의 온도가 상승함에 따라 **밀도가 감소되어** 공기가 이동하
는 연돌효과 현상이 발생한다.

→ 연돌효과(굴뚝효과): 건물 내부가 따뜻하고 건물 외부가 찬 경우 기압은 건물 내부가 낮아, 지표면상에서 건물로 들어온 공기는 건물 내부의 상부로 이동하게 된다. 즉, 연돌효과란 건축물 내·외부 공기의 온도차(내부온도 > 외부온도)로 인해 압력차가 발생하여 공기가 수직으로 이동하는 현상이다.

---

14 🔒 ③   📎 LINK 기본서 57p

③ 건축물의 바닥면적 또는 층의 면적은 굴뚝효과와 관련 없다.

추가학습 ➕

연돌효과 영향요소
① 건물의 높이
② 외벽의 기밀도
③ 건물 내·외부 온도차
④ 건물의 층간 공기누설

---

15 🔒 ①   📎 LINK 기본서 56~57p

ㄷ. 건축물 내부의 온도와 외부의 온도가 같을 경우 연돌효과가 발생하지 않는다.

✔ **선지체크**

ㄱ. 건축물 **내부의 온도가 외부의 온도보다 높은 경우** 연돌효과가 발생한다.
ㄴ. 건축물의 층 면적은 **연돌효과에 영향을 주지 않는다.**
ㄹ. 건축물의 높이가 **높을수록** 연돌효과는 증가한다.

---

16 🔒 ②   📎 LINK 기본서 56~57p

ㄱ. 연돌효과란 건축물 내·외부 공기의 온도차(내부온도 > 외부온도)로 인해 압력차가 발생하여 공기가 수직으로 이동하는 현상
ㄹ. 건물 내부와 외부의 온도차 → 밀도차 → 부력 → 압력차 발생

✔ **선지체크**

ㄴ. 주로 저층 건물일수록 열, 대류이동, 화재 압력과 같은 영향 및 바람의 영향으로 연기가 이동하며, 고층 건물일수록 굴뚝효과에 의하여 연기가 이동한다.
　　→ **일반적으로 저층 건물보다 고층 건물에서 더 크다.**
ㄷ. 층간 공기 누설은 **굴뚝효과에 영향을 준다.**

---

17 🔒 ②   📎 LINK 기본서 58p

건물 화재 시 온도가 상승함으로 부력에 의해 실의 위쪽으로 고온 기체가 축적되고 온도가 높아져 실내·외의 압력이 달라진다. 실의 상부는 실외보다 압력이 높고, 하부는 압력이 낮다. 그 사이 어느 지점에서 실내·외부의 정압이 같아지는데 그 부분을 중성대(면)라고 한다.

✔ **선지체크**

ㄴ. 실내의 천장쪽 고온가스와 바닥쪽 공기의 경계선은 **불연속선**이다.
ㄷ. 건물의 내·외의 온도차가 클수록 중성대는 **낮아진다.**
ㅁ. 중성대 상부는 열과 연기가 많고 하부는 신선한 공기가 유입되기 때문에 **상층부 개구부를 파괴하는 것**이 가장 효과적이다.

---

18 🔒 ③   📎 LINK 기본서 58p

③ 중성대 아래쪽에서 개구부를 개방하여 공기가 계속 유입되면, **중성대 상부의 실내·외의 압력차가 더 커져 중성대는 낮아진다.** 따라서 상층 개구부를 개방하는 것이 중성대 올리는데 효과적이며 소화활동 시 중성대 아래쪽으로 진입하는 것이 적당하다.

---

19 🔒 ①   📎 LINK 기본서 58p

① 실내정압보다 실외정압이 **낮다.**

추가학습 ➕

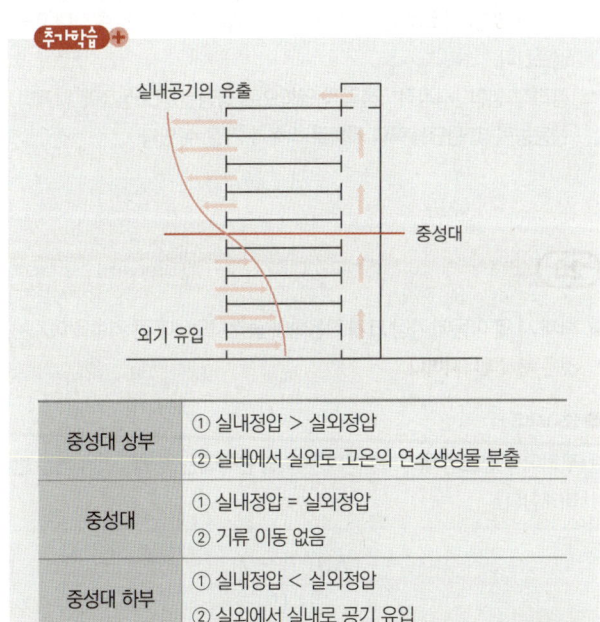

중성대 상부	① 실내정압 > 실외정압 ② 실내에서 실외로 고온의 연소생성물 분출
중성대	① 실내정압 = 실외정압 ② 기류 이동 없음
중성대 하부	① 실내정압 < 실외정압 ② 실외에서 실내로 공기 유입

20 🔒④　　　　　　　　　🔗 LINK 기본서 55~58p

ㄷ. 연기의 증기비중은 공기보다 크다. 하지만 온도가 높기 때문에 **부력이 발생하여 상승하게 된다.**

　→ 화점에 가까울수록 온도가 높아지기 때문에 연기의 흐름은 빨라지고, 화점과 멀어질수록 연기의 흐름은 느려진다.

ㄹ. 중성대에서 연기의 흐름은 **가장 느리다.**

---

24 🔒②　　　　　　　　　🔗 LINK 기본서 60p

② 대류: **온도차 → 밀도차 → 부력의 차이**로 인해 발생된다.

• 뉴턴의 냉각법칙

$$Q = hA(T_2 - T_1)$$

Q: 대류열전달률[W = kcal/h]

h: 대류 열전달 계수[W/m · ℃ = kcal/m · h · ℃]

A: 열전달 부분 면적[㎡]

T_2: 물체 표면온도[℃]

T_1: 표면에서 충분히 떨어진 곳에서의 유체온도[℃]

---

21 🔒④　　　　　　　　　🔗 LINK 기본서 58p

④ **복사는 열전달 방법** 중 하나이다.

✔ 선지체크

① 희석: 외부로부터 다량의 신선한 공기를 공급하여 연기의 농도를 낮추는 방법

② 배출(배기): 건물 내의 압력차에 의하여 연기를 외부로 배출시키는 방법

③ 차연(차단): 일정한 장소 내로 들어오지 못하도록 막는 방법

---

25 🔒③　　　　　　　　　🔗 LINK 기본서 59~61p, 140p

③ 비화란 화재로 인해 불티가 바람에 날아가 발화하는 것이다.

　→ 화재의 이동경로, 연소 확산에 **영향을 미친다.**

---

22 🔒④　　　　　　　　　🔗 LINK 기본서 59p

ㄱ. 시각적 영향: 연기 농도의 증가에 따라 시각 제한으로 피난 및 소화활동이 어려워진다.

ㄴ. 생리적 영향: 산소의 감소 및 연소가스 흡입으로 인한 호흡 장애 등을 일으킨다.

ㄷ. 심리적 영향: 시각적 · 생리적 영향으로 극심한 공포상태에 빠지며, 행동능력 및 판단능력의 저하로 피해가 커질 수 있다.

---

26 🔒④　　　　　　　　　🔗 LINK 기본서 60p

ㄴ, ㄷ. 화재로 인해 발생한 뜨거운 연기는 주변의 공기보다 밀도가 낮아지면서 위로 상승하고, 이 뜨거운 연기 덩어리(유체)는 천장에 부딪힌 후 옆으로 퍼져나가면서 자신의 열을 다른 가연물 표면으로 전달한다. 이는 **분자들이 직접 이동하면서 열을 전달**하는 대류 현상이다.

✔ 선지체크

ㄱ. 전도

---

23 🔒③　　　　　　　　　🔗 LINK 기본서 59~61p

③ 화재 시 열 이동에 가장 크게 작용하며 플래시오버에 큰 영향을 미치는 것은 **복사에너지이다.**

✔ 선지체크

① 푸리에의 전도법칙(전도는 온도 차이와 면적에는 비례하고, 두께는 반비례한다)

$$Q = \frac{KA(T_2 - T_1)}{l}$$

Q: 전도열전달률[W = kcal/h]

K: 물질의 열전도도[W/m · ℃ = kcal/m · h · ℃]

A: 열전달 부분 면적[㎡]

---

27 🔒①　　　　　　　　　🔗 LINK 기본서 59~61p

① 뜨거운 커피잔 속에 스푼을 넣고 저을 때 스푼에 열이 전달되는 것은 **전도에 의한 열전달** 형태다.

✔ 선지체크

④ 스테판–볼츠만 법칙

$$Q = \sigma \epsilon A (T_2^4 - T_1^4) = \sigma A T^4$$

Q : 복사열전달률[W = kcal/h]

σ : 스테판-복츠만 상수[5.67×10^{-8}(w/㎡ · K^4) = kcal/㎡ · h · K^4]

ϵ : 방사율

T_2 : 고온 절대온도[K]

T_1 : 저온 절대온도[K]

$$Q = hA(T_2 - T_1)$$

Q : 대류열전달률[W = kcal/h]

h : 대류 열전달 계수[W/m · ℃ = kcal/m · h · ℃]

A : 열전달 부분 면적[㎡]

T_2 : 물체 표면온도[℃]

T_1 : 표면에서 충분히 떨어진 곳에서의 유체온도[℃]

---

28 🔓 ④　　　🔗 LINK 기본서 60~61p

④ 스테판-볼츠만 법칙(복사열은 **절대온도의 4제곱에 비례**하고, 열전달 면적에 비례한다)

$T^4 = 2^4 = 2 \times 2 \times 2 \times 2 = 16$

---

29 🔓 ②　　　🔗 LINK 기본서 60~61p

복사열이 어떤 물질의 표면에 도달했을 때, 그 에너지는 흡수, 반사, 투과 라는 세 가지 형태로 나뉜다.

이 세 가지 현상의 비율을 나타내는 **흡수율, 반사율, 투과율의 합은 항상 1** 이 된다.

따라서, **흡수율** = 1−(0.2+0.5) = 0.3

---

30 🔓 ①　　　🔗 LINK 기본서 23p

① **현열**은 물질의 상의 변화는 없고 온도의 변화만 있을 때 필요한 열량을 말한다.

---

31 🔓 ③　　　🔗 LINK 기본서 57p

③ 역굴뚝효과는 건축물 내부온도가 외부온도보다 **낮을 때**에 건물 내에 서 공기가 **위에서 아래로** 이동하게 되는데 이러한 **하향 공기흐름**을 말 한다.

---

32 🔓 ③　　　🔗 LINK 기본서 60p

③ 뉴턴의 냉각법칙은 열전달의 종류 중 **대류**에 대한 설명이다.

---

33 🔓 ④　　　🔗 LINK 기본서 61~62p

④ 보통 **4도 화상**은 고압전기의 감전에 의한 화상이다.

✅ **선지체크**

① 1도 화상: 홍반성

② 2도 화상: 수포성

③ 3도 화상: 괴사성

✦ **고난도 문제**

34 🔓 ④　　　🔗 LINK 기본서 62p

④ 열역학 제0법칙(열평형의 법칙): 온도가 서로 다른 물체를 접촉시키면 높은 온도를 지닌 물체의 온도는 내려가고, 낮은 온도를 지닌 물체의 온도는 올라가서 두 물체의 온도 차이는 없어진다.

✅ **선지체크**

① 열역학 제2법칙: **저온체에서 고온체로 아무 일도 없이 열을 전달할 수 없다.**(에너지의 전달에는 방향이 있다. **열은 높은 곳에서 낮은 방향으로만 흐르는 비가역적**으로 엔트로피(무질서도)는 증가한다)

② 열역학 제3법칙: 절대온도 0에서 모든 완전 결정체의 절대 **엔트로피의 값은 0이다.**

③ 열역학 제1법칙: 에너지는 형태가 변할 수는 있지만, **에너지가 새로 생기거나 아예 없어지지는 않는다.**

---

35 🔓 ③　　　🔗 LINK 기본서 63p

실내에 발생한 화재로 생성된 가스는 고온이므로 부력에 의해 화원 위쪽 으로 상승기류를 일으킨다. 이 상승기류를 화재플럼이라고 한다.

③ 간헐화염영역은 간헐적으로 화염의 존재와 소멸이 반복되는 영역으로 **유속이 일정하게 유지된다.**(상승속도 일정)

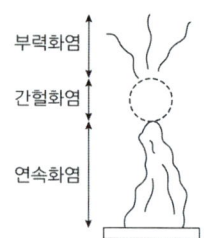

부력화염	① 화염상부의 대류 열기류 영역
	② 연소가스의 상승속도와 온도 감소 (냉각되기 때문에)
간헐화염	① 간헐적으로 화염 존재·소멸 영역
	② 상승속도 일정
연속화염	① 연료표면 바로 위의 영역으로 지속적인 화염 존재
	② 연소가스의 상승속도 가속

36 🔒④   🔗LINK 기본서 63p

(A) 부력화염 (B) 간헐화염 (C) 연속화염
④ 화재플럼에서 부력은 플럼을 상승시키고, 차가운 끝부분이 천천히 아래로 내려오게 되는데 측면에서는 **난류에 의한 전체적인 와류를 생성한다.**

37 🔒②   🔗LINK 기본서 64p

② 천장제트흐름의 두께는 실 높이(천장에서 화원까지의 높이)의 5~12[%] 정도이고, 실 높이의 12% 범위 밖에 놓이면 헤드나 감지기의 응답시간이 길어지게 된다.
→ 최고온도와 속도는 실 높이(천장에서 화원까지의 높이)의 1[%] 이내 범위에 발생된다.

✅ 선지체크

① 일반적으로 **화재초기에 존재**하며 천장면 아래에 얇은 층을 형성하는 수평방향으로 열기류가 빠른 속도로 확산되는 것을 말한다.
③ **유효범위 내**에 열, 연기감지기 및 스프링클러헤드가 설치되어야 화재 초기에 화재감지 및 소화가 가능하다.
④ 스프링클러헤드는 반응시간을 고려해 천장에서 **30[cm] 이내** 설치하도록 규정하고 있다.

38 🔒②   🔗LINK 기본서 64p

② 화염속도란 화재의 경계면이 이동되는 속도이며, **연소속도와 미연소 가스의 이동속도를 합한 값**을 화염속도라고 한다.

39 🔒④   🔗LINK 기본서 64p

ㄷ. 암적색: 700℃
ㄹ. 휘적색: 950℃
ㅁ. 황적색: 1,100℃

🔶 추가학습 ➕

불꽃의 색과 온도

불꽃의 색상	온도[℃]
담암적색	520
암적색	700
적색	850
휘적색	950
황적색	1,100
백적색	1,300
휘백색	1,500

PART 2

폭발

CHAPTER

01 폭발이론

문제편 46~55p

01	①	**02**	②	**03**	③	**04**	③	**05**	④
06	①	**07**	①	**08**	③	**09**	④	**10**	③
11	④	**12**	④	**13**	②	**14**	③	**15**	①
16	③	**17**	②	**18**	④	**19**	③	**20**	③
21	①	**22**	④	**23**	④	**24**	①	**25**	②
26	①	**27**	④	**28**	④	**29**	③	**30**	③
31	④	**32**	④	**33**	④	**34**	④	**35**	③
36	①	**37**	②	**38**	③	**39**	③	**40**	④

01 🔒①   🔗 **LINK** 기본서 70p

폭발은 착화까지는 연소와 동일하나 착화 이후 급격한 압력의 전파로 폭음과 함께 파괴를 수반하는 것이다. 즉, **폭발은 높은 에너지 방출속도를 가지고 폭음(큰 음향)을 수반하며 파열(기계적 일)을 하는 것**을 말한다.

02 🔒②   🔗 **LINK** 기본서 70p

② 폭발은 **반드시 연쇄반응을 일으키지는 않는다.** 기체나 액체의 상변화 등의 물리현상이 압력발생의 원인이 되는 물리적 폭발과 물체의 화학반응으로 압력이 상승하는 화학적 폭발로 구분할 수 있다.

➕ 추가학습

폭발의 성립조건

① 물적 조건의 성립
   ㄱ. 밀폐된 공간에서 가연성 혼합기 형성
   ㄴ. 가연성 혼합기가 폭발범위 내에 있을 것
② 에너지 조건의 성립
   ㄱ. 발화온도 이상의 온도
   ㄴ. 최소점화에너지 이상의 에너지

03 🔒③   🔗 **LINK** 기본서 32p

폭발범위란 **공기 중에서 가연성 가스가 연소할 수 있는 가연성 가스의 농도 범위**를 말한다.

04 🔒③   🔗 **LINK** 기본서 32p

폭발범위 = 연소범위

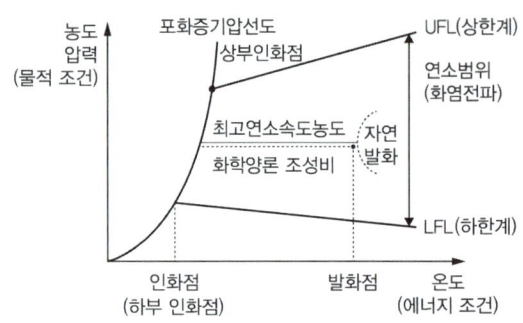

05 🔒④   🔗 **LINK** 기본서 32p

폭발범위=연소범위
따라서 연소범위의 특징과 동일하게 적용하면 된다.

✔ 선지체크

① ② 불활성 가스(N_2, CO_2)의 함유량이 많을수록 **폭발범위는 좁아진다.**
③ 가연성 가스는 온도가 일정하고 압력이 내려가면 **폭발범위가 좁아진다.**

06 🔒①   🔗 **LINK** 기본서 71p

① 폭발의 원인별 분류로는 물리적 폭발과 화학적 폭발 등이 있고, 원인 물질별 상태에 따른 분류로는 응상폭발과 **기상폭발**이 있다.

➕ 추가학습

원인별분류

핵폭발, 물리적 폭발, 화학적 폭발

원인 물질별 상태에 따른 분류

응상폭발, 기상폭발

07 🔒①   🔗 **LINK** 기본서 71p

① 누출된 가스는 공기와 혼합된 후 점화원에 의해 폭발하게 되는 **화학적 폭발(산화폭발)**의 예다.

물리적 폭발

① 화학적 변화를 수반하지 않는 물리적인 손상이나 변화에 의하여 발생되는 폭발로 대부분 급격한 상변화에 의하여 발생
② 고압용기의 파열, 탱크의 감압파손, 액체의 폭발적인 증발 등 눈에 보이는 물리적 변화
예 증기폭발, 보일러 폭발 등

---

08 🔒 ③　　　　　　　　📎 LINK 기본서 71~72p

분해폭발이란 분해반응이 발열반응인 분해폭발성 가스가 압축 등 어떠한 원인에 의해 분해되어 발열, 착화, 압력 상승되어 폭발하는 것이다. 지연성 가스 없이 폭발이 가능하다.

✅ 선지체크

① ② ④ 연소라는 **산화반응에 의해 발생되는 폭발**로 가연성 가스나 증기, 분진, 액적 등이 공기와 반응하여 폭발하는 것이다.

화학적 폭발

물질의 화학 반응에 의하여 온도가 상승, 과열되어 단시간 내에 급격한 압력 상승이 발생하여 이 압력이 급격히 방출되면서 발생하는 폭발
예 산화폭발(가스폭발, 분진폭발, 분무폭발), 분해폭발, 중합폭발, 촉매폭발 등

---

09 🔒 ④　　　　　　　　📎 LINK 기본서 71~72p

ㄱ. 증기운 폭발이란 대량의 가연성 가스가 대기 중에 유출되거나 대량의 가연성 액체가 유출되면 그것으로부터 발생하는 **가연성 증기가 공기와 혼합기체를 형성하고 점화원에 의해 폭발이 일어나는 것**으로 가스폭발에 해당한다.
ㄴ. 분해 폭발성 가스는 아세틸렌, **산화에틸렌**, 에틸렌, 프로필렌, 메틸아세틸렌, 모노바이닐아세틸렌, 이산화염소, 하이드라진 등이 있다.
ㄷ. 분진폭발이란 가연성 고체가 미분상태로 공기 중에 부유하여 폭발하한계의 농도 이상으로 유지될 때 착화원(발화원)이 존재하면 폭발하는 것이다.
ㄹ. 박막폭굉: **분무폭발(미스트폭발)의 종류**이다. **윤활유** 등은 인화점이 높기 때문에 보통 상태에서는 연소되기가 어려운데 배관(파이프) 내에 박막상태로 부착되어 있는 경우가 있다. 이러한 경우 박막의 온도가 인화점 이하이더라도 고에너지의 충격파가 가해지면 부착된 윤활유가 무화(미세화)되면서 폭굉으로 되는 현상이다.

ㅁ. 중합폭발이란 염화바이닐, 초산바이닐 등과 같은 중합물질 모노머가 폭발적으로 중합되어 발열하고 압력이 상승되어 폭발하는 것이다. (단량체가 일정 온도와 압력으로 반응이 진행되어 분자량이 큰 중합체가 되어 폭발하는 현상)
아세틸렌, 메틸아세틸렌, 바이닐아세틸렌, 에틸렌, **산화에틸렌**, 하이드라진 등
ㅂ. ㄴ, ㅁ 해설 참조

---

10 🔒 ③　　　　　　　　📎 LINK 기본서 72~73p

③ 증기폭발이란 액상에서 급속한 기화현상이 발생되어 상변화에 따른 체적팽창으로 고압이 생성되어 폭풍을 일으키는 현상으로 **응상폭발에 해당**한다.
예 증기폭발, 수증기 폭발, 과열액체 증기폭발(BLEVE), 액화가스(극저온) 증기폭발, 고상간 전이 폭발, 전선폭발, 불안정 물질의 폭발, 혼합·혼촉에 의한 폭발 등

✅ 선지체크

① ② ④ 수소, 일산화탄소, 메탄, 프로판, 아세틸렌 등의 가연성 가스와 조연성 가스와의 혼합기체에서 발생하는 가스폭발이 기상폭발에 속한다.
예 가스폭발, 분무폭발, 분진폭발, 분해폭발, 증기운폭발

---

11 🔒 ④　　　　　　　　📎 LINK 기본서 72~74p

모두 응상폭발에 해당한다.
ㄱ. 고상간 전이폭발
ㄴ. 액화가스 증기폭발
ㄷ. 불안정 물질의 폭발
ㄹ. 혼합·혼촉에 의한 폭발
ㅁ. 전선폭발

---

12 🔒 ④　　　　　　　　📎 LINK 기본서 74p

④ 전선폭발에 대한 설명이며, **응상폭발**에 속한다.

✅ 선지체크

① 분해폭발 ② 분무폭발 ③ 가스폭발은 기상폭발에 속한다.

13 🔒② 📑LINK 기본서 72p

② 증기폭발이란 액상에서 급속한 기화현상이 발생되어 상변화에 따른 체적팽창으로 고압이 생성되어 폭풍을 일으키는 현상이다.

✔ 선지체크

① 수증기가 응축하게 되면 액체 상태로 액화된다.

③ ④ 가스폭발에 대한 설명이다.

14 🔒③ 📑LINK 기본서 73p

③ 액화가스가 급격히 증발하면서 탱크 벽면에 강한 충격을 주는 것은 **액격현상**이다.

➕ 추가학습

발생과정 정리

1. 액온상승
   ① 탱크 주위에 화재 발생
   ② 탱크의 외벽 가열
   ③ 액온상승
2. 연성파괴
   ① 탱크 기상부 온도상승 및 압력증가
   ② 탱크 강도 저하로 인한 균열 발생
3. 액격현상
   ① 탱크 내의 증기가 균열의 틈새로 누출되면서 급격한 압력저하
   ② 액화가스가 급격히 증발하면서 탱크 벽면에 강한 충격
4. 취성파괴
   ① 탱크 파괴
   ② 탱크의 파편이 사방으로 비산
5. Fire ball 발생
   ① 탱크에서 다량의 가스 누출
   ② 외부 점화원에 의해 착화 시 Fire ball 형성

15 🔒① 📑LINK 기본서 73p

과열액체 증기폭발 발생과정 정리

액온상승 → 연성파괴 → 액격현상 → 취성파괴

ㄴ. 액체가 들어있는 탱크의 주위에서 **화재가 발생**한다.

ㄷ. 화재로 인한 열에 의하여 **탱크의 벽이 가열**된다.

ㅁ. 액위 이하의 탱크 벽은 액에 의하여 냉각되나, 액체의 온도는 올라가고, **탱크 내의 압력이 증가**한다.

ㄹ. 화염이 열을 제거시킬 액체는 없고 증기만 존재하는 탱크의 벽이나 천장에 도달하면, 화염과 접촉하는 부위의 금속의 온도는 상승하여 탱크는 **구조적 강도를 잃게 된다.**

ㄱ. **탱크가 파열**되고 그 내용물이 **폭발적으로 증발**한다.

➕ 추가학습

과열액체 증기폭발(BLEVE)

가연성 액화가스 저장 탱크가 외부의 열(화재 등)에 의해 가열될 경우 탱크 내부의 일부 액체가 급격히 기화하는데 이때, 액체의 기화로 증기압이 급상승하면서 저장탱크 상부(기상부)의 강판이 국부 가열되어 그 강도가 약해지며 탱크가 파열되고 가열된 액화가스가 급속하게 팽창 분출하며 폭발하는 현상

16 🔒③ 📑LINK 기본서 73~74p

ㄴ. Blow down 방법이란 용기내부의 압력을 외부로 분출시키는 방법을 말한다.(배기 밸브 또는 배기구를 오픈)

✔ 선지체크

ㄹ. 탱크내벽에 **열전도도가 좋은** 물질을 설치하여 폭발을 방지한다.

➕ 추가학습

과열액체 증기폭발(BLEVE) 방지대책

① 용기의 내압 강도 유지
② 외력에 의한 용기 파괴 방지
③ 화재에 의한 가열 방지
   – 탱크 표면에 물분무소화설비(고정식 살수설비)를 설치
   – 탱크 외벽은 열전도도가 좋지 않은 물질로 단열처리
   – 탱크를 지하에 설치
④ 폭발방지장치 설치
   – 탱크 내벽에 열전도도가 좋은 물질(알루미늄 합금 박판) 등을 설치하여 기상부로 흡수되는 열을 액체 부분으로 신속히 전달
⑤ 감압시스템으로 탱크 내 압력 낮춤
⑥ 방액제를 경사지게 하여 화염이 직접 탱크에 접하지 않도록 방지

17 🔒② 📑LINK 기본서 73~74p

② 과열액체 증기폭발 현상을 방지하기 위해서 고정식 살수설비를 설치하거나 **탱크 외벽을 열전도도가 좋지 않은 물질**로 단열처리를 한다.

➕ 추가학습

과열액체 증기폭발(BLEVE) 영향인자

① 저장된 물질의 종류와 형태
② 저장용기의 재질

③ 내용물의 물질적 역학상태
④ 주위온도와 압력상태
⑤ 내용물의 인화성 여부

추가학습 +

분진폭발을 일으키지 않는 물질
석회석(탄산칼슘), 생석회(산화칼슘), 소석회, 산화알루미늄, 시멘트, 대리석 등

---

18 🔒④　　　　　　　📖 LINK 기본서 75~77p

ㄱ. 건류작용이란 공기를 차단한 채 고체 유기물을 가열하여 분해하는 것을 말한다.
ㄷ. 화염을 전파할 수 있는 분진크기(76㎛ 또는 200mesh)를 가져야 한다.
　→ 분진의 표면적이 입자체적에 비하여 클수록, 평균 입자직경과 밀도가 작을수록 폭발력이 더 커진다.
ㄹ. 폭발은 연소의 3요소에 밀폐된 공간이 있으면 성립한다.
　→ 연소의 3요소: 가연물, 산소공급원, 점화원

✅ 선지체크

ㄴ. 분진 농도가 **폭발범위 내에 있어야 한다.**

추가학습 +

분진의 폭발조건
① 분진이 가연성일 것
② 분진이 미분상태로 부유 중일 것
③ 분진 농도가 폭발범위 이내일 것
④ 화염을 전파할 수 있는 분진크기(76㎛ 또는 200mesh)를 가질 것
⑤ 지연성 가스(공기)와의 충분한 교반과 운동으로 혼합되어 있을 것
⑥ 점화원이 존재할 것
⑦ 열의 발생속도가 방열속도보다 클 것(발생속도 > 방열속도)

---

19 🔒③　　　　　　　📖 LINK 기본서 76~77p

③ 수분의 영향: 분진의 부유성을 억제, 점화에너지 및 폭발 시 발생되는 열을 흡수, 수증기가 가연성 혼합기의 농도를 저하시킨다.
　→ 단, 알루미늄 및 마그네슘과 같이 물과 반응하는 금속분진의 경우 수분량이 증가하면 폭발성이 증가한다.

✅ 선지체크

① 분진폭발은 열분해되어 기화된 증기가 연소, 폭발하는 것이므로 **분진의 휘발성이 클수록 분진폭발이 일어나기 쉽다.**
② 평균입경이 동일한 분진의 경우 **구상 < 침상 < 평편상**으로 갈수록 폭발성이 증가한다.
④ 폭발성 분진의 종류로는 석탄, 마그네슘 등이 있으며 **산화알루미늄은 분진폭발을 일으키지 않는다.**

---

20 🔒③　　　　　　　📖 LINK 기본서 77p

• 분진폭발을 일으키지 않는 물질: 석회석(탄산칼슘), 생석회(산화칼슘), 소석회, 산화알루미늄, **시멘트**, 대리석 등

✚ 고난도 문제

21 🔒①　　　　　　　📖 LINK 기본서 75~77p

ㄱ. 분진의 발열량이 클수록 폭발성이 크며 휘발성분의 함유량이 많을수록 폭발하기 쉽다. 탄진에서는 휘발분이 11% 이상이면 폭발하기 쉽고, 폭발의 전파가 용이하여 폭발성 탄진이라고 한다.(탄진: 탄갱 안의 공기 속에 떠다니는 아주 작은 석탄가루를 말한다)
ㄴ. 산소와 반응이 있는 분진의 경우 공기 중 산화피막을 형성할 수 있으므로 공기 중 노출시간이 길수록 폭발성이 감소한다는 것이다.

✅ 선지체크

ㄷ. 최대폭발압력 상승속도는 **입자의 크기가 작을수록 증가한다.** 입자의 크기가 작을수록 확산되기 쉽고 발화되기 쉽기 때문이다.
ㄹ. 마그네슘, 알루미늄 등(금속분진)은 물과 반응하여 가연성 가스를 발생하므로 **위험성이 더 증가한다.**

---

22 🔒④　　　　　　　📖 LINK 기본서 76p

④ 산소와 반응이 있는 분진의 경우 공기 중에서 산화피막을 형성할 수 있으므로 노출시간이 길수록 폭발성이 감소하여 위험성이 작아진다.
　→ **부유성이 큰 경우에는 위험성이 증가한다.**

---

23 🔒④　　　　　　　📖 LINK 기본서 75p

④ 분진폭발은 가연성 고체가 미분상태로 공기 중에 부유하여 폭발하한계의 농도 이상으로 유지될 때 착화원(발화원)이 존재하면 폭발하는 것이다. **분진폭발은 열분해되어 기화된 가스가 연소, 폭발하므로 산화폭발에 해당된다.**
　→ 분해폭발이란 분해 시 발열하는 분해폭발성 가스가 지연성 가스 없이 분해되며 발열하면서 압력이 급상승하며 발생하는 폭발이다.

분진폭발 특징

① 연소속도나 폭발압력은 가스폭발에 비해 작지만 연소시간이 길고 에너지가 커 파괴력과 그을음이 크다.

② 가스폭발에 비해 불완전연소를 일으키기 쉬워 폭발 후 CO의 다량 존재로 가스 중독위험이 높다.

③ 분진폭발의 발생에너지는 가스폭발의 수 백배이고 온도는 2,000~3,000℃까지 올라간다. 그 이유는 단위 체적당 탄화수소의 양이 많기 때문이다.

④ 분진이 연소하면서 비산하므로 가연물이 국부적으로 심한 탄화 발생 및 인체에 심한 화상을 유발한다.

⑤ 2차, 3차 폭발에 따른 피해 면적이 넓다.

⑥ 분진의 최대폭발압력은 양론적인 농도보다 훨씬 더 큰 농도에서 일어난다. 가스폭발의 경우와 다르기 때문에 개념을 다르게 잡아야 한다.

24 🔒 ①   📄 LINK 기본서 75~76p

① 분진폭발의 발생에너지는 가스폭발의 수 백배이고 온도는 2,000~3,000℃까지 올라간다. 그 이유는 단위체적당 탄화수소의 양이 많기 때문이다.

25 🔒 ②   📄 LINK 기본서 76p

② 가스폭발은 분진폭발에 비해 최소발화에너지는 작으나, 최초발생에너지는 크다.

분진폭발 vs 가스폭발

구분	가스폭발	분진폭발
연소속도	크다	작다
초기폭발력	크다	작다
초기폭발압력	크다	작다
최소발화에너지	작다	크다
CO 발생량	적다	많다
최종발생에너지	작다	크다
파괴력	작다	크다
연소시간	짧다	길다
2·3차 연쇄폭발	없다	있다

26 🔒 ①   📄 LINK 기본서 35p, 75~77p

ㄴ. 아세틸렌(HC≡CH)은 3중 결합을 한 탄화수소이다. 압력을 받으면 극히 불안정해지며, 1(게이지압력) 이상에서는 불꽃, 가열, 마찰 등에 의하여 보다 폭발적으로 자기분해를 일으키고, 수소와 탄소로 분해된다.

✅ 선지체크

ㄹ. 가연성 분진의 난류확산은 연소속도를 증가시켜 압력상승률도 증가하기 때문에 일반적으로 분진위험을 증가시킨다.

27 🔒 ③   📄 LINK 기본서 76p

③ 분진의 입도와 입도분포는 분진폭발에 모두 영향 있다.

→ 입자가 작고 밀도가 작을수록 표면적이 크고, 부유성이 좋을수록 폭발이 용이하다.

분진폭발의 영향인자

① 분진의 휘발성이 클수록

② 발열량이 클수록

③ 열분해가 용이할수록

④ 기체의 반응속도가 클수록

⑤ 분진의 표면적이 입자체적에 비하여 클수록(단위체적당 표면적이 클수록)

⑥ 평균 입자직경과 밀도가 작을수록(비표면적이 더 커진다)

⑦ 평균입경이 동일한 분진의 경우: 구상 < 침상 < 평편상

⑧ 수분 함유량이 적을수록(수분은 분진의 부유성을 억제)

→ 단, 알루미늄 및 마그네슘과 같이 물과 반응하는 금속분진의 경우 수분량이 증가하면 폭발성 ↑

⑨ 산소농도가 높을수록

28 🔒 ③   📄 LINK 기본서 77~78p

③ 증기운의 크기가 증가하면 점화확률이 커지고, 폭발 효율이 작다. (연소에너지의 약 20%만 폭풍파로 전환)

✅ 선지체크

④ 증기운 폭발은 일반적으로 폭연에 의한 현상이며, 전파속도가 매우 빨라져야 폭굉으로 전이될 수 있다.

증기운 폭발의 특징

① 증기와 공기의 난류혼합은 폭발력을 증가시킨다.

② 증기의 누출점으로부터 먼 지점에서의 착화는 폭발의 충격을 증가시킨다.

③ 주로 폭발로 인한 피해보다는 화재에 의한 재해형태를 보인다.

④ 일반적으로 폭연에 의한 현상이며, 전파속도가 매우 빨라져야 폭굉으로 전이될 수 있다.

⑤ 풍속이 낮아 증기운이 잘 확산되지 않는 경우에 바닥에 체류하여 증기운을 형성하기 때문에 더욱 피해가 심각하다. 배관이나 탱크에서 누출된 후 증기운을 형성하기 위해서는 바닥에 체류하여야 한다.

✦ 고난도 문제

29 🔓② 📎LINK 기본서 77~78p

② 풍속이 낮아 증기운이 잘 확산되지 않는 경우에 바닥에 체류하여 증기운을 형성하기 때문에 더욱 피해가 심각하다. 배관이나 탱크에서 누출된 후 증기운을 형성하기 위해서는 **바닥에 체류하여야 한다.**

→ 대량의 가연성 가스가 대기 중에 유출되거나 대량의 가연성 액체가 유출되면 그것으로부터 발생하는 가연성 증기가 공기와 혼합기체를 형성하고 점화원에 의해 폭발이 일어나는 현상이다.

✅ 선지체크

① 플래시 화재: 순간증발 화재(flashing, 순간증발)

③ 증기운 폭발은 폭발 순간 압력파에 의한 피해가 크고, 이어서 화염이 확산되면서 화재 피해가 함께 나타나는 복합 재해 형태의 양상을 보인다.

→ BLEVE는 화염구(fireball)에 의한 복사열 피해가 크며, 증기운 폭발은 압력파에 의한 피해가 상대적으로 크다.

✦ 고난도 문제

30 🔓③ 📎LINK 기본서 74p

③ Fire Ball은 BLEVE나 UVCE와 같이 급격한 증발로 인해 확산된 인화성 증기가 착화되면서 폭발할 때, 화염이 급속히 확대되어 공기를 끌어올려 버섯형 화염으로 보이게 되는데 이런 화염형태를 Fire Ball이라 한다.

✅ 선지체크

① **점화원의 강도가 클수록** 파이어볼이 형성될 확률이 높다.

② **BLEVE**의 위험성은 폭발압력으로 탱크가 파열되는 순간 방출되는 폭발압력에 의한 피해가 발생하고, **Fire Ball**의 경우는 그 복사열로 인한 피해가 매우 커서 500m 이내의 가연물이 모두 타버릴 정도로 위험하다. 복사열은 절대온도 4승에 비례하므로, 파이어볼은 복사열이 일반

화염에 비해 10배 이상 커져서 인명 및 재산 피해를 가중시키고 주변으로 화재를 확대시킨다.

④ **flashing(순간증발)이 발생할 수 있는** 형태일수록, 누출된 가스가 많을수록, 연소범위가 넓을수록 파이어볼이 형성될 가능성이 높다.

✦ 고난도 문제

31 🔓④ 📎LINK 기본서 71~79p

모두 옳은 설명이다.

ㄴ. 고체폭발이란 분자 내에 탄소(혹은 질소) 이중결합 및 삼중결합, 산소결합, 탄소–질소 결합 등 분해 에너지가 큰 결합을 포함하고 있다.

ㄷ. 물질이 폭발하면 다량의 가스를 생성하고, 이들 가스는 높은 속도로 팽창하여 폭발의 발생지점으로부터 바깥쪽으로 움직인다. 가스에 의해 움직인 공기는 주로 폭발과 관련 있는 손상 및 부상을 일으키는 압력파를 생성하고, **폭발압력파는 폭발의 발생지점에서 힘의 방향에 따른 양압단계와 부압단계의 두 가지 국면에서 일어난다.**

– 양압단계: 팽창가스가 사고 발생장소로부터 멀리 움직이는 폭발 압력파 부분이며, 보통 부압단계보다 더 강력하고 압력손상의 대부분을 차지하고 있다.

– 부압단계: 양압단계의 급속한 팽창이 폭발 발생지점으로부터 바깥으로 움직일 때 주변을 에워싼 공기를 밀어내고, 압축·가열한다. 주위압력에 비해 상대적으로 낮은 공기 압력상태가 발생지점 중심부에 생기며, 양압단계가 사라질 때 생성된 부압단계인 낮은 공기 압력조건을 평형상태로 만들기 위해 공기는 발생지점으로 역류한다. 부압단계는 2차적인 손상을 일으킬 수 있고, 발생지역 쪽으로 물증을 이동시켜 발생지역을 숨길 수 있다. 부압단계는 보통 양압단계보다 현저하게 적은 힘이지만, 양압단계에 의해 이미 약해진 구조물을 무너지게 할 수 있다.

ㅁ. 균일반응(용기 내 폭발)은 화학적 반응이 반응계 전체에 걸쳐 일정하게 일어나고, 전파반응(배관 내 폭발)은 착화된 부분에서 일어나 전체 혼합물로 확산되며, 반응부분, 생성부분, 미반응 부분의 구역으로 나누어진다.

32 🔓④ 📎LINK 기본서 79p

④ 폭연은 폭굉보다 화염전파속도가 **느리다.**

추가학습 ✦

폭발성 분진

① 탄소제품: 석탄, 목탄, 코크스, 활성탄

② 비료: 생선가루, 혈분 등

③ 식료품: 전분, 설탕, 밀가루, 분유, 곡분, 건조효모 등

④ 금속류: 알루미늄, 마그네슘, 아연, 철 등

⑤ 목질류: 목분, 콜크분, 리그닌분, 종이가루 등

⑥ 합성 약품류: 염료중간체, 각종 플라스틱, 합성세제, 고무류 등

⑦ 농산가공품류: 후춧가루, 제충분, 담배가루 등

---

33 🔒 ③　📖 LINK 기본서 79~80p

✅ **선지체크**

ㄹ. 화염면에서 온도, 압력, 밀도가 **연속적**이고, 폭굉의 경우 화염면에서 온도, 압력, 밀도가 불연속적으로 나타난다.

➕ **추가학습**

폭연 vs 폭굉 [구분: 화염의 전파속도]

구분	폭연 (Deflagration)	폭굉, 폭효 (Detonation)
속도	① 음속 이하 ② 아음속 　: 0.1~10 [m/s]	① 음속 이상 ② 초음속 　: 1,000~3,500 [m/s]
충격파	X	O
압력증가	수[atm] (초기압력 10배 이하)	폭연의 10배 이상
폭발시 압력	정압	정압 + 동압
에너지 전달	전도, 대류, 복사 (물질전달속도)	충격파
화염면	온도, 압력, 밀도 연속적	온도, 압력, 밀도 불연속적
특징	① 공기의 난류확산에 영향을 받는다. ② 폭굉으로 전이가 가능하다. ③ 화재로의 파급효과가 크다.	-

---

34 🔒 ④　📖 LINK 기본서 79~80p

④ 폭굉파는 **온도, 밀도, 압력 모두 증가한다.**

✅ **선지체크**

① 정압이란 유체의 압력을 말하며, 동압이란 유체가 가지는 운동에너지를 압력단위로 나타낸 것이다. 폭연 = 정압, 폭굉 = 정압 + 동압이다.

✦ **고난도** 문제

35 🔒 ③　📖 LINK 기본서 79~80p

③ 관련 그림은 폭굉에 대한 설명이다. 폭굉은 화염면에서 온도, 압력, 밀도 등이 **불연속적으로 전파된다.**

✅ **선지체크**

④ 폭연은 확산연소의 형태, 폭굉은 예혼합연소의 형태를 보인다.

➕ **추가학습**

착화 → 연소파 → 압축파 → 충격파 → 폭굉파
(화염전파) (연소파 중첩) (압축파 중첩) (단열압축)

연소파(연소)	연소파(폭연)	폭굉파(폭굉)
온도는 화염의 열전달을 통해 상승되며, 압력은 일정하다.	온도 상승이 밀도의 감소정도보다 커서 압력이 약간 증가된다.	충격파는 미연소 가스의 영역을 압축시키며(밀도, 온도 증가), 나중에 더 빠른 속도로 오는 충격파로부터 에너지를 받아 지속적으로 강화된다.

* 폭굉파 (폭굉후 발생) = 충격파 + 폭굉 반응에 의한 연소열

---

36 🔒 ①　📖 LINK 기본서 79~80p

① 디토네이션이란 폭굉을 말한다. 폭굉이란 발열반응으로서 연소의 전파속도가 그 물질 내에서 음속보다 **빠른 것**을 말한다.

---

37 🔒 ②　📖 LINK 기본서 79~80p

② **폭연의 경우** 화재로의 파급효과가 크다.

✅ **선지체크**

① 폭연은 주로 개방된 환경에서 이루어지는 형태임에 비해, **폭굉은 밀폐된 상태의 환경에서 발생한다.** 전방으로 전파된 충격파는 단단한 벽을 만나면 반사되어 되돌아오게 되며 이러한 경우 압축이 더욱 가속화 되어 파면의 **압력은 약 2.5배 증가한다. 따라서 밀폐계일수록 폭굉이 용이하다.**

③ 폭연은 에너지 방출속도는 물질전달속도의 영향을 받고, **폭굉은 충격파의 압력에 의해 전파된다.**

④ 폭연은 연소파를 수반하고 난류확산의 영향을 받고, **폭굉은 충격파를 수반하고 난류확산에 영향을 받지 않는다.**

---

38 🔒③   📖 LINK 기본서 79~80p

✅ **선지체크**

① **폭연**은 화염면에서 상대적으로 완만한 에너지 변화에 의해서 온도, 압력, 밀도가 연속적이다. **폭굉은 온도, 압력, 밀도가 불연속적이다.**

② **폭굉**은 열에 의한 전파보다 충격파에 의한 압력에 영향을 받는다. **폭연은 에너지방출이 열전달에 의해 전파되며 충격파를 형성하지 않는다.**

④ 폭연 시 화염의 전파속도는 **0.1~10[m/s]**로 음속보다 느리다.
→ 폭굉: **1,000~3,500[m/s]**

---

39 🔒③   📖 LINK 기본서 80p

③ 연소속도가 **큰 혼합가스일수록** 폭굉 유도거리가 짧아진다.

추가학습 ➕

폭굉 유도거리가 짧아지는 조건(폭굉이 일어나기 쉬운 위험성이 큰 조건)

① 정상의 연소속도가 큰 혼합가스일수록
② 관속에 방해물이 있거나 관경(관 지름)이 가늘수록
③ 압력이 높을수록
④ 점화원 에너지가 강할수록
⑤ 주위온도가 높을수록

---

40 🔒④   📖 LINK 기본서 80p

④ 관경이 작을수록 폭굉유도거리가 짧아진다. 이를 방지하기 위해서는 **관경을 크게 한다.**

✅ **선지체크**

② 폭굉으로 전이가 우려되는 부분에 불꽃 및 화염 등이 발생하는 경우 불활성 소화약제를 분출하여 폭발농도 이하로 불활성화 조치를 취한다.

③ 파열판: 압력이 급격하게 상승하는 경우 디스크가 파열되면서 압력을 토출하는 장치
화염방지기: 배관 내외부에서 전파되고 있는 화염이 인접설비로 전파되지 않도록 차단하는 장치

---

02   폭발 예방 및 보호

문제편 56~58p

01	①	02	①	03	②	04	③	05	①
06	③	07	②	08	③	09	①	10	②
11	③	12	③	13	①				

---

01 🔒①   📖 LINK 기본서 81p

① 불활성화란 가연성 혼합가스 중 산소농도를 '0'으로 만드는 것이 아닌 **최소산소농도(MOC) 이하로 낮게 하여 폭발을 방지하는 것**이다.

✅ **선지체크**

②③④ 불활성화란 불활성 가스(질소, 이산화탄소, 수증기 등)를 가연성 혼합기체에 첨가하여 산소농도를 감소시키는 것을 말하는데, 불활성 가스를 주입시키는 방법을 퍼징(Purging)이라고 한다.
– 일반적으로 산소농도의 제어점은 최소산소농도(MOC)보다 약 4% 낮은 농도이다.

구분	MOC	불활성화 농도
가스	10%	6%
분진	8%	4%
액체	12~15%	8~11%

추가학습 ➕

불활성화 방법: 진공 퍼지, 압력 퍼지, 스위프 퍼지, 사이폰 퍼지

---

02 🔒①   📖 LINK 기본서 33p, 81p

문제에서 이너팅(Inerting)이란 산소농도를 안전한 농도로 낮추기 위하여 불활성 가스를 용기에 주입하는 것을 말한다.

① LFL(연소하한계)란 공기 중에서 화염이 전파되는 **가연성 가스나 증기의 최소농도**를 말한다.

---

03 🔒②   📖 LINK 기본서 81~82p

② 퍼지의 방법에는 **진공퍼지, 압력퍼지, 스위프퍼지, 사이폰퍼지**가 있다.

불활성화

① 진공퍼지: 용기 내부를 진공시킨 후 불활성 가스를 주입하여 대기압과 같게 하는 방법으로 원하는 산소농도가 될 때까지 반복한다. (진공에 견디지 못하는 대형용기에는 적용할 수 없다)

② 압력퍼지: 용기 내에 불활성 물질을 공급하여 가압한 가스가 용기 내에서 충분히 확산된 후 그것을 대기로 방출하는 방법이다. (진공퍼지에 비해 빠르지만, 많은 양의 불활성 가스가 소모된다)

③ 스위프퍼지: 용기나 장치를 압력이나 진공으로 할 수 없는 경우 사용되는 방법으로 한 개구부로 불활성 가스를 주입시키고, 다른 개구부로 혼합가스를 배출시키는 방법이다.

④ 사이폰퍼지: 용기에 액체를 채운 후 액체를 배출하면서 증기층에 불활성 가스를 주입하는 방법이다. (불활성화의 경비를 최소화할 수 있다)

---

04 🔓 ③   📘 LINK 기본서 81~82p

③ 스위프퍼지: 용기나 장치를 압력이나 진공으로 할 수 없는 경우 사용되는 방법으로 **한 개구부로 불활성 가스를 주입시키고, 다른 개구부로 혼합가스를 배출시키는 방법**이다.

✅ 선지체크

① 진공퍼지: 용기 내부를 진공시킨 후 불활성 가스를 주입하여 대기압과 같게 하는 방법으로 원하는 산소농도가 될 때까지 반복한다. 진공에 견디지 못하는 대형용기에는 적용할 수 없다)

② 압력퍼지: 용기 내에 불활성 물질을 공급하여 가압한 가스가 용기 내에서 충분히 확산된 후 그것을 대기로 방출하는 방법이다. (진공퍼지에 비해 빠르지만, 많은 양의 불활성 가스가 소모된다)

④ 사이폰퍼지: 용기에 액체를 채운 후 액체를 배출하면서 증기층에 불활성 가스를 주입하는 방법이다. (불활성화의 경비를 최소화할 수 있다)

---

05 🔓 ①   📘 LINK 기본서 83p

• 점화원의 격리: 압력 방폭구조, 유입 방폭구조, 내압 방폭구조
• 전기설비의 안전도 증가: 안전증 방폭구조
• 점화능력의 본질적 억제: 본질안전 방폭구조

---

06 🔓 ③   📘 LINK 기본서 83p

③ 유입 방폭구조: 전기기기의 발화원이 될 수 있는 부분을 **기름 안에 넣어** 불꽃, 아크 또는 고온발생부분이 기름 속에 잠기게 하여 기름면 위에 존재하는 가연성 가스에 착화되지 아니하도록 한 구조

✅ 선지체크

① 압력 방폭구조: 용기 내에 불활성 가스를 압입

② 안전증 방폭구조: 정상 시 전기기기의 과도한 온도상승 등 안전조치를 취해 안전도 증가

④ 본질안전 방폭구조: 정상 또는 이상 상태에서 발생하는 전기 불꽃 또는 가열 효과를 점화에너지 이하의 수준까지 제한, 점화시험(착화시험)에 의하여 확인된 것

---

07 🔓 ②   📘 LINK 기본서 84p

② 내압(耐壓) 방폭구조 :전기기기의 발화원이 될 수 있는 부분을 **전폐구조의 용기 안**에 넣어 폭발성 가스가 용기 내부로 침투되어 폭발이 일어나더라도 용기가 그 압력을 이겨내어 파손되지 않고, 폭발 시 화염이나 고열이 용기의 접합면을 지나는 동안 냉각되어 외부의 폭발성 가스를 점화시키지 않는 구조

✦ 고난도 문제

08 🔓 ③   📘 LINK 기본서 84p

③ **본질안전 방폭구조**의 그림이다.

→ 본질안전 방폭구조: 정상 또는 이상 상태에서 발생하는 전기 불꽃 또는 가열 효과를 점화에너지 이하의 수준까지 제한하는 것을 기반으로 하는 방폭구조로 점화시험 등에 의하여 확인된 것이다.

---

09 🔓 ①   📘 LINK 기본서 84p

① 본질안전 방폭구조는 **점화능력의 본질적 억제 방법**에 해당한다.

• 방폭 종류
  1. 점화원의 격리: 압력 방폭구조, 유입 방폭구조, 내압 방폭구조
  2. 전기설비의 안전도 증가: 안전증 방폭구조
  3. 점화능력의 본질적 억제: 본질안전 방폭구조

✅ 선지체크

② 압력 방폭구조

③ 유입 방폭구조

④ 내압 방폭구조

10 🔒② 📖LINK 기본서 85p

② 비점화 방폭구조는 전기기기가 정상작동과 규정된 특정한 비정상 조건에서 주위의 폭발성 가스 분위기를 점화시키지 못하도록 하는 방폭구조로 2종 장소에 사용된다.

✅ 선지체크

① 충전 방폭구조: 폭발성 가스 분위기에 점화를 유발할 수 있는 부분을 고정설치하고 그 주위 전체를 충전물질로 둘러쌈으로써 외부 폭발성 분위기에 점화가 일어나지 아니하도록 한 방폭구조를 말한다.
④ 몰드 방폭구조: 폭발성 분위기에 점화를 유발할 수 있는 부분에 컴파운드를 충전함으로써 설치 및 운전 조건에서 폭발성 분위기에 점화가 일어나지 아니하도록 한 방폭구조를 말한다.

11 🔒③ 📖LINK 기본서 85p

③ 1종 장소에 대한 설명이다.

추가학습 ➕

가스폭발 위험장소의 분류

1. 0종 장소
   ① 폭발성 가스 분위기가 연속적, 장기간 또는 빈번하게 존재하는 장소
   ② 상용의 상태에서 가연성 가스의 농도가 연속해서 폭발하한계 이상으로 되는 장소
   ③ 폭발상한계를 넘는 경우에는 폭발한계 내로 들어갈 우려가 있는 경우 포함

2. 1종 장소
   ① 폭발성 가스 분위기가 정상작동 중 주기적 또는 빈번하게 생성되는 장소
   ② 상용의 상태에서 가연성 가스가 체류하여 위험하게 될 우려가 있는 장소
   ③ 정비보수 또는 누출 등으로 인하여 종종 가연성 가스가 체류하여 위험하게 될 우려가 있는 장소

3. 2종 장소
   ① 폭발성 가스 분위기가 정상작동 중 조성되지 않거나 조성된다 하더라도 짧은 기간에만 존재할 수 있는 장소
   ② 밀폐된 설비 안에 밀봉된 가연성 가스나 그 설비의 사고로 인하여 파손되거나 오조작의 경우에만 누출할 위험이 있는 장소

③ 확실한 기계적 환기조치에 따라 가연성 가스가 체류하지 아니하도록 되어 있으나 환기장치에 이상이나 사고가 발생한 경우에는 가연성 가스가 체류하여 위험하게 될 우려가 있는 장소
④ 1종 장소 주변 또는 인접한 실내에서 위험한 농도의 가연성 가스가 종종 침입할 우려가 있는 장소

12 🔒③ 📖LINK 기본서 84p, 86p

③ 내압 방폭구조에서 폭발화염이 외부로 전파되지 않도록 가연성 가스의 안전간극을 작게 한다.

13 🔒① 📖LINK 기본서 86p

① 안전간격이 작은 물질일수록 위험하다.

✅ 선지체크

② 증기비중이 1보다 큰 가연성 증기는 낮은 곳에 체류하므로 연소(폭발) 범위에 있고 점화원이 있으면 연소(폭발) 위험성이 커진다.

추가학습 ➕

폭발등급

폭발등급은 클수록, 안전간격은 작을수록 위험하다.

폭발등급	안전간격	종류
폭발 1등급	0.6mm 초과	메탄, 에탄, 일산화탄소, 암모니아, 아세톤, 프로판, 부탄
폭발 2등급	0.4mm 초과 0.6mm 이하	에틸렌, 석탄가스
폭발 3등급	0.4mm 이하	아세틸렌, 이황화탄소, 수소

PART
3
화재

CHAPTER

01 화재이론

문제편 62~67p

01	①	02	③	03	②	04	①	05	①
06	②	07	②	08	③	09	①	10	④
11	②	12	③	13	①	14	③	15	①
16	③	17	④	18	③	19	③	20	④
21	④	22	②	23	②	24	②	25	③
26	④	27	②						

01 🔒① 　🔗LINK 기본서 90p

① 화재의 분류는 **가연물 종류**와 **가연물 성상**에 따라 정해진다.

02 🔒③ 　🔗LINK 기본서 90p

③ 자산가치의 손실이 없고 자연히 소화될 것이 분명하여 **소화의 필요성을 느끼지 않는 것은 화재로 보지 않는다.**

✅ 선지체크

①②④ 「소방의 화재조사에 관한 법률」상에서 정의하는 '화재'란 사람의 의도에 반하거나 고의 또는 과실에 의하여 발생하는 연소 현상으로서 소화할 필요가 있는 현상 또는 사람의 의도에 반하여 발생하거나 확대된 화학적 폭발현상을 말한다.

03 🔒② 　🔗LINK 기본서 90p

② 전기화재 - **C급** - 청색

분류		색상
일반화재	A급	백색
유류화재	B급	황색
전기화재	C급	청색
금속화재	D급	무색
가스화재	E급	황색
식용유화재	K급	–

04 🔒① 　🔗LINK 기본서 90p

✅ 선지체크

② 일반화재 - **A급** - 섬유
③ 유류화재 - **B급** - 휘발유
④ **일반화재** - **A급** - 플라스틱

05 🔒① 　🔗LINK 기본서 90~95p

① 금속화재는 나트륨, 칼륨 등 금속가연물에 의한 화재로 **건조사(마른 모래), 팽창질석, 팽창진주암, 금속화재용 분말소화약제**를 이용한 질식소화가 효과적이다.

→ **강화액 소화약제는 수계로 금속화재 시 사용이 불가능하다.**

06 🔒② 　🔗LINK 기본서 90~95p

ㄷ. 국내에서는 「소화기구 및 자동소화장치의 화재안전기술기준(NFTC 101)」에 따라 A, B, C, D, K급 화재로 분류하고 있으나 **한국산업규격, 고압가스 안전관리법에서는 가스화재를 E급**으로 규정하고 있다.

ㄹ. 전기화재란 전기에너지가 변환되어 발생한 열이 발화원이 되어 발생한 화재로 전기 공급을 중단하여 소화(제거소화)가 가능하지만, 완벽한 화재 진압을 위해서는 공기를 차단하는 질식작용이 가장 중요한 소화방법이다. → **전기에너지가 변환되어 발생한 열을 줄열**이라고도 한다.(줄열: 도체에 전류가 흐름으로 인해 열이 발생하는 것)

✅ 선지체크

ㄱ. 일반화재는 A급 화재로, 나무, 섬유, 종이 등과 같은 일반가연물에 의한 화재로, 연소 후 재를 **남긴다.**

ㅁ. 식용유 화재는 K급 화재로, 인화점과 발화점의 차이가 적고, 발화점이 비점보다 낮아 소화 후에도 재발화 가능성이 있으며, **제1종 분말소화약제**를 통해 소화한다.

07 🔒② 　🔗LINK 기본서 91p, 159p

② B급 화재의 경우 **주수소화 시 연소면 확대 우려가 있어 공기를 차단하는 질식소화**한다. 주로 포 소화약제를 방사하여 유류 표면에 얇은 층을 형성함으로써 공기 공급을 차단해 소화한다.

→ **물은 부촉매 효과가 없다.**

① 포소화약제는 주로 B급 화재(유류 화재)에 사용하며 A급 화재(일반 화재)에도 적응성이 있다.

③ NH₄H₂PO₄는 제3종 분말소화약제이다. 제3종 분말소화약제는 ABC 급 화재에 적응성이 있으며 부촉매효과로 소화할 수 있다.

④ 강화액 소화약제란 물의 소화력을 높이기 위해 억제효과가 있는 염류를 첨가하여 만든 소화약제로 물이 갖는 냉각·질식효과뿐만 아니라 첨가제가 갖는 부촉매 효과도 있다.

---

08 🔒③ 📥 **LINK** 기본서 104p

③「화재조사 및 보고규정」에 따라 항공기 또는 그 적재물이 소손된 경우 **선박·항공기화재로 구분**한다.

구분	내용
건축·구조물 화재	건축물, 구조물 또는 그 수용물이 소손된 것
자동차·철도차량 화재	자동차, 철도차량 및 피견인 차량 또는 그 적재물이 소손된 것
위험물·가스제조소등 화재	위험물제조소등, 가스제조·저장·취급시설 등이 소손된 것
선박·항공기화재	선박, 항공기 또는 그 적재물이 소손된 것
임야화재	산림, 야산, 들판의 수목, 잡초, 경작물 등이 소손된 것
기타화재	위의 각 부분에 해당되지 않는 화재

---

09 🔒① 📥 **LINK** 기본서 91p

열가소성 수지	열경화성 수지
가열하면 용융되어 액체로 되고 식으면 다시 굳어지는 수지이다. 화재의 확대 위험성이 크다. 예 폴리염화바이닐(PVC), 폴리에틸렌수지, 폴리스틸렌수지	열을 가한 후, 한 번 냉각하면 열을 가해도 또 다시 다른 모양으로 변형할 수 없는 성질을 가진 수지이다. 열가소성 수지에 비해 화재의 확대 위험성이 적다. 예 페놀수지, 요소수지, 멜라민수지

② 페놀수지 – **열경화성**

③ 폴리에틸렌수지 – **열가소성**

④ 멜라민수지 – **열경화성**

---

10 🔒④ 📥 **LINK** 기본서 91p, 43p

④ 열가소성 수지는 **증발연소**, 열경화성은 **분해연소**의 모습을 보인다.

열가소성	고에너지	불꽃연소
열경화성	저에너지	작열연소

②③ 열가소성 수지는 증발을 통한 확산연소로 분해 연소를 하는 열경화성 수지보다 연소속도가 빠르고, 열방출율이 크기 때문에 열가소성 수지 화재가 열경화성 수지 화재보다 화재가혹도가 크다.

---

11 🔒② 📥 **LINK** 기본서 91p

② 화재 진행속도가 일반화재보다 빠르고 활성화 에너지가 **작다.**

추가학습 ➕

유류화재(B급 화재)

① 연기의 색상: 흑색

② 연소 후 재 X

③ 화재 진행속도: 유류화재 > 일반화재

④ 활성화 에너지: 유류화재 < 일반화재

⑤ 전기적으로 부도체

⑥ 주수소화 시 연소면 확대 우려

⑦ 질식소화

✦ **고난도 문제**

12 🔒③ 📥 **LINK** 기본서 91p

③ 예열형 전파의 모습을 나타내는 경우에는 유류가 **높은 비점**으로 상온에서 연소범위 이하로 존재한다.

추가학습 ➕

액체 위험물에서 발생할 수 있는 재해 현상

① 경질유는 단일 성분 액체로 액온이 인화점보다 높아 예혼합 전파로 연소확대되고, BLEVE, UVCE 등 폭발에 가까운 재해를 일으키기 때문에 폭발방지대책이 필요하다.

② 중질유는 다성분 액체로 액온이 인화점보다 낮아 예열형 전파로 연소확대되고, Boil over, Slop over 등의 재해를 일으키기 때문에 화재방지대책이 필요하다.

구분	경질유	중질유
정의	20[℃]에서 증기압이 5mmHg 이상인 것	20[℃]에서 증기압이 5mmHg 미만인 것
적용탱크	FRT	CRT
종류	휘발유, 등유	원유
성분	단일성분 액체	다성분 액체
비점	낮다	높다
연소형태	예혼합형 전파	예열형 전파
열류층	X	O
재해현상	BLEVE, UVCE	Boil over, Slop over

13 ①
LINK 기본서 92p

① 보일오버(Boil over): 뜨거운 열류층의 온도에 의해 **탱크 저부의 물 또는 에멀젼**이 급작스럽게 부피팽창하여 불 붙은 기름을 탱크 밖으로 분출하는 현상, 인근 시설로 화염이 확대되어 대규모 화재로 발전

선지체크

② 슬롭오버(Slop over): 고온(100℃ 이상)의 액면에 물 분무 또는 포 소화설비를 방수하면 분사된 수분이 급격하게 증발하면서 유류를 탱크 밖으로 분출

③ 프로스오버(Froth over): 화재 수반 X, 물이 고점도 유류 아래에서 비등할 때 탱크 밖으로 물과 기름이 거품과 같은 상태로 넘치는 현상

④ 링파이어(Ring fire): 탱크 벽면의 고열로 인해 유류가 가열되어 있으므로 포 소화약제의 거품이 신속하게 소멸되어 소화가 되지 않아 탱크의 가장자리 부분에만 화염이 지속되는 현상

14 ③
LINK 기본서 92p

ㄷ. 탱크 저부에 **물이 있을 경우 보일오버가 발생**한다.

ㅁ. 유류표면 아래로 물이 유입되면서 물이 고점도 유류 아래에서 비등할 때 탱크 밖으로 물과 기름이 넘치는 현상은 **프로스오버에 대한 내용**이다.

추가학습

보일오버 발생조건

① 다성분(다비점)이어야 한다.

② 뚜껑 없는 개방된 탱크에 화재가 장시간 지속되어야 한다(열류층 형성될 시간 필요).

③ 탱크 저부에 물 또는 에멀젼이 있어야 한다.

보일오버 방지대책

① 탱크 내의 내용물을 기계적 교반한다.

② 탱크 저부의 물을 배출한다.

15 ①
LINK 기본서 92p

① 오일오버(Oil over): 유류가 **탱크 내용적의 50% 이하로 충전**되어 있을 때, 화재로 인해 증기압력 상승으로 유류를 외부로 분출하면서 탱크가 폭발하는 현상

16 ③
LINK 기본서 92p

③ 슬롭오버(Slop over): 석유화재에서 **투입된 소화수**가 고온의 석유에 닿자마자 열교환이 빠르게 이루어져 **격심한 증발을 하면서 불붙은 석유와 함께 분출**되는 현상

17 ④
LINK 기본서 92p

선지체크

① 블레비현상

② 보일오버

③ 프로스오버

18 ③
LINK 기본서 92p

ㄷ, ㄹ 프로스오버란 화재 이외의 경우로 물이 고점도 유류 아래에서 비등할 때 탱크 밖으로 물과 기름이 거품과 같은 상태로 넘치는 현상으로 전형적인 예로 뜨거운 아스팔트가 물이 약간 채워진 무개차에 옮겨질 때 일어난다.

선지체크

ㄱ. **액면화재**: 용기나 저장조 내부와 같이 일정한 액면에서 발생한 석유화재이다. 화재 초기에 진화하지 않으면 진화가 어려워 보일오버나 슬롭오버 등 탱크화재 재해 현상으로 확대될 수 있다.

ㄴ. **슬롭오버**

19 🔒 ③ 📄 LINK 기본서 91p, 46~47p

③ 분무연소에 대한 설명이다.

추가학습 ✚

액면화재(액면연소, Pool fire)

① 액면화재의 연소속도는 액면강하속도이다.

② 액체의 인화점에 도달하면 연소가 일어나기 때문에 액면아래의 온도분포에 영향을 받는다.

③ 화염의 높이에 따라 주변에 복사열의 영향을 준다.

④ 바람에 의한 화염경사가 접촉화염에 의한 확산이나 액체의 예열에 영향을 준다.

20 🔒 ④ 📄 LINK 기본서 93p

④ 역기전력: 전기회로에서 어떤 전압이 걸릴 때 그 반대 방향으로 생기는 기전력을 뜻한다. 따라서 **역기전력은 전기화재의 원인에 해당하지 않는다.**

✔ 선지체크

① 규정 값을 초과하는 이상 전류가 본래 흐르려는 경로 밖으로 흐르는 것: 과전류
   → 줄의 법칙: 전선의 저항으로 인해 전류가 흐를 때 열이 발생하는 현상이며, 과전류가 흐르면 이 열이 급격히 증가한다.

② 배선기구의 절연체 등이 시간 경과에 따라 절연체의 열화로 절연성이 저하되거나 미소전류에 의한 국부발열과 탄화현상 누적으로 발열 또는 누전현상을 일으키는 것: 절연열화(절연불량) 또는 탄화

③ 전선의 불필요한 접촉 등으로 인해 전류가 본래 흐르려는 경로 밖으로 흐르는 것: 단락(합선)

21 🔒 ④ 📄 LINK 기본서 93p, 216p

✔ 선지체크

① ~~마른모래~~, 산알칼리 소화약제

② 인산염류 소화약제, **팽창질석**

③ ~~포 소화약제~~, 중탄산염류 소화약제

추가학습 ✚

소화기구의 소화약제별 적응성

소화약제 구분 / 적응대상	가스			분말		액체				기타			
	이산화탄소 소화약제	할론 소화약제	할로겐화합물 및 불활성기체 소화약제	인산염류 소화약제	중탄산염류 소화약제	산알칼리 소화약제	강화액 소화약제	포 소화약제	물침윤 소화약제	고체에어로졸화합물	마른모래	팽창질석·팽창진주암	그 밖의 것
일반화재 (A급 화재)	–	○	○	○	–	○	○	○	○	○	○	○	–
유류화재 (B급 화재)	○	○	○	○	○	○	○	○	○	○	○	○	–
전기화재 (C급 화재)	–	○	○	○	○	*	*	*	*	○	–	–	–
주방화재 (K급 화재)	–	–	–	–	*	*	*	*	*	–	–	–	*
금속화재 (D급 화재)	–	–	–	–	*	–	–	–	–	–	○	○	*

주) "*"의 소화약제별 적응성은 「화재예방, 소방시설 설치유지 및 안전관리에 관한 법률」 제36조에 의한 형식승인 및 제품검사의 기술기준에 따라 화재 종류별 적응성에 적합한 것으로 인정되는 경우에 한한다.

22 🔒 ② 📄 LINK 기본서 93p

② 인화칼슘 – 포스핀(인화수소)

구분	발생가스	
탄화칼슘(카바이드)	아세틸렌	가연성 가스
탄화알루미늄	메탄	
인화칼슘(인화석회)	포스핀	
나트륨, 칼륨, 마그네슘, 철분 등	수소	
무기과산화물	산소	지연성(조연성) 가스

✔ 선지체크

① 탄화칼슘 – **아세틸렌**

③ 탄화알루미늄 – **메탄**

④ 무기과산화물 – **산소**

23 🔒② 　　　　　　　　　　　　 📑 LINK 기본서 93p

ㄴ. 대부분 금속은 물 또는 이산화탄소와 반응하여 발열 및 가연성 가스가 발생한다. 따라서 물 및 이산화탄소는 소화약제로서 사용이 불가능하다.

✅ 선지체크

ㄱ. 일반 가연성 물질 화재보다는 **높은 온도로 연소**되며, 더 빠른 속도로 연소한다.

ㄷ. 칼륨, 마그네슘은 물과 접촉 시 가연성 가스인 수소가 발생하며, **인화칼슘은 물과 접촉 시 포스핀이 발생**된다.

ㅁ. 금속화재의 소화기 표시 바탕색은 **무색**이다.

---

24 🔒② 　　　　　　　　　　　　 📑 LINK 기본서 94p

② 액화석유가스의 **기체는 공기보다 무겁고, 액체는 물보다 가볍다.**

➕ 추가학습

LNG vs LPG

구분	LNG(액화천연가스)	LPG(액화석유가스)
주성분	메탄	프로판, 부탄
보관	-162[℃]로 액화	가압(10[kg/cm²])하여 액화
비중	공기보다 가볍다 (화재의 위험성이 적다)	공기보다 무겁다 (화재의 위험성이 크다)
연소속도	빠르다	느리다
발열량	적다	크다
특징	무색, 무취(부취제 사용)	무색, 무취(부취제 사용)
가스누설 경보기 (탐지부)	천장으로부터 30cm 이내	바닥으로부터 30cm 이내

---

25 🔒③ 　　　　　　　　　　　　 📑 LINK 기본서 94p

③ 용해가스의 대표적인 예로는 아세틸렌이 있으며, 압축을 하면 **분해폭발하는 성질** 때문에 단독으로 압축하지 못하고, 용기에 다공성물질을 충전한 뒤 아세톤과 같은 용제를 넣어 용해시켜 저장하는 가스를 말한다.

→ 분해폭발: 분해반응이 발열반응인 분해폭발성 가스가 압축 등 어떠한 원인에 의해 분해되어 발열, 착화, 압력 상승되어 폭발하는 것이다. 지연성 가스 없이 폭발이 가능하다. (아세틸렌 폭발범위: 2.5~100%)

➕ 추가학습

취급상태에 따른 분류: 압축가스, 액화가스, 용해가스
연소성에 따른 분류: 가연성 가스, 불연성 가스, 조연성 가스

---

26 🔒④ 　　　　　　　　　　 📑 LINK 기본서 94p, 191p

④ 일반 유류에 비해 식용유는 인화점과 발화점의 차이가 매우 **작다.**

✅ 선지체크

① 들기름은 건성유, 올리브유는 불건성유이다. 건성유일수록 아이오딘 값이 크며, 그 값이 클수록 산화되기 쉽고 자연발화의 위험성은 높아진다.

② 식용유는 발화점이 비점(끓는점)보다 낮아 끓기 전에 불이 붙어버리는 상황이 발생한다.

③ 식용유는 인화점과 발화점의 차이가 작고, 발화점이 비점(끓는점)보다 낮아 비점 이하의 온도에서도 액면상 증발을 통해 발화할 수 있다. 따라서 식용유 화재 시 소화 후에도 식용유의 온도가 발화점 이상인 상태라면 재발화할 수 있다.

➕ 추가학습

동식물유류

① 요오드(아이오딘)가 클수록 산화되기 쉽고 자연발화 위험성이 높다.
② 건성유 > 반건성유 > 불건성유 순으로 자연발화 위험성이 크다.

구분	불건성유	반건성유	건성유
종류	올리브유, 피마자유, 동백기름	참기름, 면실유	아마인유, 들기름, 해바라기유
아이오딘 값	100 이하	100 초과 130 미만	130 이상

---

27 🔒② 　　　　　　　　　　　　 📑 LINK 기본서 96p

② 나무의 줄기가 타는 것은 **수간화**이다.

구분	내용
지중화	산림 지중에 있는 유기물들이 타는 것
지표화	산림 지면에 떨어져 있는 낙엽이나 관목이 타는 것
수간화	나무의 줄기가 타는 것
수관화	나무의 가지 부분이 타는 것
비화	불씨가 바람에 날아가 타는 것

CHAPTER

02 화재조사

문제편 68~72p

01	③	**02**	③	**03**	②	**04**	②	**05**	④
06	①	**07**	①	**08**	④	**09**	④	**10**	③
11	①	**12**	②	**13**	③	**14**	④	**15**	④
16	①	**17**	②	**18**	②	**19**	②		

---

01 🔓 ③　　　　　　　　　　　🔗 LINK 기본서 **98p**

③ 소송자료로 활용하기 위해 화재조사를 하지 않는다.

---

02 🔓 ③　　　　　　　　　　　🔗 LINK 기본서 **98p**

✅ **선지체크**

① 프리즘: 화재조사는 다양한 각도에서 시행되어야 한다.
② 정밀과학성: 정확한 판단을 위해 정밀한 과학성이 요구된다.
④ 강제성: 관계인에게 동의를 얻기 어려운 경우 강제성이 요구된다.

> **추가학습** ➕
>
> **화재조사 특징**
>
> 현장성, 신속성, 보존성, 안전성, 강제성, 프리즘, 정밀과학성

✦ **고난도 문제**

03 🔓 ②　　　　　　　　　　　🔗 LINK 기본서 **99p**

② 도괴방향법: 출화 가옥의 기둥, 벽 등은 발화부를 향하여 사방으로부터 도괴하는 경향

✅ **선지체크**

① 연소상승법: 상방, 하방, 수평의 연소 속도 비교
③ 탄화심도 비교법: 탄화심도는 발화부에 가까울수록 깊음
④ 주염흔: 화열을 발산하는 가연물이 연소 시 내 · 외벽에 형성하는 흔적

✦ **고난도 문제**

04 🔓 ②　　　　　　　　　　　🔗 LINK 기본서 **99p**

✅ **선지체크**

① 열소흔: 나무가 약 1,100℃ 수준의 온도에서 탈 때 표면이 갈라지는 현상. 표면의 패인 홈의 깊이는 재가 되기 전 여러 흔적 중 가장 깊고 반원형 모양
③ 완소흔: 나무가 대략 700~800℃ 정도에서 비교적 천천히 더디게 타고 난 후 표면에 남는 갈라진 흔적. 탄화홈이 얕고 사각 또는 삼각형을 형성

---

05 🔓 ④　　　　　　　　　　　🔗 LINK 기본서 **100p**

④ 도넛패턴: 인화성 액체가 웅덩이처럼 고여 있을 경우 발생하는 패턴으로 웅덩이처럼 고여 있는 **중심부는 액체가 증발하면서 기화열에 의한 냉각효과로 보호**되는 반면, 주변부나 얕은 곳은 화염으로의 복사열에 의해 바닥재를 탄화시키게 되어 더 많이 연소된 부분이 덜 연소된 부분을 둘러싸고 있는 도넛 형태의 패턴이 나타남

✦ **고난도 문제**

06 🔓 ①　　　　　　　　　　　🔗 LINK 기본서 **101p**

✅ **선지체크**

② 바닥에 쏟아진 유리파편 아래에도 **그을음이 없는 경우** 화재 발생 이전에 유리가 깨졌다는 증거로 볼 수 있다.
③ 방사형 파괴선 및 동심원 파괴선은 **충격 의해 파손된 유리**에서 주로 발견된다.
④ 폭발에 의한 파손은 **방사형보다는 평행선**에 가까운 모습으로 균열된다.

---

07 🔓 ①　　　　　　　　　　　🔗 LINK 기본서 **101~102p**

① "접수"란 **119종합상황실**에서 유 · 무선 전화 또는 다매체를 통하여 화재 등의 신고를 받는 것을 말한다.

---

08 🔓 ④　　　　　　　　　　　🔗 LINK 기본서 **101~102p**

④ **"감식"**이란 화재원인의 판정을 위하여 전문적인 지식, 기술 및 경험을 활용하여 주로 시각에 의한 종합적인 판단으로 구체적인 사실관계를 명확하게 규명하는 것을 말한다.

09 🔓④　　　　　　　　　📎 LINK 기본서 101~103p

④ "발화지점"이란 **열원과 가연물이 상호작용하여 화재가 시작된 지점**을 말한다.

→ "발화장소"란 화재가 발생한 장소를 말한다.

10 🔓③　　　　　　　　　📎 LINK 기본서 106~108p

✅ **선지체크**

ㄷ. 소방관서장은 조사관을 근무 교대조별로 **2인 이상** 배치하고, 장비·시설을 기준 이상으로 확보하여 조사업무를 수행하도록 하여야 한다.

11 🔓①　　　　　　　　　📎 LINK 기본서 104p

① 해당 사항 없음

✅ **선지체크**

② 건축·구조물 화재: 건축물, 구조물 또는 그 수용물이 소손된 것
③ 자동차·철도차량 화재: 자동차, 철도차량 및 피견인 차량 또는 그 적재물이 소손된 것
④ 임야화재: 산림, 야산, 들판의 수목, 잡초, 경작물 등이 소손된 것

추가학습 ➕

화재 유형

구분	내용
건축·구조물 화재	건축물, 구조물 또는 그 수용물이 소손된 것
자동차·철도차량 화재	자동차, 철도차량 및 피견인 차량 또는 그 적재물이 소손된 것
위험물·가스제조소등 화재	위험물제조소등, 가스제조·저장·취급시설 등이 소손된 것
선박·항공기화재	선박, 항공기 또는 그 적재물이 소손된 것
임야화재	산림, 야산, 들판의 수목, 잡초, 경작물 등이 소손된 것
기타화재	위의 각 부분에 해당되지 않는 화재

① 화재가 복합되어 발생한 경우에는 화재의 구분을 화재피해금액이 큰 것으로 한다.
② 화재피해금액으로 구분하는 것이 사회관념상 적당하지 않을 경우에는 발화장소로 화재를 구분한다.

12 🔓②　　　　　　　　　📎 LINK 기본서 103~107p

ㄱ, ㄴ 발화일시 결정: 발화일시의 결정은 관계인 등의 화재발견 상황통보(인지)시간 및 화재발생 건물의 구조, 재질 상태와 화기취급 등의 상황을 종합적으로 검토하여 결정한다. 다만, 자체진화 등 사후인지 화재로 그 결정이 곤란한 경우에는 발화시간을 추정할 수 있다.

ㅂ. 부상자 분류
　– 중상: 3주 이상의 입원치료를 필요로 하는 부상
　– 경상: 중상 이외의 부상(입원치료를 필요로 하지 않는 것도 포함한다). 다만, 병원 치료를 필요로 하지 않고 단순하게 연기를 흡입한 사람은 제외

✅ **선지체크**

ㄷ. 건물의 소실면적 산정은 소실 **바닥면적**으로 산정한다.
ㄹ. 화재피해금액으로 구분하는 것이 사회관념상 적당하지 않을 경우에는 **발화장소**로 화재를 구분한다.

13 🔓③　　　　　　　　　📎 LINK 기본서 104~107p

③ 전소는 **입체면적**에 대한 비율로 산정하며, 건물의 70% 이상이 소실되었거나 또는 그 미만이라도 잔존부분을 보수하여도 재사용이 불가능한 것을 말한다.

구분	내용
전소	① 건물의 70% 이상이 소실 ② 그 미만이라도 잔존부분을 보수하여도 재사용이 불가능한 것
반소	건물의 30% 이상 70% 미만이 소실된 것
부분소	전소, 반소화재에 해당되지 아니하는 것

✦ **고난도 문제**

14 🔓④　　　　　　　　　📎 LINK 기본서 108p

✅ **선지체크**

① 소실면적의 산정은 소실 **바닥면적**을 기준으로 한다.
② 정확한 피해물품을 확인하기 곤란한 경우에는 **소방청장**이 정하는 「화재피해금액 산정매뉴얼」(이하 "매뉴얼"이라 한다)의 간이평가방식으로 산정할 수 있다.
③ 건물 등 자산에 대한 **최종잔가율**은 건물·부대설비·구축물·가재도구는 20%로 하며, 그 이외의 자산은 10%로 정한다.

④ 발화지점이 한 곳인 화재현장이 둘 이상의 관할구역에 걸친 화재는 발화지점이 속한 소방서에서 1건의 화재로 산정한다. 다만, 발화지점 확인이 어려운 경우에는 화재피해금액이 큰 관할구역 소방서의 화재건수로 산정한다.

✅ 선지체크

① 1건의 화재란 1개의 발화지점에서 확대된 것으로 **발화부터 진화**까지를 말한다.

② 동일범이 아닌 각기 다른 사람에 의한 방화, 불장난은 동일 대상물에서 **발화했더라도 각각 별건의 화재**로 한다.

③ **동일 소방대상물의 발화점**이 2개소 이상 있는 지진, 낙뢰 등 자연현상에 의한 다발화재는 1건의 화재로 한다.

추가학습 ➕

화재건수결정

1건의 화재란 1개의 발화지점에서 확대된 것으로 발화부터 진화까지를 말한다.

1. 1건
   ① 동일 소방대상물의 발화점이 2개소 이상 있는 누전점이 동일한 누전에 의한 화재, 자연현상에 의한 다발화재
   ② 화재현장이 둘 이상의 관할구역에 걸친 화재(발화지점이 속한 소방서에서) 다만, 발화지점 확인이 어려운 경우에는 화재피해금액이 큰 관할구역 소방서의 화재 건수로 산정

2. 별건
   ① 동일범이 아닌 각기 다른 사람에 의한 방화, 불장난

① 건물의 외벽을 이용하여 실을 만들어 헛간, 목욕탕, 사무실, 및 기타 건물 용도로 사용하고 있는 것은 주건물과 **같은 동**으로 본다.

추가학습 ➕

건물동수 산정

1. 같은 동
   ① 주요구조부가 하나로 연결되어 있는 것(건널복도는 절반으로 분리하여 각 동)
   ② 건물의 외벽을 이용하여 실을 만들어 헛간, 목욕탕, 작업실, 사무실 및 기타 건물 용도로 사용하고 있는 것
   ③ 구조에 관계없이 지붕 및 실이 하나로 연결되어 있는 것
   ④ 목조 또는 내화조 건물의 경우 격벽으로 방화구획이 되어 있는 경우

2. 다른 동
   ① 독립된 건물과 건물 사이에 차광막, 비막이 등의 덮개를 설치하고 그 밑을 통로 등으로 사용하는 경우
   ② 내화조 건물의 옥상에 목조 또는 방화구조 건물이 별도 설치되어 있는 경우(옥내 계단 있는 경우 같은 동)
   ③ 내화조 건물의 외벽을 이용하여 목조 또는 방화구조건물이 별도 설치되어 있고 건물 내부와 구획되어 있는 경우(옥내 출입구 연결 시 같은 동)

잔가율: $1 - (0.8 \times \frac{20}{40}) = 0.6 \rightarrow 0.6 \times 100\% = 60[\%]$

추가학습 ➕

화재피해금액 산정기준

건물: 「신축단가(㎡당) × 소실면적 × [1−(0.8 × 경과연수/내용연수)] × 손해율」

② **「건물신축단가 × 소실면적 × 설비종류별 재설비 비율 × [1−(0.8 × 경과연수/내용연수)] × 손해율**」의 공식에 의한다. 다만 부대설비 피해금액을 실질적 · 구체적 방식에 의할 경우「단위(면적 · 개소 등)당 표준단가 × 피해단위 × [1−(0.8 × 경과연수/내용연수)] × 손해율」의 공식에 의하되, 건물표준단가 및 부대설비 단위당 표준단가는 한국감정원이 최근 발표한 '건물신축단가표'에 의한다.

② 사상자가 30명 이상이거나 2개 **시 · 도 이상**에 걸쳐 발생한 화재의 경우 소방청장이 화재합동조사단을 구성하여 운영한다.

추가학습 ➕

화재합동조사단 운영

① 소방청장: 사상자가 30명 이상이거나 2개 시 · 도 이상에 걸쳐 발생한 화재(임야화재는 제외)
② 소방본부장: 사상자가 20명 이상이거나 2개 시 · 군 · 구 이상에 발생한 화재(임야화재는 제외)
③ 소방서장: 사망자가 5명 이상이거나 사상자가 10명 이상 또는 재산피해액이 100억원 이상 발생한 화재(임야화재는 제외)

PART
4

건축물 화재 및 방재

문제편 76~88p

01	①	02	②	03	③	04	④	05	②
06	②	07	②	08	④	09	②	10	③
11	④	12	③	13	①	14	③	15	④
16	③	17	③	18	④	19	④	20	②
21	④	22	②	23	①	24	②	25	④
26	④	27	①	28	④	29	①	30	②
31	②	32	②	33	④	34	④	35	④
36	③	37	④	38	①	39	②	40	④
41	③	42	④	43	③	44	①	45	③
46	②	47	③	48	③	49	②	50	②
51	④	52	③	53	①	54	②	55	①
56	②	57	③	58	②	59	①	60	④

---

01 🔓①   🔗 LINK 기본서 132p

① **성장기의 특징**에 해당한다. 복사열로 인해 구획실 내의 가연성 물질에 열분해 작용이 일어나면, 플래시오버가 발생한다.

추가학습 ➕

초기(발화기)
① 산소공급이 원활하지 않은 경우 훈소성 화재 발생
② 독립연소, 다른 동으로의 연소 위험 없음
③ 다량의 백색 연기

---

02 🔓②   🔗 LINK 기본서 133p

② **최성기**의 특징이다.

추가학습 ➕

성장기(중기, 성숙기)
① 화재의 진행변화가 급속하게 이루어짐(상황변화가 격렬하고 다양)
② 검은색 연기
③ 인접건물로 연소 확대 우려가 있음
④ 연료지배형 화재 형태를 보임
⑤ 최성기 직전 플래시오버(Flash over) 발생

---

03 🔓③   🔗 LINK 기본서 133p

③ 벽 근처에 있는 가연물들은 비교적 적은 공기를 흡수하여 보다 **높은** 화염온도를 지니고, 구석에 있는 가연물들은 더욱더 적은 공기를 흡수하기 때문에, **가장 높은 화염온도를 지닌다.**

추가학습 ➕

구획실 내의 화염 온도

실 중앙 < 벽 근처 < 구석

화염 속으로 흡수되는 공기는 화재에 의해 생성된 뜨거운 가스보다 차갑기 때문에 화염이 갖고 있는 온도에 대해 냉각효과를 갖는다.
따라서, 벽 근처에 있는 가연물들은 비교적 적은 공기를 흡수하여 보다 높은 화염온도를 지니고, 구석에 있는 가연물들은 더욱더 적은 공기를 흡수하기 때문에, 가장 높은 화염온도를 지닌다.

---

04 🔓④   🔗 LINK 기본서 133p

④ **감퇴기**의 특징이다.

추가학습 ➕

최성기
① 연소가 가장 격렬한 시기
② 열 분출속도는 증가, 발연량은 감소
③ 복사열로 인해 인접건물로의 연소 확대 위험이 증가
④ 천장이나 벽 등 구조물의 낙하 위험
⑤ 공기 공급이 부족하면 환기지배형 화재로 전이될 수 있음
⑥ 연소하지 않은 뜨거운 연소 생성 가스는 발원지에서 인접한 공간이나 구획실로 흘러 들어가게 되며, 보다 풍부한 양의 산소와 만나면 발화하게 된다.

감쇠기(종기, 감퇴기)
① 지붕, 기둥 벽체 등이 무너짐
② 구획실 내에 있는 가연물을 소모함에 따라, 연소확대 우려가 없음
③ 백색 연기
④ 다량의 공기 유입 시 백드래프트(Back draft) 발생 우려

---

05 🔓②   🔗 LINK 기본서 132~133p

ㄱ. 초기 → ㄷ. 성장기 → ㄹ. 최성기 → ㄴ. 감퇴기

06 🔒②   🔗LINK 기본서 132p, 135p

플래시오버란 가연물의 착화와 열분해 시 생성된 가연성 가스가 천장 아래에 축적되고(대류 현상), 천장 아래에 축적된 연기층의 온도가 상승하며, 이로 인해 바닥면의 복사 수열량이 증가될 때 순간적으로 방전체가 급격하게 타오르는 화재확대현상으로 **성장기 이후 최성기 직전에 발생**한다.

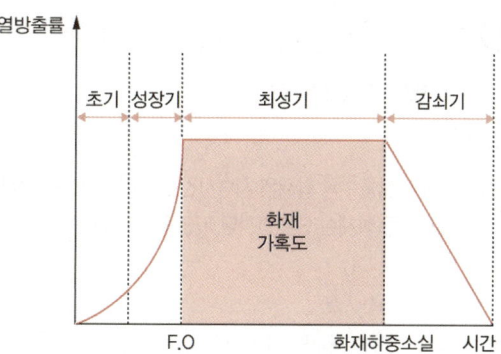

07 🔒②   🔗LINK 기본서 132p

② 초기에는 전도, 성장기에는 대류, 최성기에는 복사가 지배적이다.

08 🔒④   🔗LINK 기본서 132~134p

ㄱ. 건축물 화재의 진행단계: 초기 → 성장기 → F.O → 최성기 → 감퇴기
ㄴ. 초기에는 전도, 성장기에는 대류, 최성기에는 복사가 지배적이다.
ㄷ. 화재실의 제연을 하는 경우 천장에 축적되는 가연성 가스량이 감소하여 바닥면의 복사 수열량이 감소하므로 플래시오버의 발생이 지연된다.
ㄹ. 공급되는 공기량의 충분·불충분에 따라 발연량 또는 생성 물질(독성 가스)의 농도가 달라진다.

09 🔒②   🔗LINK 기본서 133p

② 개방된 공간에서의 화재 초기단계에서 공기는 비교적 **차갑기 때문에** 화염 위의 가스층을 **냉각시키는 작용**을 한다.

✅ **선지체크**

③ 개방된 공간에서의 화재는 지형의 기울기 또는 바람에 따라 확산된 뜨거운 가스에 의해 근처에 있던 가연물들이 가열되기 때문에 확산될 수 있다.

④ 구획실에서의 화재가 발생할 경우 공기 충분 및 불충분 등 환경의 조건에 따라 개방된 공간에서의 화재보다 복잡한 성상을 가지고 있다.

10 🔒③   🔗LINK 기본서 134p

✅ **선지체크**

ㄹ. 화재실이 아닌 인접실의 크기는 화재성상에 영향을 주지 않는다.

추가학습 ➕

화재진행에 영향을 미치는 요인들

① 배연구(환기구)의 크기, 수 및 위치
② 구획실의 크기
③ 구획실을 둘러싸고 있는 물질들의 열 특성
④ 구획실의 천장 높이
⑤ 최초 발화되는 가연물의 크기, 합성물 및 위치
⑥ 추가적 가연물의 이용가능성 및 위치

11 🔒④   🔗LINK 기본서 134p

✅ **선지체크**

ㄴ. 화재실의 수용가능 인원은 화재진행에 관련 없다.

★ 고난도 문제

12 🔒③   🔗LINK 기본서 134p

③ 최초 가연물의 위치 또한 뜨거운 가스층이 증가하는 데에 있어서 매우 중요하다. 구획실의 중앙에서 연소하는 가연물의 화염은 구획실의 벽이나 구석에 있는 가연물보다 **더 많은 공기를 흡수하고 더욱 차갑다.**

13 🔒①   🔗LINK 기본서 134p

① 개구부 면적에 따라 공기(산소) 공급량이 달라진다. 따라서 개구부 면적이 작으면 공기(산소) 공급 부족으로 화재가 **느리고**, 개구부 면적이 크면 공기(산소) 공급이 충분하므로 화재가 **빠르다.**

✅ **선지체크**

② 화재초기에 건축물 내에 공기(산소)가 부족하면 훈소성 화재의 모습을 보이다가, 공기(산소)가 공급되면 불꽃연소로 전이될 수 있다.

③ 연료지배형 화재는 산소량이 충분하므로 연료의 종류나 특성에 따라 화재진행속도가 결정되고, 환기지배형 화재는 산소량이 부족하고 연료량이 충분한 경우로 산소량에 따라 화재진행속도가 결정된다.

④ 환기지배형 화재의 경우 공기부족으로 불완전연소가 될 수 있고, 백드래프트나 폭발의 위험성이 증가한다.

추가학습 ➕

연료지배형 화재, 환기지배형 화재

1. 연료지배형 화재
   ① 개방 공간, 목조건축물
   ② 재료의 특성에 지배
   ③ 산소량이 충분 → 연료의 종류나 특성에 따라 화재진행속도가 결정
   ④ 당량비 < 1 : 공기과잉

2. 환기지배형 화재
   ① 밀폐 공간, 내화구조, 지하층·무창층
   ② 환기요소($A\sqrt{H}$)에 지배 (A: 개구부 단면적, H: 개구부 높이)
      → 환기요소는 개구부의 면적에 비례, 높이의 제곱근에 비례
   ③ 산소량이 부족 → 연료량이 충분한 경우 산소량에 따라 화재진행속도가 결정
   ④ 공기부족으로 불완전연소가 될 수 있고, 백드래프트나 폭발의 위험성 ↑
   ⑤ 당량비 > 1 : 공기부족

14 🔒③　　　　　　　　　　　📄**LINK** 기본서 134p

③ **연료지배형 화재**는 연료량에 비해 환기량이 충분하다. **환기지배형 화재는 산소량(환기량)이 부족하고 연료량이 충분한 경우의 화재 모습이다.**

15 🔒④　　　　　　　　　　　📄**LINK** 기본서 134p

④ 환기요소는 $A\sqrt{H}$이다. 따라서 같은 면적이라도 **개구부의 높이에 영향을 많이 받는다.(횡장창 < 종장창)**

추가학습 ➕

환기요소($A\sqrt{H}$)

(A : 개구부 단면적, H : 개구부 높이)

① 환기요소는 화재실의 공기 유출입량을 결정하는 요소이다.
② 구획화재에서 실내온도 및 화재지속시간 등을 결정한다.
③ 같은 면적이라도 개구부의 폭보다 개구부 높이의 영향을 많이 받으므로 횡장창보다는 종장창에서의 환기요소가 크다.

16 🔒③　　　　　　　　　　　📄**LINK** 기본서 134p

③ 환기지배형 화재의 환기요소는 개구부의 면적에 비례하고, **높이의 제곱근에 비례**한다.
　　→ $A\sqrt{H}$ (A: 개구부 면적, H: 개구부 높이)

17 🔒③　　　　　　　　　　　📄**LINK** 기본서 134p

③ 화재실 **개구부 면적에 반비례**한다.

✔ 선지체크

① 가연물의 양이 많을수록 화재의 지속시간은 길어진다. → 화재의 지속시간은 화재하중(화재실 단위면적당 가연물의 양)에 비례한다.

②④ 지속시간 = $\dfrac{A_F}{A\sqrt{H}}$

(A_F: 바닥면적, A: 개구부 면적, H: 개구부 높이)

추가학습 ➕

온도인자 및 시간인자

온도인자	시간인자
$\dfrac{A\sqrt{H}}{A_T}$	$\dfrac{A_F}{A\sqrt{H}}$
(A_T: 실내 전 표면적)	(A_F: 바닥면적)
① 구획실 화재 온도상승 정도를 결정	① 구획실 화재 지속시간을 결정
② 환기요소 ↑ ▶ 유입되는 공기량 ↑ ▶ 연소속도 ↑ ▶ 최고온도 ↑	② 환기요소 ↑ ▶ 유입되는 공기량 ↑ ▶ 연소속도 ↑ ▶ 지속시간 ↓

✚ 고난도 문제

18 🔒④　　　　　　　　　　　📄**LINK** 기본서 134p

④ 연소에 이용할 수 있는 산소의 양이 한정되어 있다면, 이러한 화재를 **'통제된 배연'**이라 한다.

✔ 선지체크

② 가연물과 산소의 이용 가능성에 따라 연료지배형 화재, 환기지배형 화재로 구분된다.

19 🔒④　　　　　　　　　　　　🔗LINK 기본서 134p, 27p

④ 가연물질일수록 화재성장속도가 빠르다. 따라서 **한계산소지수가 낮은 물질**일수록 화재의 성장속도는 빠르다.

추가학습 ➕

화재성장속도

발화하여 화재로 성장한 후 열방출률이 1MW(1,055kw)의 열량에 도달하는 시간을 측정하는 것으로 그 시간을 4개의 단계로 구분한다.

구분	1MW 도달시간
Ultrafast	75초
Fast	150초
Medium	300초
Slow	600초

✦고난도 문제

20 🔒②　　　　　　　　　　　　🔗LINK 기본서 134p

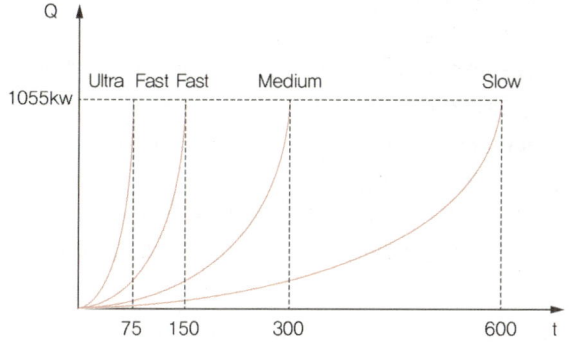

21 🔒④　　　　　　　　　　　　🔗LINK 기본서 134p

④ 플래시오버를 기준으로 **발생 전에는 연료지배형 화재 발생 후에는 환기지배형 화재**의 모습을 보인다.

✔선지체크

①②③ 플래시오버란 가연물의 착화와 열분해 시 생성된 가연성 가스가 천장 아래에 축적되고(대류 현상), 천장 아래에 축적된 연기층의 온도가 상승하며, 이로 인해 바닥면의 복사 수열량이 증가될 때 순간적으로 방전체가 급격하게 타오르는 화재확대 현상이다.

22 🔒②　　　　　　　　　　　　🔗LINK 기본서 135p

② 플래시오버가 발생할 때, 뜨거운 가스층으로부터 발산하는 복사에너지는 일반적으로 **20[kW/㎡]**를 초과한다.

23 🔒①　　　　　　　　　　　　🔗LINK 기본서 135~136p, 74p

① 파이어볼은 **플래시오버와 관련 없다.**
　→ Fire Ball은 BLEVE나 UVCE와 같이 급격한 증발로 인해 확산된 인화성 증기가 착화되면서 폭발할 때, 화염이 급속히 확대되어 공기를 끌어올려 버섯형 화염으로 보이게 되는 화염형태를 말한다.

✔선지체크

②③④ 플래시오버란 가연물의 착화와 열분해 시 생성된 가연성 가스가 천장 아래에 축적되고(대류 현상), 천장 아래에 축적된 연기층의 온도가 상승하며, 이로 인해 바닥면의 복사 수열량이 증가될 때 순간적으로 방전체가 급격하게 타오르는 화재확대 현상이다.

24 🔒②　　　　　　　　　　　　🔗LINK 기본서 135~136p

② 플래시오버는 천장 아래에 가연성 가스가 축적되어 어느 시기에 이르러 폭발적으로 연소하는 현상이다. 플래시오버는 폭발이 아니기 때문에 **폭풍 및 충격파는 동반하지 않는다.**

✔선지체크

①③ 플래시오버의 영향조건에 대한 내용이다.
④ 플래시오버의 발생징후이다.

구분	내용
발생징후	① 고온의 연기가 발생 ② Roll over 현상이 관찰 ③ 두텁고, 뜨거운, 진한 연기가 천장 아래로 쌓인다. ④ 일정공간 내에서 전면적인 자유연소 ⑤ 일정공간 내에서의 계속적인 열집적(다른 물질의 동시 가열)
영향조건	① 개구부 크기: 개구율이 클수록 (개구율이 1/8일 때 가장 느리고 1/2 또는 1/3일 때 가장 빠르다) ② 내장재의 재료: 불연재료 < 난연재료 < 가연재료 ③ 발열량: 초기 가연물의 발열량이 클수록 ④ 열전도율: 열전도율이 작을수록 ⑤ 건축물의 형태: 연소실이 작을수록, 층고가 낮을수록 ⑥ 화원의 크기: 화원이 클수록 ⑦ 산소분압: 산소분압이 높을수록 ⑧ 벽의 재료 < 천장의 재료

25 🔒 ④   📑 LINK 기본서 136p

④ **벽보다 천장의 재료**가 플래시오버 영향에 더 크다.

✅ **선지체크**

① 내장재의 재료: 불연재료 < 난연재료 < 가연재료
② 화원의 크기가 클수록 발열량 값이 높으므로 플래시오버에 도달하는 시각이 짧아진다.
③ 개구부의 크기가 작을수록 공기(산소)공급이 원활하지 않기 때문에 플래시오버의 발생시각이 늦어진다.

---

26 🔒 ②   📑 LINK 기본서 136p

✅ **선지체크**

③ 공기차단지연법: 배연법과 반대로 개구부를 닫아 산소를 감소시킴으로써 연소 속도를 줄여 지연
④ 배연지연법: 창문 등 개구부를 개방하여 배연함으로써 공간 내부에 쌓인 열을 방출

---

27 🔒 ①   📑 LINK 기본서 135~136p

① 플래시오버는 내장재의 재료가 **가연재료, 난연재료, 불연재료 순으로** 열집적이 잘되기 때문에 더 빨리 발생한다.

➕ **추가학습**

플래시오버의 방지대책
① 천장의 불연화: 천장 및 측벽을 불연화하여 화재 발전을 지연한다.
② 가연물의 양 제한: 건물 내 가연물의 양을 제한하고 수용 가연물을 불연화, 난연화한다.
③ 개구부 제한: 개구부 인자가 적으면 플래시오버의 발생시기가 늦으므로 개구부의 크기를 제한하여 지연시킨다.

롤오버(Roll over)현상
① 연소과정에서 발생된 가연성 가스가 공기 중 산소와 혼합되어 천장 부분에 집적된 상태에서 발화함으로써 화재의 선단 부분이 매우 빠르게 확대되어 가는 현상이다.
② 연소의 과정에서 천장 부근에서 산발적으로 연소가 확대되는 것을 말하며, 불덩어리가 천장을 굴러다니는 것처럼 뿜어져 나오는 현상을 지칭하는 소방현장 용어이다.

플래임오버(Flame over)현상
① 복도와 같은 통로공간에서 벽, 바닥 표면의 가연물에 화염이 급속하게 확산되는 현상이다.
② 벽, 바닥 또는 천장에 설치된 가연성 물질이 화재에 의해 가열되면, 전체 물질 표면을 갑자기 점화할 수 있는 연기와 가연성 가스가 만들어지고 이때 매우 빠른 속도로 화재가 확대될 수 있다.

---

28 🔒 ④   📑 LINK 기본서 136p

④ 백드래프트(Back draft): 공기 부족으로 훈소 상태에 있을 때, 불완전 연소된 가연성 가스와 열이 집적된 상태에서 일시에 다량의 공기(산소)가 공급될 때 순간적으로 연소·폭발하는 현상, 백드래프트의 발생시점은 성장기와 감쇠기이며, 감쇠기에서 주로 발생

---

29 🔒 ①   📑 LINK 기본서 136p

✅ **선지체크**

② 플래임오버에 대한 설명이다.
③ 플래시오버에 대한 설명이다.
④ Back draft는 Flash over와는 다르게 **폭풍 또는 충격파를 수반한다.**

---

30 🔒 ②   📑 LINK 기본서 136~137p

② 백드래프트가 일어나기 전은 **훈소상태이므로 화염이 보이지 않는다.**

➕ **추가학습**

백드래프트 발생징후
① 화염은 거의 보이지 않으나 창문과 문은 뜨겁다.
② 압력 차이로 외부공기가 내부로 빨려 들어가면서 휘파람 소리 또는 진동이 발생한다.
③ 개구부 틈새로 빨려 들어가는 공기의 영향으로 연기가 건물 내부에서 소용돌이 치거나 맴돈다.
④ 짙은 회황색으로 변하는 검은 연기가 관찰된다.
⑤ 창문에 농연 응축물이 흘러내리거나 얼룩진 자국이 관찰된다.

---

31 🔒 ②   📑 LINK 기본서 137p

② 공기유입이 충족될 경우 표면연소와는 다르게 **불꽃연소로 전이가 가능하다.**

➕ **추가학습**

훈소
훈소는 작은 구멍이 많은(다공성) 가연성 물질의 내부에서 발생하는 것으로 불꽃없이 타는 연소이다. 유염착화에 이르기에는 온도가 낮거나 산소가 부족하여 화염없이 가연물의 표면에서 작열하며 소극적으로 연소하는 현상이다. 구획실 화재에서는 내부 산소 소진에 의해 종종 발생한다.

32 🔒②   📖LINK 기본서 137p, 42p

② 표면연소란 **열분해나 증발 등의 과정 없이(가연성 기체를 발생시키지 않는 것) 고체 표면에서 산소와 급격히 산화반응하여 물질자체가 연소하는 현상**으로 온도가 상승하거나 산소가 충분히 공급되어도 화염연소로 전환될 수 없다.

추가학습 ➕

표면연소 VS 훈소

구분	표면연소	훈소
연소형태	작열연소(불꽃×)	작열연소(불꽃×)
발생원인	가연성 증기가 없음	온도가 낮거나 산소부족
화학반응	표면반응	표면반응
가연성 증기발생	×	○
불꽃연소 가능성	전이 불가능	조건에 따라 전이 가능
연기	발생하지 않음	많이 발생함

33 🔒④   📖LINK 기본서 137p

④ 훈소는 불완전연소 형태로 불꽃연소에 비해 **온도가 낮고, 발연량은 많다.**

추가학습 ➕

훈소

① 진행속도: 약 0.001~0.01[cm/s]
② 불완전연소 형태로 가연물의 10%가 일산화탄소로 변한다.
③ 연기입자가 크며 액체 미립자가 다량 포함되어 있다.
④ 느린 연소과정으로 작열과 탄화현상이 일어난다.
⑤ 연쇄반응은 일어나지 않는다.
⑥ 불꽃연소에 비해 온도가 낮고 발연량은 높다.
⑦ 공기유입이 충족될 경우 불꽃연소로 전이가 가능하다.
⑧ 연기의 단층화 가능성이 있다.

34 🔒④   📖LINK 기본서 137p

ㄱ. 훈소 상태에서 공기의 유입이 충족될 경우 불꽃연소 · 백드래프트로 전이가 가능하다.
ㄴ. 훈소는 공기 부족으로 연소속도가 느려 열방출률이 낮으므로 저온연소(저강도 화재)에 속한다. 따라서 발연량이 많고 이때 발생된 연기의 독성 · 자극성은 강하다.

ㄷ. 훈소 시 플럼의 온도가 낮아 연기를 높이 올리는 열에너지가 부족하여 연기의 단층화 가능성이 있다.
ㄹ. 연기입자가 크고 액체 미립자가 다량 포함되어 있다.

35 🔒④   📖LINK 기본서 137p

④ 백드래프트가 일어나는 연소폭발 과정에서 공기와 혼합된 **일산화탄소**가 가연물로서의 역할을 담당한다.
→ 훈소는 **불완전연소 형태**로 가연물의 10%가 **일산화탄소**로 변한다.

✅ 선지체크

① 백드래프트의 발생시점은 성장기와 감쇠기이며, 감쇠기에서 주로 발생한다.
③ 불완전연소된 가연성 가스와 열이 집적된 상태에서 일시에 다량의 공기(산소)가 공급될 때 순간적으로 연소 · 폭발하는 현상으로 화학적 폭발에 해당한다.

36 🔒③   📖LINK 기본서 138p

✅ 선지체크

① 배연법: 연소중인 건물 지붕의 채광창을 개방하여 환기시키는 것
② 급냉법: 출입구를 개방하는 즉시 바로 방수함으로써 폭발직전의 기류를 급냉시키는 방법

37 🔒④   📖LINK 기본서 138p

④ 백드래프트가 발생하는 주요 원인은 **외부에서의 공기(산소) 공급**이다.
→ 플래시오버가 발생하는 주요 원인은 복사열이다.

추가학습 ➕

F.O와 B.D 비교

구분	F.O	B.D
발생시기	성장기 이후 최성기 직전	감쇠기, 성장기
연소형태	자유연소 (산소량 충분)	훈소상태 (불완전연소, 산소량 부족)
공급요인	복사열	외부에서 공기(산소)의 공급
폭풍 또는 충격파	X	O

① 백드래프트보다 **플래시오버의 발생빈도가 높다.**

② 화재원인 → 무염착화 → 발염착화 → 발화 → 최성기

✅ **선지체크**

- 목조건축물 화재 진행과정

  화재원인 → 무염착화 → 발염착화 → 출화(발화) → 최성기 → 연소낙하 → 진화

① 무염착화: 가연물이 재로 덮인 숯불 모양으로 불꽃 없이 착화하는 현상, 바람 및 공기가 주어질 때 언제든지 불꽃 발생이 가능한 단계

② 발염착화: 무염착화 상태의 가연물에 불꽃이 발생되면서 착화하는 현상, 바람 및 공기 등을 불어넣어 충분한 산소공급으로 불꽃이 만들어짐

③ 출화(발화)

옥내출화	옥외출화
① 가옥구조의 천장 면에서 발염착화 ② 천장 속, 벽 속 등에서 발염착화 ③ 불연천장이나 불연벽체의 경우 실내의 뒷면에서 발염착화	① 외부의 벽, 지붕, 추녀 밑에서 발염착화 ② 창, 출입구 등에서 발염착화

④ 최성기: 불꽃이 실 전체로 급속하게 확대되며, 연기의 색이 백색에서 흑색으로 변한다. 이때 최고온도는 약 1,300[℃]에 이른다.

⑤ 연소낙하: 천장, 지붕, 벽 등이 무너져 내리면서 화세가 약해진다.

④ 연소낙하: 천장, 지붕, 벽 등이 무너져 내리면서 **화세가 약해진다.**

③ **내화건축물에서** 화재 후 약 10~30분 후 실내온도는 급격하게 상승하며, 최성기 도달 시 최고온도는 약 900 ~ 1,000[℃]를 지속한 후 서서히 낮아진다.(저온 장기형)

→ 목조건축물 화재 후 약 7~8분 후 최성기에 도달하는데 최성기 도달 시 최고온도는 약 1,100~1,300[℃]로 내화건축물 화재보다 높으며, 화세도 강하다.(고온 단기형)

④ 바람이 불어오는 쪽을 풍상측, 바람이 불어 나가는 쪽을 풍하측이라고 한다. 바람의 세기가 클수록 풍하측으로 연소확대가 빠르다.

✅ **선지체크**

① **습도가 낮을수록** 연소확대가 빠르다(수분함유량이 15[%] 이상이면 고온을 장시간 접촉해도 착화가 어렵다).

② 횡방향(가로)보다는 **종방향(세로)의 화재성장이 빠르다.**

③ **고온단기형 화재**이다.

➕ **고난도 문제**

- 화재진행 소요시간

  풍속이 거의 없을 때의 기준이다.

출화 → 최성기	5~15분
최성기 → 연소낙하	6~19분
출화 → 연소낙하	13~24분

① 목조건축물은 셀룰로오스, 반셀룰로오스 등을 포함하고 있으며, **저밀도의 목재가 고밀도의 목재보다 발화점이 낮다.**

→ 저밀도의 목재는 다공성을 가진다. 다공성일수록 산소와의 접촉 면적이 크므로 쉽게 발화된다.

✅ **선지체크**

② 목조건축물의 화재 확대 요인으로는 열의 직접적인 접촉, 복사열, 비화 등이 있다.

③ 목재의 경우 열전도율과 열팽창률이 작기 때문에 철재(콘크리트 건축물)보다 연소가 더 잘되어 붕괴확률이 더 적다.

④ 목조건축물은 출화(발화) 이후 최성기 직전에 플래시오버가 발생한다.

➕ **추가학습**

목조건축물 화재의 특징

① 구성요소: 셀룰로오스, 반셀룰로오스, 리그닌이며, 기타 부성분도 포함

② 열전도율이 작은 목재가 철재보다 연소가 더 잘 된다.

③ 열팽창률이 작은 목재가 철재보다 연소가 더 잘 된다(열팽창은 건물 붕괴 요인이 되기 때문에 목조건축물 화재 시 일반 콘크리트건축물의 화재보다 붕괴확률이 적다).

④ 수분이 적은 상태일수록 연소가 더 잘 된다(수분함량이 15[%] 이상이면 고온을 장시간 접촉해도 착화가 어렵다).

목조건축물의 화재 확대 요인

① 접촉: 화염 또는 열의 직접적인 접촉이다.
② 비화: 화재로 인해 불티가 바람에 날아가 발화하는 것이다.
③ 복사열: 매질 없이 전자파 형태로 열전달하는 것이다. 화재 시 가장 크게 작용한다.

---

45 🔒 ③　　　　　　　　　　　　📎 LINK 기본서 140p

③ **목조건축물의 경우** 콘크리트 건축물에 비해 **밀도가 낮기 때문에 초기에 연소가 빠르다.**

---

46 🔒 ②　　　　　　　　　　　　📎 LINK 기본서 141p

구분	목조건축물	내화건축물
화재시간	약 30~40분	약 2~3시간
최성기 온도	약 1,100~1,300[℃]	약 900~1,000[℃]
화재성상	고온단기형	저온장기형

---

47 🔒 ③　　　　　　　　　　　　📎 LINK 기본서 138~141p

③ **목조건축물에 비해 내화건축물의 공기유통조건이 일정**하여 연소속도가 완만하고 화재의 진행시간도 길다.
→ 목조건축물은 연료지배형의 특징을 나타내고, 내화건축물은 환기지배형의 특징을 나타낸다.

---

48 🔒 ③　　　　　　　　　　　　📎 LINK 기본서 141p

(ㄱ) 고온단기형 화재인 목조건축물, (ㄴ) 저온장기형 화재인 내화건축물의 그래프이다.
③ **(ㄱ) 목조건축물은 (ㄴ) 내화건축물에 비해** 환기가 더 잘되어 산소 공급이 원활하여 화재진행이 빠르다.

✦ 고난도 문제

49 🔒 ②　　　　　　　　　　　　📎 LINK 기본서 141p

② **주로 연소가 가장 격렬한 최성기에 발생**하는 현상이다.

추가학습 ➕

콘크리트 폭렬(최성기)

① 화재 시 급격한 가열로 인해 콘크리트 내부의 수증기 압력이 증가하는데, 그 증기압으로 인해 콘크리트의 표층이 탈락하거나 박리되는 현상을 말한다.
② 고강도 콘크리트 사용 시 폭렬에 의한 피해가 크다.
③ 수증기압 또는 열응력 > 콘크리트 인장강도 → 폭렬

---

50 🔒 ②　　　　　　　　　　　　📎 LINK 기본서 141p

③ 콘크리트 내부 함수율이 낮은 경우 증기압이 낮기 때문에 오히려 폭렬이 일어나지 않는다. 콘크리트 내부 **함수율이 높아야** 폭렬이 발생한다.
(수증기압 또는 열응력 〉 콘크리트 인장강도)

---

51 🔒 ①　　　　　　　　　　　　📎 LINK 기본서 142p

① 화재하중이란 화재실의 단위 면적당 가연물의 중량으로, 실제로 존재하는 가연물의 발열량을 등가목재중량으로 환산한 것이다.

$$Q = \frac{\sum G_i \cdot H_i}{H \cdot A} = \frac{\sum Q_t}{4,500A} [kg/m^2]$$

- Q: 화재하중[kg/m²]
- G_i: 가연물의 양[kg]
- H_i: 단위중량당 발열량[kcal/kg]
- H: 목재의 단위중량당 발열량[4,500 kcal/kg]
- A: 화재실의 바닥면적[m²]
- $\sum Q_t$: 화재실 내 가연물의 전 발열량[kcal]

✅ 선지체크

② ③ ④ **화재강도의 영향인자**이다.

추가학습 ➕

화재강도의 영향인자

① 가연물의 비표면적이 넓을수록
② 가연물의 연소열(발열량)이 클수록
③ 공기(산소)의 공급이 잘 될수록
④ 화재실의 벽, 천장, 바닥의 단열이 좋을수록
⑤ 가연물의 배열상태

52 🔒 ③　　　　　　　📖 LINK 기본서 142p

✔ **선지체크**

ㄹ. **화재강도의 영향인자**이다.

53 🔒 ①　　　　　　　📖 LINK 기본서 142p

① 화재실의 벽, 천장, 바닥의 **단열이 좋을수록 열축적이 잘되기 때문에** 화재강도가 커진다.

✦ **고난도 문제**
54 🔒 ②　　　　　　　📖 LINK 기본서 134p, 143p

② 지속시간은 화재하중과 환기요소에 의해 결정되는데 화재하중이 크고, **개구부가 적을수록 화재의 지속시간이 길어지므로** 인적 물적 피해가 커지게 된다.

✔ **선지체크**

④ 지속시간 = $\dfrac{A_F}{A\sqrt{H}}$ (A_F: 바닥면적)

55 🔒 ①　　　　　　　📖 LINK 기본서 142p

$$Q = \frac{\sum G_i \cdot H_i}{H \cdot A} = \frac{100 \times 9,000}{4,500 \times (10 \times 10)} = 2\,[kg/m^2]$$

✦ **고난도 문제**
56 🔒 ②　　　　　　　📖 LINK 기본서 142p

① 1kcal = 4.184 kJ이므로

② 4,184kJ/kg = 1,000kcal/kg

③ $Q = \dfrac{\sum G_i \cdot H_i}{H \cdot A} = \dfrac{(10 \times 4,500) + (50 \times 1,000)}{4,500 \times 5}$
$= 4.222 ≒ 4.22\,[kg/m^2]$

57 🔒 ③　　　　　　　📖 LINK 기본서 142~143p

③ 화재가혹도의 요소 중 **화재강도가 크면** 열 축적열량이 큰 것으로 **주수율이 높아져야 한다.**
→ **화재하중이 크면** 연소시간이 길어지므로 **주수시간도 길어져야 한다.**

✦ **고난도 문제**
58 🔒 ②　　　　　　　📖 LINK 기본서 142~143p

(ㄱ)은 화재가혹도, (ㄴ)은 화재하중을 나타낸다.

ㄴ. 화재가혹도 = 최고온도(질적 개념) × 지속시간(양적 개념)
→ 가연물을 최소단위로 저장하고 불연성 밀폐용기에 보관할 경우 지속시간이 짧아지기 때문에 화재가혹도 값이 작아진다.

✔ **선지체크**

ㄱ. **화재하중**은 화재 실의 단위 면적당 가연물의 중량으로, 실제로 존재하는 가연물의 발열량을 등가목재중량으로 환산한 것이다.

ㄷ. **화재강도** 값이 크면 열축적이 크므로 주수율이 높아져야 한다.
→ 화재하중이 크면 연소시간이 길어지므로 주수시간이 길어져야 한다.

ㄹ. **화재가혹도**는 발생한 화재가 당해 건물과 그 내부 수용재산 등을 파괴하거나 손상을 입히는 능력의 정도를 말한다.

59 🔒 ①　　　　　　　📖 LINK 기본서 143p

① 내화성능 요구에는 차염성, 차열성, 하중지지력이 있다.

추가학습 ✦

화재저항 요구 성능

화재저항이란 화재 시 화재가혹도를 견디는 내력을 말한다.
① 차열성: 구조부재의 표면 가열 시 이면의 온도가 상승하지 않는 성능
② 차염성: 구조부재의 표면 가열 시 이면으로 화염이 통과하지 않는 성능
③ 하중지지력: 시험체가 성능기준을 만족하며 시험 하중에 견디는 능력

60 🔒 ④　　　　　　　📖 LINK 기본서 133p, 142p

ㅂ. 열방출속도가 크고 열방산속도가 작을수록 화재강도는 커진다.
→ 열방출속도 결정: 비표면적, 공기공급, 연소열
→ 열방산속도 결정: 화재실의 벽, 천장, 바닥의 단열성

✔ **선지체크**

ㅁ. 화재 시 구획실 구석에 있는 가연물들은 적은 공기를 흡수하기 때문에 **가장 높은 화염온도를 지닌다.**

CHAPTER

02 건축방재

문제편 89~98p

01	①	02	④	03	③	04	②	05	④
06	②	07	②	08	②	09	②	10	①
11	④	12	④	13	①	14	②	15	②
16	①	17	②	18	②	19	③	20	④
21	③	22	②	23	④	24	②	25	④
26	④	27	②	28	①	29	③	30	④
31	③	32	①	33	③	34	②	35	②
36	③	37	②	38	④	39	④	40	①
41	①	42	①						

---

01 🔓 ①　　　　　🔗 LINK 기본서 177p

① **방화구조**: 화염의 확산을 막을 수 있는 성능을 가진 구조
　→ 내화구조: 화재 시 일정시간 동안 건물의 강도 및 그 성능을 유지할 수 있는(쉽게 연소되지 않는) 구조이다.

---

02 🔓 ④　　　　　🔗 LINK 기본서 145~147p

④ "**내화구조**"란 화재에 견딜 수 있는 성능을 가진 구조로서 국토교통부령으로 정하는 기준에 적합한 구조를 말한다.
　→ 방화구조란 화염의 확산을 막을 수 있는 성능을 가진 구조로서 국토교통부령으로 정하는 기준에 적합한 구조를 말한다.

---

03 🔓 ③　　　　　🔗 LINK 기본서 145p

✅ 선지체크

① 지붕틀(**차양 제외**)
② 주계단(**보조계단, 옥외계단 제외**)
④ 기둥(**사잇기둥 제외**)

추가학습 ➕

주요구조부

① 내력벽(칸막이벽, 간벽 제외)
② 보(작은 보 제외)

③ 기둥(사잇기둥 제외)
④ 바닥(최하층 바닥 제외)
⑤ 지붕틀(차양 제외)
⑥ 주계단(보조계단, 옥외계단 제외)

✦ **고난도** 문제

04 🔓 ②　　　　　🔗 LINK 기본서 146p

② 철근콘크리트조로 두께가 **7[cm] 이상**인 외벽 중 비내력벽

추가학습 ➕

내화구조 기준(벽 · 외벽 중 비내력벽)

구조	벽 두께	외벽중 비내력벽 두께
철근콘크리트조 또는 철골철근콘크리트조로	10[cm] 이상	7[cm] 이상
골구를 철골조로 하고 그 양면을 철망모르타르로 덮은 것	4[cm] 이상	3[cm] 이상
골구를 철골조로 하고 그 양면을 콘크리트블록 · 벽돌 또는 석재로 덮은 것	5[cm] 이상	4[cm] 이상
철재로 보강된 콘크리트블록조 · 벽돌조 또는 석조로서 철재에 덮은 콘크리트블록	5[cm] 이상	4[cm] 이상
벽돌조	19[cm] 이상	해당기준없음
고온 · 고압의 증기로 양생된 경량기포 콘크리트패널 또는 경량기포 콘크리트블록조	10[cm] 이상	해당기준없음
무근콘크리트조 · 콘크리트블록조 · 벽돌조 또는 석조	해당기준없음	7[cm] 이상

✦ **고난도** 문제

05 🔓 ④　　　　　🔗 LINK 기본서 146p

• 내화구조 기준(벽 · 외벽 중 비내력벽)

구조	벽 두께	외벽 중 비내력벽 두께
벽돌조	19[cm] 이상	해당기준없음

고난도 문제

06 🔒② 🔖LINK 기본서 146p

• 내화구조 기준(바닥)

구조	두께
철근콘크리트조 또는 철골철근콘크리트조	10[cm] 이상
철재로 보강된 콘크리트블록조 · 벽돌조 또는 석조로서 철재에 덮은 콘크리트블록	5[cm] 이상
철재의 양면을 철망모르타르 또는 콘크리트로 덮은 것	5[cm] 이상

 고난도 문제

07 🔒② 🔖LINK 기본서 147p

② 해당 사항 없음
• 내화구조 기준(계단)

구조
철근콘크리트조 또는 철골철근콘크리트조
무근콘크리트조 · 콘크리트블록조 · 벽돌조 또는 석조
철재로 보강된 콘크리트블록조 · 벽돌조 또는 석조
철골조

✦ 고난도 문제

08 🔒② 🔖LINK 기본서 146p

② 기둥의 경우에는 그 작은 지름이 **25센티미터 이상인 것**으로서 철근콘크리트조인 것(고강도 콘크리트를 사용하는 경우가 아님)

추가학습 ✦

내화구조 기준

① 기둥(작은 지름이 25[cm] 이상인 것)

구조	두께
철근콘크리트조 또는 철골철근콘크리트조	모두 해당
철골을 철망모르타르로 덮은 것	6[cm] 이상
철골(경량골재를 사용하는 경우)을 철망모르타르로 덮은 것	5[cm] 이상
철골을 콘크리트블록 · 벽돌 또는 석재로 덮은 것	7[cm] 이상
철골을 콘크리트로 덮은 것	5[cm] 이상

② 보(지붕틀 포함)

구조	두께
철근콘크리트조 또는 철골철근콘크리트조	모두 해당
철골을 철망모르타르로 덮은 것	6[cm] 이상
철골(경량골재를 사용하는 경우)을 철망모르타르로 덮은 것	5[cm] 이상
철골을 콘크리트로 덮은 것	5[cm] 이상
철골조의 지붕틀(바닥으로부터 그 아랫부분까지의 높이가 4미터 이상인 것에 한한다)로서 바로 아래에 반자가 없거나 불연재료로 된 반자가 있는 것	모두 해당

③ 지붕

구조
철근콘크리트조 또는 철골철근콘크리트조
철재로 보강된 콘크리트블록조 · 벽돌조 또는 석조
철재로 보강된 유리블록 또는 망입유리로 된 것

✦ 고난도 문제

09 🔒② 🔖LINK 기본서 147p

 선지체크

① ③ ④는 방화구조의 기준에 해당한다.
• 방화구조 기준

구조	두께
철망모르타르	2[cm] 이상
석고판 위에 시멘트모르타르 또는 회반죽을 바른 것	2.5[cm] 이상
시멘트모르타르 위에 타일을 붙인 것	2.5[cm] 이상
심벽에 흙으로 맞벽치기한 것	모두 해당

✦ 고난도 문제

10 🔒①

① 인접대지경계선 · 도로중심선 또는 동일한 대지안에 있는 2동 이상의 건축물 상호의 외벽간의 중심선으로부터 **1층에 있어서는 3미터 이내, 2층 이상에 있어서는 5미터 이내**의 거리에 있는 건축물의 각 부분을 말한다.

→ 소방관계법규를 학습하는 분은 옥외소화전 설치대상과 연결시켜 학습하면 됩니다.

11 🔒④   🔗 LINK 기본서 147p

④ 해당 사항 없음

추가학습 ➕

방화구획 기준

주요구조부가 내화구조 또는 불연재료로 된 건축물로서 연면적이 1,000[㎡] 이상인 건축물에 설치한다.

구획의 종류	구획의 기준	구획의 구조
면적별	① 10층 이하: 바닥면적 1,000[㎡] 이내마다 구획 ② 11층 이상: 바닥면적 200[㎡] 이내마다 구획 (불연재료로 마감한 경우 500[㎡] 이내마다 구획) * 자동소화설비를 설치한 경우 위 면적 3배 적용	내화구조의 바닥, 벽 60+ 방화문 60분방화문 자동방화셔터
층별	매 층마다 구획 (지하 1층에서 지상으로 직접 연결하는 경사로 부위 제외)	
용도별	주요구조부를 내화구조로 해야 하는 대상 부분과 기타 부분 사이의 구획	

12 🔒④   🔗 LINK 기본서 147p

④ 10층 이하이고, 스프링클러설비(자동소화설비)를 설치하였으므로 **3,000[㎡] 이내**마다 구획하여야 한다.

13 🔒①   🔗 LINK 기본서 147p

① 10층 이하이므로 하나의 방화구획 면적은 **1,000[㎡] 이내**마다 구획하여야 한다.
　→ 옥내소화전설비는 자동식 소화설비가 아니다.

14 🔒②   🔗 LINK 기본서 147p

② 11층 이상이며, 자동소화설비(스프링클러설비)가 설치되어 있으므로 하나의 방화구획 면적은 **200×3배=600[㎡]**이다. 따라서 바닥면적이 1,800[㎡]이므로 **총 3개의 방화구획**을 가지게 된다.

15 🔒②   🔗 LINK 기본서 147p

② 일정 시간 동안 일정 구획에서 화재를 한정시킬 수 있는 성능을 가진 구조를 **방화구조**라고 한다.
　→ 방화구획이란 화재 발생 시 인접구역의 화염, 열, 연기 확산을 방지하기 위해 공간을 구획하는 것이다.

16 🔒①   🔗 LINK 기본서 148p

방화벽에 설치하는 출입문의 너비 및 높이는 각 **2.5미터 이하**로 하고, 해당 출입문에는 **60+ 방화문 또는 60분 방화문**을 설치할 것

추가학습 ➕

방화문

60분+ 방화문	연기 및 불꽃을 차단할 수 있는 시간이 60분 이상이고, 열을 차단할 수 있는 시간이 30분 이상인 방화문
60분 방화문	연기 및 불꽃을 차단할 수 있는 시간이 60분 이상인 방화문
30분 방화문	연기 및 불꽃을 차단할 수 있는 시간이 30분 이상 60분 미만인 방화문

17 🔒②   🔗 LINK 기본서 148p

② 방화벽이 양쪽 끝과 위쪽 끝을 건축물의 **외벽면 및 지붕면으로부터 0.5[m] 이상** 튀어 나오게 할 것

추가학습 ➕

방화벽

주요구조부가 내화구조 또는 불연재료가 아닌 건축물로 연면적이 1,000[㎡] 이상인 건축물에 설치한다.
① 바닥면적 1,000[㎡] 미만마다 구획
② 내화구조로서 홀로 설 수 있는 구조일 것
③ 방화벽의 양쪽 · 윗쪽 끝 0.5[m] 이상 튀어 나오게 할 것
④ 출입문 너비 · 높이는 각각 2.5[m] 이하, 60+ 방화문 또는 60분 방화문을 설치

18 🔒② 🔗**LINK** 기본서 149p

② 무창층은 지상층 중 개구부의 요건을 모두 갖춘 개구부의 면적 합계가 해당 층 바닥면적의 **1/30** 이하가 되는 층을 말한다.

추가학습 ➕

무창층

지상층 중 아래 개구부의 요건을 모두 갖춘 개구부의 면적 합계가 해당 층 바닥면적의 1/30 이하가 되는 층을 말한다.

① 크기는 지름 50[cm] 이상의 원이 통과할 수 있을 것
② 해당 층 바닥에서 개구부 밑부분까지의 높이가 1.2[m] 이내일 것
③ 도로 또는 차량이 진입할 수 있는 빈터를 향할 것
④ 화재 시 건축물로부터 쉽게 피난할 수 있도록 창살이나 그 밖의 장애물이 설치되지 아니할 것
⑤ 내부 또는 외부에서 쉽게 부수거나 열 수 있을 것

19 🔒③ 🔗**LINK** 기본서 150p

③ 건축물(갓복도식 공동주택은 제외한다)의 **11층**(공동주택의 경우에는 **16층**) 이상인 층(바닥면적이 400제곱미터 미만인 층은 제외한다) 또는 **지하 3층 이하**인 층(바닥면적이 400제곱미터 미만인 층은 제외한다)으로부터 피난층 또는 지상으로 통하는 직통계단은 특별피난계단으로 설치하여야 한다.

✦ 고난도 문제

20 🔒④ 🔗**LINK** 기본서 151p

건축물 방재계획: 부지선정 및 배치계획, 평면계획, 단면계획, 입면계획, 내장(재료)계획

추가학습 ➕

건축물 연소확대방지: 수평구획, 수직구획, 용도구획

21 🔒③ 🔗**LINK** 기본서 151p

③ 입면계획에 대한 설명이다.

✅ **선지체크**

① 내장(재료)계획: 화재예방 및 연소확대 방지를 위해서 불연성이나 난연성의 재료를 통해 불연성능이나 내화성능이 확보될 수 있도록 계획을 수립한다.

② 평면계획: 방화구획, 방연구획, 제연계획이 포함되며 화재에 의한 피해를 가장 작은 범위로 한정하기 위한 것이다.
④ 단면계획: 상하층의 연소확대방지를 위한 방화구획, 수직적 피난 등을 계획하는 것이다.

22 🔒② 🔗**LINK** 기본서 151p

② 수직구획: 계단, 엘리베이터, 에스컬레이터, 경사로 등과 같은 **수직통로에 벽 등으로 구획하여 연소확대를 최소화**한다. **발코니, 차양 등을 층과 층 사이에 설치하는 것도 방법**이다.

✅ **선지체크**

① 수평구획(면적단위)
③ 수직구획(층단위)
④ 용도구획(용도단위)

23 🔒④ 🔗**LINK** 기본서 152p

④ 피난경로의 안전구획을 **1차 복도, 2차 부속실, 3차 계단으로 설정**한다.
- 1차 복도: 피난로로 인도함과 동시에 혼란이 생기지 않도록 일시적으로 안전하게 수용하기 위함
- 2차 부속실: 장시간에 걸쳐 불과 연기로부터 안전하게 보호되는 성능을 갖추어야 하는 부분으로 장시간에 걸쳐 인원을 수용할 수 있도록 함과 동시에 소방거점이 되는 넓이와 기능이 필요
- 3차 계단: 연기와 화염으로부터 보호해 피난과 소방활동의 주요한 경로가 됨

24 🔒② 🔗**LINK** 기본서 152p

② 안내 표지판 등은 누구나 안전하게 사용할 수 있도록 **원시적인 방법으로 그림이나 색 등을 활용**한다.

추가학습 ➕

피난계획의 일반원칙

① 피난경로는 간단명료해야 한다.
② 피난수단은 원시적 방법으로 한다.
③ 피난시설은 고정식 설비를 위주로 한다.
④ 2방향 이상의 피난로를 확보하며, 그 말단은 화재로부터 안전한 장소이어야 한다.
⑤ 상호 반대방향으로 다수의 출구와 연결되는 것이 좋다.
⑥ 피난 대책은 fool-proof와 fail-safe 원칙에 의한다.
⑦ 피난경로에 따라 일정한 zone을 형성하고 각 zone의 안정성을 높일 것

25 🔒④   📎 LINK 기본서 152p

✅ 선지체크

ㄷ. 상호 반대 방향으로 **다수의 출구와 연결되는 것이 좋다.**

26 🔒④   📎 LINK 기본서 152p

④ 피난설비는 고정시설이 좋으며, **이동식 기구와 장치 등은 최후의 소수 인원을 위한 보조수단**으로 생각해야 한다. 이동식 설비로는 피난용 로프, 구조대(피난기구) 등이 있다.

27 🔒②   📎 LINK 기본서 152p

✅ 선지체크

① ③ ④는 피난원칙 중 Fool proof에 대한 설명이다.

➕ 추가학습

Fail safe

① 1가지가 고장으로 실패하더라도 다른 수단에 의해 안전을 확보하는 것
② 2방향 이상의 피난경로
③ 부분화, 다중화

Fool proof

① 누구라도 안전하게 사용할 수 있도록 원시적 방법으로 그림 색채 등을 활용하는 것
② 간단명료한 피난 통로유도등, 유도표지
③ 피난설비는 고정식 설비로 설치
④ 피난경로는 간단명료하게 할 것

28 🔒①   📎 LINK 기본서 153p

① H형: 중앙 코어식으로 **피난자들의 집중(병목현상) 및 패닉현상 우려가** 있다.

➕ 추가학습

피난로 형태

구분	피난방향의 종류	피난로의 방향	
X형	↕↔		가장 확실한 피난로
Y형	↘↙		가 보장된다.

구분	피난방향의 종류	피난로의 방향	
T형	↓		방향이 확실하여 분
I형	↔		간하기 쉽다.
Z형	⌐		중앙복도형으로 코어
ZZ형	⌐⌐		형식 중 양호하다.
H형	↔		중앙 코어식으로 피 난자들의 집중(병목 현상) 및 패닉현상 우려가 있다.
CO형	→□←		

29 🔒③   📎 LINK 기본서 153p, 59p

✅ 선지체크

ㄱ. 내장재의 종류는 패닉의 원인과 관련이 없다.

➕ 추가학습

연기가 인체에 미치는 영향

① 시각적 영향: 연기 농도의 증가에 따라 시각 제한으로 피난 및 소화활동이 어려워진다.
② 생리적 영향: 산소의 감소 및 연소가스 흡입으로 인한 호흡 장애 등을 일으킨다.
③ 심리적 영향: 시각적·생리적 영향으로 극심한 공포상태에 빠지며, 행동능력 및 판단능력의 저하로 피해가 커질 수 있다.

30 🔒④   📎 LINK 기본서 153p

④ 화염, 연기에 대한 공포감으로 발화의 반대방향으로 이동하는 본능을 **퇴피본능**이라 한다.
→ 추종본능: 위험한 상황에서 한 사람의 리더를 추종하는 본능이다.

➕ 추가학습

인간의 피난본능

① 귀소본능: 익숙한 경로
② 지광본능: 밝은 쪽으로 피난

③ 추종본능: 한 사람의 리더를 추종
④ 퇴피본능: 발화의 반대 방향으로 이동
⑤ 좌회본능: 좌측통행과 시계 반대방향으로 회전하는 본능, 오른손잡이는 오른발을 축으로 좌측으로 행동

⑨ 이성적 안전지향성: 본능적으로 안전하다고 믿고 있는 경로로 향하는 경향. 먼 곳의 옥외계단으로 향하는 것은 이 특성 때문이다.
⑩ 부화뇌동성: 많은 사람들이 달아나는 방향으로 무의식적으로 안전하다고 느껴 위험한 곳임에도 불구하고 쫓아가는 경향

✦고난도 문제

31 🔒 ③　　　　　　　　　　　　　📖 LINK 기본서 153p

③ **직진성**이란 곧바로 계단이나 통로를 선택하고 **직진하려는 경향**을 말한다. 직진형 계단과 곡선형 계단이 있으면 직진형 계단으로 향하려는 사람이 많다.

→ **향개방성: 열린 공간쪽으로 도피하려는 경향**을 말한다. 좁은 복도보다 넓은 복도나 넓은 홀 공간을 선택하려는 행동 특성이다.

추가학습 +

화재 시 인간의 피난행동 특성
① 귀소성: 온 길을 더듬어 달아나려고 하는 경향
　예 에스컬레이터를 이용한 사람은 에스컬레이터가 있는 방향으로, 엘리베이터를 이용한 사람은 엘리베이터가 있는 방향으로 도피하려는 것
② 일상동선 지향형: 평소에 사용하던 계단 등 습관적으로 친숙해 있는 경로를 사용해 도피하려는 경향
　예 종업원이 평상시 사용하던 종업원 전용계단으로 달아나려는 것
③ 향광성(向光性): 밝은 방향으로 도피하려는 경향. 복도의 좌우를 비교해 볼 때 한쪽이 밝고 다른 쪽이 어둡다면 많은 사람들은 밝은 쪽의 경로를 선택하게 되는 특성
④ 향개방성: 향광성과 유사한 특성으로 열린 공간쪽으로 도피하려는 경향. 좁은 복도보다 넓은 복도나 넓은 홀 공간을 선택하려는 행동 특성
⑤ 역시경로(易視經路): 최초로 눈에 들어온 경로 또는 눈에 띄기 쉬운 계단으로 향하는 경향
　예 백화점 등의 화재 시 바로 뒤에 있는 계단을 사용하지 않고 다른 계단으로 향하는 것
⑥ 근거리 선택성: 가까운 계단이나 책상을 넘어서라도 지름길을 택하려는 경향
⑦ 직진성: 곧바로 계단이나 통로를 선택하고 직진하려는 경향
　예 직진형 계단과 곡선형 계단이 있으면 직진형 계단으로 향하려는 사람이 많다.
⑧ 본능적 위험의 회피성: 위험 상황으로부터 멀어지려고 하는 경향. 사람들은 조금만 연기가 있어도 그것을 회피하려고 한다. 뛰어내리는 행동도 일종의 본능적 위험의 회피성이다.

✦고난도 문제

32 🔒 ①

① 내부마감재료는 **불연재료**로 설치할 것

추가학습 +

피난안전구역의 구조 및 설비
① 피난안전구역의 바로 아래층 및 위층은 국토교통부장관이 정하여 고시한 기준에 적합한 단열재를 설치할 것
② 피난안전구역의 내부마감재료는 불연재료로 설치할 것
③ 건축물의 내부에서 피난안전구역으로 통하는 계단은 특별피난계단의 구조로 설치할 것
④ 비상용 승강기는 피난안전구역에서 승하차할 수 있는 구조로 설치할 것
⑤ 피난안전구역에는 식수공급을 위한 급수전을 1개소 이상 설치하고 예비전원에 의한 조명설비를 설치할 것
⑥ 관리사무소 또는 방재센터 등과 긴급연락이 가능한 경보 및 통신시설을 설치할 것
⑦ 기준에 따라 산정한 면적 이상일 것
⑧ 피난안전구역의 높이는 2.1미터 이상일 것
⑨ 배연설비를 설치할 것
⑩ 그 밖에 소방청장이 정하는 소방 등 재난관리를 위한 설비를 갖출 것

✦고난도 문제

33 🔒 ③

③ 비상용 승강기는 피난안전구역에서 **승하차 할 수 있는 구조**로 설치할 것

✦고난도 문제

34 🔒 ②

② 피난안전구역의 내부마감재료는 **불연재료로 설치**할 것

35 🔒②

② 해당 사항 없음

추가학습 ➕

피난안전구역에 설치해야 하는 소방시설

① 소화설비 중 소화기구(소화기 및 간이소화용구만 해당한다), 옥내소화전설비 및 스프링클러설비
② 경보설비 중 자동화재탐지설비
③ 피난설비 중 방열복, 공기호흡기(보조마스크를 포함한다), 인공소생기, 피난유도선(피난안전구역으로 통하는 직통계단 및 특별피난계단을 포함한다), 피난안전구역으로 피난을 유도하기 위한 유도등·유도표지, 비상조명등 및 휴대용비상조명등
④ 소화활동설비 중 제연설비, 무선통신보조설비

36 🔒③

③ 강화 유리 또는 배강도유리로서 그 두께가 **5밀리미터 이하**인 것

추가학습 ➕

소방관 진입창의 기준

① 2층 이상 11층 이하인 층에 각각 1개소 이상 설치할 것. 이 경우 소방관이 진입할 수 있는 창의 가운데에서 벽면 끝까지의 수평거리가 40미터 이상인 경우에는 40미터 이내마다 소방관이 진입할 수 있는 창을 추가로 설치해야 한다.
② 소방차 진입로 또는 소방차 진입이 가능한 공터에 면할 것
③ 창문의 가운데에 지름 20센티미터 이상의 역삼각형을 야간에도 알아볼 수 있도록 빛 반사 등으로 붉은색으로 표시할 것
④ 창문의 한쪽 모서리에 타격지점을 지름 3센티미터 이상의 원형으로 표시할 것
⑤ 창문의 크기는 폭 90센티미터 이상, 높이 1.2미터 이상으로 하고, 실내 바닥면으로부터 창의 아랫부분까지의 높이는 80센티미터 이내로 할 것
⑥ 다음의 어느 하나에 해당하는 유리를 사용할 것
　가. 플로트판유리로서 그 두께가 6밀리미터 이하인 것
　나. 강화유리 또는 배강도유리로서 그 두께가 5밀리미터 이하인 것
　다. 가목 또는 나목에 해당하는 유리로 구성된 이중 유리로서 그 두께가 24밀리미터 이하인 것

37 🔒②

✔ 선지체크

① 시멘트모르타르 위에 타일을 붙인 것으로서 그 두께의 합계가 **2.5센티미터 이상**인 것은 방화구조이다.
③ 소방관 진입창의 기준은 창문의 가운데에 지름 20센티미터 이상의 **역삼각형**을 야간에도 알아볼 수 있도록 빛 반사 등으로 붉은 색으로 표시할 것
④ 준초고층 건축물에는 피난층 또는 지상으로 통하는 직통계단과 직접 연결되는 피난안전구역을 해당 건축물 전체 층수의 2분의 1에 해당하는 층으로부터 **상하 5개층 이내**에 1개소 이상 설치하여야 한다.

38 🔒④

④ 계단의 유효너비는 **0.9미터 이상**으로 할 것

추가학습 ➕

건축물의 바깥쪽에 설치하는 피난계단의 구조

① 계단은 그 계단으로 통하는 출입구 외의 창문 등으로부터 2[m] 이상의 거리를 두고 설치
② 건축물의 내부에서 계단으로 통하는 출입구에는 60+ 방화문 또는 60분 방화문 설치
③ 계단의 유효너비: 0.9[m] 이상
④ 계단은 내화구조로 하고 지상까지 직접 연결되도록 할 것

39 🔒④

④ 계단실의 바깥쪽과 접하는 창문 등은 당해 건축물의 다른 부분에 설치하는 창문 등으로부터 **2미터 이상**의 거리를 두고 설치할 것

추가학습 ➕

건축물의 내부에 설치하는 피난계단의 구조

① 계단실은 창문·출입구 기타 개구부를 제외한 당해 건축물의 다른 부분과 내화구조의 벽으로 구획할 것
② 계단실의 실내에 접하는 부분의 마감은 불연재료
③ 계단실에는 예비전원에 의한 조명설비
④ 계단실의 바깥쪽과 접하는 창문 등은 당해 건축물의 다른 부분에 설치하는 창문 등으로부터 2m 이상의 거리를 두고 설치

⑤ 건축물의 내부와 접하는 계단실의 창문 등은 망이 들어 있는 유리의 붙박이창으로서 그 면적: 각각 1㎡ 이하

⑥ 건축물의 내부에서 계단실로 통하는 출입구의 유효너비: 0.9미터 이상

⑦ 출입구에는 피난의 방향으로 열 수 있는 것으로서 언제나 닫힌 상태를 유지하거나 화재로 인한 연기 또는 불꽃을 감지하여 자동적으로 닫히는 구조로 60+ 방화문 또는 60분 방화문을 설치

⑧ 연기 또는 불꽃을 감지하여 자동적으로 닫히는 구조로 할 수 없는 경우 온도를 감지하여 자동적으로 닫히는 구조

⑨ 계단은 내화구조로 하고 피난층 또는 지상까지 직접 연결되도록 할 것

⑩ 노대 또는 부속실로부터 계단실로 통하는 출입구에는 60+ 방화문, 60분 방화문 또는 30분 방화문을 설치. 이 경우 방화문은 언제나 닫힌 상태를 유지하거나 화재로 인한 연기 또는 불꽃을 감지하여 자동적으로 닫히는 구조로 해야 하고, 연기 또는 불꽃으로 감지하여 자동적으로 닫히는 구조로 할 수 없는 경우에는 온도를 감지하여 자동적으로 닫히는 구조로 할 수 있다.

⑪ 계단은 내화구조로 하되, 피난층 또는 지상까지 직접 연결되도록 할 것

⑫ 출입구의 유효너비는 0.9m 이상으로 하고 피난의 방향으로 열 수 있을 것

✦ 고난도 문제

40 🔒 ①

① 계단실의 노대 또는 부속실에 접하는 창문 등(출입구를 제외한다)은 망이 들어 있는 유리의 붙박이창으로서 그 면적을 각각 **1㎡ 이하**로 할 것

추가학습 +

특별피난계단의 구조

① 건축물의 내부와 계단실은 노대를 통하여 연결하거나 외부를 향하여 열 수 있는 면적 1㎡ 이상인 창문 또는 규정에 적합한 구조의 배연설비가 있는 면적 3㎡ 이상인 부속실을 통하여 연결할 것

② 계단실·노대 및 부속실은 창문 등을 제외하고는 내화구조의 벽으로 각각 구획할 것

③ 계단실 및 부속실의 실내에 접하는 부분의 마감은 불연재료로 할 것

④ 계단실에는 예비전원에 의한 조명설비를 할 것

⑤ 계단실·노대 또는 부속실에 설치하는 건축물의 바깥쪽에 접하는 창문 등은 계단실·노대 또는 부속실 외의 당해 건축물의 다른 부분에 설치하는 창문 등으로부터 2m 이상의 거리를 두고 설치할 것

⑥ 계단실에는 노대 또는 부속실에 접하는 부분 외에는 건축물의 내부와 접하는 창문등을 설치하지 아니할 것

⑦ 계단실의 노대 또는 부속실에 접하는 창문 등(출입구를 제외한다)은 망이 들어 있는 유리의 붙박이창으로서 그 면적을 각각 1㎡ 이하로 할 것

⑧ 노대 및 부속실에는 계단실외의 건축물의 내부와 접하는 창문 등(출입구를 제외한다)을 설치하지 아니할 것

⑨ 건축물의 내부에서 노대 또는 부속실로 통하는 출입구에는 60+ 방화문 또는 60분 방화문을 설치

✦ 고난도 문제

41 🔒 ①

① **계단실**에는 예비전원에 의한 조명설비를 할 것

✦ 고난도 문제

42 🔒 ①

① 계단이나 에스컬레이터로부터 **2m 이상**의 거리를 둘 것

추가학습 +

회전문의 설치기준

① 계단이나 에스컬레이터로부터 2m 이상의 거리를 둘 것

② 회전문과 문틀사이 및 바닥 사이는 다음에서 정하는 간격을 확보하고 틈 사이를 고무와 고무펠트의 조합체 등을 사용하여 신체나 물건 등에 손상이 없도록 할 것

　가. 회전문과 문틀 사이는 5cm 이상

　나. 회전문과 바닥 사이는 3cm 이하

③ 출입에 지장이 없도록 일정한 방향으로 회전하는 구조로 할 것

④ 회전문의 중심축에서 회전문과 문틀 사이의 간격을 포함한 회전문 날개 끝부분까지의 길이는 140cm 이상이 되도록 할 것

⑤ 회전문의 회전속도는 분당 회전수가 8회를 넘지 아니하도록 할 것

⑥ 자동회전문은 충격이 가하여지거나 사용자가 위험한 위치에 있는 경우에는 전자감지장치 등을 사용하여 정지하는 구조로 할 것

PART
5

소화

---

01 소화이론

문제편 102~104p

01	①	02	①	03	②	04	②	05	④
06	①	07	③	08	②	09	①	10	③
11	③								

---

01 🔓 ①   📖 LINK 기본서 156~157p

① 산소공급원 차단에 의한 소화는 **질식효과**이다.

추가학습 ➕

물리적 소화

① 제거소화: 가연물을 제거 또는 차단
② 질식소화: 산소공급원을 차단
③ 냉각소화: 점화원, 점화에너지를 차단

화학적 소화

① 부촉매소화(억제소화): 연쇄반응 차단

---

02 🔓 ①   📖 LINK 기본서 157p

제거소화란 가연물을 제거 또는 차단하는 것을 말한다.

✔ 선지체크

ㄱ. 산림화재: **풍하측**의 나무를 잘라 제거한다.
　→ 나무를 잘라 제거하는 것이 제거소화 방법은 맞으나 풍상측이 아닌 화재의 진행방향인 풍하측 나무를 잘라야 한다.
ㄹ. **피복소화**에 대한 내용이다.
ㅁ. **부촉매소화**에 대한 내용이다.

---

03 🔓 ②   📖 LINK 기본서 156p

② 부촉매소화: **화학적 소화**

✔ 선지체크

① 제거소화 ③ 질식소화 ④ 제거소화: **물리적 소화**

---

04 🔓 ②   📖 LINK 기본서 157p, 43p

② 표면화재 시 **연쇄반응을 차단하는 방법(부촉매소화)이** 가능하다.

---

05 🔓 ④   📖 LINK 기본서 160p

④ 냉각소화에 많이 이용되는 물은 비열 및 증발잠열의 값이 **다른 물질에 비해 커서** 가연성 물질을 인화점 이하로 냉각하는 효과가 있다.

---

06 🔓 ①   📖 LINK 기본서 157p

✔ 선지체크

ㄷ. 희석소화: **수용성의 가연물질**에 다량의 물을 주입하여 가연물질의 농도를 연소농도 이하로 낮춰 소화하는 방법
ㄹ. 부촉매소화: **제3종 분말소화약제** 사용 시 분해되어 나온 암모늄이온에 의해 연쇄반응을 억제·차단하는 소화방법

---

07 🔓 ③   📖 LINK 기본서 81p, 157p

ㄹ. 단순하게 화학적인 연소반응 속도를 지연시킨 방법이면 부촉매 소화 방법이다. 하지만 ㄹ의 선지는 열을 흡수하였기 때문에 반응의 속도가 늦어진 것으로 냉각소화에 대한 설명이다.

✔ 선지체크

ㄴ. 퍼징은 가연성 혼합기체에 불활성 가스를 첨가하여 산소의 농도를 **최소산소농도 이하로 낮게 하여** 화염이 전파되지 않도록 하는 방법으로 일반적으로 산소농도는 **MOC보다 4% 낮은 농도로 제어**한다.

---

08 🔓 ②   📖 LINK 기본서 158p

ㄱ. 부촉매소화란 연소의 4요소 중 연쇄반응을 차단하는 화학적 소화 방법이다.
ㅁ. 자유 라디칼(Free radical) 생성을 억제하는 것이 부촉매소화 방법이다. 따라서 생성과 관계가 있다.

✔ 선지체크

ㄷ. 연쇄 전달체의 **발생을 억제**하여 소화하는 방법이다.
ㄹ. 부촉매 주입시 **활성화 에너지는 증가**하게 된다. → 활성화 에너지란 화학반응이 진행되기 위한 최소한의 에너지로 활성화 에너지가 작을수록 반응속도가 빠르다.

09 🔓①   📎LINK 기본서 157p

✅ **선지체크**

ㄷ. 공기 중의 산소농도를 한계산소량 이하로 낮추어 연소를 중지시키는 소화방법은 **질식소화**이다.

ㄹ. 가연성 액체(중질유) 화재 시 물을 무상으로 방사하거나 포 소화약제를 방사하여 유류표면에 얇은 층(유화층)을 형성시키는 유화소화는 **물리적 소화**라고 볼 수 있다.

ㅁ. Halon 1211 소화기의 주된 소화효과는 **부촉매소화**이다.

10 🔓③   📎LINK 기본서 157~160p

③ 무상주수 할 경우 **질식소화**와 **유화소화**가 부가적으로 작용하게 된다.

✅ **선지체크**

① CF_3Br(할론 1301)의 주된 소화효과는 부촉매이다.

② 제거소화란 가연물을 제거하거나 공급중단에 의한 방법이다. 따라서 유류탱크 화재시 가연성 증기를 날려보내는 방법은 가연물을 제거하였으므로 제거소화에 해당한다.

④ 금속화재는 1,500℃ 이상의 고온화재이며 물, CO_2 사용 시 급격한 연소확대 및 수증기폭발을 일으킬 위험이 있다.

    ($2Mg + CO_2 \rightarrow 2MgO + C$)

11 🔓③   📎LINK 기본서 172p

③ 제3종 분말소화약제($NH_4H_2PO_4$)는 **A급, B급, C급 화재에 적응성이 있으며**, 담홍색(또는 황색)으로 착색되어 있다.

CHAPTER 02 소화약제

문제편 105~121p

01	④	**02**	④	**03**	③	**04**	②	**05**	④
06	①	**07**	②	**08**	③	**09**	④	**10**	③
11	②	**12**	①	**13**	①	**14**	①	**15**	④
16	③	**17**	②	**18**	②	**19**	②	**20**	②
21	④	**22**	①	**23**	④	**24**	②	**25**	②
26	④	**27**	②	**28**	④	**29**	④	**30**	②
31	③	**32**	④	**33**	①	**34**	②	**35**	①
36	③	**37**	④	**38**	②	**39**	②	**40**	④
41	③	**42**	③	**43**	③	**44**	④	**45**	②
46	③	**47**	②	**48**	④	**49**	①	**50**	③
51	③	**52**	③	**53**	③	**54**	①	**55**	②
56	③	**57**	③	**58**	①	**59**	②	**60**	①
61	④	**62**	③	**63**	④	**64**	②	**65**	②
66	①	**67**	②	**68**	③	**69**	①	**70**	①
71	①	**72**	③	**73**	④	**74**	④	**75**	②
76	①	**77**	④	**78**	④	**79**	③	**80**	②
81	④	**82**	④						

01 🔓④   📎LINK 기본서 159p, 168p

④ **수계 소화약제**이다.

추가학습 ➕

수계: 물, 포, 강화액, 산 · 알칼리
가스계: CO_2, 할론, 분말, 할로겐화합물 및 불활성기체

02 🔓④   📎LINK 기본서 160~162p

④ 온도가 상승할수록 물의 점도는 **감소한다.**

✅ **선지체크**

① 기압이 낮으면 물의 끓는점도 낮아진다. 대표적인 예로 높은 산 위에서 밥을 지을 때 냄비 위에 돌을 올리는 이유이다.

② 물의 기화열은 539[kcal/kg], 물의 융해열은 80[kcal/kg]이다.

③ 물의 표면장력을 감소시켜 가연물에 대해 침투성을 향상시키기 위해 침투제를 사용한다.

---

03 🔓 ③   📖 LINK 기본서 159~161p

ㄱ. 알코올 등과 같은 수용성 가연물에 다량의 물을 주입하여 연소농도를 낮추는 희석소화한다.
ㄴ. 물은 증발잠열(539[kcal/kg])이 커서 증발 시 많은 열량을 흡수하여 다량의 열을 제거한다.
ㄷ. 물은 수증기로 변하면 약 1,700배 부피 팽창하여 질식소화 효과가 있다.

✅ 선지체크

ㄹ. 물보다 얼음으로 존재 할 때 밀도가 **작다.**(액체 > 고체 > 기체)
   → 물은 4[℃]일 때 밀도가 가장 높고 가장 무겁다.

추가학습 ➕

물 소화약제의 특성
① 표면장력이 크다.
② 비열(1[kcal/kg · ℃])이 커서 물 입자가 많은 열량을 흡수한다.
③ 증발잠열(539[kcal/kg])이 커서 증발 시 많은 열량을 흡수한다.
④ 물은 수증기로 변하면 약 1,700배 부피 팽창하여 질식소화 효과가 있다.
⑤ 비압축성이므로 압력이나 유속의 변화에 따라 체적이 변하지 않는다. (밀도의 변화를 무시할 수 있는 정도)
⑥ 물은 4[℃]일 때 밀도가 가장 높고 가장 무겁다.

---

04 🔓 ②   📖 LINK 기본서 159~161p

② **적상**은 물방울 형태를 가지는 주수 형태이다.
   → 무상은 물이 안개모양 형태를 가지는 주수 형태이다.

✅ 선지체크

① 물은 비열(1[kcal/kg · ℃])이 커서 물 입자가 많은 열량을 흡수한다.
③ 물 소화약제는 냉각, 질식, 유화, 희석, 타격 및 파괴효과 등이 있다.
④ 물 자체만으로도 우수한 소화약제이지만 소화력을 증대시켜 적은 양으로도 소화효과를 발휘하기 위해 각종 화학물질을 첨가한다.

추가학습 ➕

봉상 주수
① 물이 긴 봉의 형태를 가지는 주수 형태이다.
② 열용량이 큰 일반 고체가연물의 대규모 화재에 유효하다.

적상 주수
① 물방울 형태를 가지는 주수 형태로 물방울의 평균 직경이 0.3~4 [mm] 정도 된다.
② 일반적으로 실내 고체가연물 화재에 사용한다.

무상 주수
① 물이 안개모양 형태를 가지는 주수 형태로 물방울의 평균 직경이 0.01~1[mm] 정도 된다.
② 전기 전도성이 좋지 않기 때문에 전기화재(C급화재)에 사용이 가능하며 유류화재(B급화재)에도 사용이 가능하다.
③ 봉상 · 적상보다 표면적이 커서 질식 및 냉각효과가 좋다.

---

05 🔓 ④   📖 LINK 기본서 161p

④ 억제작용은 부촉매소화 효과로 물 소화약제의 경우에는 부촉매소화 (화학적소화)효과가 없다.

---

06 🔓 ①   📖 LINK 기본서 161p

① 일반적으로 유류는 **비수용성**이다. 따라서 화재 시 **물을 사용하면 연소면이 확대**되기 때문에 물을 사용할 수 없다. 하지만 중질유 화재의 경우 무상으로 주수 시 급속한 증발에 의한 질식효과와 함께 에멀젼 형성에 의한 유화효과로 주수소화가 가능하다.

---

07 🔓 ②   📖 LINK 기본서 160~163p

ㄴ. 물을 봉상이나 적상주수 시 연소물을 파괴해서 소화할 수 있는 타격 및 파괴효과가 있다.
ㄷ. 물은 비압축성이므로 압력이나 유속의 변화에 따라 체적이 변하지 않기 때문에 펌프를 통해 원하는 장소로 보낼 수 있다.
ㅁ. 물은 일반화재에서 우수한 능력을 보이나 유류화재에서 사용하는 경우 화재확대우려가 있고, 전기화재에서는 감전우려가 있으므로 사용이 적절하지 못하다.

✅ 선지체크

ㄱ. 물은 이산화탄소 소화약제보다 수손피해가 **크다.**
ㄹ. 물에 **유동화제**를 섞으면 **소방용수의 유출 속도가 높아진다.**
   → 유화제는 가연물 표면상에 물과 기름의 에멀젼을 형성하여 유화층 형성을 돕기 위한 첨가제이다.

---

08 🔒③   📎 LINK 기본서 159~161p

③ 물에는 수소결합으로 안정성이 높아 각종 약제를 혼합하여 사용이 가능하다. **하지만 모든 화재에 적응성이 뛰어나지는 않다. 대표적인 예로 금속화재에는 적응성이 없다.**

✅ 선지체크

① 물이 A급 화재에서는 우수한 소화능력이 발휘되나, 일반적으로 B급 화재에서는 오히려 연소면이 확대될 수 있다. → B급 화재에 적응성이 있기 위해서는 무상주수 해야 한다.
② 가연성 액체(중질유)와 같은 유류화재 시 물을 무상으로 방사하여 유류표면에 얇은 막(유화층)을 형성하여 유류의 증기압을 떨어뜨려 소화한다.(에멀전 효과)
④ 열용량[kcal/℃]이란 어떤 물질을 1[℃] 올리는 데 필요한 열량을 말한다. 물은 비열 1[kcal/kg · ℃]과 증발잠열 539[kcal/kg]이 커서 소화약제로 우수하다는 장점이 있다.

09 🔒④   📎 LINK 기본서 162~163p, 168p

✅ 선지체크

ㄷ. 물의 흡착력을 증가시켜 소화수의 유실을 최소화하기 위해 **증점제**를 첨가한다.
    → 침투제란 물의 표면장력을 감소시켜 가연물에 대해 침투성을 향상시키기 위한 첨가제이다.

➕ 추가학습

첨가제

1. 부동액(Antifreeze agent)
  ① 물의 어는점을 0[℃] 이하로 낮추어 동결 방지를 위한 첨가제이다.
  ② 약제: 글리세린, 프로필렌글리콜, 에틸렌글리콜, 염화나트륨, 염화칼슘
2. 침투제(Wetting agent)
  ① 물의 표면장력을 감소시켜 가연물에 대해 침투성을 향상시키기 위한 첨가제이다.
  ② 물의 침투가 용이하지 않은 원면화재, 심부화재에 효과적이다.
  ③ 약제: 합성계면활성제
3. 유화제(Emulsifier)
  ① 가연물 표면상에 물과 기름의 에멀전을 형성하여 유화층 형성을 돕기 위한 첨가제이다.
  ② 열류층을 형성하는 중질유 화재에 효과적이다.
  ③ 약제: 계면활성제, 친수성콜로이드
4. 증점제(Viscosity agent)
  ① 물의 점성을 높여 흡착력을 증가시켜 소화수 유실을 최소화하기 위한 첨가제이다.

② 산림화재에 효과적이다.
③ 점도를 증가시키면 침투성은 감소된다.
④ 약제: CMC(Carboxy Methyl Cellulose, 카르복시메틸셀룰로오스), DAP, Gelgard
5. 유동화제(Rapid water)
  ① 소방용수의 유출 속도를 높이기 위해 물에 섞는 소화 용수용 약제이다.
  ② 약제: 폴리에틸렌옥사이드

10 🔒③   📎 LINK 기본서 162~163p

③ 첨가제 중 증점제(Viscosity water agent)는 물의 점성을 높여 흡착력을 증가시켜 소화수 유실을 최소화하기 위한 첨가제로, 점도를 증가시킬수록 침투성이 **감소된다.**

➕ 추가학습

첨가제

구분	종류
부동액	글리세린, 프로필렌글리콜, 에틸렌글리콜, 염화나트륨, 염화칼슘
침투제(침윤제)	합성계면활성제
증점제	CMC(Carboxy Methyl Cellulose, 카르복시메틸셀룰로오스), DAP, Gelgard
유화제	계면활성제, 친수성콜로이드
강화액	중탄산나트륨, 탄산칼륨, 인산암모늄

11 🔒②   📎 LINK 기본서 162p

② **유화제**: 친수성콜로이드

12 🔒①   📎 LINK 기본서 168p

① **강화액 소화약제**: 물이 가지고 있는 물리적 소화효과에 첨가제가 갖는 화학적(부촉매)소화 효과가 있다.

➕ 추가학습

강화액 소화약제

① 첨가제: 알칼리 금속염 [중탄산나트륨, 탄산칼륨, 인산암모늄] 등

② 어는점이 −20[℃] 이하로 낮기 때문에 한랭지역에서도 사용이 가능하다.
③ 일반화재(A급 화재)에 적용되며 무상으로 방사할 경우 유류화재(B급 화재), 전기화재(C급 화재)에도 적응성이 있다.
④ 물이 갖는 냉각·질식효과와 첨가제가 갖는 부촉매효과를 합한 효과이다.

---

13 🔒 ①   🔗 LINK 기본서 168p

① 강화액은 **탄산칼륨(K_2CO_3)** 등의 수용액을 주성분인 강알칼리성 (pH12 이상) 수용액이다.
  → 탄산칼륨 반응식: $K_2CO_3 \rightarrow 2K^+ + CO_3^{-2}$

✦**고난도 문제**

14 🔒 ①   🔗 LINK 기본서 168p

① 강화액의 첨가제로 주로 K_2CO_3**(탄산칼륨)**을 사용한다.

✅ **선지체크**

② K_2O_2(과산화칼륨): 제1류 위험물에 해당한다.
③ CaO_2(과산화칼슘): 제1류 위험물에 해당한다.
④ $KBrO_3$(브로민산칼륨): 제1류 위험물에 해당한다.

✦**고난도 문제**

15 🔒 ④   🔗 LINK 기본서 168p

④ 염류 등을 물에 용해시켜 어는점을 강하시킨 것으로 **pH12 이상인 강알칼리성 약제**이다.
  → 탄산칼륨 수용액은 pH11~12 정도의 강알칼리성을 띤다. 강알칼리성의 경우 금속을 부식시킬 수 있어 실제 제품은 pH를 낮춰 약알칼리성으로 조정한다.

---

16 🔒 ③   🔗 LINK 기본서 168p

③ 식용유 등 가정의 작은 튀김기름, 휴지통, 방석, 커튼 등의 작은 **초기화재 진압용에 뛰어나다.**

✅ **선지체크**

① 강화액 소화기는 방사원리에 따라 축압식, 가압식 및 반응압식으로 구분한다.

→ 축압식은 압력용기 속에 강화액을 충전하고 압축공기 또는 질소가스로 축압하여 사용 시 압축공기 또는 질소가스의 압력으로 강화액을 방사한다. 최근에는 거의 축압식을 사용하고 있다.
→ 가압식은 축압식과 비슷한 원리이나 압력지시계가 없다.
→ 반응식은 산·알칼리 소화기와 같은 구조로 황산과 탄산칼륨 수용액을 분리 저장하고 사용 시 혼합되면 이산화탄소 가스에 의해서 방사된다.
② 알칼리 금속염류 등을 주성분으로 하는 수용액(액체)이다.
④ 염류 등을 물에 용해시켜 어는점을 강하(−20[℃])시킨 것으로 pH12인 강알칼리성 약제이다.

---

17 🔒 ②   🔗 LINK 기본서 164p

② 기화성이 좋다는 말은 기체로 변하는 정도가 크다는 것이다. 기화성이 좋을 경우 거품이 증발하므로 질식의 효과가 떨어지게 된다.

➕ **추가학습**

포 소화약제의 구비조건
① 포의 안전성이 좋아야 한다.
② 포의 내유성, 유동성이 좋아야 한다.
③ 포의 내열성이 좋아야 한다(소포성이 적어야 한다).
④ 유류와의 점착성(부착성)이 좋고 유류의 표면에 잘 분산되어야 한다.
⑤ 독성이 없어 인체에 무해해야 한다.

---

18 🔒 ②   🔗 LINK 기본서 164p

② 포 소화약제는 수계 소화약제로 **금수성 화재에 적응성이 없으며**, 주로 유류화재에 사용한다.

✦**고난도 문제**

19 🔒 ②   🔗 LINK 기본서 166p

✅ **선지체크**

① 환원시간이란 방출된 포가 파포되어 원래 포수용액으로 환원되는 시간을 말한다. 발포배율이 커지면 포의 직경이 커지고 포의 막이 얇아지기 때문에 **환원시간이 짧아지게 된다.**
  → 환원시간이 길수록 좋은 포소화약제이다.
③ 발포배율이 작아지면 환원시간과 내열성은 커지나 유동성은 **나빠진다.**
  → 발포배율이 작은 포는 포의 직경이 작기 때문에 포의 막은 두껍다.
④ 포의 막이 두꺼울수록 포의 입자가 균일할수록 포의 환원시간은 **길어진다.**

20 🔒②   📎**LINK** 기본서 166~167p

② **단백포**는 불화단백포와 달리 침전물이 많이 발생해 장기보관이 어렵다.

→ 불화단백포는 단백포의 제1철염을 줄여 침전물이 거의 생기지 않아 비교적 장기보관이 가능하다.

✅ **선지체크**

① 포 소화약제의 소화효과

→ 냉각작용: 포에 함유된 수분이 증발하면서 연소면의 열을 빼앗아 온도를 인화점, 발화점 이하로 낮춘다.

→ 질식작용: 방출된 포가 연소생성물의 유면을 덮어 가연성 가스 발생을 억제함과 동시에 공기 중의 산소와의 접촉을 차단한다.

→ 희석작용: 알코올 등과 같은 수용성 물질에 대량의 포를 방사하면 액체 가연물의 농도가 낮아진다.

③ 화학포는 탄산수소나트륨과 황산알루미늄의 소화약제가 화학반응을 일으켜 생성되는 기체(이산화탄소)를 핵으로 하는 소화약제이다. 기계포는 포수용액과 공기를 혼합하여 공기를 핵으로 하는 소화약제이다. 국내는 저발포와 고발포로 구분되는데, 저발포에는 기계포의 모든 소화약제가 사용되며, 고발포에는 합성계면활성제포가 사용된다.

---

21 🔒④   📎**LINK** 기본서 166~167p

④ 수성막포는 불소계 계면활성제를 주성분으로 한다.

➕ **추가학습**

수성막포

① 주성분: 불소계 계면활성제

② 기름 표면에 얇은 수성막을 형성하여 유면으로부터 가연성 증기 발생을 억제

③ 내유성 우수(표면하주입방식 가능)

④ 유동성 우수(유출화재에 효과적)

⑤ 내약품성 우수(분말소화약제와 Twin Agent System이 가능)

⑥ 내열성 약함(윤화현상 발생 우려)

---

22 🔒①   📎**LINK** 기본서 166~167p

① 물보다 가벼운 유류 위에 거품(수성막 형성)이 떠있을 수 있기 때문에 소화가 가능하다.

✅ **선지체크**

② 내열성이 약하므로 대형화재 또는 고온화재(1,000[℃] 이상 시 수성막 생성이 곤란한 단점이 있다)

---

③ 수성막포와 불화단백포는 단친매성으로 유동성과 내유성이 좋다.

④ 수성막포는 불소계 계면활성제를 주성분으로 한 것으로 표면장력이 낮다.

➕ **추가학습**

단친매성: 불소를 함유하고 있는 불화단백포, 수성막포

양친매성: 합성계면활성제포, 단백포

---

23 🔒④   📎**LINK** 기본서 164~168p

ㄱ. 포 소화약제는 주로 유류화재 시 사용된다.

ㄷ. 수성막포는 유동성이 좋아 초기소화 속도가 빨라서 유출화재와 같은 유층이 얇은 화재에 효과가 우수하다.

ㄹ. 단백포는 양친매성으로 비수용성 물질에 사용(친수성)하며, 내유성이 좋지 않다(친유성).

ㅁ. 단친매성의 성질을 띄는 불화단백포와 수성막포는 내유성이 우수하여 표면하주입방식이 가능하다.

✅ **선지체크**

ㄴ. 기계포는 **공기**를 핵으로 하는 소화약제이다.

→ 화학포는 이산화탄소를 핵으로 하는 소화약제이다.

---

24 🔒②   📎**LINK** 기본서 166~167p

② 수성막포: **단친매성**으로 유동성이 좋은 거품과 수성막이 형성되어 초기 소화속도가 빨라서 유출화재에 적합하며 기름에 오염이 되지 않아 표면하주입방식에 효과적이다. 또한 내약품성이 좋아 분말소화약제와 Twin Agent System이 가능하다.

단친매성	양친매성
불화단백포, 수성막포	합성계면활성제포, 단백포

✅ **선지체크**

④ 양친매성과 단친매성을 비교하는 경우 양친매성은 물과 기름과 모두 친해 점착력이 좋으며, 유동성이 작다. 단친매성은 물하고만 친하므로 유동성이 좋아서 화재를 신속하게 제어 소화할 수 있다.

➕**고난도 문제**

25 🔒②   📎**LINK** 기본서 164~168p

② 단백포는 철염을 첨가한 것으로 침전이 잘 일어난다. 하지만 단백질 분자가 응집하게 되어 안정성 있는 거품을 유지하므로 내열성이 우수해진다. **철염을 더 많이 첨가하게** 되면 거품이 너무 딱딱해지기 때문에 **유동성이 떨어져 유면을 덮는 속도가 느려지게 된다.**

26 🔒 ④　　　　　　　　　📖 LINK 기본서 167p, 252p

④ 합성계면활성제포는 저팽창(3%, 6%)에서 고팽창(1, 1.5, 2%)까지 팽창범위가 넓어 유류화재뿐만 아니라 고체 및 기체 연료의 화재에도 적응이 가능하며 고팽창포를 건물화재에 사용하는 경우 소화 시 사용 수량이 적기 때문에 **소화 후 물에 의한 피해가 적다.**

✅ 선지체크

① 고팽창의 경우 저팽창포 보다 수분이 적은 관계로 옥내에서는 효과가 있으나 옥외설비에서는 기후(온도·바람·습도 등)에 영향을 받는다.
　→ 차고, 주차장에 사용하는 포 소화전 또는 호스릴포소화설비는 저발포 약제이어야 한다.
② 환원시간: 일반적으로 포 중량의 25%가 수용액으로 환원되는 시간을 기준으로 시험한다.

포소화약제의 종류	25% 환원시간
단백포 수성막포	60초
합성계면활성제포	180초

27 🔒 ②　　　　　　　　　📖 LINK 기본서 167p

② 합성계면활성제포는 합성계면활성제를 주원료(고급알코올황산에스터염을 기포제로 사용)로 하는 포소화약제를 말한다.
　→ 기포제: 거품을 생성하는 물질

28 🔒 ④　　　　　　　　　📖 LINK 기본서 168p

④ 수용성 물질에 사용가능: 알콜형포(내알코올포)
　→ 수용성 용매가 포 속의 물을 탈취하여 포가 파괴되는 현상(파포현상)을 방지하기 위해 사용하는 포 소화약제로 단백질의 가수분해 생성 물질과 합성세제 등을 주성분으로 제조한 것이다.

✅ 선지체크

① ② ③ 내알코올포를 제외한 다른 포소화약제는 모두 비수용성 물질의 화재 시에만 적응성이 있다.

29 🔒 ④　　　　　　　　　📖 LINK 기본서 169~170p

④ 질식소화, 냉각소화
　→ 질식소화: 이산화탄소 소화약제를 방사하여 공기 중의 산소농도 21[%]를 산소농도 15[%] 이하로 저하시켜 소화한다.
　→ 냉각소화: 이산화탄소 방출 시 줄-톰슨효과에 의해 주위의 기화열을 흡수한다.

30 🔒 ②　　　　　　　　　📖 LINK 기본서 28p

② 이산화탄소는 완전산화물질로 가연물이 될 수 없다.(불연성)

➕ 추가학습

완전산화물질: 물, 이산화탄소, 산화알루미늄, 오산화인, 삼산화크로뮴, 규조토(산화규소), 삼산화황

31 🔒 ③　　　　　　　　　📖 LINK 기본서 94p, 169~171p

ㄴ. $CO_2 + H_2O \rightarrow H_2CO_3$(탄산은 약산성이다)
ㄷ. 이산화탄소 소화약제를 방사하면 공기 중의 산소농도 21[%]가 떨어져 질식의 우려가 있다.
ㄹ. 이산화탄소 임계온도: 31.35[℃]

✅ 선지체크

ㄱ. 이산화탄소는 **공기보다 무거워** 방출 시 가연물이나 **화염 표면을 덮어 공기의 공급을 차단시켜 버리는 소화 효과(피복소화)가 있다.**

32 🔒 ④　　　　　　　　　📖 LINK 기본서 169~171p

④ 이산화탄소는 표면화재에는 우수한 효과를 나타내는데 심부화재에 사용하는 경우에는 재발화 위험성이 있다. 따라서 심부화재의 경우에는 고농도의 이산화탄소를 방출시켜 소화농도의 분위기를 비교적 장시간 유지시켜 줌으로써 일차적인 소화는 물론 재발화의 가능성도 제거할 필요가 있다.

✅ 선지체크

① 상온에서는 기체이지만 압력을 가하면 액화되므로 **가스계** 소화약제로 많이 사용하고 있다.
② 이산화탄소의 무색, 무취이고 약제를 장시간 저장해도 **부패·변질 우려가 없다.**
③ **줄-톰슨효과에 의해** 이산화탄소 방출 시 주위의 기화열을 흡수한다.

이산화탄소 소화약제

① 이산화탄소는 더 이상 산소와 반응하지 않는 불연성 물질이기 때문에 가스계 소화약제로 널리 이용되고 있다.

② 보통 유류화재(B급 화재), 전기화재(C급 화재)에 주로 사용되며 밀폐상태(전역방출방식)에서 방출되는 경우 일반화재(A급 화재)에도 사용이 가능하다.

→ 밀폐되지 않은 경우에 이산화탄소가 쉽게 분산되고 가연물에 침투되기 어렵기 때문에 효과가 아주 미약하므로 심부화재에 사용하는 경우에는 재발화 위험성이 있다.

---

33 🔒 ① ⬛ LINK 기본서 169~171p

① 이산화탄소 소화약제의 소화원리는 산소농도의 희석 감소에 의한 질식소화, 가스 방출 시 기화열에 의한 냉각소화 비중이 공기보다 무겁기 때문에 연소 중인 가연물에 대한 피복소화 효과가 있다.

→ 연쇄반응을 차단하는 부촉매소화 효과 X

✅ 선지체크

② 최소소화농도	최소설계농도
$CO_2[\%] = \dfrac{21-O_2}{21} \times 100$	최소설계농도 = 최소소화농도 × 1.2

→ 이산화탄소의 최소설계농도는 보통 34[%] 이상으로 설계하기 때문에 계산하여 구한 최소설계농도가 34[%] 이하일 때에도 34[%]로 설계하여야 한다.

---

34 🔒 ② ⬛ LINK 기본서 169~170p

최소소화농도	최소설계농도
$CO_2[\%] = \dfrac{21-O_2}{21} \times 100$	최소설계농도 = 최소소화농도 × 1.2

(1) 최소소화농도

$$CO_2[\%] = \frac{20-O_2}{20} \times 100 = \frac{20-15}{20} \times 100 = 25[\%]$$

(2) 최소설계농도

최소설계농도 = 최소소화농도 × 1.2 = 25 × 1.2 = 30[%]

→ 이산화탄소의 최소설계농도는 보통 34[%] 이상으로 설계하기 때문에 계산하여 구한 최소설계농도가 34[%] 이하일 때에도 34[%]로 설계하여야 한다.

---

35 🔒 ① ⬛ LINK 기본서 169p, 214~215p

ㄱ. 이산화탄소를 소화기로 사용하는 경우에는 지하층이나 무창층 또는 밀폐된 거실로서 그 바닥면적이 20㎡ 미만의 장소에는 질식의 우려가 있어 설치할 수 없다.

ㄷ. 액화 이산화탄소는 자체증기압이 매우 높기 때문에 다른 가압원의 도움 없이 자체 압력으로 방사가 가능하다.

✅ 선지체크

ㄴ. 전기적으로 비전도성으로 전기화재(C급 화재)에도 적응성이 좋다.

ㄹ. 축압식 소화기(이산화탄소 및 할론1301 소화약제를 충전한 소화기와 한 번 사용한 후에는 다시 사용할 수 없는 형의 소화기는 제외한다)는 지시압력계를 설치하여야 한다.

---

36 🔒 ③ ⬛ LINK 기본서 171p

③ 운무현상: 고압의 액화 이산화탄소를 대기 중에 방출하면 일부는 −78.5℃ 정도의 극히 미소한 입자(드라이아이스)로 변하여 주위 공간에 하얀 운무의 모습을 띄게 되며 이후 저온의 드라이아이스 입자가 공기 중의 수증기를 냉각시켜 운무현상이 더욱 두드러진다.

→ 운무현상으로 인해 시야를 방해한다.

---

37 🔒 ④ ⬛ LINK 기본서 171p

④ 무인 변전소 등 사람이 없는 장소에는 사용 가능하다.

CO_2 설치제외

① 방재실·제어실 등 사람이 상시 근무하는 장소

② 나이트로셀룰로스·셀룰로이드제품 등 자기연소성물질을 저장·취급하는 장소

③ 나트륨·칼륨·칼슘 등 활성금속물질을 저장·취급하는 장소

④ 전시장 등의 관람을 위하여 다수인이 출입·통행하는 통로 및 전시실 등

---

38 🔒 ② ⬛ LINK 기본서 171~172p

② Na_2SO_4(황산나트륨): 해당 사항 없음

✅ 선지체크

① $NH_4H_2PO_4$(제1인산 암모늄): 제3종 분말소화약제

③ $NaHCO_3$(탄산수소나트륨): 제1종 분말소화약제

④ $KHCO_3$(탄산수소칼륨): 제2종 분말소화약제

추가학습 ➕

분말 소화약제 종류

종류	주성분	분자식	착색	적응화재
제1종	탄산수소나트륨 (중탄산나트륨)	$NaHCO_3$	백색	B(K), C급
제2종	탄산수소칼륨 (중탄산칼륨)	$KHCO_3$	담회색, 보라색 (담자색)	B, C급
제3종	제1인산암모늄	$NH_4H_2PO_4$	담홍색, 황색	A, B, C급
제4종	탄산수소칼륨 + 요소	$KHCO_3$ $+(NH_2)_2CO$	회색	B, C급

(39) 🔒②   📎LINK 기본서 172p

② 제2종: **탄산수소칼륨**, 담회색

(40) 🔒②   📎LINK 기본서 172p, 174~175p

✅ **선지체크**

ㄷ. Na^+ **이온**에 의한 부촉매 효과

ㅁ. 오르소인산에 의한 탄화 · 탈수 효과는 **제3종 분말소화약제**의 소화
효과이다.

추가학습 ➕

분말소화약제 소화효과

질식효과, 냉각효과, 부촉매효과, 방사열차단효과, 넉다운효과
(제1종: 비누화효과 / 제3종: 탄화 · 탈수효과, 방진효과)

(41) 🔒③   📎LINK 기본서 171p

③ 분말소화약제는 탄산수소나트륨, 탄산수소칼륨, 제1인산암모늄 등의
물질을 미세한 분말로 만들어 유동성을 높인 후 이를 **가스압으로 분출
시켜 소화하는 약제**이다.

✅ **선지체크**

① 분말의 입자는 10~70[㎛] 범위이며 최적의 소화효과를 나타내는 입
자는 20~25[㎛]이다.

② 비누화 반응(제1종 분말소화약제): 일반적인 요리용 기름이나 지방질
기름의 화재 시에 이들 물질과 결합하여 비누화 반응(에스터가 알칼리
작용으로 가수분해 되어 알코올과 산의 알칼리염이 생성되는 반응)을
일으킨다. 이때 생성된 비누상 물질은 가연성 액체의 표면을 덮어
질식소화 효과와 함께 재발화 억제효과를 나타내어 식용유화재(K급
화재)에 적용할 수 있다.

④ 제1종(백색), 제2종(담회색), 제3종(담홍색), 제4종(회색)

(42) 🔒③   📎LINK 기본서 171~173p

✅ **선지체크**

ㄱ. 열분해 반응과정에서 H2O, CO2에 의한 질식효과를 볼 수 있다.
    → H2O, NH3 등이 발생하는 것은 제3종 분말소화약제이다.

ㄹ. **수성막포 소화약제와 제3종 분말 소화약제를 함께 사용하는 것을**
Twin Agent System이라 한다.

(43) 🔒③   📎LINK 기본서 173p

③ **제3종 분말소화약제의 방진효과**: 섬유소를 탄화 · 탈수시킨 오르소인산
(H_3PO_4)은 다시 고온에서 분해되면 최종적으로 가장 안정된 유리상
의 메타인산(HPO_3)이 된다. 반응과정에서 생성된 메타인산(HPO_3)
은 연소표면에 유리피막을 형성하여 가연물을 피복하여 연소에 필요
한 산소의 유입을 차단하므로 재연소 방지효과가 커서 일반화재(A급
화재)에도 사용이 가능하다.

(44) 🔒④   📎LINK 기본서 173p

④ 제3종 분말소화약제의 열분해 시 **이산화탄소는 나오지 않는다.**
    → $NH_4H_2PO_4 \rightarrow HPO_3 + NH_3 + H_2O$

(45) 🔒③   📎LINK 기본서 173p

③ 탄화 · 탈수효과, 방진효과는 제3종 분말소화약제가 가진 소화효과이다.

✅ **선지체크**

① 분말 소화약제는 열에 의해 분해될 때 발생되는 흡열반응과 고체분말
에 의한 화염온도가 저하될 때 냉각효과가 있다.

②④ 할론소화약제의 특징이다.

46 🔒 ②　　　　　　　　　　　　　　📎 LINK 기본서 173p

② **제3종** 분말 소화약제 + **수성막포** 소화약제 = 트윈 에이전트 시스템
　(Twin AgentSystem)

종류	주성분
제3종	$NH_4H_2PO_4 \rightarrow HPO_3 + NH_3 + H_2O$
제4종	$2KHCO_3 + (NH_2)_2CO \rightarrow K_2CO_3 + 2NH_3 + 2CO_2$

47 🔒 ②　　　　　　　　　　　　📎 LINK 기본서 171~173p

② 제2종 분말 소화약제 - 요리용 기름에는 비누화작용을 일으키지 않기
　때문에 이 경우에는 제1종 분말소화약제보다 소화력이 떨어지지만,
　**칼륨이 나트륨보다 반응성이 더 크기 때문에 부촉매효과는 제2종 분말
　소화약제가 제1종 분말소화약제보다 더 우수하다.**

51 🔒 ③　　　　　　　　　　　　　📎 LINK 기본서 172p

제1종 분말소화약제의 분해반응식
$2NaHCO_3 \rightarrow Na_2CO_3 + H_2O + CO_2$

48 🔒 ④　　　　　　　　　　　　📎 LINK 기본서 171~173p

④ **전기절연성이 좋아** 고전압 전기화재에도 적응성을 갖는다.

✅ **선지체크**

② 습기에 의해 굳어지는 것(고화현상)을 방지하기 위해 방습제(스테아린산,
　실리콘오일 등)를 사용한다.

52 🔒 ③　　　　　　　　　　　📎 LINK 기본서 172~173p

✅ **선지체크**

① $2KHCO_3 \rightarrow K_2CO_3 + CO_2 + H_2O$
② $2NaHCO_3 \rightarrow Na_2CO_3 + CO_2 + H_2O$
④ $2KHCO_3 + (NH_2)_2CO \rightarrow K_2CO_3 + 2NH_3 + 2CO_2$

53 🔒 ③　　　　　　　　　　　　　📎 LINK 기본서 173p

③ H_3PO_4: 오르소인산

✅ **선지체크**

① P_2O_5: 오산화인, ② $H_4P_2O_7$: 피로인산, ④ HPO_3: 메타인산

🔶 **추가학습** ➕

제3종 분말소화약제 열분해 반응식
① 166[℃]: $NH_4H_2PO_4 \rightarrow NH_3 + H_3PO_4 - Q[kcal]$ (오르소인산)
② 216[℃]: $2H_3PO_4 \rightarrow H_4P_2O_7 + H_2O - Q[kcal]$ (피로인산)
③ 360[℃]: $H_4P_2O_7 \rightarrow 2HPO_3 + H_2O - Q[kcal]$ (메타인산)
④ 1000[℃]: $2HPO_3 \rightarrow P_2O_5 + H_2O - Q[kcal]$ (오산화인)

49 🔒 ①　　　　　　　　　　　　　📎 LINK 기본서 174p

① 분말소화약제는 분말약제를 미세화하여 표면적을 크게 함으로써 연쇄
　반응억제 효능을 높이고 짧은 시간에 불꽃 규모보다 높은 방사율로 방
　사하면 소화성능이 극대화되어 불꽃이 순식간에 사그라지면서 소화가
　되는데 이러한 소화작용을 Knock down이라 하며, 일정시간이 초과
　되면 소화에 실패하게 된다. → 분말 소화약제 방사개시 후 10~20초
　이내에 화염과 열기를 감소시키는 것을 말한다.

✅ **선지체크**

② 냉각소화효과
③ 제1종 분말소화약제의 비누화효과
④ 제3종 분말소화약제의 방진효과

54 🔒 ①　　　　　　　　　　　　　📎 LINK 기본서 173p

① 방진효과: 섬유소를 탄화·탈수시킨 오르소인산은 다시 고온에서
　분해되면 최종적으로 가장 안정된 유리상의 **메타인산(HPO₃)**이 된다.
　반응과정에서 생성된 **메타인산(HPO₃)**은 연소표면에 유리피막을 형
　성하여 가연물을 피복하여 연소에 필요한 산소의 유입을 차단하므로
　재연소 방지효과가 커서 일반화재(A급 화재)에도 사용이 가능하다.

50 🔒 ③　　　　　　　　　　　📎 LINK 기본서 172~173p

• 열분해 반응식

종류	주성분
제1종	$2NaHCO_3 \rightarrow Na_2CO_3 + H_2O + CO_2$
제2종	$2KHCO_3 \rightarrow K_2CO_3 + H_2O + CO_2$

55 🔒②   📖 LINK 기본서 176p

• 명명법 작성방법

예 Halon 1301

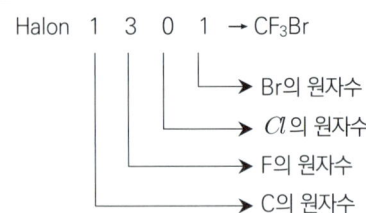

Halon   1   3   0   1   → CF_3Br

→ Br의 원자수
→ Cl의 원자수
→ F의 원자수
→ C의 원자수

56 🔒②   📖 LINK 기본서 176p

종 류	분자식	상온·상압
Halon1301	CF_3Br	기체
Halon1211	CF_2ClBr	기체
Halon2402	$C_2F_4Br_2$	액체

57 🔒③   📖 LINK 기본서 176p

③ Halon 1011: CH_2ClBr

58 🔒①   📖 LINK 기본서 175~178p

① **보통 유류화재(B급 화재), 전기화재(C급 화재)에 주로 사용**되며 밀폐 상태(전역방출방식)에서 방출되는 경우 일반화재(A급 화재)에도 사용이 가능하다.

✅ 선지체크

② 산소결핍에 의한 질식의 위험은 이산화탄소에 비하여 **낮다.**

③ 밀폐된 실에서 방출하는 경우 일반화재에 적응성이 **있다.**

④ 소화 후 오염의 **피해가 적어** 박물관, 미술관, 통신기기실의 화재에 **적합하다.**

59 🔒②   📖 LINK 기본서 176p

② Halon 2402는 상온·상압에서 액체로 존재하고, 독성이 있기 때문에 주로 사람이 없는 **옥외시설물에 국한되어 사용**한다.

✅ 선지체크

① 소화효과: Halon 1301 〉 1211 〉 2402

③ 오존파괴지수: Halon 1301 〉 2402 〉 1211

④ 할론소화약제는 지방족 탄화수소인 메탄(CH_4), 에탄(C_2H_6)등의 수소 원자가 주기율표 17족 원소인 불소(F), 염소(Cl), 취소=브롬(Br), 옥소=요오드(I)로 치환된 화합물이다. 그 중 Halon 2402은 유일하게 에탄에서 치환된 소화약제이다.

60 🔒①   📖 LINK 기본서 175~178p

ㄱ. **상온·상압**에서 Halon 1211, Halon 1301은 **기체**, Halon 2402는 **액체**로 존재하고 있다.

ㄷ. 할론 1301 소화약제는 오존파괴지수가 할론 소화약제 중 가장 **높다.** (Halon 1301 > 2402 > 1211)

ㄹ. 할론소화약제는 금속화재에 사용할 수 **없다.**

✅ 선지체크

ㄴ. 부촉매효과: 할론 소화약제가 고온의 화염에 접하게 되면 일부가 분해되어 HF, HBr 등이 발생되고, 이 라디칼이 가연물의 활성라디칼을 포착하여 연쇄반응을 중단시켜 소화하는 작용으로 할론 소화약제의 주 소화효과이다.

61 🔒④   📖 LINK 기본서 175~178p

✅ 선지체크

① **요오드(아이오딘) 화합물**은 소화의 강도는 가장 강하나 다른 물질과 쉽게 결합하여 많은 분해부산물을 생성하여 독성이 많아지게 되고 또한 경제성이 없어 소화약제로는 잘 사용하지 않는다.

② 할론 1211 소화약제를 소화기용 소화약제로 사용하는 경우 **일반 가연물화재에도 적응성이 있다.**

③ CO_2 가스의 소화 작용은 산소농도를 줄여주는 질식소화를 주체로 하는 물리적 소화인 관계로 표면화재 및 심부화재에 모두 유효하게 작용하게 되나, **할론 소화약제의 작용은 연쇄반응을 차단하는 억제효과를 주체로 하는 화학적 소화이므로 표면화재에 국한하여 유효하게 작용하게 된다.** 또한 할론은 대표적인 표면화재 약제로서 심부화재에는 적응성이 낮으며 심부화재를 소화하려면 고농도로 장시간 방사하여야 하나 이는 경제성이 없어 적용하기 어렵다.

62 🔒③   📖 LINK 기본서 177p

전기음성도: F > Cl > Br > I

수소의 결합에너지와 전기음성도는 동일하다. 따라서 HF > HCl > HBr > HI 이다.

63 🔒④   📖 LINK 기본서 180p

④ NOAEL(최대허용설계농도): 농도를 증가시킬 때 악영향을 감지할 수 없는 **최대농도**, 심신장애 현상이 나타나지 않는 최대농도

✅ **선지체크**

① ALT(대기잔존시간): 물질이 방사된 후 대기권 내에서 분해되지 않고 체류하는 잔류기간

② GWP(지구온난화지수): 지구온난화에 얼마나 영향을 미치는지를 측정하는 지수

③ LOAEL(최소허용설계농도): 농도를 감소시킬 때 악영향을 감지할 수 있는 최소농도, 심신장애 현상이 나타나는 최저농도

64 🔒②   📖 LINK 기본서 180p

오존파괴지수	$ODP = \dfrac{\text{어떤 물질 1kg에 의해 파괴되는 오존량}}{\text{CFC-11 1kg에 의해 파괴되는 오존량}}$ (CFC-11(CCl_3F): 삼염화불화탄소)
지구온난화지수	$GWP = \dfrac{\text{어떤 물질 1kg에 의한 지구온난화 정도}}{\text{CO}_2\text{ 1kg에 의한 지구온난화 정도}}$

65 🔒②   📖 LINK 기본서 178p

② 할로겐화합물 소화약제의 경우 액체로 저장한다. 약제 방출시 빠르게 기화하여 소화약제로 사용된다.

✅ **선지체크**

① 비점(끓는점)이 낮아야 빨리 기화된다.

③ 공기보다 무거워야 공기중에 사라지지 않는다.

④ 약제는 불연성이어야 한다.

66 🔒①   📖 LINK 기본서 178~181p

① 불활성기체 소화약제는 **압축하여 저장**한다.(압축가스)

→ 할로겐화합물 소화약제의 경우에는 **액체로 저장**한다.

67 🔒②   📖 LINK 기본서 179p

② HFC-23: CHF_3

✅ **선지체크**

① CF_3I: FIC-13I1

③ $CF_3CH_2CF_3$: HFC-236fa

④ C_4F_{10}: FC-3-1-10

🔶 **추가학습** ➕

할로겐화합물 소화약제

계열	종류	화학식	NOAEL [%]	ODP
FC	FC-3-1-10	C_4F_{10}	40	0
	FK-5-1-12	$CF_3CF_2C(O)CF(CF_3)_2$	10	0
HCFC	HCFC BLEND A	HCFC-123($CHCl_2CF_3$): 4.75% HCFC-22($CHClF_2$): 82% HCFC-124($CHClFCF_3$): 9.5% $C_{10}H_{16}$: 3.75%	10	0.044
	HCFC-124	C_2HF_4Cl	1.0	0.022
HFC	HFC-125	C_2HF_5	11.5	0
	HFC-227ea	C_3HF_7	10.5	0
	HFC-23	CHF_3	30	0
	HFC-236fa	$CF_3CH_2CF_3$	12.5	0
	FIC-13I1	CF_3I	0.3	0.0001

◆ 고난도 문제

68 🔒③   📖 LINK 기본서 179p

③ C_2HF_4Cl는 HCFC계열이다.

69 🔒①   📖LINK 기본서 179p

- HCFC-123($CHCl_2CF_3$): 4.75%
- HCFC-22($CHClF_2$): 82%
- HCFC-124($CHClFCF_3$): 9.5%
- $C_{10}H_{16}$: 3.75%

70 🔒①   📖LINK 기본서 178p

① 불활성기체 소화약제: 헬륨(He), 네온(Ne), 아르곤(Ar), 질소(N2) 중 하나 이상의 원소를 기본성분으로 하는 소화약제를 말한다.
  → 할로겐화합물 소화약제: 불소(F), 염소(Cl), 브롬(Br), 요오드(I) 중 하나 이상의 원소를 포함하고 있는 유기화합물을 기본성분으로 하는 소화약제를 말한다.

71 🔒①   📖LINK 기본서 181p

① IG-541: N_2 52[%] + Ar 40[%] + CO_2 8[%]

추가학습 ➕

불활성기체 소화약제

종류	화학식	NOAEL [%]	ODP
IG-01	Ar	43	0
IG-100	N_2	43	0
IG-541	N_2 52[%] + Ar 40[%] + CO_2 8[%]	43	0
IG-55	N_2 50[%] + Ar 50[%]	43	0

72 🔒③   📖LINK 기본서 181p

③ IG-55: N_2 50[%] + Ar 50[%]

✦ 고난도 문제

73 🔒④   📖LINK 기본서 179~181p

✅ 선지체크

ㄹ. HCFC BLEND A: 10

✦ 고난도 문제

74 🔒④   📖LINK 기본서 179~181p

- IG-100: 43
- HFC-23: 30
- HFC-125: 11.5
- HCFC-124: 1.0

75 🔒②   📖LINK 기본서 181p

② 사람이 상주하는 곳으로서 최대허용설계농도를 초과하는 장소에는 설치를 제외한다.

✅ 선지체크

① IG-541은 소화성능을 발휘할 수 있는 약제의 농도에서도 사람의 호흡에 문제가 없어 사람이 있는 곳에서도 사용이 가능하다.(소화에 필요한 소화농도에 도달하는 데 있어 다른 소화약제는 10초 미만이지만 IG-541은 적어도 1분이 소요된다. 따라서 사람이 있는 곳에서도 사용 가능하나 30초 이내에 도망가야 한다)

추가학습 ➕

설치 제외 장소

① 사람이 상주하는 곳으로서 최대허용설계농도를 초과하는 장소
② 제3류 위험물 및 제5류 위험물을 사용하는 장소. 다만, 소화성능이 인정되는 위험물은 제외한다.

76 🔒①   📖LINK 기본서 181p

① 지금까지 개발된 소화약제로는 IG-100, IG-01, IG-55, IG-541 이며 주로 공기 중 산소농도를 희박하게 하여 소화를 시킨다.
  → 불활성기체 소화약제는 부촉매 효과가 없다.

✅ 선지체크

③ 산소 저감 기능이란 질식효과를 나타낸다.

77 🔒④   📖LINK 기본서 178~179p

✅ 선지체크

① 할로겐화합물(할론 1301, 1211, 2402 제외) or 불활성기체 소화약제로 화재진화 후 잔사가 남지 않으며 전기적으로 비전도성인 소화약제이다.

② 할로겐화합물 소화약제의 **ODP**를 현저하게 낮추기 위하여 **취소(Br)를 배제**한다.

③ 구비조건으로는 오존층파괴지수(ODP), 지구온난화지수(GWP), **대기잔존 시간(ALT)은 낮아야 한다.**

---

78 🔓④ 　　　　　　　　　📎**LINK** 기본서 178~181p

④ 불활성기체 소화약제는 **물리적 소화가 가능하다.** → **화학적 소화는 불 가능하다.**

할로겐화합물 및 불활성기체 소화약제	물리적 · 화학적 소화
할로겐화합물 소화약제	물리적 · 화학적 소화
불활성기체 소화약제	물리적 소화

---

79 🔓③ 　　　　　　　　　📎**LINK** 기본서 181p

할로겐화합물 및 불활성기체 소화약제 설치제외

① 사람이 상주하는 곳으로서 최대허용설계농도를 초과하는 장소

② 제3류 위험물 및 제5류 위험물을 사용하는 장소. 다만, 소화성능이 인정 되는 위험물은 제외한다.

---

80 🔓② 　　　　　　　　　📎**LINK** 기본서 181p

② 할로겐화합물 및 불활성기체 소화약제는 제3류 위험물 및 제5류 위험 물을 사용하는 장소에는 사용할 수 없다. 다만, 소화성능이 인정되는 위험물은 제외한다.

---

81 🔓④ 　　　　　　　　　📎**LINK** 기본서 93p

④ 이산화탄소 소화약제 및 할론 소화약제는 금속 화재시 **사용할 수 없다.**

---

82 🔓④ 　　　　　　　　　📎**LINK** 기본서 181p

④ IG-541 소화약제은 불활성기체 소화약제로 **물리적 소화(냉각, 질식) 효과만 있다.**

PART
6

위험물

CHAPTER

01 위험물 이론과 위험물안전관리법

01	③	02	③	03	①	04	④	05	②
06	③	07	①	08	④	09	④	10	③
11	①	12	③	13	③	14	①	15	④
16	①	17	①	18	②	19	②	20	③
21	④	22	②	23	①	24	③	25	④
26	①	27	③	28	②	29	③	30	④
31	③	32	②	33	④	34	③	35	①
36	②	37	①	38	④	39	①	40	④
41	②	42	②	43	③	44	③	45	①
46	④	47	①	48	③	49	①	50	③
51	③	52	④	53	④	54	②	55	①
56	③	57	②	58	②	59	③	60	①
61	②	62	①	63	③	64	①	65	①
66	④	67	②	68	②	69	②	70	③
71	④	72	①	73	③	74	①	75	②
76	③	77	①	78	③	79	①	80	③
81	②	82	④	83	④	84	③	85	①
86	④	87	④	88	②	89	④	90	①
91	③	92	②	93	④	94	③	95	①
96	②	97	③	98	③	99	①	100	①
101	①	102	③	103	④	104	④	105	①
106	④	107	④	108	③	109	②	110	①
111	③	112	②	113	④	114	②	115	①
116	②								

01 🔓③   📖LINK 기본서 185~195p

③ "자기반응성물질"이라 함은 고체 또는 액체로서 폭발의 위험성 또는 **가열분해**의 격렬함을 판단하기 위하여 고시로 정하는 시험에서 고시로 정하는 성질과 상태를 나타내는 것을 말하며, 위험성 유무와 등급에 따라 제1종 또는 제2종으로 분류한다.

추가학습 ➕

위험물 정의

① "산화성고체"라 함은 고체로서 산화력의 잠재적인 위험성 또는 충격에 대한 민감성을 판단하기 위하여 소방청장이 정하여 고시하는 시험에서 고시로 정하는 성질과 상태를 나타내는 것을 말한다.

② "가연성고체"라 함은 고체로서 화염에 의한 발화의 위험성 또는 인화의 위험성을 판단하기 위하여 고시로 정하는 시험에서 고시로 정하는 성질과 상태를 나타내는 것을 말한다.

③ "자연발화성물질 및 금수성물질"이라 함은 고체 또는 액체로서 공기 중에서 발화의 위험성이 있거나 물과 접촉하여 발화하거나 가연성가스를 발생하는 위험성이 있는 것을 말한다.

④ "인화성액체"라 함은 액체로서 인화의 위험성이 있는 것을 말한다.

⑤ "자기반응성물질"이라 함은 고체 또는 액체로서 폭발의 위험성 또는 가열분해의 격렬함을 판단하기 위하여 고시로 정하는 시험에서 고시로 정하는 성질과 상태를 나타내는 것을 말하며, 위험성 유무와 등급에 따라 제1종 또는 제2종으로 분류한다.

⑥ "산화성액체"라 함은 액체로서 산화력의 잠재적인 위험성을 판단하기 위하여 고시로 정하는 시험에서 고시로 정하는 성질과 상태를 나타내는 것을 말한다.

02 🔓③   📖LINK 기본서 185~195p

✔ 선지체크

① "산화성고체"라 함은 **고체로서 산화력의 잠재적인 위험성 또는 충격에 대한 민감성**을 판단하기 위하여 소방청장이 정하여 고시하는 시험에서 고시로 정하는 성질과 상태를 나타내는 것을 말한다.

② "가연성고체"라 함은 고체로서 **화염**에 의한 발화의 위험성 또는 인화의 위험성을 판단하기 위하여 고시로 정하는 시험에서 고시로 정하는 성질과 상태를 나타내는 것을 말한다.

④ "산화성액체"라 함은 액체로서 **산화력의 잠재적인 위험성**을 판단하기 위하여 고시로 정하는 시험에서 고시로 정하는 성질과 상태를 나타내는 것을 말한다.

03 🔓①   📖LINK 기본서 185p

✔ 선지체크

② 과염소산칼륨(1류) - 50[kg]
③ 질산나트륨(1류) - 300[kg]
④ 과망가니즈산칼륨(1류) - 1,000[kg]

제1류 위험물(산화성 고체)

품 명	지정수량	위험등급
아염소산염류, 염소산염류, 과염소산염류, 무기과산화물	50 kg	1
브로민산염류, 질산염류, 아이오딘산염류	300 kg	2
과망가니즈산염류, 다이크로뮴산염류	1,000 kg	3

*행정안전부령으로 정하는 것: 과아이오딘산염류, 과아이오딘산, 크로뮴·납 또는 아이오딘의 산화물, 아질산염류, 차아염소산염류, 염소화아이소사이아누르산, 퍼옥소이황산염류, 퍼옥소붕산염류

---

04 🔓 ④ 📎 LINK 기본서 184p

④ **질산구아니딘: 제5류**

✅ 선지체크

① 염소산칼륨: 염소산염류
② 과염소산암모늄: 과염소산염류
③ 과산화나트륨: 무기과산화물(알칼리금속의 과산화물)

---

05 🔓 ② 📎 LINK 기본서 185p

ㄱ. 과염소산나트륨: 과염소산염류
ㄴ. 질산암모늄: 질산염류
ㅁ. 다이크로뮴산암모늄: 다이크로뮴산염류

✅ 선지체크

ㄷ. 수소화나트륨: **제3류 위험물** 중 금속의 수소화물에 해당한다.
ㄹ. 마그네슘: **제2류 위험물**
ㅂ. 과산화수소: **제6류 위험물**

✦ 고난도 문제

06 🔓 ③ 📎 LINK 기본서 185p

③ 행정안전부령으로 정하는 제1류 위험물: 과아이오딘산염류, 과아이오딘산, 크로뮴·납 또는 아이오딘의 산화물, 아질산염류, 차아염소산염류, 염소화아이소사이아누르산, 퍼옥소이황산염류, 퍼옥소붕산염류

✅ 선지체크

① 행정안전부령으로 정하는 제3류 위험물: 염소화규소화합물

---

② 행정안전부령으로 정하는 제5류 위험물: 금속의 아지화합물, 질산구아니딘
④ 행정안전부령으로 정하는 제6류 위험물: 할로젠간화합물

---

07 🔓 ① 📎 LINK 기본서 184p, 196p

$$지정수량의 배수 = \frac{저장수량}{지정수량}$$

1. 무기과산화물 $= \dfrac{100}{50} = 2$

2. 질산염류 $= \dfrac{300}{300} = 1$

3. 아이오딘산염류 $= \dfrac{450}{300} = 1.5$

4. 다이크로뮴산염류 $= \dfrac{2,500}{1,000} = 2.5$

∴ 2 + 1 + 1.5 + 2.5 = 7

---

08 🔓 ④ 📎 LINK 기본서 184p, 196p

$$지정수량의 배수 = \frac{저장수량}{지정수량}$$

1. 휘발유 $= \dfrac{400}{200} = 2$

2. 아세톤 $= \dfrac{400}{400} = 1$

3. 나이트로벤젠 $= \dfrac{4,000}{2,000} = 2$

4. 글리세린 $= \dfrac{8,000}{4,000} = 2$

∴ 2 + 1 + 2 + 2 = 7

---

09 🔓 ④ 📎 LINK 기본서 186p

④ 적린, 황화인 – **2등급**

추가학습 ➕

제2류 위험물(가연성 고체)

품 명	지정수량	위험등급
황화인, 적린, 황	100 kg	2

품 명	지정수량	위험등급
철분, 금속분, 마그네슘	500 kg	3
인화성 고체	1,000 kg	

10 🔓③ 📖 LINK 기본서 188p

③ 알칼리토금속 – **50[kg]**

🔴추가학습➕

제3류 위험물(자연발화성 및 금수성 물질)

품 명	지정수량	위험등급
칼륨, 나트륨, 알킬알루미늄, 알킬리튬	10 kg	1
황린	20 kg	
알칼리금속(칼륨 · 나트륨 제외) 및 알칼리토금속, 유기금속화합물(알킬알루미늄 · 알킬리튬 제외)	50 kg	2
금속의 수소화물, 금속의 인화물, 칼슘 또는 알루미늄의 탄화물	300 kg	3

11 🔓① 📖 LINK 기본서 190~191p

② 디에틸에테르: **특수인화물**

③ 등유: **제2석유류**

④ 실린더유: **제4석유류**

🔴추가학습➕

제4류 위험물(인화성 액체)

품 명	
특수인화물	이황화탄소, 디에틸에테르 1기압에서 발화점이 섭씨 100도 이하인 것 또는 인화점이 섭씨 영하 20도 이하이고 비점이 섭씨 40도 이하인 것
제1석유류	아세톤, 휘발유(가솔린) 1기압에서 인화점이 섭씨 21도 미만인 것
알코올류	1분자를 구성하는 탄소원자의 수가 1개부터 3개까지인 포화1가 알코올(변성알코올을 포함한다), 다음에 해당하는 경우 제외

품 명	
알코올류	① 1분자를 구성하는 탄소원자의 수가 1개 내지 3개의 포화1가 알코올의 함유량이 60[wt%] 미만인 수용액 ② 가연성액체량이 60[wt%] 미만이고 인화점 및 연소점이 에틸알코올 60[wt%] 수용액의 인화점 및 연소점을 초과하는 것
제2석유류	등유, 경유 1기압에서 인화점이 섭씨 21도 이상 70도 미만인 것
제3석유류	중유, 크레오소트유 1기압에서 인화점이 섭씨 70도 이상 섭씨 200도 미만인 것
제4석유류	기어유, 실린더유 1기압에서 인화점이 섭씨 200도 이상 섭씨 250도 미만의 것
동식물유류	동물의 지육 등 또는 식물의 종자나 과육으로부터 추출한 것으로서 1기압에서 인화점이 섭씨 250도 미만인 것

12 🔓③ 📖 LINK 기본서 191~191p

③ **기어유: 제4석유류 6,000[L]**

✅선지체크

① 가솔린: 제1석유류(비수용성) 200[L]

② 경유: 제2석유류(비수용성) 1,000[L]

④ 이황화탄소: 특수인화물(비수용성) 50[L]

🔴추가학습➕

제4류 위험물(인화성 액체)

품 명		지정수량	위험등급
특수인화물		50 ℓ	1
제1석유류	비수용성	200 ℓ	2
	수용성	400 ℓ	
알코올류		400 ℓ	
제2석유류	비수용성	1,000 ℓ	3
	수용성	2,000 ℓ	
제3석유류	비수용성	2,000 ℓ	
	수용성	4,000 ℓ	
제4석유류		6,000 ℓ	
동식물유류		10,000 ℓ	

13 🔒 ③   📄LINK 기본서 193p

③ 하이드라진유도체 1종: 10[kg]

추가학습 ✛

제5류 위험물

품 명	지정수량	위험등급
유기과산화물, 질산에스터류	제1종 : 10 kg	10 kg : 1 그외 : 2
하이드록실아민, 하이드록실아민염류		
나이트로화합물, 나이트로소화합물, 아조화합물, 다이아조화합물, 하이드라진유도체	제2종 : 100 kg	

✦ 고난도 문제

14 🔒 ①   📄LINK 기본서 190p, 193p

① 나이트로벤젠은 제3석유류 중 비수용성에 해당한다.

✅ 선지체크

② 트리나이트로페놀: 나이트로화합물
③ 트리나이트로톨루엔: 나이트로화합물
④ 나이트로글리세린: 질산에스터류

---

15 🔒 ③   📄LINK 기본서 184p

③ 다이아조화합물 2종(제5류 위험물): 100[kg]

✅ 선지체크

① 인화칼슘(제3류 위험물): 300[kg]
② 브로민산염류(제1류 위험물): 300[kg]
④ 과산화수소(제6류 위험물): 300[kg]

---

16 🔒 ①   📄LINK 기본서 184p

✅ 선지체크

② 제3류 위험물 – 황린 – 20[kg]
③ 제2류 위험물 – 황화인 – 100[kg]
④ 제6류 위험물 – 과염소산 – 300[kg]

---

17 🔒 ①   📄LINK 기본서 184p

① 다이크로뮴산염류 – 제1류 – 1,000[kg]
② 하이드록실아민 2종 – 제5류 – 100[kg]
③ 황린 – 제3류 – 20[kg]
④ 마그네슘 – 제2류 – 500[kg]

✦ 고난도 문제

18 🔒 ②   📄LINK 기본서 184p

• 지정수량 10[kg]
    ㅂ. 나이트로글리세린(1종): 제5류 위험물 질산에스터류
• 지정수량 50[kg]
    ㄱ. 과산화칼슘: 제1류 위험물 무기과산화물
    ㄷ. 과염소산마그네슘: 제1류 위험물 과염소산염류
    ㅇ. 유기금속화합물: 제3류 위험물
    ㅊ. 아염소산칼륨: 제1류 위험물 아염소산염류
• 지정수량 100[kg]
    ㄹ. 하이드록실아민염류(2종) : 제5류 위험물
• 지정수량 300[kg]
    ㅁ. 과염소산 : 제6류 위험물
    ㅅ. 질산암모늄 : 제1류 위험물 질산염류
    ㅈ. 아이오딘산칼륨 : 제1류 위험물 아이오딘산염류
• 지정수량 500[kg]
    ㄴ. 마그네슘 : 제2류 위험물

---

19 🔒 ②   📄LINK 기본서 184~195p

② 황화인(제2류 위험물): 100kg, 2등급

✅ 선지체크

① 무기과산화물(제1류 위험물): 50kg, 1등급
③ 아염소산염류(제1류 위험물): 50kg, 1등급
④ 질산(제6류 위험물): 300kg, 1등급

✦ 고난도 문제

20 🔒 ③   📄LINK 기본서 184~195p

ㄴ. 적린: 2등급 (제2류 위험물)
ㄹ. 유기금속화합물: 2등급 (제3류 위험물)
ㅁ. 톨루엔: 2등급 (제4류 위험물 중 제1석유류)

선지체크

ㄱ. 과산화마그네슘: 1등급 (제1류 위험물)

ㄷ. 황린: 1등급 (제3류 위험물)

ㅂ. 글리세린: 3등급 (제4류 위험물 중 제3석유류)

---

21 🔒 ④　　　　　　　　　📎 LINK 기본서 186p

황은 순도가 **60중량퍼센트 이상**인 것을 말한다. 이 경우 순도측정에 있어서 불순물은 활석 등 불연성물질과 **수분**에 한한다.

추가학습 ➕

제2류 위험물(가연성고체)

"가연성고체"라 함은 고체로서 화염에 의한 발화의 위험성 또는 인화의 위험성을 판단하기 위하여 고시로 정하는 시험에서 고시로 정하는 성질과 상태를 나타내는 것을 말한다.

① 황: 순도가 60[wt%] 이상인 것을 말한다. 이 경우 순도측정에 있어서 불순물은 활석 등 불연성 물질과 수분에 한한다.

② 철분: 철의 분말로서 53[㎛]의 표준체를 통과하는 것이 50[wt%] 미만인 것은 제외한다.

③ 금속분: 알칼리금속 · 알칼리토류금속 · 철 및 마그네슘 외의 금속의 분말을 말하고, 구리분 · 니켈분 및 150[㎛]의 체를 통과하는 것이 50[wt%] 미만인 것은 제외한다.

④ 마그네슘: 마그네슘 및 마그네슘을 함유한 것에 있어서는 다음의 1에 해당하는 것은 제외한다.

　　가. 2[mm]의 체를 통과하지 아니하는 덩어리 상태의 것

　　나. 직경 2[mm] 이상의 막대 모양의 것

⑤ 인화성 고체: 고형알코올 그 밖에 1기압에서 인화점이 섭씨 40[℃] 미만인 고체를 말한다.

---

22 🔒 ②　　　　　　　　　📎 LINK 기본서 186~195p

선지체크

ㄴ. 금속분: 알칼리금속 · 알칼리토류금속 · 철 및 **마그네슘 외의 금속의 분말**을 말하고, 구리분 · 니켈분 및 150마이크로미터의 체를 통과하는 것이 **50중량퍼센트** 미만인 것은 제외한다.

ㄷ. 인화성 고체: 고형알코올 그 밖에 1기압에서 인화점이 섭씨 **40도 미만**인 고체를 말한다.

ㄹ. 알코올류: 1분자를 구성하는 탄소원자의 수가 1개부터 3개까지인 **포화 1가 알코올(변성알코올 포함)**을 말한다.

추가학습 ➕

제6류 위험물(산화성 액체)

"산화성액체"라 함은 액체로서 산화력의 잠재적인 위험성을 판단하기 위하여 고시로 정하는 시험에서 고시로 정하는 성질과 상태를 나타내는 것을 말한다.

① 과산화수소: 그 농도가 36중량% 이상인 것에 한한다.

② 질산: 그 비중이 1.49 이상인 것에 한한다.

---

23 🔒 ①　　　　　　　　　📎 LINK 기본서 186~186p

① "산화성고체"라 함은 고체로서 **산화력의 잠재적인 위험성** 또는 **충격에 대한 민감성**을 판단하기 위하여 소방청장이 정하여 고시하는 시험에서 고시로 정하는 성질과 상태를 나타내는 것을 말한다.

---

24 🔒 ③　　　　　　　　　📎 LINK 기본서 186~186p

선지체크

ㄴ. **대부분 무기화합물**(염소화아이소사이아누르산 제외)로, 분해 시 산소를 방출한다.

ㄷ. 비중이 1보다 크며, **물에 녹는 것이 대부분**이다.

추가학습 ➕

제1류 위험물의 일반성질 및 위험성

① 강산화제로 분해 시 산소를 방출한다.

② 자신은 불연성이며 다른 가연물의 연소를 돕는 조연성(지연성) 물질이다.

③ 대부분 무색결정 또는 백색 분말이다.

④ 대부분 무기화합물이다.

⑤ 비중이 1보다 크며 물에 녹는 것(수용성)이 많다.

⑥ 조해성이 있는 것이 있으며, 수용액 상태에서도 산화성이 있다.

⑦ 가열, 충격, 마찰 등에 분해하면서 산소를 발생한다.

⑧ 가연물과 혼합하면 연소 · 폭발 위험성이 있다.

⑨ 무기과산화물(알칼리금속의 과산화물)은 물과 급격한 발열반응을 하며 산소를 방출한다.

25 🔒④　🔗LINK 기본서 186~186p

④ 제1류 위험물은 산소공급원이다. 따라서 분해하여 **방출된 산소는 가연성 물질이 연소할 수 있도록 도와준다.**

✅ **선지체크**

③ 제1류 위험물은 수용액 상태에서도 산화성이 있기 때문에 가연성 물질과 접촉 시 위험하다.

26 🔒①　🔗LINK 기본서 186~186p

① 강산화제의 성질을 가지고 있어 다른 물질을 **산화**시키며, 염소산칼륨, 질산칼륨 등이 있다.

27 🔒①　🔗LINK 기본서 186~186p

① 강산류와는 모든 분위기에서 절대로 접촉을 피하여야 한다.

추가학습 ✚

제1류 위험물의 저장·취급 시 주의사항

① 가열, 충격, 마찰, 직사광선 등을 피하고 가연물과의 접촉을 피한다.
② 분해를 촉진하는 약품류와의 접촉을 피한다.
③ 취급 시 용기 등의 파손에 의한 위험물의 누설에 주의한다.
④ 통풍이 잘되는 차가운 곳에 저장한다.
⑤ 조해성 물질은 습기를 방지하고 용기를 밀폐한다.
⑥ 무기과산화물(알칼리금속의 과산화물)은 물과의 접촉을 금지시킨다.

28 🔒②　🔗LINK 기본서 186~186p

② 연소하는 데 필요한 산소공급량이 많아지면 연소가 활발해진다. 따라서 연소열량이 증가하고, 화염의 길이가 **길어진다.**

✦ **고난도 문제**

29 🔒④　🔗LINK 기본서 186~186p

④ 제1류 위험물은 강산류와는 모든 분위기에서 절대로 접촉을 피하여야 한다. 강산류와 접촉 시 산화성이 증대된다.
　→ 제6류 위험물은 과산화수소를 제외하고 강산성 물질이다.

✦ **고난도 문제**

30 🔒④　🔗LINK 기본서 186~186p

ㄱ. 무기과산화물 반응식
　– 과산화칼륨과 물 반응식: $2K_2O_2 + 2H_2O \rightarrow 4KOH + O_2$
　　　　　　　　　(과산화칼륨)　(물)　(수산화칼륨) (산소)
　– 과산화칼륨과 분해 반응식: $2K_2O_2 \rightarrow 2K_2O + O_2$
　　　　　　　　　(과산화칼륨) (산화칼륨) (산소)
　– 과산화나트륨과 물 반응식: $2Na_2O_2 + 2H_2O \rightarrow 4NaOH + O_2$
　　　　　　　　　(과산화나트륨)　(물) (수산화나트륨) (산소)
　– 과산화나트륨과 분해 반응식: $2Na_2O_2 \rightarrow 2Na_2O + O_2$
　　　　　　　　　(과산화나트륨)　(산화나트륨) (산소)

ㄴ. 삼산화크로뮴 반응식
　– 삼산화크로뮴과 물 반응식: $CrO_3 + H_2O \rightarrow H_2CrO_4$
　　　　　　　　　(삼산화크로뮴) (물)　(크로뮴산)
　– 삼산화크로뮴 분해 반응식: $4CrO_3 \rightarrow 2Cr_2O_3 + 3O_2$
　　　　　　　　　(삼산화크로뮴) (산화크로뮴) (산소)

ㄷ. 대부분 무기화합물이며, 행정안전부령으로 정하는 염소화아이소사이아누르산이 유일한 유기화합물이다.

ㄹ. 제1류 위험물은 강산류와는 모든 분위기에서 절대로 접촉을 피하여야 한다. 강산류와 접촉 시 산화성이 증대된다. → 제6류 위험물은 과산화수소를 제외하고 강산성 물질이다.

✦ **고난도 문제**

31 🔒③　🔗LINK 기본서 186~186p

③ 과산화나트륨은 **무기과산화물**에 해당하는 물질로 **물과 반응 시 산소를 방출**한다.
　– 과산화나트륨과 물 반응식: $2Na_2O_2 + 2H_2O \rightarrow 4NaOH + O_2$
　　　　　　　　　(과산화나트륨)　(물) (수산화나트륨) (산소)

32 🔒②　🔗LINK 기본서 186~186p

과염소산칼륨은 제1류 위험물로 산소공급원이 된다. 따라서 가연성 물질인 목탄과 혼합할 경우 발화의 위험성이 커진다.

✅ **선지체크**

① ③ ④는 불연성 물질이다.

33 🔒④   📎 LINK 기본서 186~186p

④ 물과 반응하여 **산소를 발생**한다.

– 과산화칼륨과 물 반응식: $2K_2O_2 + 2H_2O \rightarrow 4KOH + O_2$

(과산화칼륨) (물) (수산화칼륨) (산소)

✅ **선지체크**

① 과산화칼륨과 염산 반응식: $K_2O_2 + 2HCl \rightarrow 2KCl + H_2O_2$

(과산화칼륨) (염산) (염화칼륨) (과산화수소)

③ 과산화칼륨과 이산화탄소 반응식: $2K_2O_2 + 2CO_2 \rightarrow 2K_2CO_3 + O_2$

(과산화칼륨) (이산화탄소) (탄산칼륨) (산소)

34 🔒③   📎 LINK 기본서 197p

③ 알칼리금속의 과산화물에는 건조사 또는 탄산수소염류 분말소화기로 질식소화한다.

🔴 **추가학습** ➕

「위험물안전관리법」상 제1류 위험물 소화방법

소화설비의 구분			알칼리 금속 과산화 물등	그 밖의 것
옥내소화전 또는 옥외소화전설비				○
스프링클러설비				○
물분무등 소화 설비		물분무소화설비		○
		포소화설비		○
		불활성가스소화설비		
		할로겐화합물소화설비		
	분말 소화 설비	인산염류등		○
		탄산수소염류등	○	
		그 밖의 것	○	
대형 · 소형 수동식 소화기		봉상수소화기		○
		무상수소화기		○
		봉상강화액소화기		○
		무상강화액소화기		○
		포소화기		○
		이산화탄소소화기		
		할로겐화합물소화기		
	분말 소화기	인산염류소화기		○
		탄산수소염류소화기	○	
		그 밖의 것	○	

소화설비의 구분		알칼리 금속 과산화 물등	그 밖의 것
기타	물통 또는 수조		○
	건조사	○	○
	팽창질석 또는 팽창진주암	○	○

35 🔒①   📎 LINK 기본서 186p

① 제1류 위험물은 알칼리금속의 과산화물을 제외하고는 수계 소화설비의 사용이 가능하다.

36 🔒②

• 주의사항

종류	주의사항	표시 색
제1류 중 알칼리금속의 과산화물	물기엄금	청색바탕 백색문자
제3류 중 금수성 물질		
제2류 (인화성 고체 제외)	화기주의	
제2류 중 인화성 고체	화기엄금	적색바탕 백색문자
제3류 중 자연발화성 물질		
제4류		
제5류		

37 🔒①   📎 LINK 기본서 187p

✅ **선지체크**

② 가연성 물질로 공기 중 자신은 **산소와 반응(산화)**하며 연소한다.

③ 인화성 고체(유기화합물)을 제외하고 대부분 **무기화합물**이다.

④ 대부분 물보다 **무겁고 물에 녹지 않는 비수용성이다.**

🔴 **추가학습** ➕

제2류 위험물의 특징

① 산소를 함유하고 있지 않은 강환원제

② 산소와의 결합이 용이하고 연소가 잘됨

③ 대부분 산화되기 쉬움

④ 대부분 비중이 1보다 크고 비수용성
⑤ 비교적 낮은 온도에서 착화되기 쉬운 물질
⑥ 착화되면 연소속도가 매우 빠르고(속연성, 이연성) 연소온도가 높고
연소열이 큼
⑦ 자체가 독성을 가지고 있거나 연소 시 유독가스가 발생
⑧ 철분, 마그네슘, 금속분은 물과 산의 접촉 시 수소를 발생하고 발열
⑨ 물을 주수하여 냉각소화
⑩ 철분, 금속분, 마그네슘은 물과 급격히 발열반응하므로 건조사나
금속화재용 분말소화약제에 의한 질식소화
⑪ 황화인은 물과 접촉 시 유독성 가스인 황화수소를 발생하므로 건조
사에 의한 질식소화

---

38 🔓④　　　　　　　　　　　📖LINK 기본서 187p

④ 철분, 금속분은 밀폐된 공간 내에서 부유할 경우 **분진폭발의 위험이
있다.**

✅ **선지체크**

② 적린(제2류)과 황린(제3류)는 연소생성물(오산화인)이 같으므로 동소
체이다.
　– 적린: $4P + 5O_2 \rightarrow 2P_2O_5$
　– 황린: $P_4 + 5O_2 \rightarrow 2P_2O_5$
③ 황화인 중에서 삼황화인은 조해성이 없으며, 오황화인, 칠황화인은
조해성이 있다.

---

39 🔓①　　　　　　　　　　　📖LINK 기본서 190p

적린: $4P + 5O_2 \rightarrow 2P_2O_5$ (오산화인의 흰 연기 발생)

---

40 🔓④　　　　　　　　　　📖LINK 기본서 187p, 204p

④ 인화성 고체를 운반 시 운반용기 외부에 **화기엄금을 표시**해야 하며, 화재
시 제4류 위험물의 화재와 양상이 유사하다.

철분, 금속분, 마그네슘	화기주의 물기엄금
인화성 고체	화기엄금
그 밖의 것	화기주의

✦ 고난도 문제

41 🔓②　　　　　　　　　　　📖LINK 기본서 187p

ㄴ. 제2류 위험물은 가연성 고체로 산소와의 결합이 용이하고 연소가 잘
된다.
ㄹ. 금속(덩어리)의 경우 목재와 달리 열전도율이 높기 때문에 산화열이
축적되기 어려워 연소가 어렵다. 그러나 가루로 되어있는 경우에는
산화 표면적이 증가하고, 열 전도가 적어 열축적이 쉬우므로 연소가
잘된다.

✅ **선지체크**

ㄱ. 제2류 위험물 중 금속분: 알칼리금속 · 알칼리토류금속 · 철 및 마그
네슘 외의 금속의 분말을 말하고, **구리분 · 니켈분 및 150[㎛]의 체를
통과하는 것이 50[wt%] 미만인 것은 제외**한다.
ㄷ. **적린은 공기 중에 안정하므로 자연발화하지 않는다.**
　(하지만 약 260[℃] 이상 가열되면 자연발화한다)
　황린은 제3류 위험물에 속하는 것으로 발화점(약 34[℃])이 낮아서
자연발화하므로 물 속에 저장한다.

---

42 🔓②　　　　　　　　　　　📖LINK 기본서 187p

② 철분은 상온에서 묽은 산과 접촉하면 **수소가 발생**하여 2차적 폭발 위
험이 있다.
$$Fe + 2HCl \rightarrow FeCl_2 + H_2$$

---

43 🔓③　　　　　　　　　　　📖LINK 기본서 186p

제2류 위험물 중 금속분: 알칼리금속 · 알칼리토류금속 · **철** 및 마그네슘
외의 금속의 분말을 말하고, **구리분 · 니켈분** 및 150[㎛]의 체를 통과하는
것이 50[wt%] 미만인 것은 제외한다.

---

44 🔓③　　　　　　　　　　　📖LINK 기본서 187p

③ 비열 **감소** → 적은 열로도 고온이 형성된다.

✅ **선지체크**

① 표면적 증가 → 산소와의 반응면적이 증가하여 위험해진다.
② 부유성 증가 → 분진운이 형성되어 위험해진다.
④ 복사선의 흡수율 증가 → 수광면이 증가되어 위험해진다.

45 🔓①   📎 LINK 기본서 185p, 187p

① 과염소산칼륨은 과염소산염류로 제1류 위험물질이다. 따라서 **산소공급원(제1류 위험물인 과염소산칼륨)과 가연물(제2류 위험물인 적린)을 혼합하는 경우 연소의 위험이 있다.**

46 🔓④   📎 LINK 기본서 188p

④ 반응 전과 반응 후의 원자 수는 같다.

$$P_2S_5 + 8H_2O \rightarrow 2H_3PO_4 + 5H_2S$$
(오황화인)　(물)　　(인산)　　(황화수소)

47 🔓①   📎 LINK 기본서 188p

① $P_2S_5 + 8H_2O \rightarrow 2H_3PO_4 + 5H_2S$
(오황화인)　(물)　　(인산)　　(황화수소)

✦ 고난도 문제

48 🔓③   📎 LINK 기본서 187~188p

③ 칠황화인은 이황화탄소에 **약간** 녹으며, **냉수에서는 서서히 분해 온수에서는 급격하게 분해**되어 황화수소와 인산을 발생한다.

✅ 선지체크

① 삼황화인 연소반응식: $P_4S_3 + 8O_2 \rightarrow 3SO_2 + 2P_2O_5$
　→ 오황화인과 칠황화인은 조해성이 있다.
④ 삼황화인은 염산, 황산, 염소에 녹지 않으며 이황화탄소, 질산, 알칼리 등에는 녹는다.

✦ 고난도 문제

49 🔓①   📎 LINK 기본서 197p

소화설비의 구분	철분·금속분·마그네슘 등	인화성 고체	그 밖의 것
옥내소화전 또는 옥외소화전설비		○	○
스프링클러설비		○	○

소화설비의 구분		철분·금속분·마그네슘 등	인화성 고체	그 밖의 것
물분무등소화설비	물분무소화설비		○	○
	포소화설비		○	○
	불활성가스소화설비		○	
	할로겐화합물소화설비		○	
	분말소화설비 인산염류등		○	○
	분말소화설비 탄산수소염류등	○	○	
	분말소화설비 그 밖의 것	○		
대형·소형수동식소화기	봉상수소화기		○	○
	무상수소화기		○	○
	봉상강화액소화기		○	○
	무상강화액소화기		○	○
	포소화기		○	○
	이산화탄소소화기		○	
	할로겐화합물소화기		○	
	분말소화기 인산염류소화기		○	○
	분말소화기 탄산수소염류소화기	○	○	
	분말소화기 그 밖의 것	○		
기타	물통 또는 수조		○	○
	건조사	○	○	○
	팽창질석 또는 팽창진주암	○	○	○

50 🔓③   📎 LINK 기본서 187p

ㄴ. 마그네슘은 산소와 산화반응하며 발열반응한다.
　- 1차(연소): $2Mg + O_2 \rightarrow 2MgO +$ 발열
　- 2차(주수): $Mg + 2H_2O \rightarrow Mg(OH)_2 + H_2$
　- 3차(수소폭발): $2H_2 + O_2 \rightarrow 2H_2O$
ㄷ. 무기과산화물은 마찰이나 수분에 의해 산소를 방출하므로 산소공급원이 될 수 있다. 따라서 가연성인 마그네슘은 무기과산화물과 혼합한 상태라면 발화할 수 있다.
ㄹ. 강산과 반응하여 수소를 발생한다.
　황산은 강산의 대표적 물질로 반응식은 아래와 같다.
　- $Mg + H_2SO_4 \rightarrow MgSO_4 + H_2$
　　(마그네슘) (황산) (황산마그네슘) (수소)

ㄱ. 이산화탄소 소화약제를 **사용할 수 없다.**

$- 2Mg + CO_2 \rightarrow 2MgO + C$

51 🔒③ 📘LINK 기본서 189p

③ **칼륨, 나트륨, 알킬알루미늄, 알킬리튬을 제외하고** 나머지 물질은 물보다 무겁다.

🏷 **추가학습** ➕

제3류 위험물 특징

① 가열하거나 강산화성 물질, 강산류와 접촉하면 위험성이 현저하게 증가
② 대부분 무기질의 고체이며, 알킬알루미늄과 같은 액체도 있다.
③ 금수성 물질은 물과 접촉 시 발열반응 및 가연성 가스를 발생
④ 황린은 자연발화성 물질로 대기 중의 공기와 접촉하면 자연발화한다.
⑤ 칼륨, 나트륨, 알킬알루미늄, 알킬리튬을 제외하고 나머지 물질은 물보다 무겁다.
⑥ 황린을 제외한 물질은 금수성 물질이므로 주수소화가 불가능하여 건조사, 금속화재용(탄산수소염류) 분말 소화약제를 사용하여 질식소화
⑦ 황린은 물을 주수하여 냉각소화

52 🔒④ 📘LINK 기본서 188p

④ 알킬알루미늄은 물과 반응하여 **가연성 가스**를 발생한다.
→ 예 트리에틸알루미늄(에탄가스 발생), 트리메틸알루미늄(메탄가스 발생)

53 🔒④ 📘LINK 기본서 189p

④ 황린은 자연발화성 물질로 대기 중의 **공기와 접촉하면 자연발화한다.** 따라서 황린은 공기 중에서 산화 방지를 위해 pH9 이하의 약알칼리성 물 속에 저장한다.

54 🔒② 📘LINK 기본서 190p

② 황린을 공기를 차단하고 약 250℃로 가열하면 **적린(제2류 위험물)이 된다.**

🏷 **추가학습** ➕

적린(제2류 위험물)

① 암적색, 무취의 분말이며 황린의 동소체이다.
② 황린에 비해 대단히 안정하며 독성이 없다.
③ 조해성이 있다.
④ 연소할 때 오산화인의 흰연기를 낸다.

55 🔒① 📘LINK 기본서 190p

① 황린: $P_4 + 5O_2 \rightarrow 2P_2O_5$

🏷 **추가학습** ➕

황린

① 착화점(미분상) 34[℃], 착화점(고형상) 60[℃]이다.
② 담황색이며, 마늘냄새가 난다.
③ 공기 중에 노출 시 서서히 자연발화한다.
④ 강알칼리를 만나면 맹독성인 포스핀가스(인화수소)가 생성되기 때문에 pH9 이하의 물에 보관한다.
⑤ 연소할 때 오산화인의 흰 연기를 낸다.
⑥ 공기를 차단하고 약 250℃로 가열하면 적린(제2류 위험물)이 된다.

✦ **고난도 문제**

56 🔒③ 📘LINK 기본서 190p

ㄱ. ㄴ 황린은 산화반응 하는 물질로 환원력이 강하다. 황린은 공기 중에서 산화 방지를 위해 pH9 이하의 약알칼리성 물 속에 저장한다.
ㄹ. 황린: $P_4 + 5O_2 \rightarrow 2P_2O_5$
ㅁ. 황린에 공기를 차단하여 260℃로 가열하면 적린이 된다. 따라서 적린과 황린은 연소생성물이 오산화인으로 같은 동소체이다.
ㅂ. $P_4 + 3KOH + 3H_2O \rightarrow PH_3 + 3KH_2PO_2$, 이 때 액상인 인화수소($P_2H_4$)도 발생한다.

ㄷ. **지정수량 20kg인 물질로 위험등급 Ⅰ인 물질이다.**

✦ **고난도 문제**

57 🔒② 📘LINK 기본서 190p

② **적린은 이황화탄소에 녹지 않으며, 황린은 이황화탄소에 녹는다.**

④ 적린 자체는 안정하지만 산화제와 혼합될 경우, 마찰이나 충격, 온도 상승 시 산화열이 급격히 발생하면서 자연발화 또는 폭발할 수 있다.

① 나트륨 – 수소가스
③ 탄화알루미늄 – 메탄
④ 트리메틸알루미늄 – 메탄

+ **고난도 문제**

58 🔒②　　　　　　　　　🔗 **LINK** 기본서 188p

② 탄화칼슘과 물 반응식: $CaC_2 + 2H_2O \rightarrow Ca(OH)_2 + C_2H_2$
　　　　　　　　　　　(탄화칼슘) + (물)　(수산화칼슘) (아세틸렌)

추가학습 +

주수소화 시 발생하는 가연성 가스

① 탄화칼슘 + 물: 아세틸렌
② 탄화알루미늄 + 물: 메탄
③ 인화칼슘, 인화알루미늄, 인화아연 + 물: 포스핀
④ 수소화리튬, 수소화나트륨, 수소화칼슘 + 물: 수소

59 🔒③　　　　　　　　　🔗 **LINK** 기본서 188p

③ 인화칼슘과 물 반응식: $Ca_3P_2 + 6H_2O \rightarrow 3Ca(OH)_2 + 2PH_3$
　　　　　　　　　　　(인화칼슘)　　(물)　(수산화칼슘)　(포스핀)

60 🔒①　　　　　　　　　🔗 **LINK** 기본서 188p

① 인화칼슘과 물 반응식: $Ca_3P_2 + 6H_2O \rightarrow 3Ca(OH)_2 + 2PH_3$
　　　　　　　　　　　(인화칼슘)　　(물)　(수산화칼슘)　(포스핀)

② 탄화칼슘 – 아세틸렌
③ 수소화나트륨 – 수소
④ 탄화알루미늄 – 메탄

61 🔒②　　　　　　　　🔗 **LINK** 기본서 188p, 185p

② 과산화칼륨은 제1류 위험물로 물과 반응하여 지연성 가스인 **산소를 발생**한다.
　　– 과산화칼륨과 물 반응식: $2K_2O_2 + 2H_2O \rightarrow 4KOH + O_2$
　　　　　　　　　　　　　(과산화칼륨)　(물)　(수산화칼륨) (산소)

62 🔒③　　　　　　　　　🔗 **LINK** 기본서 188p

① 인화칼슘 + 물: 포스핀가스
　　– $Ca_3P_2 + 6H_2O \rightarrow 3Ca(OH)_2 + 2PH_3$
　　　(인화칼슘)　　(물)　　(수산화칼슘)　(포스핀)

② 나트륨 + 물: 수소
　　– $2Na + 2H_2O \rightarrow 2NaOH + H_2$
　　　(나트륨)　(물)　(수산화나트륨)　(수소)

④ 탄화알루미늄 + 물: 메탄
　　– $Al_4C_3 + 12H_2O \rightarrow 4Al(OH)_3 + 3CH_4$
　　(탄화알루미늄) (물)　(수산화알루미늄)　(메탄)

63 🔒③　　　　　　　　🔗 **LINK** 기본서 188~189p

ㄷ. 칼륨과 알킬알루미늄(트리에틸알루미늄)은 모두 지정수량 10kg으로 위험등급이 1등급이다.

ㄱ. 칼륨은 고체, **트리에틸알루미늄은 액체**이다.
ㄴ. 칼륨은 물과 반응하여 수소가스를 발생하고, **트리에틸알루미늄은 물과 반응하여 에탄**을 발생한다.

+ **고난도 문제**

64 🔒①　　　　　　　　　🔗 **LINK** 기본서 197p

① 금수성을 제외한 나머지 물품에는 수계를 활용한 소화설비, 건조사, 팽창질석, 팽창진주암이 소화에 대한 적응성 있다.

소화설비의 구분		금수성 물품	그 밖의 것
옥내소화전 또는 옥외소화전설비			○
스프링클러설비			○
물분무등 소화설비	물분무소화설비		○
	포소화설비		○
	불활성가스소화설비		
	할로겐화합물소화설비		

소화설비의 구분			금수성 물품	그 밖의 것
물분무등 소화설비	분말소화설비	인산염류등		
		탄산수소염류등	○	
		그 밖의 것	○	
대형·소형수동식 소화기		봉상수소화기		○
		무상수소화기		○
		봉상강화액소화기		○
		무상강화액소화기		○
		포소화기		○
		이산화탄소소화기		
		할로겐화합물소화기		
	분말소화기	인산염류소화기		
		탄산수소염류소화기	○	
		그 밖의 것	○	
기타		물통 또는 수조		○
		건조사	○	○
		팽창질석 또는 팽창진주암	○	○

---

65 🔒① 📎 LINK 기본서 189p

① 제3류 위험물 중 **황린은 주수소화가 가능**하다.

✓ **선지체크**

② 팽창질석은 제3류 위험물 모두에 적응성이 있다.
③ K, Na의 화재 시에는 물을 사용할 경우 가연성가스(수소)가 발생한다.
④ 할로겐화합물소화설비는 제3류 위험물 모두에 적응성이 없다.

---

66 🔒④ 📎 LINK 기본서 190p

④ 알코올류
   1분자를 구성하는 탄소원자의 수가 1개부터 3개까지인 포화1가 알코올(변성알코올을 포함한다), 다음 각 목 1에 해당하는 경우 **제외**
   1. 1분자를 구성하는 탄소원자의 수가 1개 내지 3개의 포화1가 알코올의 함유량이 60[wt %] 미만인 수용액
   2. **가연성액체량이 60[wt %] 미만이고 인화점 및 연소점이 에틸알코올 60[wt %] 수용액의 인화점 및 연소점을 초과하는 것**

---

67 🔒① 📎 LINK 기본서 191p

1기압에서 인화점이 섭씨 21도 이상 70도 미만인 것.
다만, 도료류 그 밖의 물품에 있어서 가연성 액체량이 40중량퍼센트 이하이면서 인화점이 섭씨 **40도 이상**인 동시에 연소점이 섭씨 **60도 이상**인 것은 제외

---

68 🔒② 📎 LINK 기본서 190~191p

알코올류의 지정수량은 400[L]이다.
② **제1석유류(수용성): 400[L]**

✓ **선지체크**

① 제1석유류(비수용성): 200[L]
③ 제2석유류(비수용성): 1,000[L]
④ 제2석유류(수용성): 2,000[L]

✦ **고난도 문제**

69 🔒② 📎 LINK 기본서 190p

제4류 위험물 중 알코올류란 1분자를 구성하는 탄소원자의 수가 1개부터 3개까지인 포화1가 알코올(변성알코올을 포함한다)을 말한다.
② C_3H_7OH: 프로필알코올

✓ **선지체크**

① C_4H_9OH(부틸알코올): 제2석유류
③ $C_5H_{11}OH$(아밀알코올, 펜틸알코올): 제2석유류
④ $C_3H_5(OH)_3$(글리세린): 제3석유류

---

70 🔒③ 📎 LINK 기본서 37p, 190~191p

③ 제4류 위험물인 인화성 액체는 인화점을 기준으로 제1석유류~제4석유류로 분류한다.

추가학습 ✚

제4류 위험물

구분	내용
특수인화물	이황화탄소, 디에틸에테르 1기압에서 발화점이 섭씨 100도 이하인 것 또는 인화점이 섭씨 영하 20도 이하이고 비점이 섭씨 40도 이하인 것

구분	내용
제1석유류	아세톤, 휘발유(가솔린) 1기압에서 인화점이 섭씨 21도 미만인 것
제2석유류	등유, 경유 1기압에서 인화점이 섭씨 21도 이상 70도 미만인 것
제3석유류	중유, 크레오소트유 1기압에서 인화점이 섭씨 70도 이상 섭씨 200도 미만인 것
제4석유류	기어유, 실린더유 1기압에서 인화점이 섭씨 200도 이상 섭씨 250도 미만의 것
동식물유류	동물의 지육 등 또는 식물의 종자나 과육으로부터 추출한 것으로서 1기압에서 인화점이 섭씨 250도 미만인 것

<추가학습 +>

제4류 위험물의 특징

① 인화점이 낮아 연소하기 쉽다.
② 대부분이 유기화합물
③ 대부분 물질은 비중이 1보다 작아 물보다 가볍고 물에 잘 녹지 않는다.
④ 무독성이지만 증기는 공기보다 무거워 낮은 곳에 체류(시안화수소(HCN)의 증기는 공기보다 가볍다)
⑤ 공기와 접촉 시 가연성 혼합기를 형성
⑥ 전기적으로 부도체이며 정전기 축적이 용이하여 인화의 위험이 있다.
⑦ 액체는 유동성이 있고 화재 확대의 위험이 있다.
⑧ 주수소화는 화재면이 확대될 위험이 있으므로 일부 수용성을 제외하고 질식소화 한다.

---

(74) 🔒① 📖 LINK 기본서 190~192p

✅ **선지체크**

ㄹ. **아세트알데하이드, 산화프로필렌**을 취급하는 설비는 은, 수은, 동, 마그네슘 또는 이들을 성분으로 하는 합금으로 만들지 아니한다.
ㅁ. 클로로벤젠은 제2석유류 **비수용성**으로 지정수량이 **1,000[L]**이다.

<추가학습 +>

요오드(아이오딘) 값

① 유지 100g이 흡수할 수 있는 아이오딘의 g수
② 유지의 불포화 지방 함유량
③ 요오드(아이오딘)가 클수록 산화되기 쉽고 자연발화 위험성이 높다.
④ 건성유 > 반건성유 > 불건성유 순으로 자연발화 위험성이 크다.

구분	불건성유	반건성유	건성유
특성	공기 중 산화 또는 마르지 않음	공기 중 건조속도 더딤	공기 중 굳어버림
요오드 (아이오딘) 값	100 이하	100 초과 130 미만	130 이상
종류	올리브유, 피마자유, 동백기름	참기름, 면실유	아마인유, 들기름, 해바라기유

---

(71) 🔒④ 📖 LINK 기본서 190~191p

④ 제4석유류: 1기압에서 인화점 섭씨 200도 이상 250도 미만인 것(기어유, 실린더유)

✅ **선지체크**

① 제1석유류: 1기압에서 인화점 섭씨 21도 미만인 것(아세톤, 휘발유)
② 제2석유류: 1기압에서 인화점 섭씨 21도 이상 70도 미만인 것(등유, 경유)
③ 제3석유류: 1기압에서 인화점 섭씨 70도 이상 200도 미만인 것(중유, 크레오소트유)

---

(72) 🔒① 📖 LINK 기본서 190p

① 제4류 위험물 중 특수인화물은 1기압에서 발화점이 100℃ 이하인 것 또는 인화점이 **영하 20℃ 이하**이고 비점이 40℃ 이하인 것으로 정의한다.(이황화탄소, 디에틸에테르)

---

(73) 🔒③ 📖 LINK 기본서 191p

③ 증기는 대부분 공기보다 **무겁다.**

---

(75) 🔒② 📖 LINK 기본서 191p

② 아이오딘 값이 **클수록** 자연발화의 위험이 높다.

76 🔒 ③   📖LINK 기본서 191p

③ 아마인유(아이오딘 130 이상인 건성유)는 **섬유질에 흡수되어 있으면 자연발화의 위험이 있다.**

77 🔒 ④   📖LINK 기본서 191p

④ 피마자유: 불건성유(아이오딘 값 100 이하)

✔ **선지체크**

① 아마인유: 건성유(아이오딘 값 130 이상)
② 들기름: 건성유(아이오딘 값 130 이상)
③ 정어리기름: 건성유(아이오딘 값 130 이상)

78 🔒 ③   📖LINK 기본서 191p

③ 아마인유: 건성유(아이오딘 값 130 이상)

✔ **선지체크**

① 야자유: 불건성유(아이오딘 값 100 이하)
② 올리브유: 불건성유(아이오딘 값 100 이하)
④ 피마자유: 불건성유(아이오딘 값 100 이하)

79 🔒 ①   📖LINK 기본서 31p

① **상대습도를 70% 이상**으로 유지한다.

추가학습 ➕

정전기 방지대책
① 접지 및 본딩한다.
② 상대습도를 70% 이상 유지한다.
③ 전도성이 큰 물체(도체)를 사용한다.
④ 배관 내 유속을 제한하여 마찰을 감소시킨다.
⑤ 공기를 이온화한다.
⑥ 대전방지제를 사용한다.
⑦ 제전기를 사용한다.
⑧ 전위차를 작게('0'으로) 한다.

80 🔒 ③   📖LINK 기본서 192p

③ 위험물의 성질에 따른 제조소의 특례
- **아세트알데하이드, 산화프로필렌**을 취급하는 설비는 은 · 수은 · 동 · 마그네슘 또는 이들을 성분으로 하는 합금으로 만들지 아니할 것
  → 폭발성인 아세틸라이드를 생성하기 때문에
- **아세트알데하이드, 산화프로필렌**을 취급하는 설비에는 연소성 혼합기체의 생성에 의한 폭발을 방지하기 위한 불활성기체 또는 수증기를 봉입하는 장치를 갖출 것

81 🔒 ②   📖LINK 기본서 192p

② 이황화탄소는 물보다 무겁고 물에 녹기 어렵기 때문에 물을 채운 수조탱크에 저장하면 **가연성증기 발생을 억제**할 수 있어 안전하다.
→ 이황화탄소를 저장하는 옥외저장탱크는 벽 및 바닥의 두께가 0.2m 이상이고, 누수가 되지 않는 철근콘크리트 수조탱크에 넣어 보관하여야 한다.

82 🔒 ④   📖LINK 기본서 191~192p

모두 옳은 선지이다.

83 🔒 ④   📖LINK 기본서 192p

④ 건성유는 섬유질, 다공성 가연물과 함께 보관 시 자연발화의 위험이 있다.

✔ **선지체크**

① 이황화탄소는 물보다 무겁고 물에 녹기 어렵기 때문에 물을 채운 수조탱크에 저장하면 가연성 증기 발생을 억제할 수 있어 안전하다.
② 증기 발생 시 공기와 접촉하면 가연성 혼합기를 형성한다.
③ 아세트산(초산)은 제2석유류 수용성 물질로 금속을 부식시킬 수 있다. 따라서 내산성 용기에 저장하여야 한다.

84 🔒 ②   📖LINK 기본서 197p

② 강화액소화약제의 경우 일반화재에 적용되며, **무상으로 방사할 경우 유류화재, 전기화재에도 적응성이 있다.**

제4류 위험물 소화설비의 적응성

소화설비의 구분			제4류 위험물
옥내소화전 또는 옥외소화전설비			
스프링클러설비			△
물분무등 소화설비	물분무소화설비		○
	포소화설비		○
	불활성가스소화설비		○
	할로겐화합물소화설비		○
	분말소화설비	인산염류등	○
		탄산수소염류등	○
		그 밖의 것	
대형·소형수동식 소화기	봉상수소화기		
	무상수소화기		
	봉상강화액소화기		
	무상강화액소화기		○
	포소화기		○
	이산화탄소소화기		○
	할로겐화합물소화기		○
	분말소화기	인산염류소화기	○
		탄산수소염류소화기	○
		그 밖의 것	
기타	물통 또는 수조		
	건조사		○
	팽창질석 또는 팽창진주암		○

85 🔓① 📖LINK 기본서 192~194p

① 하이드라진유도체를 제외한 나머지 물질은 **유기화합물이다.**

제5류 위험물의 특징

① 대부분 유기화합물(하이드라진유도체: 무기화합물)로 가연성 액체 또는 고체
② 유기화합물 중 유기과산화물을 제외하고는 질소를 함유한 유기질소화합물
③ 물질자체가 산소를 함유하고 있어 외부의 산소 공급 없이 연소가능

④ 자기연소(내부연소)성 물질
⑤ 가연성 물질로 연소속도가 빠르고 폭발적 연소
⑥ 가열, 마찰, 충격에 의하여 폭발
⑦ 대부분 물에 잘 녹지 않으며 물과 반응하지 않음
⑧ 유기질소화합물은 불안정하여 분해가 용이하고, 공기 중 장시간에 걸쳐 분해열이 축적되면 자연발화 하는 것도 있음
⑨ 물질자체에 산소를 함유하고 있으므로 질식소화는 효과가 없으며 다량의 물을 주수하여 냉각소화

86 🔓④ 📖LINK 기본서 192~194p

모두 옳은 선지이다.
ㄴ. 하이드라진 유도체는 제5류 위험물이지만, 하이드라진은 제4류 위험물 중 제2석유류에 해당한다.

87 🔓④ 📖LINK 기본서 192~194p

ㄱ. 하이드라진유도체 - 무기화합물 / 유기과산화물 - 유기화합물 / 그 외 – 유기질소화합물
ㄴ. 질화도가 클수록 물질이 불안정하여 분해가 용이하므로 폭발성이 크다.
ㄷ. 유기질소화합물은 불안정하여 분해가 용이하고, 공기 중 장시간에 걸쳐 분해열이 축적되면 자연발화 하는 것도 있다.
ㄹ. 나이트로화합물의 경우 나이트로기($-NO_2$)가 많을수록 불안정하여 분해가 용이하므로 폭발성이 크다.

88 🔓② 📖LINK 기본서 192~194p

② 질화도가 **큰 것일수록** 분해도, 폭발성, 위험도가 증가한다.

89 🔓④ 📖LINK 기본서 192~194p

④ 제5류 위험물 제조소등에는 적색 바탕에 백색문자로 "화기엄금"이라는 주의사항을 표시한 게시판을 설치해야 한다.

90 🔒① 📄 LINK 기본서 193p, 40p

① 셀룰로이드류(질산에스터에 속함)는 장기간 공기 중 방치되면 햇빛 등으로 인해 열분해가 촉진되고 이 때 **분해열이 축적되면 자연발화의 위험이 있다.**

✦ 고난도 문제
91 🔒③ 📄 LINK 기본서 193p

제5류 위험물은 물질자체가 산소를 함유하고 있어 외부의 산소 공급 없이 연소가능하다.
ㄴ. 과산화벤조일: 유기과산화물(제5류 위험물)
ㄷ. 나이트로셀룰로오스: 질산에스터류(제5류 위험물)
ㄹ. 파라디나이트로소벤젠: 나이트로소화합물(제5류 위험물)

✅ 선지체크
ㄱ. 알루미늄의 탄화물: 제3류 위험물

✦ 고난도 문제
92 🔒② 📄 LINK 기본서 193p

질산의 수소원자를 알킬기로 치환한 화합물의 총칭이다.
질산메틸, 질산에틸, 나이트로셀룰로오스, 나이트로글리콜 등이 있다.

• 5류 위험물 중 질산에스터류 위험물
  – 질산메틸 CH_3ONO_2
  – 질산에틸 $C_2H_5ONO_2$
  – 나이트로글리세린 $C_3H_5(ONO_2)_3$
  – 나이트로글리콜
  – 나이트로셀룰로오스
  – 셀룰로이드

✅ 선지체크
① 나이트로벤젠: 제3석유류(비수용성)
③ ④ 트리나이트로페놀, 트리나이트로톨루엔: 나이트로화합물

✦ 고난도 문제
93 🔒④ 📄 LINK 기본서 193p

• 질산에스터류: 나이트로글리콜, 나이트로글리세린, 셀룰로이드
• 나이트로화합물: 테트릴

✦ 고난도 문제
94 🔒① 📄 LINK 기본서 193p

트리나이트로톨루엔: 나이트로화합물
나이트로글리세린, 나이트로글리콜, 셀룰로이드: 질산에스터류

95 🔒② 📄 LINK 기본서 194p

② 제5류 위험물의 경우에는 질식소화의 효과가 없다.

96 🔒② 📄 LINK 기본서 194~195p

② **과산화수소는 물과 반응하지 않는다.**

🔹 추가학습 ✚

제6류 위험물의 특징
① 강산화제로 분해 시 산소를 방출
② 자신은 불연성이며 다른 가연물의 연소를 돕는 조연성(지연성) 물질
③ 모두 무기화합물이며, 비중이 1보다 크며 물에 잘 녹음
④ 과산화수소를 제외하고 물과 접촉 시 발열
⑤ 과산화수소를 제외하고 분해하여 유해성 가스를 발생하며 부식성이 강함
⑥ 과산화수소를 제외하고 강산성 물질
⑦ 대량 화재 시 건조사나 인산염류의 분말로 질식소화
⑧ 물과 발열하여 반응하기 때문에 주수소화가 불가능하나 소량 화재 시 다량의 물로 소화

97 🔒④ 📄 LINK 기본서 194p

④ 제6류 위험물은 산화성 액체로 **강한 산화력을 가지고 있다.**
  → "산화성액체"라 함은 액체로서 **산화력의 잠재적인 위험성**을 판단하기 위하여 고시로 정하는 시험에서 고시로 정하는 성질과 상태를 나타내는 것을 말한다.

✦ 고난도 문제
98 🔒③ 📄 LINK 기본서 194~196p

ㄱ. 위험물의 혼재 기준에 대한 내용은 지정수량 1/10을 초과하는 물질에 대하여 적용한다.

ㄹ. 과산화수소를 제외하고 분해하여 유해성 가스를 발생하며, 부식성이
강하여 피부를 침투한다.

ㅁ. 과산화수소의 경우 농도 66% 이상은 충격·마찰에 의해서 단독으로
분해폭발 위험이 있다. 분해 시 발열반응하고 다량의 O_2를 발생한다.
→ 분해를 억제하기 위해 분해방지 안정제(인산나트륨, 인산, 요산,
요소 등)를 넣는다.

✅ 선지체크

ㄷ. 위험물 운반 시 "가연물접촉주의" 주의사항을 표시해야 한다.

추가학습 ✛

위험물의 혼재 가능

이 내용은 지정수량 1/10 이하의 위험물에 대하여는 적용하지 않는다.
① 제1류 위험물 + 제6류 위험물
② 제2류 위험물 + 제4류 위험물
③ 제2류 위험물 + 제5류 위험물
④ 제3류 위험물 + 제4류 위험물
⑤ 제4류 위험물 + 제5류 위험물

99 🔒 ①   📎 LINK 기본서 194p

① 과산화수소는 그 농도가 **36중량% 이상**인 것에 한한다.
→ 질산은 그 비중이 1.49 이상인 것에 한한다.

100 🔒 ①   📎 LINK 기본서 194p

① **불연성**이며, 강산화제이다.

✦ **고난도 문제**

101 🔒 ①   📎 LINK 기본서 194p, 53p

① 가열된 진한 질산은 유독한 갈색의 이산화질소를 발생한다. 따라서
소량인 경우에는 특수가공된 차광용기(갈색유리병)에 보관한다.

102 🔒 ③   📎 LINK 기본서 194p

③ **6류 위험물**에 대한 설명이다.

✅ 선지체크

① 금속분: 제2류 위험물

② 알킬리튬: 제3류 위험물
④ 나이트로화합물: 제5류 위험물

✦ **고난도 문제**

103 🔒 ④   📎 LINK 기본서 197p

④ 제6류 위험물은 불활성가스소화설비, 할로겐화합물소화설비와 같은
가스계소화설비에는 적응성이 없다.

소화설비의 구분			제6류 위험물
옥내소화전 또는 옥외소화전설비			○
스프링클러설비			○
물분무등 소화설비	물분무소화설비		○
	포소화설비		○
	불활성가스소화설비		
	할로젠화합물소화설비		
	분말소화설비	인산염류등	○
		탄산수소염류등	
		그 밖의 것	
대형· 소형수동식 소화기	봉상수소화기		○
	무상수소화기		○
	봉상강화액소화기		○
	무상강화액소화기		○
	포소화기		○
	이산화탄소소화기		△
	할로젠화합물소화기		
	분말소화기	인산염류소화기	○
		탄산수소염류소화기	
		그 밖의 것	
기타	물통 또는 수조		○
	건조사		○
	팽창질석 또는 팽창진주암		○

104 🔒 ④   📎 LINK 기본서 195p

④ 제5류 위험물은 자기반응성물질로 **물과 반응하지 않기 때문에** 화재 시
다량의 물을 주수하여 냉각소화한다.

소화방법 정리

분류	소화방법
제1류	• 산화제의 분해온도를 낮추기 위해 물을 주수하여 냉각소화한다. • 무기과산화물류(알칼리금속의 과산화물)는 물과 급격히 발열반응하여 산소를 방출하므로 건조사에 의한 질식소화한다.
제2류	• 물을 주수하여 냉각소화한다. • 철분, 금속분, 마그네슘은 물과 급격히 발열반응하여 수소가스를 발생하므로 건조사나 금속화재용 분말소화약제에 의한 질식소화한다. • 황화인은 물과 접촉 시 유독성 가스인 황화수소를 발생하므로 건조사에 의한 질식소화한다.
제3류	• 황린을 제외한 금수성 물질이므로 주수소화가 불가능하여 건조사, 금속화재용 분말소화약제에 의한 질식소화한다. • 황린은 물을 주수하여 냉각소화한다.
제4류	• 주수소화 시 화재면이 확대될 위험이 있으므로 일부 수용성을 제외하고 질식소화한다.
제5류	• 물질자체에 산소를 함유하고 있으므로 질식소화는 불가능하며 다량의 물을 주수하여 냉각소화한다.
제6류	• 다량 화재 시 건조사나 인산염류의 분말로 질식소화한다. • 물과 발열하여 반응하기 때문에 주수소화가 불가능하나 소량 화재 시 다량의 물로 소화한다.

---

105 🔓 ① 📎LINK 기본서 195p

① **황린**은 분해온도를 낮추기 위해 물을 주수하여 냉각소화한다.

　→ **황화인은 물과 접촉 시 유독성가스인 황화수소를 발생하므로 건조사에 의한 질식소화한다.**

---

106 🔓 ④ 📎LINK 기본서 195p

④ **아조화합물은 제5류 위험물**로 충격에 민감하고 연소 시 폭발로 이어질 수 있으므로 냉각소화 해야한다.

✔ 선지체크

① 트리에틸알루미늄은 물과 반응하여 가연성 가스가 발생하므로 주수소화가 불가능하여 건조사, 금속화재용 분말소화약제에 의한 질식소화한다.

---

② 황화인은 물과 접촉 시 유독성 가스인 황화수소를 발생하므로 건조사에 의한 질식소화한다.

③ 중유는 주수소화 시 화재면이 확대될 위험이 있으므로 질식소화한다.

---

107 🔓 ④ 📎LINK 기본서 195p

④ 무기과산화물(제1류) – 건조사에 의한 **피복(질식)소화**
　유기과산화물(제5류) – 물에 의한 **냉각소화**

---

108 🔓 ① 📎LINK 기본서 195p

① 제1류 위험물은 **주수소화(냉각소화)가 가능**하다.

　→ 과염소산나트륨(과염소산염류)은 제1류 위험물이다.

✦ 고난도 문제

109 🔓 ② 📎LINK 기본서 195p

✔ 선지체크

ㄴ. **수소화칼슘은 금수성물질**로서 물을 주수하여 냉각소화하는 것이 **불가능하다.**

ㄷ. 하이드라진은 제4류 위험물 중 **수용성**으로 주수소화가 **가능하다.**

---

110 🔓 ① 📎LINK 기본서 197p

① 팽창질석 또는 팽창진주암은 전기설비, 건축물 · 그 밖의 공작물을 제외하고 제1류 위험물부터 제6류 위험물에 적응성이 있다.

✔ 선지체크

② 철분 · 금속분 · 마그네슘에는 **탄산수소염류등**의 분말소화설비가 적응성이 있다.

③ 분말소화약제는 셀룰로이드류(제5류 위험물)의 화재에 **적응성이 없다.**

④ 물분무소화설비는 전기설비에 사용할 수 **있다.**

---

111 🔓 ③ 📎LINK 기본서 195p

✔ 선지체크

① 알킬리튬과 알킬알루미늄은 **벤젠이나 헥산의 희석제를 사용**하여 저장한다.

② 나이트로셀룰로오스는 **물이나 알코올로 습면**시킨다.

　　→ 물 20%, 알코올 30%를 첨가 습윤시킨다.

④ 칼륨은 **석유류(등유, 경유) 속에 저장**한다.

추가학습 ✚

위험물의 보호액 및 저장방법

① 황린, 이황화탄소: 물속에 저장한다.

② 나이트로셀룰로오스: 물이나 알코올로 습면시킨다.

③ 칼륨, 나트륨: 석유류(등유, 경유) 속에 저장한다.

④ 알킬리튬, 알킬알루미늄: 벤젠이나 헥산의 희석제를 사용한다.

⑤ 아세틸렌: 다공성 물질(석면, 규조토)에 다이메틸프로마미드, 아세톤을 흡수시키고 여기에 아세틸렌을 다시 용해시켜 저장한다.

⑥ 아세트알데하이드, 산화프로필렌: 용기에 불연성 가스를 봉입하여 저장한다. (은, 수은, 구리, 마그네슘 접촉금지)

112 🔒②   🔗 LINK 기본서 195p

ㄴ. 알킬리튬, **알킬알루미늄**은 벤젠이나 헥산의 희석제를 사용한다.

　　→ 나이트로셀룰로오스는 물이나 알코올로 습면시킨다.

ㅁ. 산화프로필렌은 용기에 불연성 가스를 봉입하여 저장한다.(**은, 수은, 구리, 마그네슘 접촉금지**)

113 🔒④   🔗 LINK 기본서 196p

④ **질산염류(1류) – 유기과산화물(5류)는 불가능**

✔ 선지체크

① 과산화나트륨(1류) – 질산(6류)

② 염소산칼륨(1류) – 과염소산(6류)

③ 디에틸에테르(4류) – 고형알코올(2류)

114 🔒②   🔗 LINK 기본서 204p

② 제3류 위험물 중 자연발화성 물질: **화기엄금 및 공기접촉엄금**

추가학습 ✚

수납하는 위험물에 따른 주의사항

구 분		주 의
제1류	무기과산화물 (알칼리금속의 과산화물)	화기 · 충격주의 물기엄금 가연물접촉주의

구 분		주 의
제1류	그 밖의 것	화기 · 충격주의 가연물접촉주의
제2류	철분, 금속분, 마그네슘	화기주의 물기엄금
	인화성 고체	화기엄금
	그 밖의 것	화기주의
제3류	자연발화성 물질	화기엄금 공기접촉엄금
	금수성 물질	물기엄금
제4류	–	화기엄금
제5류	–	화기엄금 충격주의
제6류	–	가연물접촉주의

115 🔒①   🔗 LINK 기본서 204p

① 화기엄금

116 🔒②   🔗 LINK 기본서 205p

• 운송책임자의 감독 · 지원을 받아 운송하여야 하는 위험물

　① 알킬알루미늄

　② 알킬리튬

　③ ① 또는 ②의 물질을 함유하는 위험물

CHAPTER

02 특수가연물

문제편 146~147p

01	③	02	②	03	③	04	④	05	②

---

01 🔓 ③　　　　　　　　　📎 LINK 기본서 206p

③ 목탄류: 10,000kg 이상

추가학습 ➕

특수가연물

품명		수량
면화류		200kg 이상
나무껍질 및 대팻밥		400kg 이상
넝마 및 종이부스러기		1,000kg 이상
사류		
볏짚류		
가연성 고체류		3,000kg 이상
석탄 · 목탄류		10,000kg 이상
가연성 액체류		2㎥ 이상
목재가공품 및 나무부스러기		10㎥ 이상
고무류 · 플라스틱류	발포시킨 것	20㎥ 이상
	그 밖의 것	3,000kg 이상

---

02 🔓 ②　　　　　　　　　📎 LINK 기본서 207p

② 석탄 · 목탄류를 저장하는 경우, 쌓는 부분의 바닥면적은 200[㎡] 이하로 한다. 다만, 석탄 · 목탄류를 발전용으로 저장하는 경우는 제외한다.

추가학습 ➕

특수가연물의 저장 · 취급 기준
(석탄 · 목탄류를 발전용으로 저장하는 경우는 제외)
① 품명별로 구분하여 쌓을 것

---

② 높이 및 면적기준

구분	살수설비를 설치하거나 방사능력 범위에 해당 특수가연물이 포함되도록 대형수동식소화기를 설치하는 경우	그 밖의 경우
높이	15m 이하	10m 이하
쌓는 부분의 바닥면적	200㎡ 이하 (석탄 · 목탄류: 300㎡)	50㎡ 이하 (석탄 · 목탄류의: 200㎡)

---

03 🔓 ③　　　　　　　　　📎 LINK 기본서 207~208p

③ 실내에 쌓아 저장하는 경우 주요구조부는 내화구조이면서 불연재료여야 하고, 다른 종류의 특수가연물과 같은 공간에 보관하지 않을 것

추가학습 ➕

실내 · 외에 설치하는 경우 기준

구분	실내	실외
바닥면적 사이	1.2m 또는 쌓는 높이의 1/2 중 큰 값 이상	3m 또는 쌓는 높이 중 큰 값 이상
추가기준	① 주요구조부는 내화구조이면서 불연재료 ② 다른 종류의 특수가연물과 같은 공간에 보관하지 않을 것(내화구조의 벽으로 분리하는 경우는 가능)	쌓는 부분이 대지경계선, 도로 및 인접 건축물과 최소 6m 이상 간격(쌓는 높이보다 0.9m 이상 높은 내화구조 벽체를 설치한 경우 간격 기준 제외)

04 🔒④ 🔗 LINK 기본서 208p

특수가연물을 저장 또는 취급하는 장소에는 품명, 최대저장수량, **단위부**
피당 질량 또는 단위체적당 질량, 관리책임자 성명 · 직책, 연락처 및 화기
취급의 금지표시가 포함된 특수가연물 표지를 설치해야 한다.

추가학습 ➕

특수가연물의 표지 규격

① 품명, 최대저장수량, 단위부피당 질량 또는 단위체적당 질량, 관리
   책임자 성명 · 직책, 연락처 및 화기취급의 금지표시가 포함된 특수
   가연물 표지를 설치

② 특수가연물 표지의 규격 (한 변의 길이: 0.3m 이상, 다른 한 변의
   길이: 0.6m 이상인 직사각형)

구분	바탕	문자
표지	흰색	검은색
표지 중 화기엄금 표시	붉은색	백색

③ 특수가연물 표지는 특수가연물을 저장하거나 취급하는 장소 중 보
   기 쉬운 곳에 설치

고압가스 경고	금속부식성, 피부부식성, 심한 눈손상 경고	급성독성물질경고
경고	호흡기과민성, 발암성, 생식세포변이원성, 생식독성, 특정표적장기독성 물질경고	수생환경유해성 경고

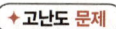**고난도 문제**

05 🔒②

Globally Harmonized System의 약자로서 화학물질의 분류와 표지에
관한 세계조화시스템을 말한다. 국제적으로 통일된 분류기준에 따라 화
학물질의 유해위험성을 분류한다.

② **폭발성물질**에 표기하는 그림문자이다. → **둔감화 X**

폭발성, 자기반응성, 유기과산화물 물질경고	인화성, 물반응성, 자기반응성, 자연발화성, 자기발열성, 유기과산화물 물질경고	산화성 물질경고

문제편 150p

01	③	02	③	03	③		

01 🔓 ③　　　　　　　　　　🔗 LINK 기본서 212p

③ 연결송수관설비 – **소화활동설비**

02 🔓 ③　　　　　　　　　　🔗 LINK 기본서 212p

ㄴ. 피난구유도등: **피난구조설비**

ㄷ. 비상방송설비: **경보설비**

ㄹ. 피난구조설비 중 인명구조기구에는 보호장갑을 **포함**한 방열복, 방화
복을 포함한다.

03 🔓 ③　　　　　　　　　　🔗 LINK 기본서 212p

③ 소화설비의 종류로는 소화기구, 자동소화장치, 스프링클러설비 등이
있으며 **소화수조는 소화용수설비이다.**

⊘ **선지체크**

② 빨간색 범위: 과압 / 녹색 범위: 적합 / 노란색 범위: 압력 부족

문제편 151~174p

01	③	02	②	03	④	04	④	05	②
06	②	07	②	08	①	09	③	10	①
11	①	12	②	13	③	14	④	15	④
16	④	17	②	18	③	19	②	20	③
21	②	22	②	23	①	24	③	25	①
26	②	27	①	28	④	29	③	30	②
31	④	32	③	33	②	34	④	35	②
36	②	37	②	38	③	39	③	40	②
41	③	42	②	43	①	44	③	45	②
46	③	47	④	48	②	49	③	50	②
51	②	52	④	53	③	54	②	55	②
56	②	57	①	58	④	59	③	60	③
61	②	62	②	63	③	64	④	65	②
66	③	67	②	68	①	69	③	70	②
71	②	72	④	73	③	74	①	75	①
76	④	77	③	78	②	79	④	80	①
81	②	82	①	83	②	84	②	85	②
86	④	87	③	88	①	89	③	90	①
91	②	92	②	93	④	94	④	95	④
96	②	97	③	98	①	99	④	100	②

01 🔓 ③　　　　　　　　　　🔗 LINK 기본서 213p

• 소형소화기란 능력단위가 **1단위 이상**이고, 대형소화기의 능력단위 미
만인 소화기를 말한다.

• 대형소화기란 화재 시 사람이 운반할 수 있도록 운반대와 바퀴가 설치
되어 있고 능력단위가 A급 **10단위 이상**, B급 **20단위 이상**인 소화기를
말한다.

 추가학습

대형소화기 충전량

소화기 종류	충전량
포 소화기	20[L] 이상

소화기 종류	충전량
분말 소화기	20[kg] 이상
할로겐화합물 소화기	30[kg] 이상
이산화탄소 소화기	50[kg] 이상
강화액 소화기	60[L] 이상
물 소화기	80[L] 이상

ㄷ. 능력단위가 2단위 이상이 되도록 수동식 소화기를 설치하여야 할 소방대상물 또는 그 부분에 있어서는 간이소화용구의 능력단위수치의 합계수가 전체 능력단위 합계수의 **1/2을 초과하지 아니할 것**

---

05 🔓② 📖LINK 기본서 213p

② 이산화탄소 소화기: **50[kg] 이상**

추가학습 ➕

대형소화기

소화기 종류	충전량
포 소화기	20[L] 이상
분말 소화기	20[kg] 이상
할로겐화합물 소화기	30[kg] 이상
이산화탄소 소화기	50[kg] 이상
강화액 소화기	60[L] 이상
물 소화기	80[L] 이상

---

02 🔓② 📖LINK 기본서 213~217p

✅ **선지체크**

ㄱ. 소화기는 소화약제를 압력에 따라 방사하는 기구이며, **소화능력단위**에 따른 분류로 대형소화기와 소형소화기가 있다.

ㄹ. 소형소화기는 보행거리 **20[m]**, 대형소화기는 보행거리 **30[m]**마다 배치한다.

추가학습 ➕

소화기의 분류

① 소화능력단위에 따른 분류 : 소형소화기, 대형소화기
② 방출방식에 따른 분류 : 가압식 소화기, 축압식 소화기
③ 소화약제에 따른 분류 : 물, 강화액, 포, 이산화탄소, 할론, 분말 소화기

소화능력단위에 따른 분류

① 소형소화기: 능력단위가 1단위 이상이고 대형소화기의 능력단위 미만인 소화기
② 대형소화기: 화재 시 사람이 운반할 수 있도록 운반대와 바퀴가 설치되어 있고 능력단위가 A급 10단위 이상, B급 20단위 이상인 소화기

---

06 🔓② 📖LINK 기본서 214p

② 인산염류 소화기는 **분말계**에 해당한다.

구분	종류		주성분
수계 소화기	물 소화기		H_2O + 침윤제첨가
	산 · 알칼리 소화기		A제: 탄산수소나트륨($NaHCO_3$), B제: 황산(H_2SO_4)
	강화액 소화기		K_2CO_3
	포 소화기	화학포	A제: 탄산수소나트륨($NaHCO_3$), B제: 황산알루미늄($Al_2(SO_4)_3$)
		기계포	AFFF(수성막포), FFFP(막형성 불화단백포)
가스계 소화기	CO_2 소화기		CO_2
	할론 소화기	1211	CF_2ClBr
		1301	CF_3Br
분말계 소화기	인산염류 (ABC급)		제1인산암모늄($NH_4H_2PO_4$)
	중탄산염류(BC급)		탄산수소나트륨($NaHCO_3$) 또는 탄산수소칼륨($KHCO_3$)

---

03 🔓④ 📖LINK 기본서 214~215p

④ 축압식 소화기(**이산화탄소 및 할론1301 소화약제**를 충전한 소화기와 **한 번 사용한 후에는 다시 사용할 수 없는 형의 소화기는 제외한다**)는 지시압력계를 설치하여야 한다.

---

04 🔓④ 📖LINK 기본서 217p

✅ **선지체크**

ㄱ. 소화기는 바닥으로부터 높이 **1.5[m] 이하**의 곳에 비치할 것

07 🔒② 📎 LINK 기본서 217p

② 특정소방대상물의 각 부분으로부터 1개의 소화기까지의 보행거리가 소형소화기의 경우에는 **20[m] 이내**, 대형소화기의 경우에는 **30[m] 이내**가 되도록 배치할 것. 다만, 가연성물질이 없는 작업장의 경우에는 작업장의 실정에 맞게 보행거리를 완화하여 배치할 수 있다.

➕ 추가학습

지하구 소화기구의 설치기준

① 소화기의 능력단위는 A급 화재는 개당 3단위 이상, B급 화재는 개당 5단위 이상 및 C급 화재에 적응성이 있는 것으로 할 것
② 소화기 한 대의 총중량은 사용 및 운반의 편리성을 고려하여 7[kg] 이하로 할 것
③ 소화기는 사람이 출입할 수 있는 출입구(환기구, 작업구를 포함한다) 부근에 5개 이상 설치할 것
④ 소화기는 바닥면으로부터 1.5[m] 이하의 높이에 설치할 것
⑤ 소화기의 상부에 "소화기"라고 표시한 조명식 또는 반사식의 표지판을 부착하여 사용자가 쉽게 알 수 있도록 할 것

08 🔒① 📎 LINK 기본서 217p

① 전시장은 바닥면적 **100[㎡]마다 능력단위 1단위 이상 설치**한다.

➕ 추가학습

특정소방대상물에 따른 소화기구의 능력단위 기준

특정소방대상물	능력단위
위락시설	해당 용도의 바닥면적 30㎡ 마다 능력단위 1단위 이상
공연장 · 집회장 · 관람장 · 문화재 · 장례식장 및 의료시설	해당 용도의 바닥면적 50㎡ 마다 능력단위 1단위 이상
근린생활시설 · 판매시설 · 운수시설 · 숙박시설 · 노유자시설 · 전시장 · 공동주택 · 업무시설 · 방송통신시설 · 공장 · 창고시설 · 항공기 및 자동차 관련 시설 및 관광 휴게시설	해당 용도의 바닥면적 100㎡ 마다 능력단위 1단위 이상
그 밖의 것	해당 용도의 바닥면적 200㎡ 마다 능력단위 1단위 이상

※ 소화기구의 능력단위를 산출함에 있어서 건축물의 주요구조부가 내화구조이고, 벽 및 반자의 실내에 면하는 부분이 불연재료 · 준불연재료 또는 난연재료로 된 특정소방대상물에 있어서는 위 표의 바닥면적의 2배를 해당 특정소방대상물의 기준면적으로 한다.

09 🔒③ 📎 LINK 기본서 217p

숙박시설: 해당 용도의 바닥면적 **100㎡마다 능력단위 1단위 이상**

→ 소화기구의 능력단위를 산출함에 있어서 건축물의 주요구조부가 내화구조이고, 벽 및 반자의 실내에 면하는 부분이 불연재료 · 준불연재료 또는 난연재료로 된 특정소방대상물에 있는 경우: **바닥면적의 2배를 기준면적**으로 한다.

$$\therefore \frac{600[㎡]}{200[㎡]} = 3단위$$

10 🔒① 📎 LINK 기본서 217p

의료시설: 해당 용도의 바닥면적 **50㎡마다 능력단위 1단위 이상**

→ 소화기구의 능력단위를 산출함에 있어서 건축물의 주요구조부가 내화구조이고, 벽 및 반자의 실내에 면하는 부분이 불연재료 · 준불연재료 또는 난연재료로 된 특정소방대상물에 있는 경우: **바닥면적의 2배를 기준면적**으로 한다.

$$\to \frac{400[㎡]}{100[㎡]} = 4단위$$

$$\therefore 3단위 소화기를 설치하므로 \frac{4단위}{3단위} = 2개$$

11 🔒① 📎 LINK 기본서 217p

① 업무시설은 능력단위를 해당 용도의 바닥면적 **100㎡마다 능력단위 1단위 이상 배치**해야 한다.

12 🔒② 📎 LINK 기본서 218p

- 삽을 상비한 마른모래 50L 1포 = **0.5단위**
- 삽을 상비한 팽창질석 80L 2포 = **1단위**
- 삽을 상비한 팽창진주암은 80L 이상의 것 1포가 있어야 0.5단위에 해당한다.
  → **0.5 + 1 = 1.5단위**

13 🔒③ 📎 LINK 기본서 219p

자동소화장치: 주거용주방자동소화장치, 상업용주방자동소화장치, **캐비닛형자동소화장치**, 가스자동소화장치, **분말자동소화장치**, **고체에어로졸자동소화장치**

14 🔒④ 📖 LINK 기본서 219p

④ 주거용 주방자동소화장치: **주거용 주방에 설치**된 열발생 조리기구의 사용으로 인한 가연성가스 등의 누출을 자동으로 차단하며, 소화약제를 방사하여 소화하는 장치
→ 상업용 주방자동소화장치: **상업용 주방에 설치**된 열발생 조리기구의 사용으로 인한 가연성가스 등의 누출을 자동으로 차단하며, 소화약제를 방사하여 소화하는 장치

15 🔒④ 📖 LINK 기본서 220p

④ 특정소방대상물의 어느 층에 있어서도 해당 층의 옥내소화전(2개 이상 설치된 경우에는 2개의 옥내소화전)을 동시에 사용할 경우 각 소화전의 노즐선단에서의 방수압력이 **0.17[MPa] 이상**이고, 방수량이 **130[ℓ/min] 이상**이 되는 성능의 것으로 할 것

추가학습 ➕

옥내소화전설비

① 방수압력: 0.17[MPa] 이상 0.7[MPa] 이하(노즐선단에서의 방수압력이 0.7[MPa]을 초과할 경우에는 호스접결구의 인입 측에 감압장치를 설치하여야 한다)
② 방수량: 130[L/min] 이상
③ 펌프 토출양: 130[L/min]×당해 층 옥내소화전 설치개수(최대 2개)
④ 수원의 양: 130[L/min]×당해 층 옥내소화전 설치개수(최대 2개)×20분
⑤ 옥상수조 수원의 양: 1차 수원으로 산출된 유효수량의 1/3 이상

16 🔒④ 📖 LINK 기본서 220p

④ 옥상수조는 옥내소화전, 스프링클러설비 등 수계소화설비가 설치되는 건물의 옥상에 보조적으로 설치되는 물탱크로서, 가압펌프 등이 정전 등으로 인하여 1차 수원을 사용할 수 없을 경우 비상용으로 사용할 수 있다.
→ 수원의 양: 1차 수원으로 산출된 유효수량의 1/3 이상

✅ **선지체크**

① 각 소화전의 노즐선단 방수량은 **분당 130[L] 이상**이어야 한다.
② 하나의 옥내소화전을 사용하는 **노즐선단 방수압력이 0.7[MPa]**을 초과할 경우에는 호스접결구의 인입측에 감압장치를 설치해야 한다.
③ 저수량은 소화전의 설치개수에 **2.6㎥**를 곱한 양 이상으로 지하수조에 저장해야 한다.
→ 130L/min × N개 × 20min
= 2,600L × N개
= **2.6㎥ × N개**

17 🔒② 📖 LINK 기본서 220~221p

② 초고층 건축물의 수원의 양을 산정할 때 옥내소화전의 최대 설치 개수는 **5개**이다.

추가학습 ➕

수원의 양

구분	내용
30층 미만	2.6[㎥] × 당해 층 옥내소화전 설치개수 (최대2개)
30층 이상 49층 이하 (고층 건축물)	5.2[㎥](130[L/min]×40분) × 당해 층 옥내소화전 설치개수(최대 5개)
50층 이상 (초고층 건축물)	7.8[㎥](130[L/min]×60분) × 당해 층 옥내소화전 설치개수(최대 5개)

옥상수조 제외

① 지하층만 있는 건축물
② 고가수조를 가압송수장치로 설치한 옥내소화전설비
③ 수원이 건축물의 최상층에 설치된 방수구보다 높은 위치에 설치된 경우
④ 건축물의 높이가 지표면으로부터 10[m] 이하인 경우
⑤ 주펌프와 동등 이상의 성능이 있는 별도의 펌프로서 내연기관의 기동과 연동하여 작동되거나 비상전원을 연결하여 설치한 경우
⑥ 학교 · 공장 또는 창고시설 등으로 동결의 우려가 있어 ON-OFF 방식(수동기동방식, 건식)을 사용하는 경우
⑦ 가압수조를 가압송수장치로 설치한 옥내소화전설비

18 🔒③ 📖 LINK 기본서 220~221p

✅ **선지체크**

ㄱ. 수조의 **외측**에 수위계를 설치하여 수위를 편리하게 확인할 수 있도록 한다.
ㄷ. 고가수조로부터 옥내소화전설비 수직배관에 물을 공급하는 급수구를 다른 설비의 급수구보다 **낮은** 위치에 설치했을 때 소방설비의 전용수조로 하지 않을 수 있다.

추가학습 ➕

옥내소화전 수조 설치기준

① 점검에 편리한 곳에 설치한다.
② 동결방지조치를 하거나 동결의 우려가 없는 장소에 설치한다.
③ 수조의 외측에 수위계를 설치한다.
④ 수조의 상단이 바닥보다 높을 때에는 수조의 외측에 고정식 사다리를 설치한다.

⑤ 수조가 실내에 설치된 때에는 그 실내에 조명설비를 설치한다.
⑥ 수조의 밑 부분에는 청소용 배수밸브 또는 배수관을 설치한다.
⑦ 수조의 외측의 보기 쉬운 곳에 "옥내소화전소화설비용 수조"라고 표시한 표지를 한다.
⑧ 소화설비용 흡수배관 또는 소화설비의 수직배관과 수조의 접속부분에는 "옥내소화전소화설비용 배관"이라고 표시한 표지를 한다.

✦ 고난도 문제

19 🔒 ② 📄 LINK 기본서 229p

② 저수량을 산정함에 있어서 다른 설비와 겸용하여 옥내소화전설비용 수조를 설치하는 경우에는 **옥내소화전설비의** 풋밸브 · 흡수구 또는 수직배관의 급수구와 **다른 설비의** 풋밸브 · 흡수구 또는 수직배관의 급수구와의 **사이의 수량을 그 유효수량으로 한다.**

추가학습 ➕

소방설비의 전용수조로 하지 않아도 되는 경우

① 옥내소화전펌프의 풋밸브 또는 흡수배관의 흡수구(수직회전축펌프의 흡수구를 포함)를 다른 설비(소방용 외의 것)의 풋밸브 또는 흡수구보다 낮은 위치에 설치한 때
② 고가수조로부터 옥내소화전설비의 수직배관에 물을 공급하는 급수구를 다른 설비의 급수구보다 낮은 위치에 설치한 때
③ ① 및 ②에 따른 저수량을 산정함에 있어서 다른 설비와 겸용하여 옥내소화전설비용 수조를 설치하는 경우에는 옥내소화전설비의 풋밸브 · 흡수구 또는 수직배관의 급수구와 다른 설비의 풋밸브 · 흡수구 또는 수직배관의 급수구와의 사이의 수량을 그 유효수량으로 한다.

✦ 고난도 문제

20 🔒 ③ 📄 LINK 기본서 230~231p

✔ 선지체크

ㄱ. 옥내소화전에 설치된 노즐에서 규정 방수량을 토출할 수 있도록 자연낙차압을 이용하여 가압송수하는 방식은 **고가수조에 의한 가압송수장치**이다.
ㄹ. 옥내소화전에 설치된 호스의 노즐에서 규정 방수압력, 규정 방수량을 얻기 위해 사용하는 가장 보편화된 방법은 **펌프에 의한 가압송수장치**이다.

추가학습 ➕

압력수조에 의한 가압송수장치

① 수조 대신 압력탱크를 설치하여 탱크 용량의 2/3는 급수펌프에 의하여 상시 물이 공급되고 수조의 1/3은 자동식 에어콤프레샤(공기압축기)에 의하여 압축공기가 공급됨으로써 그 압력을 이용하여 옥내소화전에 설치된 노즐에서 규정 방수압력, 규정 방수량을 유지할 수 있도록 가압송수하는 방법이다.
② 이 설비에는 반드시 급수펌프와 공기압축기가 부설되어야 한다.
③ 방수와 동시에 수압이 감소(시간경과에 따라 방수압력이 감소)되기 때문에 저수량의 모두를 유효수량으로 볼 수 없어 설계 시에 충분한 양의 수원을 확보할 수 있도록 하여야 한다.
④ 전원이 필요 없는 방식으로 신뢰도가 우수한 방식이다.
⑤ 수위계, 급수관, 배수관, 급기관, 맨홀, 압력계, 안전장치 및 압력저하 방지를 위한 자동식 공기압축기를 설치한다.

✦ 고난도 문제

21 🔒 ② 📄 LINK 기본서 231p

• 압력수조의 가압송수장치

$$P = p_1 + p_2 + p_3 + 0.17$$

P: 필요한 압력[MPa]
p_1: 소방용 호스의 마찰손실 수두압[MPa]
p_2: 배관의 마찰손실 수두압[MPa]
p_3: 낙차의 환산 수두압[MPa]

22 🔒 ② 📄 LINK 기본서 230p

② 고가수조란 구조물 또는 지형지물 등에 설치하여 자연낙차의 압력으로 급수하는 수조를 말한다.

✔ 선지체크

③ 압력수조: 소화용수와 공기를 채우고 일정압력 이상으로 가압하여 그 압력으로 급수하는 수조
④ 가압수조: 가압원인 압축공기 또는 불연성 고압기체에 따라 소방용수를 가압시키는 수조

23 🔒 ① 📖 LINK 기본서 222~223p

고가수조란 건축물의 옥상이나 높은 곳에 수조(물탱크)를 설치하여 옥내 소화전에 설치된 노즐에서 규정 방수압력, 규정 방수량을 토출할 수 있도록 자연낙차압을 이용하여 가압송수하는 방식이다.
→ **수위계, 배수관, 급수관, 오버플로우관** 및 **맨홀** 등을 설치한다.

✅ 선지체크
압력수조: 수위계, 급수관, 배수관, 급기관, 맨홀, 압력계, 안전장치 및 압력저하 방지를 위한 자동식 공기압축기를 설치한다.

24 🔒 ③ 📖 LINK 기본서 222~226p

① 펌프에 의한 가압송수장치는 **비상전원이 필요**하다.
② 고가수조의 자연낙차를 이용한 가압송수장치를 설치하는 경우 고가수조의 자연낙차수두는 방수압 및 방수량이 **20분 이상** 유지되도록 해야 한다.
④ 신뢰성이 가장 좋은 방법은 **고가수조에 의한 가압송수장치**이다.

25 🔒 ① 📖 LINK 기본서 226p

① "기동용수압개폐장치"란 **소화설비의 배관 내 압력변동을 검지하여 자동적으로 펌프를 기동 및 정지시키는 것**으로서 압력챔버 또는 기동용 압력스위치 등을 말한다.

✅ 선지체크
② 개폐표시형밸브: 밸브의 개폐여부를 외부에서 식별이 가능한 밸브
③ 플렉시블조인트: 펌프로부터의 진동을 흡수하여 흡입측 배관의 파손 및 변형을 방지
④ 순환배관: 체절운전 시 수온의 상승을 방지

26 🔒 ② 📖 LINK 기본서 228p

② 체절운전이란 펌프의 성능시험을 목적으로 펌프 **토출측의 개폐밸브**를 닫은 상태에서 펌프를 운전하는 것을 말한다.

✅ 선지체크
① 연성계란 대기압 이상의 압력과 대기압 이하의 압력을 측정할 수 있는 계측기를 말한다. 진공압과 양압을 모두 측정할 수 있으며 일반적으로 물의 흡입상태를 확인하기 위해 펌프의 흡입측 배관에 설치한다.
→ 진공계: 대기압 이하의 압력을 측정하는 계측기를 말한다. 진공계는 펌프의 흡입측 배관에 설치한다.
→ 압력계: 펌프의 토출측에 설치하여 토출압력을 나타낸다.

③ 압력수조란 소화용수와 공기를 채우고 일정압력 이상으로 가압하여 그 압력으로 급수하는 수조를 말한다.
→ 압력수조 구성: 수위계, 급수관, 배수관, 급기관, 맨홀, 압력계, 안전장치, 압력저하 방지를 위한 자동식 공기압축기
④ 정격토출압력이란 정격토출량에서의 펌프의 토출측 압력을 말한다.
→ 정격토출량: 펌프의 정격부하운전 시 토출량으로서 정격토출압력에서의 펌프의 토출량을 말한다.

27 🔒 ① 📖 LINK 기본서 226p

① 펌프의 **토출 측에는 압력계**를 체크밸브 이전에 펌프 토출 측 플랜지에서 가까운 곳에 설치하고, **흡입 측에는 연성계 또는 진공계를 설치할 것**. 다만, 수원의 수위가 펌프의 위치보다 높거나 수직회전축펌프의 경우에는 연성계 또는 진공계를 설치하지 않을 수 있다.

28 🔒 ④ 📖 LINK 기본서 220p, 236p

④ 유수검지장치란 유수현상을 자동적으로 검지하여 신호 또는 경보를 발하는 장치로 **스프링클러설비의 구성요소**이다.

29 🔒 ④ 📖 LINK 기본서 225~228p

④ 기동용수압개폐장치는 소화설비의 배관 내 압력변동을 검지하여 **자동적으로 펌프를 기동 및 정지시키는 것**으로서 압력챔버 또는 기동용 압력스위치 등을 말한다.

✅ 선지체크
① 순환배관은 가압송수장치에는 체절운전 시 수온의 상승을 방지하기 위한 순환배관을 설치한다. 순환배관은 펌프의 토출 측 체크밸브 이전에서 분기시켜 20[mm] 이상의 배관에 체절압력 미만에서 개방되는 릴리프 밸브를 설치하여야 한다.
③ 충압펌프: 성능시험 불필요, 순환배관 없음, 비상전원 없음

30 🔒 ③ 📖 LINK 기본서 226p

③ 수원의 수위가 펌프보다 낮은 위치에 있는 가압송수장치에는 다음의 기준에 따른 물올림장치를 설치할 것
• 물올림장치에는 전용의 탱크를 설치한다.
• 탱크의 유효수량은 **100[L] 이상**으로 하되, 구경 **15[mm] 이상**의 급수배관에 따라 해당 탱크에 물이 계속 보급되도록 한다.

31 🔒④   📖 LINK 기본서 227p

④ 성능시험배관은 펌프의 토출측에 설치된 개폐밸브 이전에서 분기하여 설치하고, 유량측정장치를 기준으로 전단 직관부에 개폐밸브, 후단 직관부에는 유량조절밸브를 설치한다. 유량측정장치는 성능시험배관의 직관부에 설치하되, 펌프의 정격토출량의 **175% 이상** 측정할 수 있는 성능이 있어야 한다.

32 🔒③   📖 LINK 기본서 227p

③ 500[ℓ/min] × 175[%] = 875[ℓ/min]

+ 고난도 문제

33 🔒②   📖 LINK 기본서 227p

② 펌프의 성능은 체절운전 시 정격토출압력의 140[%]를 초과하지 아니하고, 정격토출량의 150[%]로 운전 시 정격토출압력의 65% 이상이 되어야 한다.

ㄱ. 체절운전: 펌프의 성능시험을 목적으로 **펌프 토출측의 개폐밸브를 닫은 상태에서 펌프를 운전**하는 것
ㄴ. 정격토출량 150% 운전 시 펌프 토출량:
   260 × 150[%] = 390[L/min]
ㄷ. 체절운전 시 펌프 토출압: 정격토출압력의 140[%]를 초과하지 아니하여야 한다.
   → 1.1 × 140[%] = 1.54[Mpa]
ㄹ. 정격토출량 150% 운전 시 펌프 토출량: 정격토출압력의 65% 이상이 되어야 한다.
   → 1.1 × 65[%] = 0.715[Mpa]

34 🔒④   📖 LINK 기본서 220p, 227p

④ 130L/min × N개 × 20min
   = 2600L × N개
   = **2.6㎥ × N개**

✅ **선지체크**

① 유량측정장치는 성능시험배관의 직관부에 설치하되, 펌프의 정격토출량의 **175[%] 이상** 측정할 수 있는 성능이 있어야 하며, 유량계를 통과하는 수류는 정확한 유량을 측정하기 위하여 **난류가 아닌 층류상태가 되어야 한다.**
② 펌프는 전용으로 하여야 한다. 다만, **다른 소화설비와 겸용하는 경우 각각의 소화설비의 성능에 지장이 없을 때에는 그렇지 않다. → 항상 X**
③ 가압송수장치의 기동을 표시하는 표시등은 옥내소화전함의 상부 또는 그 직근에 설치하되 **적색등**으로 한다.

35 🔒②   📖 LINK 기본서 229p

② 특정소방대상물의 각 부분으로부터 하나의 방수구까지의 수평거리가 **25[m] 이하**가 되도록 할 것
   → 옥외소화전설비: 특정소방대상물의 각 부분으로부터 하나의 호스 접결구까지의 수평거리는 40[m] 이하이다.

36 🔒② 📖 LINK 기본서 230p

② 헤드 방수압력: 0.1 MPa 이상 1.2 MPa 이하

추가학습 ➕

스프링클러설비

① 방수압력: 0.1[MPa] 이상 1.2[MPa] 이하

② 방수량: 80[L/min] 이상

③ 수원의 양: 80[L/min]×헤드 기준개수×20분

④ 헤드 기준개수(폐쇄형)

설치장소			기준개수
지하층을 제외한 층수가 10층 이하인 특정소방대상물	공장	특수가연물 저장·취급 하는 것	30
		그 밖의 것	20
	근린생활시설, 판매시설, 운수시설, 복합건축물	판매시설, 복합건축물 (판매시설이 설치되는 복합건축물을 말한다)	30
		그 밖의 것	20
	그 밖의 것	헤드의 부착높이 8m 이 상의 것	20
		헤드의 부착높이 8m 미 만의 것	10
지하층을 제외한 층수가 11층 이상인 특정 소방대상물· 지하가 또는 지하역사			30

✦ 고난도 문제

37 🔒② 📖 LINK 기본서 231p

✅ **선지체크**

① 지하층을 제외한 층수가 10층 이하인 복합건축물(판매시설이 설치된 경우): **30개**

③ 지하층을 제외한 층수가 10층 이하인 특정소방대상물로서 헤드의 부착 높이 8m 미만의 것: **10개**

④ 지하층을 제외한 층수가 10층 이하인 공장(특수가연물 저장·취급하 는 것): **30개**

✦ 고난도 문제

38 🔒③ 📖 LINK 기본서 231p

③ 수원의 양: 80[L/min] × 헤드 기준개수 × 20분

= 80[L/min] × 30개 × 20분 = 48,000[L] = 48[㎥]

✦ 고난도 문제

39 🔒③ 📖 LINK 기본서 232p

③ 폐쇄형스프링클러헤드는 그 설치장소의 평상시 최고 주위온도에 따라 다음 표에 따른 표시온도의 것으로 설치해야 한다. 다만, 높이가 4m 이상인 공장에 설치하는 스프링클러헤드는 그 설치장소의 평상시 최고 주위온도에 관계없이 표시온도 121 ℃ 이상의 것으로 할 수 있다.

설치장소 최고 주위온도 [℃]	표시온도[℃]
39℃ 미만	79℃ 미만
39℃ 이상 ~ 64℃ 미만	79℃ 이상 ~ 121℃ 미만
64℃ 이상 ~ 106℃ 미만	121℃ 이상 ~ 162℃미만
106℃ 이상	162℃ 이상

40 🔒③ 📖 LINK 기본서 232p

✅ **선지체크**

ㄱ. 클래퍼는 **헤드가 아닌 유수검지장치의 구성요소**이다. 스프링클러헤드 는 감열체, 프레임, 반사판으로 구성된다.

ㄷ. 하향식 헤드는 **상방살수 목적**을 가지고 있다.

→ 상향식: 하방 살수 목적

ㄹ. 주로 **무대부 또는 연소할 우려가 있는 개구부**에 설치하는 것은 **개방형 헤드**이다.

→ 폐쇄형: 감열부 O / 개방형: 감열부 X

✦ 고난도 문제

41 🔒③ 📖 LINK 기본서 232p

③ 창고시설의 화재안전성능기준: 라지드롭형 스프링클러헤드를 설치하 는 천장·반자·천장과 반자사이·덕트·선반 등의 각 부분으로부터 하나의 스프링클러헤드까지의 수평거리는 **특수가연물을 저장 또는 취급하는 창고는 1.7[m] 이하**, 그 외의 창고는 2.1[m](내화구조로 된 경우에는 2.3[m]를 말한다) 이하로 할 것

✅ **선지체크**

② 공동주택의 화재안전성능기준: 아파트등의 세대 내 스프링클러헤드를 설치하는 경우 천장·반자·천장과 반자사이·덕트·선반등의 각 부 분으로부터 하나의 스프링클러헤드까지의 수평거리는 2.6[m] 이하로 할 것

창고시설의 헤드 수평거리

① 무대부, 특수가연물을 저장 또는 취급하는 창고에 있어서는 1.7[m] 이하
② 규정 외의 특정소방대상물에 있어서는 2.1[m] 이하(내화구조로 된 경우에는 2.3[m] 이하)

- 불연성의 금속·석재 등의 가공공장으로서 가연성 물질을 저장 또는 취급하지 않는 장소
- 가연성 물질이 존재하지 않는 「건축물의 에너지절약설계기준」에 따른 방풍실
⑬ 실내에 설치된 테니스장·게이트볼장·정구장 또는 이와 비슷한 장소로서 실내 바닥·벽·천장이 불연재료 또는 준불연재료로 구성되어 있고 가연물이 존재하지 않는 장소로서 관람석이 없는 운동시설(지하층은 제외)

---

42 🔒② 　　　　　　　　　　　 📎 LINK 기본서 233p

✅ 선지체크

ㄴ. 천장 및 반자가 불연재료 외의 것으로 되어 있고 천장과 반자 사이의 거리가 **0.5[m] 미만**인 부분
ㄹ. 목욕실, 수영장(**관람석 부분 제외**) 그 밖에 이와 유사한 장소

추가학습 ➕

헤드의 설치제외

① 계단실(특별피난계단의 부속실을 포함)·경사로·승강기의 승강로·비상용승강기의 승강장·파이프덕트 및 덕트피트·목욕실·수영장(관람석 부분을 제외)·화장실·직접 외기에 개방되어 있는 복도 그 밖에 이와 유사한 장소
② 통신기기실·전자기기실 그 밖에 이와 유사한 장소
③ 발전실·변전실·변압기 그 밖에 이와 유사한 전기설비가 설치되어 있는 장소
④ 병원의 수술실·응급처치실 그 밖에 이와 유사한 장소
⑤ 천장과 반자 양쪽이 불연재료로 되어 있는 경우로서 그 사이의 거리 및 구조가 다음 어느 하나에 해당하는 부분
　- 천장과 반자 사이의 거리가 2[m] 미만인 부분
　- 천장과 반자 사이의 벽이 불연재료이고 천장과 반자 사이의 거리가 2[m] 이상으로서 그 사이에 가연물이 존재하지 않는 부분
⑥ 천장·반자 중 한쪽이 불연재료로 되어 있고 천장과 반자 사이의 거리가 1[m] 미만인 부분
⑦ 천장 및 반자가 불연재료 외의 것으로 되어 있고 천장과 반자 사이의 거리가 0.5[m]미만인 부분
⑧ 펌프실·물탱크실, 엘리베이터 권상기실 그 밖의 이와 비슷한 장소
⑨ 현관 또는 로비 등으로서 바닥으로부터 높이가 20[m] 이상인 장소
⑩ 영하의 냉장창고의 냉장실 또는 냉동창고의 냉동실
⑪ 고온의 노가 설치된 장소 또는 물과 격렬하게 반응하는 물품의 저장 또는 취급장소
⑫ 불연재료로 된 특정소방대상물 또는 그 부분으로서 다음 어느 하나에 해당하는 장소
　- 정수장·오물처리장 그 밖의 이와 비슷한 장소
　- 펄프공장의 작업장·음료수공장의 세정 또는 충전하는 작업

---

43 🔒① 　　　　　　　　　　　 📎 LINK 기본서 233p

① 천장과 반자 양쪽이 불연재료로 되어 있고 천장과 반자 사이의 거리가 **2m 미만**인 부분

---

44 🔒③ 　　　　　　　　　　　 📎 LINK 기본서 234p

③ 유수검지장치로부터 교차배관까지 물을 보급시켜주는 배관은 **수평주행배관이다.**

추가학습 ➕

입상관(수직배관)

① 가압송수장치로부터 각 층을 관통하여 층마다 물을 보급해주는 배관이다.

수평주행배관

① 당해 층에서 유수검지장치로부터 교차배관까지 물을 보급시켜주는 배관이다.
② 습식 스프링클러설비 또는 부압식 스프링클러설비 외의 설비에는 헤드를 향하여 상향으로 수평주행배관의 기울기를 1/500 이상으로 한다(다만, 배관의 구조상 기울기를 줄 수 없는 경우에는 배수를 원활하게 할 수 있도록 배수밸브를 설치하여야 한다).

교차배관

① 스프링클러헤드가 달린 가지배관을 분기시켜주는 배관이다.
② 교차배관은 가지배관과 수평으로 설치하거나 또는 가지배관 밑에 설치하고 최소구경이 40[mm] 이상이 되도록 한다.

가지배관

① 스프링클러헤드가 설치되어 있는 배관이다.

② 습식 스프링클러설비 또는 부압식 스프링클러설비 외의 설비에는 헤드를 향하여 상향으로 가지배관의 기울기를 1/250 이상으로 한다 (다만, 배관의 구조상 기울기를 줄 수 없는 경우에는 배수를 원활하게 할 수 있도록 배수밸브를 설치하여야 한다).

③ 토너먼트 방식이 아닐 것

④ 교차배관에서 분기되는 지점을 기점으로 한쪽 가지배관에 설치되는 헤드의 개수는 8개 이하로 해야 한다.

---

45 🔒 ②   📎 LINK 기본서 234p

② 가지배관: 스프링클러헤드가 설치되어 있는 배관으로 교차배관에서 분기되는 지점을 기점으로 한쪽 가지배관에 설치되는 헤드의 개수는 **8개 이하**로 해야 한다.

---

46 🔒 ③   📎 LINK 기본서 234p

✅ 선지체크

① 스프링클러설비의 교차배관에서 분기되는 지점을 기점으로 한쪽 가지배관에 설치되는 헤드는 **8개 이하로 한다.**

② **수평주행배관**이란 당해 층에서 유수검지장치로부터 **교차배관까지** 물을 보급시켜주는 배관이다.

④ 습식 또는 부압식 스프링클러설비 외의 설비에는 헤드를 향하여 **상향**으로 가지배관의 기울기를 1/250 이상으로 한다.

---

47 🔒 ④   📎 LINK 기본서 235p

④ 하나의 방호구역의 바닥면적은 **3,000[㎡]**를 초과하지 아니한다.

◆ 고난도 문제

48 🔒 ②   📎 LINK 기본서 235p

② 해당 사항 없음

• 조기반응형 스프링클러헤드 설치장소

① 공동주택 · 노유자시설의 거실

② 오피스텔 · 숙박시설의 침실, 병원 · 의원의 입원실

---

49 🔒 ③   📎 LINK 기본서 235p

③ 개방형스프링클러설비의 경우 하나의 방수구역을 담당하는 헤드의 개수는 **50개 이하**로 한다.

추가학습 ➕

개방형 스프링클러설비의 방수구역 및 일제개방밸브

① 하나의 방수구역은 2개 층에 미치지 않아야 한다.

② 방수구역마다 일제개방밸브를 설치해야 한다.

③ 하나의 방수구역을 담당하는 헤드의 개수는 50개 이하로 할 것. 다만, 2개 이상의 방수구역으로 나눌 경우에는 하나의 방수구역을 담당하는 헤드의 개수는 25개 이상으로 해야 한다.

---

50 🔒 ④   📎 LINK 기본서 236p

④ "유수검지장치"란 유수현상을 자동적으로 검지하여 신호 또는 경보를 발하는 장치를 말한다.

✅ 선지체크

① 기동용수압개폐장치: 소화설비의 배관 내 압력변동을 검지하여 자동적으로 펌프를 기동 및 정지시키는 것으로서 압력챔버 또는 기동용압력스위치 등을 말한다.

② 물올림장치: 수원의 수위가 펌프보다 낮은 위치에 있는 가압송수장치에 설치한다.

③ 일제개방밸브: 일제살수식 스프링클러설비에 설치되는 유수검지장치를 말한다.

---

51 🔒 ②   📎 LINK 기본서 236p

② 해당 사항 없음

✅ 선지체크

④ 일제살수식 스프링클러설비는 개방형 헤드를 사용한다.

추가학습 ➕

하향식 헤드 설치가 가능한 경우

① 드라이펜던트 스프링클러헤드를 사용하는 경우

② 스프링클러헤드의 설치장소가 동파의 우려가 없는 곳인 경우

③ 개방형 스프링클러헤드를 사용하는 경우

52 🔒④   📎LINK 기본서 236p

✅**선지체크**

① 습식 - **습식밸브(알람체크밸브)** - 폐쇄형 헤드

② 건식 - 건식밸브(드라이밸브) - **폐쇄형 헤드**

③ 준비작동식 - 준비작동식밸브(프리액션밸브) - **폐쇄형 헤드**

추가학습 +

스프링클러설비의 종류

구분		습식	건식	준비작동식	일제살수식	부압식
사용헤드		폐쇄형	폐쇄형	폐쇄형	개방형	폐쇄형
배관	1차측	가압수	가압수	가압수	가압수	가압수
	2차측	가압수	압축공기	대기압(저압공기)	대기압	부압수
경보밸브		알람체크밸브	드라이밸브	프리액션밸브	델류즈밸브	프리액션밸브
감지기유무		X	X	O	O	O
동결우려		O	X	X	X	O

53 🔒③   📎LINK 기본서 237p

③ **습식유수검지장치** 또는 **건식유수검지장치**를 사용하는 스프링클러설비와 **부압식스프링클러설비**에는 유수검지장치를 시험할 수 있는 시험장치를 설치해야 한다.

54 🔒③   📎LINK 기본서 237p

✅**선지체크**

① ④ **습식유수검지장치** 또는 **건식유수검지장치**를 사용하는 스프링클러설비와 **부압식스프링클러설비**에는 유수검지장치를 시험할 수 있는 시험장치를 설치해야 한다.

② 습식스프링클러설비 및 부압식스프링클러설비에 있어서는 유수검지장치 2차 측 배관에 연결하여 설치하고 **건식스프링클러설비인 경우 유수검지장치에서 가장 먼 거리에 위치한 가지배관의 끝으로부터 연결하여 설치**해야 한다.

추가학습 +

유수검지장치 시험장치 (습식, 건식, 부압식)

종류	설치 위치
습식 스프링클러설비, 부압식 스프링클러설비	유수검지장치 2차측 배관에 연결하여 설치
건식 스프링클러설비	유수검지장치에서 가장 먼 거리에 위치한 가지배관의 끝으로부터 연결하여 설치

① 시험장치 배관의 구경은 25mm 이상으로 한다.

② 개폐밸브 및 개방형 헤드 또는 스프링클러헤드와 동등한 방수성능을 가진 오리피스를 설치한다. 이 경우 개방형헤드는 반사판 및 프레임을 제거한 오리피스만으로 설치할 수 있다.

③ 시험배관의 끝에는 물받이 통 및 배수관을 설치하여 시험 중 방사된 물이 바닥에 흘러내리지 아니하도록 한다. 다만, 목욕실 · 화장실 또는 그 밖의 곳으로서 배수처리가 쉬운 장소에 시험배관을 설치한 경우에는 그렇지 않다.

55 🔒①   📎LINK 기본서 237p

① **습식스프링클러설비** 및 **부압식스프링클러설비**에 있어서는 **유수검지장치 2차 측 배관에 연결하여 설치**하고, 건식스프링클러설비인 경우 유수검지장치에서 가장 먼 거리에 위치한 가지배관의 끝으로부터 연결하여 설치한다.

✅**선지체크**

② 시험장치 배관의 구경은 25 ㎜ 이상으로 하고, 그 끝에 개폐밸브 및 개방형헤드 또는 스프링클러헤드와 동등한 방수성능을 가진 오리피스를 설치한다. 이 경우 개방형 헤드는 반사판 및 프레임을 제거한 오리피스만으로 설치할 수 있다.

③ 시험배관의 끝에는 물받이 통 및 배수관을 설치하여 시험 중 방사된 물이 바닥에 흘러내리지 않도록 한다. 다만, 목욕실 · 화장실 또는 그 밖의 곳으로서 배수처리가 쉬운 장소에 시험배관을 설치한 경우에는 그렇지 않다.

56 🔒②   📎LINK 기본서 237p

✅**선지체크**

① 기동용수압개폐장치: 소화설비의 배관 내 압력변동을 검지하여 자동적으로 펌프를 기동 및 정지시키는 것으로서 압력챔버 또는 기동용압력스위치 등을 말한다.

③ 물올림 장치: 풋밸브에서 펌프 임펠러까지 항상 물을 충전

④ 성능시험배관: 펌프의 성능을 시험하기 위한 배관

① 1차측 및 2차측이 모두 가압수인 것은 습식스프링클러설비이다.

④ 준비작동식 유수검지장치 2차측에서 **폐쇄형 스프링클러헤드**까지 **대기압 또는 저압**으로 있다가 화재발생 시 **감지기의 작동**으로 준비작동식 유수검지장치가 작동하여 폐쇄형 스프링클러헤드까지 소화용수가 송수되어 폐쇄형 스프링클러헤드가 열에 따라 개방되는 방식의 스프링클러설비를 말한다.

ㄴ. 시험장치: 습식스프링클러설비 및 부압식스프링클러설비에 있어서는 유수검지장치 2차측 배관에 연결하여 설치하고 건식스프링클러설비인 경우 유수검지장치에서 가장 먼 거리에 위치한 가지배관의 끝으로부터 연결하여 설치할 것

ㄷ. 급속개방장치: 헤드가 개방되었을 때 단시간 내에 헤드를 통해 방수할 수 있도록 하기 위한 장치로서 그 기능에 따라 엑셀레이터와 익져스트가 사용되고 있다.

ㄹ. 드라이밸브(건식밸브): 본체 내의 유수현상을 자동적으로 검지하여 신호 또는 경보를 발하는 장치를 말한다.

✔ **선지체크**

ㄱ. 건식스프링클러설비는 **폐쇄형 헤드**를 사용한다.

③ 솔레노이드밸브(전자밸브)는 화재감지기가 설치되는 설비에 설치된다. 대표적으로 **준비작동식 스프링클러설비**가 있다.

② 건식 스프링클러설비는 오작동의 우려가 적으며, 초기에 **압축공기로 인한 화재 촉진 우려가 있다.**

교차회로방식을 적용해야 하는 이유: 오동작 방지 위해

→ 적용해야 하는 설비: 준비작동식 스프링클러설비, 일제살수식 스프링클러설비, 가스계 소화설비

③ **간이스프링클러설비 종류에는 압력수조를 이용한 방식이 없다.**

→ **가압수조** 이용 시에는 수원, 가압수조, 압력계, 체크밸브, 성능시험배관, 개폐표시형밸브, 유수검지장치, 2개의 시험밸브의 순으로 설치할 것

🔴 **추가학습** ➕

간이스프링클러설비 종류

① 상수도직결형 간이스프링클러설비

② 가압수조를 가압송수장치로 이용한 간이스프링클러설비

③ 펌프 등의 가압송수장치를 이용한 간이스프링클러설비

④ 캐비닛형 간이스프링클러설비

④ 옥외소화전의 설치개수	소화전함의 설치개수
10개 이하	소화전마다 **5m 이내**의 장소에 1개 이상 설치
11개 ~ 30개	11개 이상의 소화전 함을 각각 분산하여 설치
31개 이상	옥외소화전 3개마다 1개 이상의 소화전함을 설치

✔ **선지체크**

① 압력챔버를 사용할 경우 그 용적은 **100L 이상**의 것으로 한다.

② 노즐 선단에서 **방수압력 0.25MPa 이상, 방수량이 350L/min 이상**의 가압송수장치가 필요하다.

③ 호스는 구경 **65mm**의 것으로 한다.

🔴 **추가학습** ➕

옥외소화전

① 방수압력: 0.25[MPa] 이상 0.7[MPa] 이하(노즐선단에서의 방수압력이 0.7[MPa] 을 초과할 경우에는 호스접결구의 인입측에 감압장치를 설치하여야 한다)

② 방수량: 350[L/min] 이상

추가학습 ✚

③ 펌프 토출양: 350[L/min]×옥외소화전 설치개수(최대 2개)
④ 수원의 양: 350[L/min]×옥외소화전 설치개수(최대 2개)×20분

---

65 🔒②   📄 LINK 기본서 245p

② 옥외소화전의 수원은 그 저수량이 옥외소화전의 설치개수에 7[㎥]를 곱한 양 이상이어야 한다.

→ 350L/min × N개 × 20min
   = 7000L × N개
   = 7㎥ × N개

---

66 🔒③   📄 LINK 기본서 245p

• 호스접결구
  ① 호스접결구는 지면으로부터 높이가 0.5[m] 이상 1[m] 이하
  ② 하나의 호스접결구까지의 **수평거리는 40[m] 이하**

---

67 🔒②   📄 LINK 기본서 245p

• 옥외소화전이 10개 이하 설치된 때에는 옥외소화전마다 **5m 이내의 장소에 1개 이상**의 소화전함을 설치하여야 한다.
• 옥외소화전이 11개 이상 30개 이하 설치된 때에는 **11개 이상**의 소화전함을 각각 분산하여 설치하여야 한다.
• 옥외소화전이 31개 이상 설치된 때에는 옥외소화전 **3개마다 1개 이상**의 소화전함을 설치하여야 한다.

---

68 🔒①   📄 LINK 기본서 227p

① 성능시험배관에 설치하는 유량측정장치는 성능시험배관의 직관부에 설치하되, 펌프 정격토출량의 **175퍼센트 이상**을 측정할 수 있는 것으로 해야 한다.

---

69 🔒③   📄 LINK 기본서 247p

③ 단흡입펌프보다는 양흡입펌프를 사용하여 **공동현상을 방지한다.**

발생원인	방지대책
① 펌프의 흡입측 수두가 클 경우	① 펌프의 설치높이를 낮추어 흡입양정을 짧게 한다.
② 펌프의 흡입양정이 높을수록	② 양흡입 펌프를 사용한다.
③ 펌프의 마찰손실이 클 경우	③ 배관을 완만하고 짧게 한다.
④ 펌프의 흡입관경이 너무 작을 경우	④ 흡입관 관경을 크게 한다.
⑤ 이송하는 유체가 고온인 경우	⑤ 임펠러의 속도를 작게 한다.
⑥ 펌프의 흡입압력이 유체의 증기압보다 낮은 경우	⑥ 수온을 낮춘다.
⑦ 임펠러 속도가 지나치게 클 경우	⑦ 흡수관측의 손실을 가능한 작게 한다.

✅ 선지체크

④ 플라이휠이란 펌프의 회전력을 유지하여 불균형을 작게 하는 설비이다.

---

70 🔒②   📄 LINK 기본서 247p

✅ 선지체크

ㄹ. 공동현상은 펌프의 흡입압력이 유체의 증기압보다 **낮은 경우** 발생한다.

---

71 🔒②   📄 LINK 기본서 247p

발생원인	방지대책
① 펌프의 **흡입측 수두가 클 경우**	① 펌프의 설치높이를 낮추어 **흡입양정을 짧게 한다.**
② 펌프의 흡입양정이 높을수록	② **양흡입 펌프**를 사용한다.
③ 펌프의 마찰손실이 클 경우	③ 배관을 완만하고 짧게 한다.
④ 펌프의 **흡입관경**이 너무 **작을 경우**	④ 흡입관 관경을 크게 한다.
⑤ 이송하는 유체가 고온인 경우	⑤ 임펠러의 속도를 작게 한다.
⑥ 펌프의 **흡입압력**이 유체의 증기압보다 **낮은 경우**	⑥ 수온을 낮춘다.
⑦ 임펠러 속도가 지나치게 클 경우	⑦ **흡수관측의 손실**을 가능한 **작게 한다.**

72 🔒 ④   🔗 LINK 기본서 246~247p

④ 소방용 펌프는 일반 공정용 펌프와 달리 펌프의 토출량이 항상 동일한 것이 아니고 개방된 **소화전이 1개에서 2까지** 수량이 변화하여도 각각 규정압(0.17[MPa])과 규정 방사량(130[LPM])이 발생하여야 하는 특징이 있다.
→ 방수압력: 0.17[MPa] 이상 0.7[MPa] 이하(노즐선단에서의 방수압력이 0.7[MPa]을 초과할 경우에는 호스접결구의 인입 측에 감압장치를 설치하여야 한다)
→ 방수량: 130[L/min] 이상

⊘ **선지체크**

② 케이싱이란 임펠러 중앙으로 흡수되는 유체가 원심력에 의하여 임펠러 바깥쪽으로 빠져나갈 때 방향을 유도하며 유체의 흐름을 일정한 방향으로 모아주는 역할을 하는 것이다.

73 🔒 ③   🔗 LINK 기본서 212p, 248p

③ 호스릴옥내소화전설비는 **옥내소화전설비**에 해당한다.
→ 물분무등소화설비: 물분무소화설비, 미분무소화설비, 포소화설비, 이산화탄소소화설비, 할론소화설비, 할로겐화합물 및 불활성기체소화설비, 분말소화설비, 강화액소화설비, 고체에어로졸소화설비

74 🔒 ①   🔗 LINK 기본서 248p

① 분무상태의 **물은 전기적으로 비전도성이므로** 전기시설에 물분무헤드를 사용한다.
→ 고압의 전기기기가 있는 장소는 전기의 절연을 위하여 전기기기와 물분무헤드 사이에 전기기기의 전압(kV)에 따라 안전이격거리를 두어야 한다.

75 🔒 ①   🔗 LINK 기본서 248p

특수가연물을 저장 또는 취급하는 특정소방대상물 또는 그 부분에 있어서 수원의 저수량은 그 바닥면적 1㎡에 대하여 10[ℓ/min]로 **20분간 방수할 수 있는 양 이상으로** 할 것

추가학습 ✦

물분무소화설비
① 수원의 양: 바닥면적[㎡] × 방수량 × 20분

---

② 방수량 기준

설치대상 및 기준	방수량[L/min]
콘베이어벨트	10[L/min] 이상
절연유 봉입변압기	10[L/min] 이상
특수가연물을 저장 또는 취급하는 특정소방대상물	10[L/min] 이상
케이블트레이, 케이블덕트	12[L/min] 이상
차고 또는 주차장	20[L/min] 이상

76 🔒 ④   🔗 LINK 기본서 248p

④ 콘베이어 벨트 등은 벨트 부분의 바닥면적 1[㎡]에 대하여 **10[L/min]**로 20분간 방수할 수 있는 양 이상으로 할 것

77 🔒 ③   🔗 LINK 기본서 248p

③ 운전 시에 표면의 온도가 **260[℃] 이상**으로 되는 등 직접 분무를 하는 경우 그 부분에 손상을 입힐 우려가 있는 기계장치 등이 있는 장소

추가학습 ✦

물분무헤드 설치제외
① 물에 심하게 반응하는 물질 또는 물과 반응하여 위험한 물질을 생성하는 물질을 저장 또는 취급하는 장소
② 고온의 물질 및 증류범위가 넓어 끓어 넘치는 위험이 있는 물질을 저장 또는 취급하는 장소
③ 운전 시에 표면의 온도가 260[℃] 이상으로 되는 등 직접 분무를 하는 경우 그 부분에 손상을 입힐 우려가 있는 기계장치 등이 있는 장소

78 🔒 ②   🔗 LINK 기본서 248p

② 고온의 물질이 저장 및 취급되어 있는 장소에는 **물분무헤드 설치를 제외한다.**

🔖 추가학습 ➕

물분무소화설비

① 종류: 개방형 물분무헤드를 사용하는 일제살수식이다.
② 물분무헤드란 화재 시 직선류 또는 나선류의 물을 충돌·확산시켜 미립상태로 분무함으로써 소화하는 헤드를 말한다.

미분무소화설비

미분무란 물만을 사용하여 소화하는 방식으로 최소설계압력에서 헤드로부터 방출되는 물입자 중 99%의 누적체적분포가 400㎛ 이하로 분무되고 A, B, C급 화재에 적응성을 갖는 것을 말한다.

✦ 고난도 문제

79 🔒 ④   🔗 LINK 기본서 249p

④ 미분무란 물만을 사용하여 소화하는 방식으로 최소설계압력에서 헤드로부터 방출되는 물입자 중 99%의 누적체적분포가 **400[㎛] 이하**로 분무되고 **A, B, C급 화재**에 적응성을 갖는 것을 말한다.

✦ 고난도 문제

80 🔒 ①   🔗 LINK 기본서 249p

저압 미분무	**최고사용압력이 1.2MPa 이하**
중압 미분무	사용압력이 1.2MPa을 초과하고 3.5MPa 이하
고압 미분무	최저사용압력이 3.5MPa을 초과

✦ 고난도 문제

81 🔒 ②   🔗 LINK 기본서 250~253p

특수가연물을 저장·취급하는 공장 또는 창고: **포워터스프링클러설비**, 포헤드설비, **고정포방출설비, 압축공기포소화설비**

🔖 추가학습 ➕

포소화설비의 종류 및 적응성

① 특수가연물을 저장·취급하는 공장 또는 창고: 포워터스프링클러설비, 포헤드설비, 고정포방출설비, 압축공기포소화설비
② 차고 또는 주차장: 포워터스프링클러설비, 포헤드설비, 고정포방출설비, 압축공기포소화설비
③ 항공기격납고: 포워터스프링클러설비, 포헤드설비, 고정포방출설비, 압축공기포소화설비
④ 발전기실, 엔진펌프실, 변압기, 전기케이블실, 유압설비: 바닥면적의 합계가 300[㎡] 미만의 장소에는 고정식 압축공기포소화설비를 설치할 수 있다.

✦ 고난도 문제

82 🔒 ①   🔗 LINK 기본서 250~253p

• 고정포 방출설비

① 천장 또는 벽면에 설치된 고발포용포방출구를 통해 포소화약제와 물이 혼합된 포수용액이 고발포로 방출하여 소화한다.
② 고정포방출구 사용
③ 설치가능 장소 : **특수가연물 저장·취급하는 공장·창고, 차고 또는 주차장, 항공기격납고**

83 🔒 ②   🔗 LINK 기본서 251p

② **반사판**이 설치되는 것은 **Ⅱ형 방출구**이다.

Ⅰ형 방출구	Ⅱ형 방출구	Ⅲ형 방출구 (표면하주입방식)
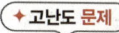		
방출된 포가 액면 위에서 전개될 수 있도록 탱크 내부에 **포의 통로가** 있는 설비	방출된 포가 탱크 측판 내부에 흘러내려서 액면에 전개되도록 포의 **반사판을 방출구에 설치**한 설비	탱크 화재 시 폭발에 의하여 고정방출구가 파괴되는 결점을 보완한 형태, **탱크저부에서 포를 주입**

Ⅳ형 방출구(반표면하주입방식)	특형 방출구
표면하주입방식과 동일하게 **탱크저부에서 포를 주입**하는 방법으로 **호스**를 이용해서 포가 액면에 효과적으로 떠오르게 하는 방법	**플로팅 루프탱크의 측면과 굽도리판**에 의하여 형성된 환상부분에 포를 방출하여 소화작용을 하도록 설치된 설비

✦ 고난도 문제

84 🔒 ②   🔗 LINK 기본서 252p

② 차고, 주차장에 사용하는 포 소화전 또는 호스릴포소화설비는 반드시 **저발포 약제**이어야 한다.

- 프레져사이드 프로포셔너
  ① 펌프의 토출관에 압입기를 설치하여 포소화약제 **압입용펌프로 포소화약제를 압입시켜 혼합하는 방식**을 말한다.
  ② 원액펌프의 토출압력이 급수펌프의 토출압력보다 높아야 한다. (낮으면 혼합기에 유입이 안된다)
  ③ 비행기격납고, 대규모 유류저장소, 석유화학 플랜트 시설 등과 같은 대단위 고정식 포소화설비에 사용된다.

✔ 선지체크

② 프레져 프로포셔너 방식: 벤츄리관의 벤츄리작용 + 가압수의 포소화약제 저장탱크에 대한 압력
③ 라인 프로포셔너 방식: 벤츄리관의 벤츄리작용
④ 프레져 사이드 프로포셔너 방식: 포소화약제 압입용 펌프

✔ 선지체크

① 라인 프로포셔너 방식: 혼합가능 유량범위가 **좁다**.(포 소요량이 다른 방호 대상물과는 같이 사용하는 것이 **불가능하다**)
② 프레져 사이드 프로포셔너 방식: 약제탱크의 토출압력이 급수펌프의 토출압력보다 **낮으면** 원액유입이 안된다.
④ 펌프 프로포셔너 방식: 포 소화설비의 **전용펌프를 사용**해야 한다.

추가학습 ➕

라인 프로포셔너 방식

장점	가격이 저렴하고 시설이 용이하다
단점	① 혼합기의 압력손실(1/3)이 크다. ② 혼합가능 유량범위가 좁다.(포 소요량이 다른 방호 대상물과는 같이 사용하는 것이 불가능하다) ③ 흡입가능한 높이가 1.8m 이하이다

펌프 프로포셔너 방식

장점	원액을 사용하기 위한 손실이 적고, 보수가 용이하다.
단점	① 포 소화설비의 전용펌프를 사용해야 한다. ② 포 소화약제로 인해 펌프가 부식될 수 있다. ③ 펌프 흡입측 배관 압력손실이 있을 경우 방출될 소화약제 양이 감소되거나 원액 탱크 쪽으로 물이 역류할 수 있다

프레져 프로포셔너 방식

장점	① 혼합기의 압력손실(0.035~0.21MPa)이 적다. ② 1개의 혼합기로 다수의 소방대상물에 어느 정도 충족시킬 수 있다. ③ 흡입가능 유량범위(50~200%)가 넓다.
단점	① 혼합비에 도달시간이 소요된다.(소형:2~3분, 대형:15분) ② 물과 비중이 비슷한 소화약제(수성막포)는 혼합에 어려움이 있다. ③ 격막없는 저장탱크의 경우에는 물이 유입되면 재사용이 불가능하다.

프레져 사이드 프로포셔너 방식

장점	① 혼합기의 압력손실(0.05~0.34MPa)이 적다. ② 장시간 보존 가능하며, 운전 후 재사용이 가능하다.
단점	① 시설 거대화로 초기 투자비가 비싸다. ② 약제탱크의 토출압력이 급수펌프의 토출압력보다 낮으면 원액유입이 안된다.

✔ 선지체크

② 전역방출방식
③ 호스릴방식
④ 별도 독립방식

③ 정압작동장치: 가압용 가스가 약제저장 용기 내로 유입되면 분말약제와 가압용 가스가 소화하기 적당한 상태로 혼합된 후, 용기 내 내압이 설정압력에 도달하면 자동적으로 방출밸브를 개방시키는 것
→ **분말소화설비**에 설치된다.

① 저장용기의 충전비는 **고압식은 1.5 이상 1.9 이하, 저압식은 1.1 이상 1.4 이하**로 한다.
→ 충전비란 소화약제 저장용기의 내부 용적과 소화약제의 중량과의 비 $\left(\dfrac{용적}{중량}\right)$를 말한다.

✦ 고난도 문제

91 🔒 ① 　　　　　　　　　　　　🔗 LINK 기본서 259p

① **저압식 저장용기**에는 액면계 및 압력계와 2.3[MPa] 이상 1.9[MPa] 이하의 압력에서 작동하는 압력경보장치를 설치할 것

추가학습 ➕

이산화탄소 소화설비 저장압력에 따른 분류

① 저압식: 이산화탄소를 −18[℃] 이하에서 2.1[MPa]의 압력으로 유지하고, 1.05[MPa] 이상의 압력으로 방사한다.
② 고압식: 20[℃]에서 6.0[MPa]의 압력으로 이산화탄소를 저장하는 방식을 말하며, 2.1[MPa] 이상의 압력으로 방사한다.

92 🔒 ② 　　　　　　　　　　　　🔗 LINK 기본서 258p

② 저압식: 이산화탄소를 −18[℃] 이하에서 2.1[MPa]의 압력으로 유지하고, **1.05[MPa] 이상의 압력**으로 방사한다.

93 🔒 ④ 　　　　　　　　　　　　🔗 LINK 기본서 257~259p

④ 음향경보장치는 **방호구역 또는 방호대상물이 있는 구획 안에 있는 자에게** 유효하게 경보할 수 있는 것으로 한다.

94 🔒 ④ 　　　　　　　　　　　　🔗 LINK 기본서 257~259p

④ 전역방출방식은 국소방출방식보다 단위체적당 소화약제가 **적게** 든다.

추가학습 ➕

전역방출방식 설치장소

① 출입구, 창문 등이 폐쇄되어 있는 장소 또는 개방된 개구부의 면적이 작아서 방호구역 내에 방사된 소화약제가 외부로 누출되는 양이 적은 장소
② 소화약제의 필요량은 국소방출방식보다 단위체적당 소화약제가 적게 든다.

국소방출방식 설치장소

① 소방대상물에 큰 개구부가 있는 장소 또는 외부에 노출된 대상물에 대하여 전역방식으로 소화가 곤란한 장소
② 단위체적·면적당 소화약제가 전역방출방식보다 많이 든다.

✦ 고난도 문제

95 🔒 ④ 　　　　　　　　　　　　🔗 LINK 기본서 258~259p

✅ **선지체크**

① **기동용기 가스**가 방출되면 그 압력으로 선택밸브가 개방되는 동시에 소화용 가스용기의 밸브가 일제히 작동하게 된다.
② **저장용기 가스 방출의 압력**을 이용하여 압력 스위치를 작동시켜 '방출표시등'을 점등케 하고 또 피스톤 릴리즈를 작동시켜 댐퍼를 폐쇄시키기도 한다.
③ 할론소화설비가 설치된 부분의 **출입구 등의 보기 쉬운 곳에** 소화약제의 방출을 표시하는 표시등을 설치해야 한다. → 방호구역의 출입구마다 설치하는데 출입구 바깥쪽 상단에 설치하여 가스 방출시 점등되어 옥내로 사람이 입실하는 것을 막아주는 역할을 한다.

96 🔒 ② 　　　　　　　　　　　　🔗 LINK 기본서 259p

② 온도가 **55℃ 이하**이고 온도의 변화가 작은 곳에 설치할 것

추가학습 ➕

저장용기 설치장소 온도기준

① 40[℃] 이하: CO_2, 분말, 할론
② 55[℃] 이하: 할로겐화합물 및 불활성기체

✦ 고난도 문제

97 🔒 ③ 　　　　　　　　　　　　🔗 LINK 기본서 261p

③ 가압용가스 용기에는 **2.5[MPa] 이하**의 압력에서 조정이 가능한 **압력조정기를 설치하여야 한다.**

→ 압력조정기: 가압용 가스용기의 경우는 용기내 질소가스가 일반적으로 15[MPa]의 고압으로 충전되어 있으므로 이를 그대로 약제 저장용기내로 공급을 하면 매우 위험하므로 사용압력인 1.5~2[MPa]로 감압을 하여 약제 저장용기에 보내주는 역할

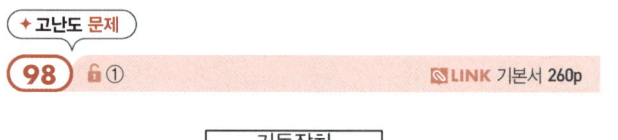

② 수계 소화설비의 경우 토너먼트 방식을 적용할 경우 꺾이는 부분에서 계속적인 마찰손실이 발생하게 되면서 헤드에서 물이 방출될 때 압력이 떨어지게 된다. 따라서 수계의 경우에는 마찰손실을 최소화하기 위해 가지형으로 설치한다.

③ 압축공기포소화설비의 배관은 토너먼트방식으로 해야 하고 소화약제가 균일하게 방출되는 등거리 배관구조로 설치해야 한다.

98 🔒① 📖 LINK 기본서 260p

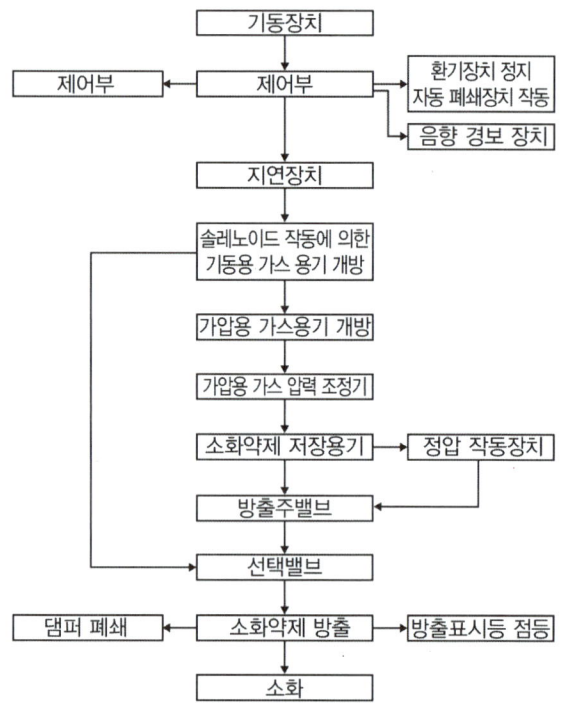

99 🔒④ 📖 LINK 기본서 257~261p

④ 비상스위치(정지스위치)란 **버튼을 누르고 있을 때(수동)만 동작**하는 것으로 자동복구형 스위치이다.

100 🔒② 📖 LINK 기본서 234p

✓ 선지체크

ㄱ, ㄹ 스프링클러설비는 토너먼트 방식을 적용하지 않는다.

추가학습 ✚

토너먼트

① 소화약제가 방호구역 전 구역으로 짧은 시간 내에 방사하려는 의도를 가지고 있으며, 헤드까지 도달하는 배관 길이가 같으므로 방사압력을 동일하게 유지할 수 있는 장점도 가지고 있다. 주로 이산화탄소 소화설비, 할론 소화설비, 할로겐화합물 및 불활성기체 소화설비, 분말소화설비에 사용한다.

CHAPTER

03 경보설비

문제편 175~180p

01	①	02	③	03	①	04	②	05	③
06	②	07	①	08	④	09	④	10	①
11	③	12	③	13	④	14	②	15	③
16	④	17	②	18	④	19	①	20	④
21	①	22	③	23	①	24	④	25	①
26	①	27	②							

01 🔒① 📎LINK 기본서 262p

① **자동화재탐지설비**란 화재 초기 단계에서 발생하는 열이나 연기를 자동 또는 수동으로, 건물 내의 관계자에게 발화 장소를 알리고 동시에 경보를 내보내는 설비이다.

✅ 선지체크

② 자동화속보설비: 수동 작동 및 자동화재탐지설비 수신기의 화재신호와 연동으로 작동하여 관계인에게 화재발생을 경보함과 동시에 소방관서에 자동적으로 통신망을 통한 당해 화재발생 및 당해 소방대상물의 위치 등을 음성으로 통보하여 주는 것을 말한다.

③ 단독경보형감지기: 화재발생 상황을 단독으로 감지하여 자체에 내장된 음향장치로 경보하는 감지기를 말한다. 수신기, 발신기, 경종 등 다른 부속품이 설치되지 않는다.

④ 비상방송설비: 자동화재탐지설비 등에 의해 감지된 화재를 방송설비에 의해 건물 내의 전 구역에 알리는 설비를 말한다.

02 🔒③ 📎LINK 기본서 262p

✅ 선지체크

ㄱ. **유도등은 피난구조설비**이다.

ㄴ. **수신기**란 화재신호를 직접 수신하거나 중계기를 통하여 수신하여 화재발생을 표시 및 경보하는 장치를 말한다. → 발신기란 화재발생 신호를 수신기에 수동으로 발신하는 장치를 말한다.

03 🔒① 📎LINK 기본서 264p

① 연기감지기: **이온화식, 광전식이 있다.**

✅ 선지체크

②③④ 열감지기: 차동식 감지기, 정온식 감지기, 보상식 감지기

04 🔒② 📎LINK 기본서 263p

①③④ 열전대식, 공기관식, 열반도체식은 차동식 분포형감지기의 종류이다.

05 🔒③ 📎LINK 기본서 263p

(ㄱ) **차동식 분포형감지기**: 주위온도가 일정 상승률 이상이 되는 경우에 작동하는 것으로서 넓은 범위 내에서의 열 효과의 누적에 의하여 작동되는 것을 말한다.

(ㄴ) **정온식 감지선형감지기**: 일국소의 주위온도가 일정한 온도 이상이 되는 경우에 작동하는 것으로서 외관이 전선으로 되어 있는 것을 말한다.

(ㄷ) **열복합형 감지기**: ㉠, ㉡ 두 감지기의 성능이 있는 것으로 두 가지 성능의 감지기능이 함께 작동될 때 화재신호를 발신하거나 또는 두 개의 화재신호를 각각 발신하는 것을 말한다.

06 🔒② 📎LINK 기본서 267p

부착높이 8m 이상 15m 미만

차동식분포형, 이온화식 1종 또는 2종, 광전식 (스포트형, 분리형, 공기흡입형) 1종 또는 2종, 연기복합형, 불꽃감지기

➕ 추가학습

부착높이에 따른 감지기 종류

부착높이	감지기의 종류
4m 미만	차동식(스포트형, 분포형)
	보상식스포트형
	정온식(스포트형, 감지선형)
	이온화식 또는 광전식(스포트형, 분리형, 공기흡입형)
	열복합형
	연기복합형
	열연기복합형
	불꽃감지기
4m 이상 8m 미만	차동식(스포트형, 분포형)
	보상식스포트형
	정온식(스포트형, 감지선형) 특종 또는 1종
	이온화식 1종 또는 2종
	광전식(스포트형, 분리형, 공기흡입형) 1종 또는 2종
	열복합형
	연기복합형
	열연기복합형
	불꽃감지기

부착높이	감지기의 종류
8m 이상 15m 미만	차동식 분포형 이온화식 1종 또는 2종 광전식(스포트형, 분리형, 공기흡입형) 1종 또는 2종 연기복합형 불꽃감지기
15m 이상 20m 미만	이온화식 1종 광전식(스포트형, 분리형, 공기흡입형) 1종 연기복합형 불꽃감지기
20m 이상	불꽃감지기 광전식(분리형, 공기흡입형)중 아날로그방식

07 🔒① 📎**LINK** 기본서 267p

부착높이 8m 이상 15m 미만
차동식분포형, 이온화식 1종 또는 2종, 광전식 (스포트형, 분리형, 공기흡입형) 1종 또는 2종, 연기복합형, 불꽃감지기

08 🔒④ 📎**LINK** 기본서 267p

부착높이 20m 이상
불꽃감지기, 광전식(분리형, 공기흡입형) 중 아날로그방식

09 🔒④ 📎**LINK** 기본서 267p

부착높이 15m 이상 20m 미만
이온화식 1종, 광전식(스포트형, 분리형, 공기흡입형) 1종, 연기복합형, 불꽃감지기

10 🔒① 📎**LINK** 기본서 262p

발신기의 위치를 표시하는 표시등은 함의 상부에 설치하되, 그 불빛은 부착면으로부터 **15° 이상**의 범위 안에서 부착지점으로부터 **10m 이내**의 어느 곳에서도 쉽게 식별할 수 있는 적색등으로 하여야 한다.

11 🔒③ 📎**LINK** 기본서 262p

✅ **선지체크**

① 특정소방대상물의 층마다 설치하되, 해당 특정소방대상물의 각 부분으로부터 하나의 발신기까지 수평거리가 **25[m] 이하**가 되도록 한다.
② 조작이 쉬운 장소에 설치하고, 스위치는 바닥으로부터 **0.8[m] 이상 1.5[m] 이하**의 높이에 설치한다.
④ 발신기의 위치를 표시하는 표시등은 함의 상부에 설치하되, 그 불빛은 부착면으로부터 **15[°] 이상**의 범위 안에서 부착지점으로부터 **10[m] 이내**의 어느 곳에서도 쉽게 식별할 수 있는 적색등으로 하여야 한다.

12 🔒③ 📎**LINK** 기본서 268p

• 하나의 경계구역이 2개 이상의 층에 미치지 아니하도록 할 것. **다만, 500[㎡] 이하의 범위 안에서는 2개의 층을 하나의 경계구역으로 할 수 있다.**
• 하나의 경계구역의 면적은 600[㎡] 이하로 하고 한변의 길이는 50[m] 이하로 할 것. 다만, 해당 특정소방대상물의 주된 출입구에서 그 내부 전체가 보이는 것에 있어서는 한 변의 길이가 50[m]의 범위 내에서 1,000[㎡] 이하로 할 수 있다.

13 🔒④ 📎**LINK** 기본서 268p

④ 하나의 경계구역이 2개 이상의 층에 미치지 아니하도록 할 것. 다만, **500[㎡] 이하**의 범위 안에서는 2개의 층을 하나의 경계구역으로 할 수 있다.

14 🔒② 📎**LINK** 기본서 268~269p

② 스프링클러설비·물분무등소화설비 또는 제연설비의 화재감지장치로서 화재감지기를 설치한 경우의 **경계구역은 해당 소화설비의 방호구역 또는 제연구역과 동일하게 설정할 수 있다.**

✦ **고난도 문제**

15 🔒③ 📎**LINK** 기본서 269p

③ **P형 수신기** 감지기 회로의 배선에 있어서 하나의 공통선에 접속할 수 있는 경계구역은 7개 이하로 하여야 한다.
→ P형 수신기 기능시험: 화재표시작동시험, 예비전원시험, 동시작동시험, 공통선시험, 회로도통시험, 저전압시험, 회로저항시험

① P형 2급 수신기: P형 1급의 구조와 거의 같으나 회선수가 5회선 이하

추가학습 +

구분	P형 수신기	R형 수신기
신호전송 방식	개별신호방식 (1:1접점방식)	다중전송방식
신호형태	공통신호	고유신호
화재표시	적색 램프	액정표시(LCD)
경제성	설비는 저렴 공사비 고가	설비는 고가 공사비 저렴
회로 증설 · 변경	어려움	쉬움
건물 크기	중 · 소형	대형
유지관리	어려움	쉬움

16 🔒④　　　　　　　　　🔗LINK 기본서 270~271p

④ 지구음향장치는 해당 특정소방대상물의 각 부분으로부터 하나의 음향장치까지의 수평거리가 **25[m] 이하**가 되도록 할 것

17 🔒②　　　　　　　　　🔗LINK 기본서 270~271p

② 공동주택의 경우에는 16층 이상인 경우 우선경보방식을 적용한다.
→ 지하층에서 화재시 우선경보 발화층: **발화층, 직상층, 기타 지하층**
∴ 발화층: **지하 1층** / 직상층: **지상 1층** / 기타 지하층: **지하 2층, 지하 3층**

추가학습 +

경보방식 분류
① 일제경보방식
② 우선경보방식(층수가 11층(공동주택의 경우에는 16층) 이상인 특정소방대상물)

구분	경보대상
2층 이상	발화층, 직상 4개층
1층	발화층, 직상 4개층, 지하층
지하층	발화층, 직상층, 기타 지하층

18 🔒④　　　　　　　　　🔗LINK 기본서 272p

④ 화재알림형 감지기: 화재 시 발생하는 열, 연기, 불꽃을 자동적으로 감지하는 기능 중 두 가지 이상의 성능을 가진 열 · 연기 또는 열 · 연기 · 불꽃 복합형 감지기로서 화재알림형 수신기에 주위의 온도 또는 연기의 양의 변화에 따라 각각 다른 전류 또는 전압 등(화재정보값)의 출력을 발하고, **불꽃을 감지하는 경우 화재신호를 발신하며, 자체 내장된 음향장치에 의하여 경보하는 것**

추가학습 +

화재알림설비

화재알림형 감지기, 발신기 등에서 발신되는 화재정보 · 신호 등을 자동으로 1년 이상 저장할 수 있는 용량의 것으로 설치할 것. 이 경우 저장된 데이터는 수신기에서 확인할 수 있어야 하며, 복사 및 출력도 가능하여야 한다.

19 🔒①　　　　　　　　　🔗LINK 기본서 273p

① "단독경보형감지기"란 화재발생 상황을 **단독으로 감지**하여 자체에 **내장된 음향장치로 경보**하는 감지기를 말한다.

✦ 고난도 문제

20 🔒④　　　　　　　　　🔗LINK 기본서 273p

④ 각 실(이웃하는 실내의 바닥면적이 각각 30[㎡] 미만이고 벽체의 상부의 전부 또는 일부가 개방되어 이웃하는 실내와 공기가 상호유통되는 경우에는 이를 1개의 실로 본다)마다 설치하되, 바닥면적이 **150[㎡]**를 초과하는 경우에는 **150[㎡]**마다 1개 이상 설치한다.

21 🔒①　　　　　　　　　🔗LINK 기본서 274p

① 확성기의 음성출력은 **3W(실내는 1W) 이상**일 것

④ 자동화재탐지설비의 우선경보방식 적용 기준과 동일하다.

22 🔓③　　　　　　　　　　📄 LINK 기본서 274p

③ **자동화재속보설비의 속보기**란 통신망을 통하여 음성 등의 방법으로 소방관서에 통보하는 장치로 자동화재탐지설비와 연동으로 작동하여 자동적으로 화재신호를 소방관서에 전달되는 것으로 한다.

23 🔓①　　　　　　　　　　📄 LINK 기본서 274p

① 작동신호를 수신하거나 수동으로 동작시키는 경우 **20초 이내**에 소방관서에 자동적으로 신호를 발하여 통보하되, **3회 이상** 속보할 수 있어야 한다.

24 🔓④　　　　　　　　　　📄 LINK 기본서 275p

④ 누전경보기란 내화구조가 아닌 건축물로서 벽, 바닥 또는 천장의 전부나 일부를 불연재료 또는 준불연재료가 아닌 재료에 철망을 넣어 만든 건물의 전기설비로부터 누설전류를 탐지하여 경보를 발하며 **변류기와 수신부로 구성된 것**을 말한다.

→ 수신부: 변류기로부터 검출된 신호를 수신하여 누전의 발생을 해당 특정소방대상물의 관계인에게 경보하여 주는 것(차단기구를 갖는 것을 포함한다)
→ 변류기: 경계전로의 누설전류를 자동적으로 검출하여 이를 누전경보기의 수신부에 송신하는 것

25 🔓①　　　　　　　　　　📄 LINK 기본서 275p

• 경계전로의 정격전류가 60[A] 초과: 1급 누전경보기
• 경계전로의 정격전류가 60[A] 이하: **1급 또는 2급 누전경보기**

26 🔓①　　　　　　　　　　📄 LINK 기본서 276p

• 단독형 경보기는 가스연소기의 중심으로부터 직선거리 **8[m]**(공기보다 무거운 가스를 사용하는 경우에는 **4[m]**) 이내에 1개 이상 설치해야 한다.
• 단독형 경보기는 천장으로부터 경보기 **하단**까지의 거리가 **0.3[m]** 이하가 되도록 설치한다. 다만, 공기보다 무거운 가스를 사용하는 경우에는 바닥면으로부터 단독형 경보기 **상단**까지의 거리는 **0.3[m]** 이하로 한다.

✦ **고난도 문제**

27 🔓②　　　　　　　　　　📄 LINK 기본서 277p

② 수신기는 **지하구의 통제실에 설치**한다.

추가학습 ➕

통합감시시설은 다음의 기준에 따라 설치한다.
① 소방관서와 지하구의 통제실 간에 화재 등 소방활동과 관련된 정보를 상시 교환할 수 있는 정보통신망을 구축할 것
② 정보통신망(무선통신망을 포함한다)은 광케이블 또는 이와 유사한 성능을 가진 선로일 것
③ 수신기는 지하구의 통제실에 설치하되 화재신호, 경보, 발화지점 등 수신기에 표시되는 정보가 기준에 적합한 방식으로 119상황실이 있는 관할 소방관서의 정보통신장치에 표시되도록 할 것

CHAPTER

04 피난구조설비

문제편 181~184p

01	②	02	①	03	④	04	②	05	④
06	①	07	④	08	④	09	①	10	①
11	②	12	④	13	②	14	③	15	②

01 🔓 ②
📎 LINK 기본서 278p

② 구조대: 포지 등을 사용하여 자루형태로 만든 것으로서 화재 시 사용자가 그 내부에 들어가서 내려옴으로써 대피할 수 있는 것을 말한다.

✅ 선지체크

① 공기안전매트: 화재 발생 시 사람이 **건축물 내에서 외부로 긴급히 뛰어내릴 때** 충격을 흡수하여 안전하게 지상에 도달할 수 있도록 **포지에 공기 등을 주입하는 구조로 되어 있는 것**

③ 완강기: 사용자의 **몸무게에 따라 자동적으로** 내려올 수 있는 기구 중 사용자가 교대하여 **연속적으로 사용**할 수 있는 것

④ 다수인피난장비: 화재 시 **2인 이상의 피난자**가 동시에 해당 층에서 지상 또는 피난층으로 하강하는 피난기구

➕ 추가학습

① 미끄럼대: 사용자가 미끄럼식으로 신속하게 지상 또는 피난층으로 이동할 수 있는 피난기구
② 피난교: 인접 건축물 또는 피난층과 연결된 다리 형태의 피난기구
③ 피난용트랩: 화재층과 직상층을 연결하는 계단형태의 피난기구

02 🔓 ①
📎 LINK 기본서 278p

✅ 선지체크

ㄷ. 다수인피난장비: 화재 시 2인 이상의 피난자가 동시에 해당층에서 **지상 또는 피난층**으로 하강하는 것

✦ 고난도 문제

03 🔓 ④
📎 LINK 기본서 279p

구 분	1층	2층	3층	4층 이상 10층 이하
노유자시설	미끄럼대 구조대 피난교 다수인피난장비 승강식 피난기	미끄럼대 구조대 피난교 다수인피난장비 승강식 피난기	미끄럼대 구조대 피난교 다수인피난장비 승강식 피난기	구조대 (1) 피난교 다수인피난장비 승강식 피난기
의료시설 · 근린생활시설 중 입원실이 있는 의원 · 접골원 · 조산원			미끄럼대 **구조대** 피난교 피난용트랩 다수인피난장비 승강식 피난기	구조대 피난교 피난용트랩 다수인피난장비 승강식 피난기
영업장의 위치가 4층 이하인 다중이용업소	미끄럼대 피난사다리 구조대 완강기 다수인피난장비 승강식 피난기	미끄럼대 피난사다리 구조대 완강기 다수인피난장비 승강식 피난기	미끄럼대 피난사다리 구조대 완강기 다수인피난장비 승강식 피난기	미끄럼대 피난사다리 구조대 완강기 다수인피난장비 승강식 피난기
그 밖의 것			미끄럼대 피난사다리 구조대 완강기 피난교 피난용트랩 간이완강기 (2) 공기안전매트 (3) 다수인피난장비 승강식 피난기	피난사다리 구조대 완강기 피난교 간이완강기 (2) 공기안전매트 (3) 다수인피난장비 승강식 피난기

(1) 구조대: 장애인 관련 시설로서 주된 사용자 중 스스로 피난이 불가한 자가 있는 경우에 한한다.
(2) 간이완강기: 숙박시설의 3층 이상에 있는 객실에 설치하는 경우에 한한다.
(3) 공기안전매트: 공동주택에 추가로 설치하는 경우에 한한다.

◆ 고난도 문제

04 🔒 ②

특정소방대상물	능력단위
숙박시설 · 노유자시설 · 의료시설로 사용되는 층	바닥면적 500[㎡]마다
위락시설 · 문화집회 및 운동시설 · 판매시설로 사용되는 층, 복합용도의 층	바닥면적 800[㎡]마다
계단실형 아파트	각 세대마다
그 밖의 용도의 층	바닥면적 1,000[㎡]마다

05 🔒 ④   📖 LINK 기본서 281p

④ **인공소생기**란 호흡 부전 상태인 사람에게 인공호흡을 시켜 환자를 보호하거나 구급하는 기구를 말한다.

✔ 선지체크

① 방화복: 화재진압 등의 소방활동을 수행할 수 있는 피복(안전모, 보호장갑, 안전화 포함)
② 방열복: 고온의 복사열에 가까이 접근하여 소방활동을 수행할 수 있는 내열피복
③ 공기호흡기: 소화활동 시에 화재로 인하여 발생하는 각종 유독가스 중에서 일정시간 사용할 수 있도록 제조된 압축공기식 개인호흡장비(보조마스크를 포함)

◆ 고난도 문제

06 🔒 ①   📖 LINK 기본서 279~280p

① 피난기구를 설치하는 개구부는 서로 동일직선상이 **아닌 위치**에 있을 것

◆ 고난도 문제

07 🔒 ④

④ 물분무등소화설비 중 **이산화탄소 소화설비**를 설치해야 하는 특정소방대상물은 공기호흡기를 **이산화탄소 소화설비**가 설치된 장소의 출입구 외부 인근에 1대 이상 비치할 것

➕ 추가학습

인명구조기구 설치기준

① 방열복 또는 방화복(안전모, 보호장갑 및 안전화를 포함한다) · 공기호흡기 및 인공소생기를 각 2개 이상 비치해야 하는 특정소방대상물은 다음과 같다.
  가. 지하층을 포함하는 층수가 7층 이상인 관광호텔
  나. 지하층을 포함하는 층수가 5층 이상인 병원
② 공기호흡기를 층마다 2개 이상 비치해야 하는 특정소방대상물은 다음과 같다.
  가. 문화 및 집회시설 중 수용인원 100명 이상의 영화상영관
  나. 판매시설 중 대규모 점포
  다. 운수시설 중 지하역사
  라. 지하가 중 지하상가
③ 물분무등소화설비 중 이산화탄소소화설비를 설치하는 특정소방대상물에는 이산화탄소소화설비가 설치된 장소의 출입구 외부 인근에 1개 이상의 공기호흡기를 비치할 것

08 🔒 ④   📖 LINK 기본서 282p

④ 통로유도등이란 피난통로를 안내하기 위한 유도등으로 **복도통로유도등, 거실통로유도등, 계단통로유도등**을 말한다.

복도통로	피난통로가 되는 복도에 설치하는 통로유도등으로서 피난구의 방향을 명시하는 것
거실통로	거주, 집무, 작업, 집회, 오락 그 밖에 이와 유사한 목적을 위하여 계속적으로 사용하는 거실, 주차장 등 개방된 통로에 설치하는 유도등으로 피난의 방향을 명시하는 것
계단통로	피난통로가 되는 계단이나 경사로에 설치하는 통로유도등으로 바닥면 및 디딤 바닥면을 비추는 것

✔ 선지체크

④ **객석유도등**이란 객석의 통로, 바닥 또는 벽에 설치하는 유도등을 말한다.

09 🔒 ①   📖 LINK 기본서 282~283p

① 유도등의 종류로는 크게 피난유도선, 피난구유도등, 통로유도등, 객석유도등, 유도표지가 있으며, **피난구조설비에 속한다.**

10 🔒①
 LINK 기본서 282p

✓ **선지체크**

ㄴ. 피난구유도등이란 피난구 또는 피난경로로 사용되는 출입구를 표시하여 피난을 유도하는 등을 말하며, **녹색바탕에 백색문자**로 한다.

ㄷ. 거실통로유도등은 바닥으로부터 높이 **1.5[m] 이상**에 설치한다.

ㄹ. 객석유도등은 통로, **바닥** 또는 벽에 설치하는 유도등이다.

추가학습 ➕

종류		내용
피난구		① 녹색바탕, 백색문자
		② 바닥으로부터 높이 1.5[m] 이상
통로	복도	① 백색바탕, 녹색문자
		② 구부러진 모퉁이 및 보행거리 20[m]마다
		③ 바닥으로부터 높이 1[m] 이하
		(도·소매시장 등: 바닥설치 가능)
	거실	① 백색바탕, 녹색문자
		② 구부러진 모퉁이 및 보행거리 20[m]마다
		③ 바닥으로부터 높이 1.5[m] 이상
		(기둥설치 시 1.5[m] 이하)
	계단	① 백색바탕, 녹색문자
		② 경사로 참 또는 계단참마다
		③ 바닥으로부터 높이 1[m] 이하
객석		① 객석의 통로, 바닥 또는 벽에 설치
		② 설치개수 = $\dfrac{\text{객석통로의 직선부분의 길이[m]}}{4} - 1$

11 🔒② 📄 LINK 기본서 282p

ㄱ. 피난구유도등: 피난구의 바닥으로부터 높이 **1.5[m] 이상**에 설치한다.

ㄷ. 거실통로유도등: 바닥으로부터 높이 **1.5[m] 이상**의 위치에 설치한다. 다만, 거실통로에 기둥이 설치된 경우에는 기둥부분의 바닥으로부터 높이 1.5[m] 이하의 위치에 설치할 수 있다.

✓ **선지체크**

ㄴ. 복도통로유도등: 바닥으로부터 높이 **1[m] 이하**의 위치에 설치한다.

ㄹ. 계단통로유도등 : 바닥으로부터 높이 **1[m] 이하**의 위치에 설치한다.

ㅁ. 객석유도등: 객석의 통로, 바닥 또는 벽에 설치한다.

12 🔒④ 📄 LINK 기본서 282p

객석유도등은 객석의 통로, 바닥 또는 벽에 설치하는 유도등을 말한다.

$$\text{설치개수} = \frac{\text{객석통로의 직선부분의 길이[m]}}{4} - 1$$

$$= \frac{75}{4} - 1 = 17.75 ≒ 18개$$

13 🔒② 📄 LINK 기본서 282p

$$\text{설치개수} = \frac{\text{객석통로의 직선부분의 길이[m]}}{4} - 1$$

① 공연장 객석의 양측면에 직선 부분의 길이가 20[m]인 통로가 각 1개씩 2개소 설치되어 있다.

→ $\dfrac{20}{4} - 1 = 4개$

4개 × 2개소 = 8개

② 공연장 객석의 후면에 직선부분의 길이가 15[m]인 통로가 1개소 설치되어 있다.

→ $\dfrac{15}{4} - 1 = 2.75 ≒ 3개$

∴ 8 + 3 = 11개

14 🔒③ 📄 LINK 기본서 284p

③ **비상조명등**은 특정소방대상물의 각 거실과 그로부터 지상에 이르는 복도, 계단, 기둥, 그 밖의 통로에 설치한다.

15 🔒② 📄 LINK 기본서 284p

② 지하상가 및 지하역사에는 보행거리 **25[m] 이내**마다 **3개 이상** 설치한다.

→ 대규모 점포(지하상가·지하역사 제외)와 영화상영관에는 보행거리 50[m] 이내마다 3개 이상 설치한다.

CHAPTER 04 피난구조설비 **129**

CHAPTER

05 소화용수설비

문제편 185p

01	①	02	④	03	②	04	③	05	④

---

01 🔓 ①　　　　　　　　🔗 LINK 기본서 285p

① 호칭지름 75[mm] 이상의 수도배관에 **호칭지름 100[mm] 이상**의 소화전을 접속할 것

> **추가학습** ➕
>
> **상수도소화용수설비의 설치기준**
> ① 호칭지름 75[mm] 이상의 수도배관에 호칭지름 100[mm] 이상의 소화전을 접속할 것
> ② 소화전은 소방자동차 등의 진입이 쉬운 도로변 또는 공지에 설치할 것
> ③ 소화전은 특정소방대상물의 수평투영면의 각 부분으로부터 140[m] 이하가 되도록 설치할 것

---

02 🔓 ④　　　　　　　　🔗 LINK 기본서 285p

④ 소화전은 특정소방대상물의 수평투영면의 각 부분으로부터 **140[m] 이하**가 되도록 설치할 것

---

03 🔓 ②　　　　　　　　🔗 LINK 기본서 285p

② 소화수조 및 저수조의 채수구 또는 흡수관투입구는 소방차가 **2[m] 이내**의 지점까지 접근할 수 있는 위치에 설치해야 한다.

> **추가학습** ➕
>
> **소화수조 · 저수조 설치기준**
> ① 소화수조, 저수조의 채수구 또는 흡수관투입구는 소방차가 2[m] 이내의 지점까지 접근할 수 있는 위치에 설치하여야 한다.
> ② 지하에 설치하는 소화용수설비의 흡수관투입구는 그 한변이 0.6[m] 이상이거나 직경이 0.6[m] 이상인 것으로 한다.
> ③ 소화수조 또는 저수조가 지표면으로부터의 깊이가 4.5[m] 이상인 지하에 있는 경우에는 가압송수장치를 설치해야 한다.

✦ **고난도 문제**

04 🔓 ③　　　　　　　　🔗 LINK 기본서 285p

- 소화수조 또는 저수조의 저수량
  특정소방대상물의 연면적을 12,500[㎡](1층 및 2층의 바닥면적의 합계가 15,000[㎡] 이상인 특정소방대상물은 7,500[㎡])으로 나누어 얻은 수(소수점이하의 수는 1로 본다)에 20[㎥]를 곱한 양 이상이 되도록 해야 한다.

  → $\dfrac{12개층 \times 7,000[㎡]}{12,500[㎡]} = 6.72 ≒ 7$

  → $7 \times 20[㎥] = 140[㎥]$

✦ **고난도 문제**

05 🔓 ④　　　　　　　　🔗 LINK 기본서 285p

- 소화수조 또는 저수조의 저수량
  특정소방대상물의 연면적을 12,500[㎡]**(1층 및 2층의 바닥면적의 합계가 15,000[㎡] 이상인 특정소방대상물은 7,500[㎡])**으로 나누어 얻은 수(소수점이하의 수는 1로 본다)에 20[㎥]를 곱한 양 이상이 되도록 해야 한다.

  → $\dfrac{50,000[㎡]}{7,500[㎡]} = 6.666 ≒ 7$

  → $7 \times 20[㎥] = 140[㎥]$

CHAPTER 06 소화활동설비

문제편 186~189p

01	③	**02**	②	**03**	③	**04**	③	**05**	③
06	②	**07**	①	**08**	④	**09**	④	**10**	③
11	②	**12**	③	**13**	①	**14**	③	**15**	③

✦ **고난도 문제**

01 🔓 ③　　　　　　　　　　🔗 **LINK** 기본서 289~290p

③ 통로배출방식이란 거실 내 연기를 **직접 옥외로 배출하지 않고 거실에 면한 통로의 연기를 옥외로 배출하는 방식**을 말한다.

추가학습 ✚

제연설비 용어의 정의

① 제연설비: 란 화재가 발생한 거실의 연기를 배출함과 동시에 옥외의 신선한 공기를 공급하여 거주자들이 안전하게 피난하고, 소방대가 원활한 소화활동을 할 수 있도록 연기를 제어하는 설비
② 제연구역: 제연경계(제연경계가 면한 천장 또는 반자를 포함한다)에 의해 구획된 건물 내의 공간
③ 제연경계: 연기를 예상제연구역 내에 가두거나 이동을 억제하기 위한 보 또는 제연경계벽 등
④ 제연경계벽: 제연경계가 되는 가동형 또는 고정형의 벽을 말한다.
⑤ 제연경계의 폭: 제연경계가 면한 천장 또는 반자로부터 그 제연경계의 수직하단 끝부분까지의 거리
⑥ 수직거리: 제연경계의 하단 끝으로부터 그 수직한 하부 바닥면까지의 거리를 말한다.
⑦ 예상제연구역: 화재 시 연기의 제어가 요구되는 제연구역
⑧ 공동예상제연구역: 2개 이상의 예상제연구역을 동시에 제연하는 구역
⑨ 통로배출방식: 거실 내 연기를 직접 옥외로 배출하지 않고 거실에 면한 통로의 연기를 옥외로 배출하는 방식
⑩ 보행중심선: 통로 폭의 한 가운데 지점을 연장한 선
⑪ 유입풍도: 예상제연구역으로 공기를 유입하도록 하는 풍도
⑫ 배출풍도: 예상 제연구역의 공기를 외부로 배출하도록 하는 풍도
⑬ 방화문: 「건축법 시행령」 제64조의 규정에 따른 60분+ 방화문, 60분 방화문 또는 30분 방화문으로써 언제나 닫힌 상태를 유지하거나 화재감지기와 연동하여 자동적으로 닫히는 구조
⑭ 불연재료: 「건축법 시행령」 제2조제10호에 따른 기준에 적합한 재료로서, 불에 타지 않는 성질을 가진 재료

⑮ 난연재료: 「건축법 시행령」 제2조제9호에 따른 기준에 적합한 재료로서, 불에 잘 타지 않는 성능을 가진 재료
⑯ 댐퍼: 풍도 내부의 연기 또는 공기의 흐름을 조절하기 위해 설치하는 장치
⑰ 풍량조절댐퍼: 송풍기(또는 공기조화기) 토출측에 설치하여 유입풍도로 공급되는 공기의 유량을 조절하는 장치

02 🔓 ②　　　　　　　　　　🔗 **LINK** 기본서 286p

② 거실과 통로는 **각각 제연구획 할 것**

추가학습 ✚

제연구역

① 하나의 제연구역의 면적은 1,000[㎡] 이내
② 거실과 통로(복도를 포함)는 각각 제연구획
③ 통로상의 제연구역은 보행중심선의 길이가 60[m]를 초과하지 아니한다.
④ 하나의 제연구역은 직경 60[m] 원내에 들어갈 수 있도록 한다.
⑤ 하나의 제연구역은 2개 이상 층에 미치지 아니하도록 한다.
⑥ 제연경계벽: 제연경계의 폭이 0.6[m] 이상이고, 수직거리는 2[m] 이내

03 🔓 ③　　　　　　　　　　🔗 **LINK** 기본서 286~288p

③ **기계제연방식**은 1종, 2종, 3종으로 나누어져 있다.

추가학습 ✚

제연방식

① 밀폐제연방식: 실을 밀폐
② 자연제연방식: 창문이나 배기구를 통해 연기를 자연적으로 배출
③ 스모크타워제연방식: 천장에 루프모니터 등이 바람에 의해 작동되면서 흡입력을 이용하여 제연
④ 기계제연방식
　가. 제1종: 급 · 배기 모두 기계제연방식
　나. 제2종: 급기 기계제연방식, 배기 자연제연방식
　다. 제3종: 급기 자연제연방식, 배기 기계제연방식

04 🔓③　📖 LINK 기본서 286~288p

✅ **선지체크**

① 자연제연방식: 창문이나 배기구를 통해 연기를 자연적으로 배출
② 밀폐제연방식: 실을 밀폐하여 연기유출 및 공기유입을 차단하여 제연
④ 제3종 기계제연방식: 급기 자연제연방식. 배기 기계제연방식

✦ **고난도 문제**

05 🔓③　📖 LINK 기본서 289~290p

③ **건식 연결송수관설비**는 송수구, 자동배수밸브, 체크밸브, 자동배수밸브의 순으로 설치한다.

🔷 **추가학습** ➕

습식연결송수관설비

① 지면으로부터의 높이가 31[m] 이상인 특정소방대상물
② 지상 11층 이상인 특정소방대상물
③ 송수구 – 자동배수밸브 – 체크밸브의 순으로 설치한다.

건식연결송수관설비

① 송수구 – 자동배수밸브 – 체크밸브 – 자동배수밸브의 순으로 설치한다.

06 🔓②　📖 LINK 기본서 290~291p

② 송수구는 구경 65[mm]의 쌍구형으로 설치할 것. 다만, 하나의 송수구역에 부착하는 살수헤드의 수가 **10개 이하**인 것은 단구형인 것으로 할 수 있다.

🔷 **추가학습** ➕

연결살수설비

① 폐쇄형헤드를 사용하는 설비의 경우에는 송수구·자동배수밸브·체크밸브의 순서로 설치할 것
② 개방형헤드를 사용하는 설비의 경우에는 송수구·자동배수밸브의 순서로 설치할 것
③ 개방형헤드를 사용하는 연결살수설비에 있어서 하나의 송수구역에 설치하는 살수헤드의 수는 10개 이하가 되도록 해야 한다.

07 🔓①　📖 LINK 기본서 289p

• 주배관의 구경은 **100[mm] 이상**의 것으로 한다.
• 연결송수관설비의 배관은 주배관의 구경이 **100[mm] 이상**인 옥내소화전설비의 배관과 겸용할 수 있다.
• 지면으로부터의 높이가 **31[m] 이상**인 특정소방대상물 또는 **11층 이상**인 특정소방대상물에 있어서는 습식설비로 할 것

08 🔓④　📖 LINK 기본서 291p

④ 천장 또는 반자의 각 부분으로부터 하나의 살수헤드까지의 수평거리가 연결살수설비 전용헤드의 경우에는 **3.7[m] 이하**, 스프링클러헤드의 경우는 **2.3[m] 이하**로 한다.

09 🔓④　📖 LINK 기본서 291p

• 배관의 구경 기준(연결살수설비 전용헤드를 사용하는 경우)

하나의 배관에 부착하는 살수헤드의 개수	1개	2개	3개	4개 또는 5개	6개 이상 10개 이하
배관의 구경 (mm)	32	40	50	65	80

10 🔓③　📖 LINK 기본서 291p

✅ **선지체크**

① 층수가 **11층 이상**인 특정소방대상물의 경우 **11층 이상**의 층에 설치한다.
② 비상콘센트설비의 전원회로는 단상교류 220[V]인 것으로서, 그 공급용량은 **1.5[kVA] 이상**인 것으로 한다.
④ 바닥으로부터 높이 **0.8[m] 이상 1.5[m] 이하**의 위치에 설치한다.

11 🔓②　📖 LINK 기본서 292p

② **"분파기"**란 서로 다른 주파수의 합성된 신호를 분리하기 위해서 사용하는 장치를 말한다.
　→ "분배기"란 신호의 전송로가 분기되는 장소에 설치하는 것으로 임피던스 매칭(Matching)과 신호 균등분배를 위해 사용하는 장치를 말한다.

(12) 🔓③　　　　　　　　　　　📎**LINK** 기본서 292p

- 지하층으로서 특정소방대상물의 바닥부분 **2면 이상**이 지표면과 동일한 경우
- 지표면으로부터의 깊이가 **1[m] 이하**인 경우

(13) 🔓①　　　　　　　　　　　📎**LINK** 기본서 292p

① 연소방지설비는 **지하구(전력 또는 통신사업용인 것만 해당한다)에 설치**하여야 한다.

+고난도 문제

(14) 🔓③　　　　　　　　　　　📎**LINK** 기본서 292~293p

✔ 선지체크

① 헤드간의 수평거리는 연소방지설비 전용헤드의 경우에는 **2[m] 이하**로 할 것
② 헤드간의 수평거리는 스프링클러헤드의 경우에는 **1.5[m] 이하**로 할 것
④ 소방대원의 출입이 가능한 환기구 · 작업구마다 지하구의 양쪽방향으로 살수헤드를 설정하되, 한쪽 방향의 살수구역의 길이는 **3[m] 이상**으로 할 것. 다만, 환기구 사이의 간격이 **700[m]를 초과할 경우에는 700[m] 이내마다 살수구역을 설정**하되, 지하구의 구조를 고려하여 방화벽을 설치한 경우에는 그렇지 않다.

(15) 🔓③

ㄱ. 연결송수관설비의 방수구: 방수구의 호스접결구는 바닥으로부터 높이 0.5[m] 이상 1[m] 이하의 위치에 설치할 것
　→ 연결송수관설비의 송수구: 지면으로부터 높이가 0.5[m] 이상 1[m] 이하의 위치에 설치한다.
ㄴ. 연소방지설비의 송수구: 지면으로부터 높이가 0.5[m] 이상 1[m] 이하의 위치에 설치한다.
ㄷ. 소화용수설비에 설치하는 채수구: 채수구는 지면으로부터의 높이가 0.5[m] 이상 1[m] 이하의 위치에 설치한다.
ㄹ. 옥외소화전설비 호스접결구: 호스접결구는 지면으로부터 높이가 0.5[m] 이상 1[m] 이하의 위치에 설치한다.
ㅁ. 옥내소화전설비의 송수구: 지면으로부터 높이가 0.5[m] 이상 1[m] 이하의 위치에 설치한다.

✔ 선지체크

ㅂ. **옥내소화전설비의 방수구**: 설치높이는 바닥으로부터 **1.5[m] 이하**가 되도록 한다.

PART
8

소방조직

CHAPTER 01
소방조직

문제편 192~199p

01	①	02	②	03	③	04	④	05	②
06	①	07	①	08	③	09	①	10	④
11	④	12	③	13	④	14	④	15	②
16	②	17	④	18	①	19	④	20	③
21	④	22	①	23	①	24	②	25	②
26	⑦	27	①	28	④	29	③	30	①
31	①	32	①	33	①	34	②	35	④

01 🔒①   🔗**LINK** 기본서 298~299p

① 분업의 원리: **전문화의 원리 또는 기능의 원리**라고도 한다. 조직의 업무를 성질별로 나누어 조직 구성원에게 한가지의 주된 업무를 전담시킴으로써 조직의 능률을 향상시키는 원리이다.

✅ **선지체크**

② 통솔범위의 원리: 한 사람의 상관이 감독하는 부하의 수는 그 상관의 통제능력 범위 내로 한정되어야 한다는 원리
③ 계층제의 원리: 구성원들 간에 상·하의 계층을 설정하여 명령, 지휘, 감독 체계를 확립하는 원리
④ 명령계 통일의 원리: 한 사람의 부하는 한 사람의 상관으로부터만 명령을 받아야 한다는 원리

02 🔒②   🔗**LINK** 기본서 298~299p

② 조정의 원리: 조직의 공통목표를 달성하기 위해 구성원의 노력을 통합하고 조정하는 원리이다.

✅ **선지체크**

① 계선의 원리: 특정 사안에 대한 결정에 있어서 의사결정과정에서는 개인의 의견이 참여되지만 결정을 내리는 것은 개인이 아닌 소속기관의 장이다.
③ 계층제의 원리: 구성원들 간에 상·하의 계층을 설정하여 명령, 지휘, 감독 체계를 확립하는 원리
④ 명령계 통일의 원리: 한 사람의 부하는 한 사람의 상관으로부터만 명령을 받아야 한다는 원리

03 🔒③   🔗**LINK** 기본서 298~299p

✅ **선지체크**

ㄴ. 계선의 원리: 특정 사안에 대한 결정에 있어서 의사결정과정에서는 개인의 의견이 참여 되지만 **결정을 내리는 것은 개인이 아닌 소속기관의 장이다.**

04 🔒④   🔗**LINK** 기본서 299~300p

소방공무원의 특수성: 긴급성(신속·정확성), 위험성, 결과성, 대기성, 가외성, 전문성, 현장성(대응성), 일체성
→ 프리즘은 화재조사의 특징이다.

05 🔒②   🔗**LINK** 기본서 299~300p

② 일체성: 화재 및 재난에 대해 신속하고 효과적인 대처를 하기 위해 지휘·명령권이 확립된 지휘체계 조직이다.

✅ **선지체크**

① 현장성: 소방업무는 주로 화재현장에서 화재와 직접 싸워야하는 현장 중심의 업무이다.
③ 대기성: 화재 또는 각종 재난사고는 돌발적으로 발생하기 때문에 충분한 인력과 장비를 갖추고 24시간 출동대기상태를 유지해야만 소방의 위기관리 목적을 달성할 수 있다.
④ 신속·정확성(긴급성): 소방조직의 업무는 특성상 화재 및 각종 재난사고가 발생하면 이에 대해 신속하게 처리하지 못하고 지연될 경우 곧바로 대형 재난사고로 이어지기 때문에 언제나 신속하고 정확한 대처를 해야 하는 특성을 갖는다.

06 🔒①   🔗**LINK** 기본서 302p

① 삼국시대: **신라 미추왕 시대에 금성 서문에 화재가 있어 인가 백여 동이 연소됐다는 기록**과, 진평왕 18년 영흥사에 불이 나 왕이 친히 이재민을 위문하고 구제했다는 기록이 보인다.
  → 화재에 대한 최초의 기록 : 신라 미추왕, 금성 서문에서 화재
  → 화재를 사회적 재앙으로 인식 : 신라 진평왕, 영흥사 화재

07 🔒①   🔗**LINK** 기본서 304~311p

✅ **선지체크**

ㄴ. '소방'이라는 용어는 1895년 4월 29일 경무청 세칙에 "수화 소방은 난파선 및 출화, 홍수 등 구호에 관한 사항"으로 소방이라는 용어가 처음으로 사용되었다.

ㄷ. 1972년에 서울, 부산에서 각각 소방본부가 발족되어 **이원적 소방체제가 시작**되었다.

---

08 🔒③ 📖LINK 기본서 303~305p

③ **조선시대**에 5가구를 하나로 묶어 통으로 하고 각 가구마다 우물을 파고 물통을 준비하게 하는 5가작통법(세종 13년)이 시행되었다.

✅ **선지체크**

② 금화도감설치 (세종 8년 2월, 1426년): 제조 7명, 사 5명, 부사 6명, 판관 6명으로 구성

④ 소방사무를 보는 포도청을 없애고 경찰사무를 병합하여 경무청을 설치하였다. 1895년 경무청 세칙에 수화 소방은 난파선 및 출화, 홍수 등 구호에 관한 사항으로 소방이라는 용어가 처음으로 사용되었다.

---

09 🔒① 📖LINK 기본서 308p

① 사회발달과 함께 소방수요가 증가됨에 따라 화재예방 등에 관심이 높아지면서 **1958년 소방법이 제정·공포**되었다. 제정 당시 소방업무 영역은 화재를 포함한 풍수해, 설해의 예방·경계·진압으로 규정돼 있어 자연재해까지 소방업무로 인식됐다.

✅ **선지체크**

② 소방사무를 보는 포도청을 없애고 경찰사무를 병합하여 경무청을 설치하였다. **1895년** 경무청 세칙에 수화 소방은 난파선 및 출화, 홍수 등 구호에 관한 사항으로 **소방이라는 용어가 처음으로 사용**되었다.

③ 민간자치 소방조직인 소방조에만 의존하여서는 화재에 충분히 대응할 수 없기 때문에 **일제통치 기간 중** 주요 도시에 소방관서를 설치하기 시작하였다. **1925년 최초의 소방서인 경성소방서(현 종로소방서)가 설치**됐다.

④ **통일신라시대**에는 인구가 급증하고, 토지의 확장, 도시의 번창 등으로 인해 화재가 자주 발생하게 되었다. 집을 초옥으로 하지 않고 기와로 했으며 나무를 때지 않고 숯을 써서 밥을 지었다 함은 백성의 방화의식도 읽을 수 있다.

---

10 🔒④ 📖LINK 기본서 306p

④ 상비소방이라는 용어는 일본 용어로 전문적으로 소방을 상설해 놓은 제도이다. **일제강점기 이후** 경무부 소속의 상비소방수제도가 생겼다.

---

11 🔒④ 📖LINK 기본서 308p

④ 1972년 서울과 부산에 각각 소방본부를 설치하며 **이원적 소방체제**가 시행되었다.

---

12 🔒③ 📖LINK 기본서 308~309p

③ 1973년 2월 지방소방공무원법을 제정하고 그 이후 **1978년 독자적 신분법인 소방공무원법이 시행**됨에 따라 국가·지방직 모두 소방공무원법을 적용 받았다.

---

13 🔒④ 📖LINK 기본서 313p

④ 현재 소방공무원은 **경력직 공무원 중 특정직**에 해당한다.

---

14 🔒④ 📖LINK 기본서 306p

④ **일제강점기 시대**에 대한 설명이다.

---

15 🔒② 📖LINK 기본서 307~312p

ㄹ. 1946년 → ㄷ. 1958년 → ㄴ. 1972년 → ㄱ. 2019년

---

16 🔒② 📖LINK 기본서 314p

② 의용소방대 → 민간소방행정조직

중앙 소방행정조직	지방 소방행정조직	민간 소방행정조직
직접적 • 소방청 • 중앙소방학교 • 중앙119구조본부 • 국립소방연구원 간접적 • 한국소방안전원 • 한국소방산업기술원 • 대한소방공제회 • 소방산업공제조합	• 소방본부 • 소방서 • 119안전센터, 구조·구급센터 • 소방정대, 구조대, 구급대 • 지방소방학교 • 서울종합방재센터 • 의무소방대	• 의용소방대 • 소방안전관리자 • 위험물안전관리자 • 자체소방대 • 자위소방대

17 🔒④　　　　　　　　　📖LINK 기본서 314p

ㄱ. 국립소방연구원: 중앙 소방행정조직
ㄴ. 대한소방공제회: 중앙 소방행정조직
ㅁ. 자체소방대: 민간 소방행정조직

18 🔒①　　　　　　　　　📖LINK 기본서 314p

① 서울종합방재센터 → **지방소방행정조직**

✦ 고난도 문제

19 🔒④　　　　　　　　　📖LINK 기본서 316p

④ 국립소방연구원의 업무이다.

추가학습 ➕

중앙119 구조본부의 업무

① 각 종 대형·특수재난사고의 구조·현장지휘 및 지원
② 재난유형별 구조기술의 연구·보급 및 구조대원의 교육훈련
③ 특별시장·광역시장·특별자치시장·도지사 및 특별자치도지사의 요청 시 중앙119구조본부장이 필요하다고 판단하는 재난사고의 구조 및 지원
④ 위성중계차량 운영에 관한 사항
⑤ 그 밖에 중앙긴급구조통제단장이 필요하다고 판단하는 재난 사고의 구조 및 지원

국립소방연구원의 업무

① 소방정책의 연구와 소방안전기술의 연구·개발 및 보급에 관한 사항
② 화재원인 및 위험성 화학물질에 대한 과학적 조사·연구·분석 및 감정에 관한 사항
③ 화재진압·구조·구급 등 재난 대응기술 연구·개발 및 실용화 지원에 관한 사항
④ 소방공무원의 소방활동재해 방지 및 보건안전·복지 증진에 관한 사항
⑤ 국내·외 소방안전 연구기관과의 교류협력 및 공동연구에 관한 사항

20 🔒③　　　　　　　　　📖LINK 기본서 319p

③ 소방서의 관할구역에 설치된 119안전센터의 수가 **5개를 초과하는 경우**에는 소방서를 추가로 설치할 수 있다.

추가학습 ➕

소방서 설치기준

① 시·군·구 단위로 설치하되, 소방업무의 효율적인 수행을 위하여 특히 필요한 경우에는 인근 시·군·구를 포함한 지역을 단위로 설치할 수 있다.
② ①에 따라 설치된 소방서의 관할구역에 설치된 119안전센터의 수가 5개를 초과하는 경우에는 소방서를 추가로 설치할 수 있다.
③ ① 및 ②에도 불구하고 석유화학단지·공업단지·주택단지 또는 문화관광단지의 개발 등으로 대형화재의 위험이 있거나 소방수요가 급증하여 특별한 소방대책이 필요한 경우에는 해당 지역마다 소방서를 설치할 수 있다.

21 🔒④　　　　　　　　　📖LINK 기본서 327p

④ 제4류 위험물을 저장하는 옥외탱크저장소로서 옥외탱크저장소에 저장하는 제4류 위험물의 최대수량이 지정수량의 **50만배 이상**인 경우에는 자체소방대를 설치하여야 한다.

22 🔒①　　　　　　　　　📖LINK 기본서 322p

① 시·도지사 또는 **소방서장**은 재난현장에서 화재진압, 구조·구급 등의 활동과 화재예방활동에 관한 업무(소방업무)를 보조하기 위하여 의용소방대를 설치할 수 있다.

23 🔒①　　　　　　　　　📖LINK 기본서 323p

• 의용소방대 임무
① 화재의 경계와 진압업무의 보조
② 구조·구급 업무의 보조
③ 화재 등 재난 발생 시 대피 및 구호업무의 보조
④ 화재예방업무의 보조
⑤ 집회, 공연 등 각종 행사장의 안전을 위한 지원활동
⑥ 주민생활의 안전을 위한 지원활동
⑦ 그 밖에 화재예방 홍보 등 소방서장이 필요하다고 인정하는 사항

② "전보"란 소방공무원의 **같은 계급 및 자격 내에서의 근무기관이나 부서를 달리하는 임용**을 말한다.
→ 직류(공무원법상 용어): 같은 직렬 내에서 담당분야가 같은 직무의 군을 말한다.

② 소방령, 소방정, 소방준감의 소방공무원에 대한 임용 중 **전보 · 휴직 · 직위해제 · 강등 · 정직 및 복직**은 소방청장이 한다.

추가학습 ➕

	사	교	장	위	경	령	정	준감	감	정감	총감
임용 권자		**소방청장 임용**			• 소방청장 제청 → 국무총리 → **대통령 임용** • 소방총감은 대통령이 임명						
					• **소방령 · 정 · 준감의 전보**, 휴직, 직위해제, 강등, 정직, 복직 → **소방청장**						
시보 기간	• 소방장 이하: 6개월			• 소방위 이상: 1년							

④ 시 · 도 소속 **소방경 이하**의 소방공무원에 대한 임용권은 시 · 도지사에게 위임할 수 있다.

추가학습 ➕

대통령의 위임
1. 대통령 → 소방청장
   ① 소방청과 그 소속기관의 소방정 및 소방령에 대한 임용권
   ② 소방정인 지방소방학교장에 대한 임용권
2. 대통령 → 시 · 도지사
   ① 시 · 도 소속 소방령 이상의 소방공무원에 대한 임용권(소방본부장 및 지방소방학교장은 제외)

소방청장의 위임
1. 소방청장 → 중앙소방학교장
   ① 중앙소방학교 소속 소방공무원 중 소방령에 대한 전보 · 휴직 · 직위해제 · 정직 및 복직에 관한 권한
   ② 소방경 이하의 소방공무원에 대한 임용권
2. 소방청장 → 중앙119구조본부장
   ① 중앙119구조본부 소속 소방공무원 중 소방령에 대한 전보 · 휴직 · 직위해제 · 정직 및 복직에 관한 권한
   ② 소방경 이하의 소방공무원에 대한 임용권
3. 소방청장 → 시 · 도지사
   ① 시 · 도 소속 소방령 이상 소방준감 이하의 소방공무원에 대한 전보, 휴직, 직위해제, 강등, 정직 및 복직에 관한 권한(소방본부장 및 지방소방학교장 제외)
   ② 소방정인 지방소방학교장에 대한 휴직, 직위해제, 정직 및 복직에 관한 권한
   ③ 시 · 도 소속 소방경 이하의 소방공무원에 대한 임용권

① **소방정**의 계급정년은 **11년**이다. → **소방령: 14년**

추가학습 ➕

계급정년
① 소방감: 4년
② 소방준감: 6년
③ 소방정: 11년
④ 소방령: 14년

① 소방령: **2년**
② 소방경: **2년**
③ 소방위: **1년**

구분	소방사	소방교	소방장	소방위	소방경	소방령	소방정	소방준감	소방감	소방정감	소방총감
근속 승진	4년 이상	5년 이상	6년 6개월 이상	8년 이상							

구분	소방사	소방교	소방장	소방위	소방경	소방령	소방정	소방준감	소방감	소방정감	소방총감
최저근무연수	1년	1년	1년	1년	2년	2년	3년				

구분		대상
기본교육훈련	관리역량교육	소방위 소방경 소방령
	소방정책 관리자교육	소방정
전문교육훈련		소방령 이하

29 🔒 ③ 📎 LINK 기본서 329p

③ 소방청장은 시 · 도지사에게 시 · 도 소속 **소방령 이상 소방준감 이하**의 소방공무원에 대한 전보, 휴직, 직위해제, 강등, 정직 및 복직에 관한 권한을 위임할 수 있다.(소방본부장 및 지방소방학교장 제외)

30 🔒 ① 📎 LINK 기본서 328p

"소방기관"이라 함은 소방청, 시 · 도와 **중앙소방학교 · 중앙119구조본부** · 국립소방연구원 · **지방소방학교** · 서울종합방재센터 · 소방서 · 119특수대응단 및 소방체험관을 말한다.

추가학습 ➕

「소방력 기준에 관한 규칙」에서 소방기관

소방장비, 인력 등을 동원하여 소방업무를 수행하는 소방서 · 119안전센터 · 119구조대 · 119구급대 · 119구조구급센터 · 119항공대 · 소방정대 · 119지역대 · 119종합상황실 · 소방체험관

「소방장비관리법」에서 소방기관

중앙소방학교 · 중앙119구조본부 · 소방본부 · 소방서 · 지방소방학교 · 119안전센터 · 119구조대 · 119구급대 · 119구조구급센터 · 항공구조구급대 · 소방정대 · 119지역대 및 소방체험관

31 🔒 ① 📎 LINK 기본서 333p

① 소방정책관리자교육: **소방정 계급**(소방정 계급으로의 승진후보자를 포함한다)

추가학습 ➕

구분		대상
기본교육훈련	신임교육	• 시보임용이 예정된 사람 • 시보임용 전에 신임교육을 받지 않은 사람

32 🔒 ① 📎 LINK 기본서 333p

소방위 · 소방경 · 소방령인 소방공무원은 **관리역량교육**을 받아야 한다.

33 🔒 ① 📎 LINK 기본서 334~335p

징계는 파면, 해임, 강등, 정직, 감봉, 견책이 있다.

34 🔒 ② 📎 LINK 기본서 334~335p

② 강등이란 1계급 아래로 직급을 내리고 공무원 신분은 보유하나 **3개월간** 직무에 종사하지 못하며 그 기간 중 보수는 전액을 감한다.

구분	종류	기간	처분	성질	직무	보수	승진제한	기록말소
중징계	파면	–	5년간 공직제한	배제징계	–	–	–	–
	해임	–	3년간 공직제한		–	–	–	–
	강등	3개월	1계급 아래	교정징계	정지	전액 감	18개월	9년 후
경징계	정직	1~3개월	–		정지	전액 감	18개월	7년 후
	감봉	1~3개월	–			1/3 감	12개월	5년 후
	견책	–					6개월	3년 후

35 🔒 ④ 📎 LINK 기본서 334~335p

④ 감봉: **1개월 이상 3개월 이하**의 기간 동안 보수의 3분의 1을 감한다.

PART

9

소방기능

CHAPTER 01
소방기능

01 소방기능

문제편 202~207p

01	②	02	②	03	③	04	③	05	④
06	①	07	②	08	②	09	④	10	②
11	①	12	④	13	④	14	②	15	④
16	①	17	②	18	④	19	②	20	③
21	②	22	①	23	④	24	④		

01 🔒② 📖LINK 기본서 350p

② **발화신호** - 5초 간격을 두고 5초씩 3회

추가학습 ➕

소방신호 방법

종류		타종 신호	싸이렌 신호
경계 신호	화재예방상 필요하다고 인정되거나 화재위험경보 시 발령	1타와 연2타 반복	5초 간격을 두고 30초씩 3회
발화 신호	화재가 발생한 때 발령	난타	5초 간격을 두고 5초씩 3회
해제 신호	소화활동이 필요없다고 인정되는 때 발령	상당한 간격을 두고 1타씩 반복	1분간 1회
훈련 신호	훈련상 필요하다고 인정되는 때 발령	연3타 반복	10초 간격을 두고 1분씩 3회

① 소방신호의 방법은 그 전부 또는 일부를 함께 사용할 수 있다.
② 게시판을 철거하거나 통풍대 또는 기를 내리는 것으로 소방활동이 해제되었음을 알린다.
③ 소방대의 비상소집을 하는 경우에는 훈련신호를 사용할 수 있다.

02 🔒② 📖LINK 기본서 350p

✅ **선지체크**

ㄱ. **경계신호**는 화재예방상 필요하다고 인정되거나 화재위험경보 시 발령한다.

ㄴ. 소방신호의 방법은 그 전부 또는 일부를 함께 사용할 수 **있다.**
ㄷ. 소방대의 비상소집을 하는 경우에는 **훈련신호**를 사용할 수 있다.

03 🔒③ 📖LINK 기본서 350p

③ 화재출동 - 현장도착 - **상황판단(현장지휘, 화점확인, 진입)** - 인명구조 - **수관연장(소방호스연장)** - 노즐(관창)배치 - 방수활동

04 🔒③ 📖LINK 기본서 351p

✅ **선지체크**

ㄱ. **비화경계**, ㅁ. **수손 방지** - **후착대 업무**

선착대	후착대
① 인명검색 · 구조활동 우선 ② 연소위험이 가장 큰 방면을 포위 부서 ③ 화점 직근의 소방용수 시설을 점유 ④ 사전 대응매뉴얼을 충분히 고려하여 행동 ⑤ 신속한 상황보고 및 정보제공	① 선착대와 적극적으로 연계하여 인명구 조 활동 등 중요임무의 수행을 지원 ② 화재의 방어는 선착대가 진입하지 않은 담당면, 연소건물 또는 연소건물의 인 접건물을 우선 ③ 방어 필요가 없는 경우는 지휘자의 명 령에 의해 급수, 비화경계, 수손 방지 등의 특정임무를 적극적으로 수행 ④ 화재 및 화재진압상황을 정확하게 파악 하고 과잉파괴 행동 등 불필요한 활동 은 하지 않는다.

05 🔒④ 📖LINK 기본서 353p

④ 간접공격법(저속분무주수)
미국 웨스트버지니아주 버커스블시의 전 소방서장이고 제2차대전 중 연안경비대 소방학교 교관으로 있었던 로이드레만이 제창한 분무소화전법이다. 내화건물 화재 시에 소방활동상 최대의 장애가 되고 있는 것은 연기와 열이며, 이 연기와 열을 제거하기 위해 물의 흡열작용에 의한 냉각과 환기에 의한 열기와 연기의 배출을 보다 유효하게 하는 것을 목적으로 한 것이다.

06 🔒① 📖LINK 기본서 354p

✅ **선지체크**

② 중점전술: 화세(또는 화재범위)에 비해 소방력이 부족하여 전체 화재현장을 모두 커버할 수 없는 경우 사회적, 경제적 혹은 소방상 중요한 시설 또는 대상물을 중점적으로 대응 또는 진압하는 전술형태

③ 집중전술: 부대가 일시에 집중적으로 진화하는 작전으로 예를 들면 위험물 옥외저장탱크 화재 등에 사용
④ 포위전술: 관창을 화점에 포위배치하여 진입하는 전술형태

07 🔒② 📖LINK 기본서 354p

✅ 선지체크
① 공격전술: 관창을 화점에 진입 배치하는 전술형태

08 🔒② 📖LINK 기본서 356p

② 특수구조대: 소방대상물, 지역 특성, 재난 발생 유형 및 빈도 등을 고려하여 시·도의 규칙으로 정하는 바에 따라 지역을 관할하는 소방서에 설치
 - 화학구조대: 화학공장이 밀집한 지역
 - 수난구조대: 「내수면어업법」에 따른 내수면지역
 - 산악구조대: 「자연공원법」에 따른 자연공원 등 산악지역
 - 고속국도구조대: 「도로법」에 따른 고속국도
 - 지하철구조대: 「도시철도법」에 따른 도시철도의 역사 및 역 시설

09 🔒④ 📖LINK 기본서 356p

직할구조대: 대형·특수 재난사고의 구조, 현장지휘 및 테러현장 등의 지원 등을 위하여 소방청 또는 시·도 소방본부에 설치하되, 시·도 소방본부에 설치하는 경우에는 시·도의 규칙으로 정하는 바에 따른다.
→ 직할구조대에 설치할 수 있는 것: **고속국도구조대, 국제구조대, 국제구급대, 119항공대**

✅ 선지체크
ㄱ, ㅁ 산악구조대와 수난구조대는 관련된 지역을 관할하는 소방서에 설치한다.
ㄷ. 일반구조대는 시·도의 규칙으로 정하는 바에 따라 소방서마다 1개 대 이상 설치하되, 소방서가 없는 시·군·구의 경우에는 해당 시·군·구 지역의 중심지에 있는 119 안전센터에 설치할 수 있다.

10 🔒② 📖LINK 기본서 356p

② 직할구조대: 대형·특수 재난사고의 구조, 현장지휘 및 테러현장 등의 지원 등을 위하여 **소방청 또는 시·도의 소방본부**에 설치한다.
→ **소방서 X**

🔶 추가학습 ➕
구조대 설치

구분	설치
일반구조대	소방서마다
특수구조대	관할하는 소방서
직할구조대	소방청 또는 시·도 소방본부
테러대응구조대	소방청과 시·도 소방본부 각각
국제구조대	소방청

11 🔒① 📖LINK 기본서 357~358p

① **소방청장**은 국외에서 대형재난 등이 발생한 경우 재외국민의 보호 또는 재난발생국의 국민에 대한 인도주의적 구조 활동을 위하여 **국제구조대를 편성하여 운영할 수 있다.**

12 🔒② 📖LINK 기본서 357p

✅ 선지체크
ㄹ. **구급대원**의 자격기준이다.
ㅁ. 보건복지부장관이 정하여 고시하는 기준에 해당하는 외국의 응급구조사 자격인정을 받은 사람: **1급 또는 2급 응급구조사 시험응시 자격기준**이다.

🔶 추가학습 ➕
구조대원의 자격기준
① 소방청장이 실시하는 인명구조사 교육을 받았거나 인명구조사 시험에 합격한 사람
② 국가·지방자치단체 및 「공공기관의 운영에 관한 법률」 제4조에 따른 공공기관의 구조 관련 분야에서 근무한 경력이 2년 이상인 사람
③ 「응급의료에 관한 법률」 제36조에 따른 응급구조사 자격을 가진 사람으로서 소방청장이 실시하는 구조업무에 관한 교육을 받은 사람

13 🔒④ 📖LINK 기본서 357p

④ **소방청장**이 실시하는 구급업무에 관한 교육을 받은 사람

구급대원의 자격기준

① 「의료법」 제2조제1항에 따른 의료인
② 「응급의료에 관한 법률」 제36조제2항에 따라 1급 응급구조자 자격을 취득한 사람
③ 「응급의료에 관한 법률」 제36조제3항에 따라 2급 응급구조자 자격을 취득한 사람
④ 소방청장이 실시하는 구급업무에 관한 교육을 받은 사람

다만, ④에 해당하는 구급대원은 구급차 운전과 구급에 관한 보조업무만 할 수 있다.

---

14 🔒 ②　　　　　　　　　　　📑 LINK 기본서 358p

② **소방청장** 또는 **소방본부장**은 초고층 건축물 등에서 요구조자의 생명을 안전하게 구조하거나 도서 · 벽지에서 발생한 응급환자를 의료기관에 긴급히 이송하기 위하여 119항공대를 편성하여 운영한다.

→ 소방청장: 소방청에 설치하는 직할구조대에 설치할 수 있다.
→ 소방본부장: 시 · 도 소방본부에 설치하는 직할구조대에 설치할 수 있다.

119항공대의 업무

① 인명구조 및 응급환자의 이송(의사가 동승한 응급환자의 병원 간 이송을 포함한다)
② 화재 진압
③ 장기이식환자 및 장기의 이송
④ 항공 수색 및 구조 활동
⑤ 공중 소방 지휘통제 및 소방에 필요한 인력 · 장비 등의 운반
⑥ 방역 또는 방재 업무의 지원
⑦ 그 밖에 재난관리를 위하여 필요한 업무

---

15 🔒 ④　　　　　　　　　　　📑 LINK 기본서 359p

④ 구명 → 신체구출 → 고통경감 → 피해의 최소화

---

16 🔒 ③　　　　　　　　　　　📑 LINK 기본서 363p

③ 술에 취한 사람은 구급요청을 거절할 수 있다. 다만, **강한 자극에도 의식이 회복되지 아니하거나 외상이 있는 경우는 제외이다.**

---

17 🔒 ②　　　　　　　　　　　📑 LINK 기본서 363p

✅ 선지체크

ㄱ. 단순 감기환자. 다만, 섭씨 38도 이상의 고열 또는 호흡곤란이 있는 경우는 제외한다.
ㅁ. **구조 요청의 거절 사항**이다.

---

18 🔒 ④　　　　　　　　　　　📑 LINK 기본서 364p

④ 2급 응급구조사의 응시자격 기준이다.

응급구조사시험 응시자격

1. 1급 응급구조사
   ① 대학 또는 전문대학에서 응급구조학을 전공하고 졸업한 사람
   ② 보건복지부장관이 정하여 고시하는 기준에 해당하는 외국의 응급구조사 자격인정을 받은 사람
   ③ 2급 응급구조사로서 응급구조사의 업무에 3년 이상 종사한 사람
2. 2급 응급구조사
   ① 보건복지부장관이 지정하는 응급구조사 양성기관에서 대통령령으로 정하는 양성과정을 마친 사람
   ② 보건복지부장관이 정하여 고시하는 기준에 해당하는 외국의 응급구조사 자격인정을 받은 사람

---

19 🔒 ②　　　　　　　　　　　📑 LINK 기본서 365p

1급 응급구조사의 업무 범위	2급 응급구조사의 업무 범위
① 심폐소생술의 시행을 위한 기도유지(기도기(airway)의 삽입, 기도삽관(intubation), 후두마스크 삽관 등을 포함)	① **구강내 이물질의 제거**
② 정맥로의 확보	② **기도기(airway)를 이용한 기도유지**
③ 인공호흡기를 이용한 호흡의 유지	③ 기본 심폐소생술
④ 약물투여: 저혈당성 혼수 시 포도당의 주입, 흉통 시 니트로글리세린의 혀아래(설하) 투여, 쇼크 시 일정량의 수액투여, 천식발작 시 기관지확장제 흡입	④ 산소투여
⑤ 심정지 시 에피네프린 투여	⑤ 부목 · 척추고정기 · 공기 등을 이용한 사지 및 척추 등의 고정
⑥ 아나필락시스 쇼크 시 자동주입펜을 이용한 에피네프린 투여	⑥ 외부출혈의 지혈 및 창상의 응급처치
	⑦ 심박 · 체온 및 혈압 등의 측정
	⑧ **쇼크방지용 하의 등을 이용한 혈압의 유지**

1급 응급구조사의 업무 범위	2급 응급구조사의 업무 범위
⑦ 정맥로의 확보 시 정맥혈 채혈	⑨ 자동심장충격기를 이용한 규칙적 심박동의 유도
⑧ 심전도 측정 및 전송(의료기관 안에서는 응급실 내에 한함)	⑩ 흉통 시 니트로글리세린의 혀아래 (설하) 투여 및 천식 발작 시 기관지 확장제 흡입(환자가 해당약물을 휴대하고 있는 경우에 한함
⑨ 응급 분만 시 탯줄 결찰 및 절단(현장 및 이송 중에 한하며, 지도의사의 실시간 영상의료지도 하에서만 수행)	
⑩ 2급 응급구조사의 업무	

20 🔒 ③ 📎 LINK 기본서 366~367p

③ **2차 평가**란 **1차 평가**에서 생명의 위협요소가 없는 비교적 안정된 상태지만 치료하지 않으면 위험할 수 있는 세부적인 환자상태를 평가하는 단계이다.

추가학습 ➕

응급환자 평가

1차 평가	2차 평가
① A-airway 기도유지	
② B-breathing 호흡평가	① Signs/Symptoms: 질병의 징후 및 증상
③ C-circulation 순환평가	② Allergies: 약물, 음식, 환경 요소 등에 대한 알레르기
④ D-disability 무능력 (의식평가)	③ Medications: 현재 복용 중인 약물
– Alert: 의식이 명료한 상태	④ Pertinent past medical history: 관련 있는 과거병력
– Verbal response: 소리에 반응하는 상태	
– Pain response: 언어지시에 반응하지 않지만 통증자극에는 반응하는 상태	⑤ Last oral intake: 마지막 음식물 섭취
– Unresponsive: 어떠한 자극에도 무반응 상태	⑥ Events: 질병이나 손상을 일으킨 사건
⑤ E-expose 노출	

21 🔒 ② 📎 LINK 기본서 367p

② 활력징후 평가, 신체검진, **과거병력**을 파악하는 것은 2차 평가이다.

22 🔒 ① 📎 LINK 기본서 367p

✔ **선지체크**

② 비응급환자 - **녹색** - **X표시** - **수시간, 수일 후 치료해도 생명에 지장이 없는 환자**
③ 지연환자 - 흑색 - **십자가 표시** - 사망 또는 구명 불가능한 상태
④ 응급환자 - 황색 - **거북이** - 수시간 이내 응급처치

분류	색깔	심벌 (symbol)	증상
긴급환자 (Critical)	적색 (RED)	토끼	• 생명이 위험한 상태로 즉각적인 조치가 필요한 상태 • 수분, 수시간 이내 응급처치를 요구하는 중증환자
응급환자 (Urgent)	황색 (YELLOW)	거북이	• 생명에는 큰 지장이 없는 부상 상태로 조치가 조금 지체되어도 상관없는 상태 • 수시간 이내 응급처치를 요구하는 환자
비응급환자 (Minor)	녹색 (GREEN)	X표시	• 구급을 이송할 필요가 없는 경상인 상태 • 수시간, 수일 후 치료해도 생명에 지장이 없는 환자
지연환자 (Dead)	흑색 (BLACK)	십자가 표시	• 사망 또는 구명 불가능한 상태

23 🔒 ④ 📎 LINK 기본서 367p

④ 응급환자: 생명에는 큰 지장이 없는 부상 상태로 조치가 조금 지체되어도 상관없는 상태, 수시간 이내 응급처치를 요구하는 환자

✔ **선지체크**

① 긴급환자: 생명이 위험한 상태로 즉각적인 조치가 필요한 상태, 수분, 수시간 이내 응급처치를 요구하는 중증환자
② 비응급환자: 구급을 이송할 필요가 없는 경상인 상태, 수시간, 수일 후 치료해도 생명에 지장이 없는 환자
③ 지연환자: 사망 또는 구명 불가능한 상태

24 🔒 ④ 📎 LINK 기본서 367p

④ 지연환자(흑색): 매우 심한 부상을 입어서 몇 시간 또는 며칠 내에 사망할 환자 또는 생명을 위협하는 의학적 위기에 있어 가능한 치료를 고려할 때 생존할 수 없을 환자(심장마비, 패혈쇼크, 심한 머리나 가슴의 손상)를 말한다.

PART
10
재난

CHAPTER 01 재난이론

문제편 210~213p

01	③	02	③	03	①	04	③	05	④
06	③	07	③	08	①	09	②	10	②
11	①	12	③	13	②	14	③	15	①

01 🔓③　📎LINK 기본서 373p

✔ 선지체크

① ②는 **아네스의 재난 분류**에 해당한다.

④ 지구물리학적 재해는 **지질학적 재해, 지형학적 재해, 기상학적 재해**로 구분한다.

➕ 추가학습

존스의 재난분류

자연재해				준자연 재해	인위 재해
지구물리학적 재해			생물학적 재해		
지질학적 재해	지형학적 재해	기상학적 재해		스모그현상 온난화현상 사막화현상 염수화현상 눈사태 산성화 홍수 토양침식 등	공해 광화학연무 폭동 교통사고 폭발사고 태업 전쟁 등
지진 화산 쓰나미 등	산사태 염수토양 등	안개, 눈, 해일, 번개, 토네이도, 폭풍, 태풍, 이상기온 가뭄 등	세균질병 유독식물 유독동물 등		

02 🔓③　📎LINK 기본서 373p

✔ 선지체크

① 쓰나미 – **지질학적 재해**

② 눈 – **기상학적 재해**

④ 산사태 – **지형학적 재해**

03 🔓①　📎LINK 기본서 373p

① 이상기온 – **기상학적 재해**

✔ 선지체크

② ③ ④ – 준자연 재해

04 🔓③　📎LINK 기본서 373p

③ 자연재해는 **기후성, 지진성**으로 분류한다.

➕ 추가학습

아네스의 재난분류

자연재해		인위재해		
기후성 재해	지진성 재해	사고성 재해		계획적 재해
태풍	지진, 화산폭발, 해일	교통사고(자동차, 철도, 항공, 선박사고), 산업사고(건축물붕괴), 폭발사고(갱도, 가스, 화학, 폭발물), 화재사고, 생물학적 재해(박테리아, 바이러스, 독혈증), 화학적 재해(부식성물질, 유독물질), 방사능 사고, 환경오염(대기, 토질, 수질)		테러, 폭동, 전쟁

✦ 고난도 문제

05 🔓④　📎LINK 기본서 373~374p

구분	내용
누적성	① 터너(1978년)는 재난을 청천벽력의 뜻밖의 사고가 아니라 일련의 배양 과정을 통한 누적성에 의하여 발생한다고 하였다. ② 재난은 가시적 발생 이전부터 오랜 시간 동안 누적되어 온 위험 요인이 특정한 시점에서 표출된 결과이다.
불확실성	① 재난은 위험과 불확실성을 내재적 속성으로 지니고 있고, 재난관리는 이러한 위험과 불확실성을 관리하는 것이다. ② 재난은 선형적·기계적인 과정만을 따르는 것이 아니라 비선형적·유기적 혹은 진화적인 과정을 따를 수도 있다. ③ 불확실성은 누적성이나 복잡성과는 달리 재난의 모든 과정에 걸쳐 나타난다는 점이 중요하다.

구분	내용
복잡성	갈피를 잡기 어려울 만큼 여러 가지가 얽혀 있거나 어수선한 성질을 말한다.
인지성	① 재난의 객관적인 사실과 주관적인 인지의 불일치 등으로 표현된다. ② 동일한 재난을 재난관리자는 단순한 '기술적인 사고'로 여기는데 비하여 그 재난의 피해자는 '대재앙'으로 인식하는 것이 그 예이다.
상호 작용성	① 재난의 상호작용성은 일반적으로 재난의 복잡성과 연관성이 크다. ② 재난들과 재난의 원인이 되는 위험요인은 단독적으로 진행되는 것이 아니라 상호간에 복잡하게 작용하면서 확대되거나 재발한다.

06 🔒③ 📎LINK 기본서 375p

✅ 선지체크

ㄱ. 자연재난은 예방이 **불가능하다.**

추가학습 ➕

재난의 특징(자연재난 vs 인적재난)

구분	자연재난	인적재난
예방측면	불가	가능
피해측면	광범위	국소
대응측면	제한	가능
시간적 측면	장기간	단기간

07 🔒③ 📎LINK 기본서 375p

✅ 선지체크

ㄹ. ㅁ **인적재난에 대한 특성**이다.

08 🔒① 📎LINK 기본서 377p

① 하인리히의 도미노이론(최초이론)

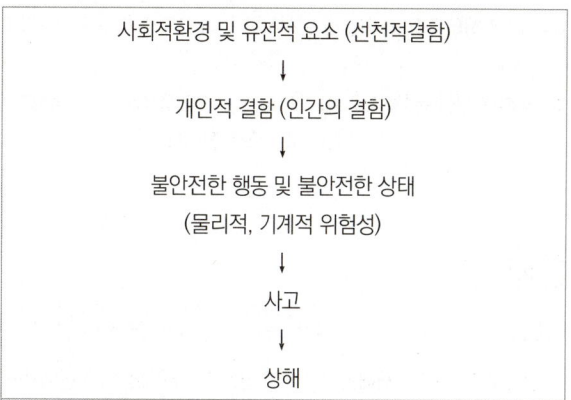

사회적환경 및 유전적 요소 (선천적결함) ↓ 개인적 결함 (인간의 결함) ↓ 불안전한 행동 및 불안전한 상태 (물리적, 기계적 위험성) ↓ 사고 ↓ 상해
사고발생은 항상 불안전한 행동과 상태(직접원인)에 기인하며, 이를 제거하면 재해를 수반하는 사고의 대부분은 방지가능
1(중상) : 29(경상) : 300(무상해 사고) 법칙으로 정립

09 🔒② 📎LINK 기본서 377~378p

② 프랭크 버드는 직접원인을 제거하는 것만으로는 재해는 다시 발생하기 때문에 **기본원인을 반드시 제거해야 재해예방이 된다고 하였다.**

• 프랭크 버드 주니어의 최신이론

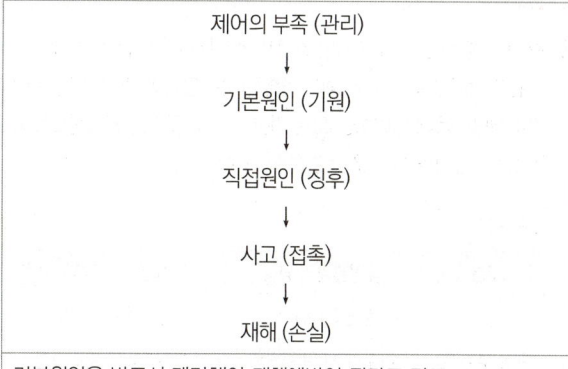

제어의 부족 (관리) ↓ 기본원인 (기원) ↓ 직접원인 (징후) ↓ 사고 (접촉) ↓ 재해 (손실)
기본원인을 반드시 제거해야 재해예방이 된다고 강조
1(중상) : 10(경상) : 30(무상해 사고: 물적재해) : 600(무상해 고장: 위험순간) 법칙으로 정립

✅ **선지체크**

ㄷ. **하인리히의 도미노** 이론을 발전시킨 것이 **프랭크 버드 주니어의 이론** 이다.

ㅁ. 재해/발생점유율을 1(중상) : 10(경상) : 30(무상해 사고: 물적재해) : 600(무상해 고장: 위험순간) 법칙으로 정립했다.

✦ **고난도 문제**

11 🔓① 📖 **LINK** 기본서 379p

① 손실우연의 원칙: 재해손실은 사고 발생 시 사고대상의 조건에 따라 달라진다. 한 사고의 결과로 생긴 재해는 우연성에 의해 결정된다.

✅ **선지체크**

② 원인연계의 원칙: 재해 발생에는 반드시 원인이 있고, 여러 가지 원인이 연속적으로 연계되어 일어난다.

③ 예방가능의 원칙: 재해는 원인만 제거하면 예방이 가능하다.

④ 대책선정의 원칙: 재해는 반복적으로 발생한다. 따라서 사고 발생 자체를 예방해야 한다. 재해 예방을 위한 안전대책은 반드시 존재한다.

12 🔓③ 📖 **LINK** 기본서 380p

③ 분산관리방식은 자기 부처의 소관재난에 대한 책임만 지기 때문에 부처 간의 업무중복과 연계성이 미흡하다는 단점이 있다. 이를 보완한 것이 재난대응에 참여하는 모든 기관 및 단체를 통합관리함으로써 효과적으로 관리를 하기 위한 **통합관리방식**이다.

추가학습 ✚

구분	유형별관리 방식	통합관리 방식
성격	분산관리 방식	통합관리 방식
관리 부처 및 기관	다수 부처 및 기관의 단순명령	단일 부처 조정에 따른 병렬적 다수 부처 및 기관
책임 범위와 부담	소관 재난에 대한 관리 책임, 부담 분산	모든 재난에 대한 관리 책임, 과도한 부담 가능성
관련 부처의 활동 범위	특정 재난에 대한 관리활동	모든 재난에 대한 종합적 관리활동과 독립적 활동의 병행
정보 전달 체계	정보 전달의 다원화	정보 전달의 일원화

13 🔓② 📖 **LINK** 기본서 380p

✅ **선지체크**

① **분산관리방식**은 유형별 재난의 특징을 강조한 방식이다.

③ **통합관리방식**은 단일 부처 조정하의 병렬적 다수 부처 및 기관으로 이루어져 있고, **분산관리방식**은 관련 부처 및 기관이 단순 병렬방식으로 되어있다.

④ **분산관리방식**은 소관부처에서 해당하는 재해만을 담당하기 때문에 경험축적 및 전문성이 향상된다.

14 🔓③ 📖 **LINK** 기본서 380p

✅ **선지체크**

ㄱ, ㄹ: 분산관리방식

15 🔓① 📖 **LINK** 기본서 381p

완화(예방) – 준비(대비) – 대응 – 복구

CHAPTER

02 재난 및 안전관리 기본법

01	④	02	③	03	④	04	③	05	①
06	③	07	④	08	④	09	①	10	②
11	②	12	①	13	①	14	②	15	④
16	②	17	③	18	④	19	②	20	①
21	①	22	③	23	④	24	①	25	②
26	④	27	③	28	②	29	③	30	④
31	①	32	①	33	①	34	②	35	①
36	④	37	③	38	③	39	④	40	③
41	①	42	④	43	②	44	②	45	①
46	①	47	①	48	①	49	④	50	②
51	②	52	①	53	①	54	②	55	①
56	①	57	②	58	③	59	④	60	②
61	②	62	①	63	②	64	②	65	③
66	④	67	④	68	①	69	④	70	③
71	③	72	②	73	①	74	②	75	④
76	③	77	②	78	④	79	①	80	②
81	④	82	④	83	②	84	②	85	③
86	②	87	④						

+ 고난도 문제

01 🔓 ④   LINK 기본서 310~311p

④ 2014년 세월호 침몰사고 이후 안전의 중요성을 되새기자는 의미로 **국민안전의 날이 제정되었다. (국민안전의 날: 4월 16일)** → 안전점검의 날: '94년 성수대교 붕괴사고, '95년 삼풍백화점 붕괴사고 등 대형 재난이 발생함에 따라 우리 사회 곳곳에 상존하고 있는 안전 불감증을 청산하고 국민 스스로 안전의 중요성을 인식하여 위험요인을 한달에 한번이라도 안전점검 하는 습관을 생활 속에서 실천하기 위해 안전문화운동의 일환으로 '96. 4. 4부터 행정시책으로 실시해 왔으며, '04년 4월부터 "재난 및 안전관리 기본법"에 의거 법적행사로 시행하고 있다.

02 🔓 ③   LINK 기본서 382p, 442p

③ 「우주개발진흥법」에 따른 자연우주물체의 추락 · 충돌은 **자연재난**에 해당한다.

✔ 선지체크

④ 아프리카 돼지 열병의 확산
→ 가축전염병의 확산은 사회재난에 해당한다.

추가학습 +

자연재난

태풍, 홍수, 호우, 강풍, 풍랑, 해일, 대설, 한파, 낙뢰, 가뭄, 폭염, 지진, 황사, 조류 대발생, 조수, 화산활동, 「우주개발진흥법」에 따른 자연우주물체의 추락 · 충돌, 그 밖에 이에 준하는 자연현상으로 인하여 발생하는 재해

사회재난

화재 · 붕괴 · 폭발 · 교통사고(항공사고 및 해상사고를 포함한다) · 화생방사고 · 환경오염사고 · 다중운집인파사고 등으로 인하여 발생하는 대통령령으로 정하는 규모 이상의 피해와 국가핵심기반의 마비, 「감염병의 예방 및 관리에 관한 법률」에 따른 감염병 또는 「가축전염병예방법」에 따른 가축전염병의 확산, 「미세먼지 저감 및 관리에 관한 특별법」에 따른 미세먼지, 「우주개발진흥법」에 따른 인공우주물체의 추락 · 충돌 등으로 인한 피해

03 🔓 ④   LINK 기본서 382p, 442p

✔ 선지체크

① ② ③ **자연재난: 태풍**, 홍수, 호우, 강풍, 풍랑, 해일, 대설, 한파, **낙뢰**, 가뭄, 폭염, 지진, 황사, 조류 대발생, 조수, 화산활동, 「**우주개발진흥법**」에 따른 **자연우주물체의 추락 · 충돌**, 그 밖에 이에 준하는 자연현상으로 인하여 발생하는 재해

04 🔓 ③   LINK 기본서 382p, 442p

자연재난: 태풍, 홍수, 호우, 강풍, 풍랑, 해일, 대설, 한파, 낙뢰, 가뭄, 폭염, 지진, 황사, 조류 대발생, 조수, 화산활동, 「우주개발진흥법」에 따른 자연우주물체의 추락 · 충돌, 그 밖에 이에 준하는 자연현상으로 인하여 발생하는 재해

✔ 선지체크

ㄹ. **사회재난:** 화재 · **붕괴** · 폭발 · 교통사고(항공사고 및 해상사고를 포함한다) · **화생방사고** · 환경오염사고 · 다중운집인파사고 등으로 인하여 발생하는 대통령령으로 정하는 규모 이상의 피해와 국가핵심기반의 마비, 「감염병의 예방 및 관리에 관한 법률」에 따른 감염병

또는 「가축전염병예방법」에 따른 가축전염병의 확산, 「미세먼지 저감 및 관리에 관한 특별법」에 따른 미세먼지, 「우주개발진흥법」에 따른 인공우주물체의 추락·충돌 등으로 인한 피해

05 🔒① 📑LINK 기본서 382p, 442p

① 자연재해: 태풍, 홍수, 호우, **강풍**, **풍랑**, 해일, 대설, 한파, **낙뢰**, 가뭄, 폭염, **지진**, 황사, 조류 대발생, 조수, 화산활동, 「우주개발진흥법」에 따른 자연우주물체의 추락·충돌, 그 밖에 이에 준하는 자연현상으로 인하여 발생하는 재해

06 🔒③ 📑LINK 기본서 382p, 388p, 443p, 450p

✅ **선지체크**

① 안전관리
② 해외재난
④ 긴급구조: 재난이 발생할 우려가 현저하거나 재난이 발생하였을 때에 국민의 생명·신체 및 재산을 보호하기 위하여 긴급구조기관과 긴급 구조지원기관이 하는 인명구조, 응급처치, 그 밖에 필요한 모든 긴급 한 조치

07 🔒④ 📑LINK 기본서 382~383p, 389p, 442~452p

④ **국가재난관리기준**이란 모든 유형의 재난에 공통적으로 활용할 수 있도 록 재난관리의 전 과정을 통일적으로 단순화·체계화 한 것으로서 행정안전부장관이 고시한 것을 말한다.
　→ 안전기준: 각종 시설 및 물질 등의 제작, 유지관리 과정에서 안전을 확보할 수 있도록 적용하여야 할 기술적 기준을 체계화한 것을 말 하며, 안전기준의 분야, 범위 등에 관하여는 대통령령으로 정한다.

08 🔒④ 📑LINK 기본서 382p, 388~389p, 442~450p

ㄴ. 긴급구조기관이란 소방청, 소방본부, 소방서(단, 해양재난 시 **해양경 찰청**, 지방해양경찰청, 해양경찰서)를 말한다.
ㅁ. **안전관리**란 재난, 각종 사고로부터 사람의 생명·신체·재산의 안전 확보를 위한 모든 활동을 말한다.

09 🔒① 📑LINK 기본서 382p, 384p, 388~389p, 442~450p

① **긴급구조지원기관이란** 긴급구조에 필요한 인력·시설 및 장비, 운영 체계 등 긴급구조능력을 보유한 기관이나 단체로서 대통령령으로 정 하는 기관과 단체를 말한다.

　→ 긴급구조기관이란 소방청·소방본부 및 소방서를 말한다. 다만, 해양에서 발생한 재난의 경우에는 해양경찰청·지방해양경찰청 및 해양경찰서를 말한다.

10 🔒② 📑LINK 기본서 382~383p, 443p

② (ㄱ) 안전기준, (ㄴ) 재난관리, (ㄷ) 해외재난, (ㄹ) 안전관리

11 🔒② 📑LINK 기본서 388p, 450p

긴급구조기관: **소방청·소방본부** 및 **소방서**를 말한다. 다만, 해양에서 발생한 재난의 경우에는 **해양경찰청·지방해양경찰청** 및 **해양경찰서**를 말한다.

12 🔒① 📑LINK 기본서 384p, 444p

✅ **선지체크**

② 재난관리책임기관: 중앙행정기관 및 지방자치단체, 지방행정기관· 공공기관 및 공공단체 및 재난관리의 대상이 되는 중요시설의 관리기관 등 으로서 대통령령으로 정하는 기관
③ 중앙안전관리위원회: 재난 및 안전관리에 관한 사항을 심의
④ 중앙재난안전대책본부: 대통령령으로 정하는 대규모 재난의 대응· 복구 등에 관한 사항을 총괄·조정하고 필요한 조치

13 🔒① 📑LINK 기본서 383p, 443p

① 소방관련분야는 건축시설분야에 포함되어 있다.
　→ 건축시설분야: 다중이용업소, 문화재 시설, 유해물질 제작·공급 시설 등 관련 구조나 설비의 유지·관리 및 **소방 관련 안전기준**

추가학습 ➕

안전기준의 분야 및 범위

① 건축시설분야
② 생활 및 여가 분야
③ 환경 및 에너지 분야
④ 교통 및 교통시설 분야
⑤ 산업 및 공사장 분야
⑥ 정보통신분야(사이버 안전 분야는 제외한다)
⑦ 보건·식품 분야

② 행정안전부 – 풍수해(조수로 인해 발생하는 재해는 제외한다)
　해양수산부 – 풍수해 중 조수로 인해 발생하는 재해

추가학습 ➕

자연재난 유형별 재난관리주관기관

재난관리주관기관	자연재난 유형
과학기술정보통신부 및 우주항공청	1) 자연우주물체의 추락·충돌 등으로 인해 발생하는 재해 2) 우주전파재난
행정안전부	1) 자연재해로서 낙뢰, 가뭄, 폭염 및 한파로 인해 발생하는 재해 2) 풍수해(조수로 인해 발생하는 재해는 제외한다) 3) 지진재해 4) 화산재해
환경부	1) 황사로 인해 발생하는 재해 2) 하천·호소 등의 조류 대발생으로 인해 발생하는 재해
해양수산부	1) 어업재해 중 적조현상 및 해파리의 대량 발생으로 인해 발생하는 수산양식물 및 어업용 시설의 피해 2) 풍수해 중 조수로 인해 발생하는 재해
산림청	산사태로 인해 발생하는 재해

④ **산림청** – 사방시설의 붕괴·파손 등으로 인해 발생하는 대규모 피해

추가학습 ➕

사회재난 유형별 재난관리주관기관

재난관리주관기관	사회재난 유형
교육부	1) 교육시설(「연구실 안전환경 조성에 관한 법률」제2조제2호에 따른 연구실은 제외한다)의 화재·붕괴·폭발·다중운집 인파사고 등으로 인해 발생하는 국가 또는 지방자치단체 차원의 대처가 필요한 인명 또는 재산의 피해 등 이 영 제2조에 따른 피해(이하 "대규모 피해"라 한다) 2) 어린이집의 화재등으로 인해 발생하는 대규모 피해

재난관리주관기관	사회재난 유형
과학기술정보통신부	1) 방송통신재난(자연재난은 제외한다) 2) 연구실사고로 인해 발생하는 대규모 피해 3) 전파의 혼신(같은 법 제9조의 주파수분배에 따른 위성항법시스템 관련 전파의 혼신으로 한정한다)으로 인해 발생하는 대규모 피해
과학기술정보통신부 및 우주항공청	인공우주물체의 추락·충돌 등으로 인해 발생하는 피해
외교부	해외재난
법무부	1) 다음의 어느 하나에 해당하는 시설 및 그 밖에 이와 유사한 시설의 화재등으로 인해 발생하는 대규모 피해 가) 교정시설 나) 보호관찰소 및 같은 법 제65조제3항에 따른 갱생보호시설 다) 소년원 및 같은 조 제2항에 따른 소년분류심사원 라) 「치료감호 등에 관한 법률」제16조의2에 따른 치료감호시설 2) 다음의 어느 하나에 해당하는 시설 및 그 밖에 이와 유사한 시설의 화재등으로 인해 발생하는 대규모 피해 가) 난민신청자의 주거시설 및 같은 법 제45조에 따른 난민지원시설 나) 외국인보호실 및 같은 조 제13호에 따른 외국인보호소
국방부	국방·군사시설의 화재등으로 인해 발생하는 대규모 피해
행정안전부[4) 및 6)의 경우에는 각각 관계 법령에 따라 해당 정보시스템의 구축·운영에 관한 사무 및 해당 청사의 관리에 관한 사무를 관장하는 중앙행정기관을 말한다]	1) 승강기의 사고 또는 고장으로 인해 발생하는 대규모 피해 2) 「유선 및 도선 사업법」제28조 및 제29조에 따른 사고로 인해 발생하는 대규모 피해 3) 정보시스템(행정안전부장관이 구축·운영하는 정보시스템으로 한정한다)의 장애로 인해 발생하는 대규모 피해 4) 정보시스템(행정안전부장관이 구축·운영하는 정보시스템은 제외한다)의 장애로 인해 발생하는 대규모 피해 5) 「정부청사관리규정」제2조에 따른 청사[6)에 따른 청사는 제외한다]의 화재등으로 인해 발생하는 대규모 피해 6) 「정부청사관리규정」제3조에 따라 행정안전부장관이 관리하지 않는 청사의 화재등으로 인해 발생하는 대규모 피해

재난관리주관기관	사회재난 유형
행정안전부 및 경찰청	일반인이 자유로이 모이거나 통행하는 도로, 광장 및 공원의 다중운집인파사고로 인해 발생하는 대규모 피해
행정안전부 및 소방청	1) 소방대상물의 화재로 인해 발생하는 대규모 피해 2) 위험물의 누출·화재·폭발 등으로 인해 발생하는 대규모 피해
문화체육관광부	1) 야영장업의 등록을 한 자가 관리하는 야영장의 화재등으로 인해 발생하는 대규모 피해 2) 테마파크시설의 중대한 사고로 인해 발생하는 대규모 피해 3) 공연장의 화재등으로 인해 발생하는 대규모 피해 4) 전문체육시설 및 생활체육시설의 화재등으로 인해 발생하는 대규모 피해
농림축산식품부	1) 가축전염병의 확산으로 인한 피해 2) 농업생산기반시설 중 저수지의 붕괴·파손 등으로 인해 발생하는 대규모 피해 3) 농수산물도매시장(축산물도매시장은 포함하며, 수산물도매시장은 제외한다) 및 농수산물종합유통센터(수산물종합유통센터는 제외한다)의 화재등으로 인해 발생하는 대규모 피해
산업통상부	1) 가스사고로 인해 발생하는 대규모 피해 2) 석유의 정제시설·비축시설 및 주유소의 화재등으로 인해 발생하는 대규모 피해 3) 석유, 가스, 석탄 등 에너지의 중대한 수급차질로 인해 발생하는 대규모 피해 4) 대규모점포의 화재등으로 인해 발생하는 대규모 피해 5) 제품사고(「어린이제품 안전 특별법」 제2조 제13호에 따른 안전관리대상어린이제품 및 「전기용품 및 생활용품 안전관리법」 제3조제1항제1호에 따른 안전관리대상제품으로 인한 사고로 한정한다)로 인해 발생하는 대규모 피해
보건복지부	1) 다음의 어느 하나에 해당하는 시설의 화재등으로 인해 발생하는 대규모 피해 가) 노인복지시설 나) 아동복지시설 다) 장애인복지시설(「의료법」 제3조제2항 제3호라목에 따른 요양병원에 해당하는 장애인 의료재활시설은 제외한다) 2) 병원급 의료기관의 화재등으로 인해 발생하는 대규모 피해

재난관리주관기관	사회재난 유형
보건복지부 및 질병관리청	감염병의 확산으로 인한 피해
기후에너지환경부	1) 댐[산업통상자원부 소관의 발전(發電)용 댐은 제외한다]의 붕괴·파손 등으로 인해 발생하는 대규모 피해 2) 미세먼지로 인한 피해 3) 수도의 화재등으로 발생하는 대규모 피해 4) 먹는물의 수질오염으로 인해 발생하는 대규모 피해 5) 안전확인대상생활화학제품 및 살생물제 관련 사고(「제품안전기본법」 제15조에 따른 제품사고에 해당하는 경우로 한정한다)로 인해 발생하는 대규모 피해 6) 화학사고로 인해 발생하는 대규모 피해 7) 오염물질등으로 인한 환경오염(「먹는물관리법」 제3조제1호에 따른 먹는물의 수질오염은 제외한다)으로 인해 발생하는 대규모 피해 8) 전기 등 에너지의 중대한 수급차질로 인해 발생하는 대규모 피해 9) 전기사고로 인해 발생하는 대규모 피해
고용노동부	산업재해 및 중대산업사고로 인해 발생하는 대규모 피해
국토교통부[3]의 경우에는 공동구에 공동 수용되는 공급설비 및 통신시설 등으로서 화재등의 원인이 되는 설비·시설 등의 관리에 관한 사무를 관장하는 중앙행정기관을 포함한다]	1) 건축물의 붕괴·전도 등으로 인해 발생하는 대규모 피해 2) 공항의 화재등으로 인해 발생하는 대규모 피해 3) 공동구의 화재등으로 인해 발생하는 대규모 피해 4) 도로의 화재등으로 인해 발생하는 대규모 피해 5) 국토교통부장관에게 등록한 복합물류터미널사업자 및 물류창고업자가 관리하는 물류시설(다른 중앙행정기관 소관의 시설은 제외한다)의 화재등으로 인해 발생하는 대규모 피해 6) 지반침하(다른 중앙행정기관 소관의 지하시설물로 인해 발생하는 지반침하는 제외한다)로 인해 발생하는 대규모 피해 7) 철도사고로 인해 발생하는 대규모 피해 8) 항공기사고, 경량항공기사고 및 초경량비행장치사고로 인해 발생하는 대규모 피해
해양수산부	1) 농수산물도매시장(수산물도매시장으로 한정한다) 및 농수산물종합유통센터(수산물종합유통센터로 한정한다)의 화재등으로 인해 발생하는 대규모 피해 2) 항만의 화재등으로 인해 발생하는 대규모 피해

재난관리주관기관	사회재난 유형
해양수산부	3) 해수욕장의 안전사고로 인해 발생하는 대규모 피해 4) 해양사고(해양에서 발생한 사고로 한정하며, 해양오염은 제외한다)로 인해 발생하는 대규모 피해
해양수산부 및 해양경찰청	해양오염으로 인해 발생하는 대규모 피해
중소벤처기업부	전통시장의 화재등으로 인해 발생하는 대규모 피해
성평등가족부	1) 청소년복지시설의 화재등으로 인해 발생하는 대규모 피해 2) 청소년수련시설의 화재등으로 인해 발생하는 대규모 피해
금융위원회	「금융위원회의 설치 등에 관한 법률」 제38조에 따른 기관(이하 "금융기관"이라 한다) 중 「정보통신기반 보호법」 제2조제1호에 따른 정보통신기반시설을 관리하는 금융기관의 화재등으로 인해 발생하는 대규모 피해
원자력안전위원회	1) 방사능재난 2) 인접 국가의 방사능 누출로 인해 발생하는 대규모 피해
국가유산청	1) 문화유산 · 보호구역 · 보호물과 문화유산 보관시설의 화재등으로 인해 발생하는 대규모 피해 2) 자연유산 · 보호물 및 보호구역의 화재등으로 인해 발생하는 대규모 피해
산림청	1) 사방시설의 붕괴 · 파손 등으로 인해 발생하는 대규모 피해 2) 산불로 인해 발생하는 대규모 피해
국가핵심기반을 지정하는 중앙행정기관	국가핵심기반의 마비(「노동조합 및 노동관계조정법」 제2조제6호에 따른 쟁의행위 또는 이에 준하는 행위로 인한 마비를 포함한다)로 인한 피해
행사를 주최 · 주관하는 중앙행정기관(주최 · 주관하는 중앙행정기관이 다수인 경우에는 주최 · 주관의 주된 역할을 담당하는 중앙행정기관을 말한다)	중앙행정기관이 주최 · 주관하는 각종 행사가 개최되는 시설등에서 발생하는 대규모 피해

16 🔓 ②　　　　　📑 LINK 기본서 385~387p, 446~449p

② **산업통상부** – 대규모점포의 화재등으로 인해 발생하는 대규모 피해
　　중소벤처기업부 – 전통시장의 화재등으로 인해 발생하는 대규모 피해

17 🔓 ③　　　　　📑 LINK 기본서 390p, 453p

③ **행정안전부장관**은 국가 및 지방자치단체가 행하는 재난 및 안전관리 업무를 총괄 · 조정한다. (법 제6조)

18 🔓 ④　　　　　📑 LINK 기본서 392p, 453~454p

④ 안전기준관리에 관한 사항은 **중앙안전관리위원회**에서 심의한다.

추가학습 ➕

중앙안전관리위원회
① 위원장: 국무총리
② 위원: 대통령령으로 정하는 중앙행정기관 또는 관계 기관 · 단체의 장
③ 간사: 행정안전부장관
④ 중앙위원회의 위원장이 사고 또는 부득이한 사유로 직무를 수행할 수 없을 때에는 행정안전부장관, 대통령령으로 정하는 중앙행정기관의 장 순으로 위원장의 직무를 대행한다.
⑤ ④에 따라 행정안전부장관 등이 중앙위원회 위원장의 직무를 대행할 때에는 행정안전부의 재난안전관리사무를 담당하는 본부장이 중앙위원회 간사의 직무를 대행한다.
⑥ 중앙위원회의 구성과 운영 등에 필요한 사항은 대통령령으로 정한다.

19 🔓 ②　　　　　📑 LINK 기본서 392p, 453~454p

✅ 선지체크

ㄷ, ㄹ, ㅁ – **조정위원회의 심의 사항**에 해당한다.

추가학습 ➕

중앙위원회 심의사항
① 재난 및 안전관리에 관한 중요 정책에 관한 사항
② 국가안전관리기본계획에 관한 사항
③ 재난 및 안전관리 사업 관련 중기사업계획서, 투자우선순위 의견 및 예산요구서에 관한 사항

④ 중앙행정기관의 장이 수립·시행하는 계획, 점검·검사, 교육·훈련, 평가 등 재난 및 안전관리업무의 조정에 관한 사항
⑤ 안전기준관리에 관한 사항
⑥ 재난사태의 선포에 관한 사항
⑦ 특별재난지역의 선포에 관한 사항
⑧ 재난이나 그 밖의 각종 사고가 발생하거나 발생할 우려가 있는 경우 이를 수습하기 위한 관계 기관 간 협력에 관한 중요 사항
⑨ 재난안전의무보험의 관리·운용 등에 관한 사항
⑩ 중앙행정기관의 장이 시행하는 대통령령으로 정하는 재난 및 사고의 예방사업 추진에 관한 사항
⑪ 「재난안전산업 진흥법」에 따른 기본계획에 관한 사항
⑫ 위원장이 회의에 부치는 사항

조정위원회 심의사항
위 중앙위원회 심의사항 중 ④⑤⑥⑧⑨⑩에 대한 사전조정
① 집행계획의 심의
② 국가핵심기반의 지정에 관한 사항의 심의
③ 재난 및 안전관리기술 종합계획의 심의
④ 그 밖에 중앙위원회가 위임한 사항

---

20 🔓 ①   📄LINK 기본서 392p, 453~454p

① 관련 내용은 심의사항에 해당하지 않는다.

🔶추가학습➕
재난관리기금의 적립
① 지방자치단체는 재난관리에 드는 비용에 충당하기 위하여 매년 재난관리기금을 적립하여야 한다.
② 재난관리기금의 매년도 최저적립액은 최근 3년 동안의 「지방세법」에 의한 보통세의 수입결산액의 평균연액의 100분의 1에 해당하는 금액으로 한다.

---

21 🔓 ③   📄LINK 기본서 394p, 456p

③ 재난 및 안전관리업무의 조정에 관한 사항은 **중앙위원회 심의사항**이다.

🔶추가학습➕
안전정책조정위원회
① 위원장: 행정안전부장관

---

② 위원: 대통령령으로 정하는 중앙행정기관의 차관 또는 차관급 공무원과 재난 및 안전관리에 관한 지식과 경험이 풍부한 사람 중에서 위원장이 임명하거나 위촉하는 사람
③ 간사위원: 행정안전부의 재난안전관리사무를 담당하는 본부장

---

22 🔓 ③   📄LINK 기본서 394p, 456p

③ 해당 사항 없음

---

23 🔓 ④   📄LINK 기본서 393~395p, 456~458p

④ 국가안전관리기본계획에 관한 사항은 **중앙위원회**에서 심의한다.

🔶추가학습➕
실무위원회
① 위원장 1명을 포함하여 50명 내외의 위원으로 구성
② 실무위원장: 행정안전부의 재난안전관리사무를 담당하는 본부장
③ 실무회의
　- 위원 5명 이상의 요청이 있거나 실무위원장이 필요하다고 인정하는 경우에 실무위원장이 소집
　- 실무위원장과 실무위원장이 회의마다 지정하는 25명 내외의 위원으로 구성
　- 구성원 과반수의 출석으로 개의하고, 출석위원 과반수의 찬성으로 의결

---

24 🔓 ①   📄LINK 기본서 391~398p, 453~464p

✅선지체크
ㄹ. 안전관리민관협력위원회는 공동위원장 **2명**을 포함하여 35명 이내의 위원으로 구성된다.
ㅁ. 재난에 관한 예보, 경보, 통지나 응급조치 및 재난관리를 위한 재난방송이 원활히 수행될 수 있도록 **중앙위원회**에 중앙재난방송협의회를 두어야 한다.

🔶추가학습➕
안전관리민관협력위원회
① 조정위원회의 위원장은 재난 및 안전관리에 관한 민관 협력관계를 원활히 하기 위하여 중앙안전관리민관협력위원회(중앙민관협력위원회)를 구성·운영할 수 있다.

② 지역위원회의 위원장은 재난 및 안전관리에 관한 지역 차원의 민관협력관계를 원활히 하기 위하여 시 · 도 또는 시 · 군 · 구 안전관리민관협력위원회(지역민관협력위원회)를 구성 · 운영할 수 있다.

③ 중앙민관협력위원회의 구성 및 운영에 필요한 사항은 대통령령으로 정하고, 지역민관협력위원회의 구성 및 운영에 필요한 사항은 해당 지방자치단체의 조례로 정한다.

재난방송협의회

① 재난에 관한 예보 · 경보 · 통지나 응급조치 및 재난관리를 위한 재난방송이 원활히 수행될 수 있도록 중앙위원회에 중앙재난방송협의회를 두어야한다.

② 지역 차원에서 재난에 대한 예보 · 경보 · 통지나 응급조치 및 재난방송이 원활히 수행될 수 있도록 시 · 도위원회에 시 · 도 재난방송협의회를 두어야 하고 필요한 경우 시 · 군 · 구 위원회에서 시 · 군 · 구 재난방송협의회(지역재난방송협의회)를 둘 수 있다.

③ 중앙재난방송협의회의 구성 및 운영에 필요한 사항은 대통령령으로 정하고, 시 · 도 재난방송협의회와 시 · 군 · 구 재난방송협의회의 구성 및 운영에 필요한 사항은 해당 지방자치단체의 조례로 정한다.

---

25 🔒② 🔗LINK 기본서 398p, 464p

• 중앙민관협력위원회의 기능
① 재난 및 안전관리 민관협력활동에 관한 협의
② 재난 및 안전관리 민관협력활동사업의 효율적인 운영방안의 협의
③ 평상시 재난 및 안전관리 위험요소 및 취약시설의 모니터링 · 제보
④ 재난 발생 시 재난관리자원의 동원, 인명구조 · 피해복구 활동 참여, 피해주민 지원서비스 제공 등에 관한 협의

추가학습 ➕

안전관리민관협력위원회

① 조정위원회의 위원장은 재난 및 안전관리에 관한 민관 협력관계를 원활히 하기 위하여 중앙안전관리민관협력위원회(중앙민관협력위원회)를 구성 · 운영할 수 있다.

② 공동위원장 2명을 포함하여 35명 이내의 위원

③ 공동위원장
- 재난안전관리사무를 담당하는 본부장
- 민간위원 중에서 중앙민관협력위원회의 의결을 거쳐 행정안전부장관이 지명하는 사람

---

26 🔒② 🔗LINK 기본서 391~399p, 453~475p

② **중앙안전관리위원회** − 특별재난지역의 선포에 관한 사항 심의 (법 제9조)

---

27 🔒③ 🔗LINK 기본서 398~399p, 465p

• 재난긴급대응단의 임무
재난 발생 시 신속한 재난대응 활동 참여 등 중앙민관협력위원회의 기능을 지원하기 위하여 중앙민관협력위원회에 대통령령으로 정하는 바에 따라 재난긴급대응단을 둘 수 있다.
① **재난 발생 시** 인명구조 및 피해복구 활동 참여
② **평상시** 재난예방을 위한 활동 참여
③ 그 밖에 신속한 재난대응을 위하여 필요한 활동

---

28 🔒② 🔗LINK 기본서 400p, 465~467p

② 대통령령으로 정하는 대규모 재난의 **대응 · 복구(수습)** 등에 관한 사항을 총괄 · 조정하고 필요한 조치를 하기 위하여 행정안전부에 중앙재난안전대책본부를 둔다. (법 제14조)

추가학습 ➕

중앙재난안전대책본부

① 본부장: 행정안전부장관
- 해외재난의 경우: 외교부 장관
- 방사능재난의 경우: 중앙방사능방재대책본부의 장

② 차장 · 총괄조정관 · 대변인 · 통제관 · 부대변인 및 담당관을 두며, 연구개발 · 조사 및 홍보 등 전문적 지식의 활용이 필요한 경우에는 중앙대책본부장(국무총리가 중앙대책본부장인 경우에는 차장을 말한다)을 보좌하기 위하여 특별대응단장 또는 특별보좌관(이하 "특별대응단장등"이라 한다)을 둘 수 있다.

③ 재난의 효과적인 수습을 위하여 국무총리가 중앙대책본부장의 권한을 행사할 수 있다. 이 경우 행정안전부장관, 외교부장관 또는 원자력안전위원회 위원장이 차장이 된다.
- 국무총리가 범정부적 차원의 통합 대응이 필요하다고 인정하는 경우
- 행정안전부장관아 국무총리에게 건의하거나 수습본부장의 요청을 받아 행정안전부장관이 국무총리에게 건의하는 경우

③ 재난관리주관기관의 장은 재난이 발생하거나 발생할 우려가 있는 경우에는 재난상황을 효율적으로 관리하고 재난을 수습하기 위한 중앙사고수습본부를 신속하게 설치 · 운영하여야 한다.

✅ **선지체크**

① 중앙재난안전대책본부: 대통령령으로 정하는 대규모 재난의 대응 · 복구 등에 관한 사항을 총괄 · 조정하고 필요한 조치를 하기 위하여 행정안전부에 중앙재난안전대책본부를 둔다.

② 통합지원본부: 시 · 군 · 구 대책본부의 장은 재난현장의 총괄 · 조정 및 지원을 위하여 재난현장 통합지원본부를 설치 · 운영할 수 있다.

④ 지역 재난안전대책본부: 해당 관할 구역에서 재난의 수습 등에 관한 사항을 총괄 · 조정하고 필요한 조치를 하기 위하여 시 · 도지사는 시 · 도 재난안전대책본부를 두고, 시장 · 군수 · 구청장은 시 · 군 · 구 재난안전대책본부를 둔다.

④ **재난관리주관기관의 장**은 재난이 발생하거나 발생할 우려가 있는 경우, 재난상황을 효율적으로 관리하고 재난을 수습하기 위한 중앙사고수습본부를 신속하게 설치 · 운영하여야 한다. (법 제15조의2)

• 중앙대책본부회의의 심의사항
  ① **재난예방대책**에 관한 사항
  ② **재난응급대책**에 관한 사항
  ③ 국고지원 및 예비비 사용에 관한 사항
  ④ 그 밖에 중앙대책본부장이 회의에 부치는 사항
  ⑤ 재난복구계획에 관한 사항

① 시 · 군 · 구 대책본부의 장은 재난현장의 총괄 · 조정 및 지원을 위하여 재난현장 통합지원본부를 **설치 · 운영할 수 있다.** 통합지원본부의 장은 관할 시 · 군 · 구의 부단체장이 되며, 실무반을 편성하여 운영할 수 있다.

② 행정안전부장관, 시 · 도지사 및 시장 · 군수 · 구청장은 **재난정보의 수집 · 전파, 상황관리, 재난발생 시 초동조치 및 지휘 등의 업무**를 수행하기 위하여 다음 각 호의 구분에 따른 상시 재난안전상황실을 설치 · 운영하여야 한다.

추가학습 ➕

재난안전상황실 설치 · 운영권자

① 중앙: 행정안전부장관
② 시 · 도, 시 · 군 · 구: 시 · 도지사 및 시장 · 군수 · 구청장
③ 중앙행정기관의 장은 소관 업무 분야의 재난상황을 관리하기 위하여 재난안전상황실을 설치 · 운영하거나 재난상황을 관리할 수 있는 체계를 갖추어야 한다.
④ 재난관리책임기관의 장은 재난에 관한 상황관리를 위하여 재난안전상황실을 설치 · 운영할 수 있다.

② 재난상황의 보고: 시장 · 군수 · 구청장, 소방서장, 해양경찰서장, 재난관리책임기관의 장 또는 국가핵심기반을 관리하는 기관 · 단체의 장은 그 관할구역, 소관 업무 또는 시설에서 재난이 발생하거나 발생할 우려가 있으면 대통령령으로 정하는 바에 따라 재난상황에 대해서는 즉시, 응급조치 및 수습현황에 대해서는 지체 없이 각각 행정안전부장관, 관계 재난관리주관기관의 장 및 시 · 도지사에게 보고하거나 통보하여야 한다.

추가학습 ➕

보고단계

응급조치내용을 응급복구조치사항 및 응급구호조치사항으로 구분하여 재난기간 중 1일 2회 이상 보고하여야 한다.

최초보고	인명피해 등 주요 재난 발생 시 지체 없이 서면(전자문서를 포함한다), 팩스, 전화, 재난안전통신망 중 가장 빠른 방법으로 하는 보고
중간보고	전산시스템 등을 활용하여 재난 수습기간 중에 수시로 하는 보고
최종보고	재난 수습이 끝나거나 재난이 소멸된 후 영 제24조 제1항에 따른 사항을 종합하여 하는 보고

35 🔒①   🔗 LINK 기본서 407p, 479p

① 재외공관의 장은 관할 구역에서 해외재난이 발생하거나 발생할 우려가 있으면 즉시 그 상황을 **외교부장관에게 보고**하여야 한다.

36 🔒②   🔗 LINK 기본서 407p, 479~480p

② **국무총리**는 재난 및 사고로부터 국민의 생명 · 신체 및 재산을 보호하기 위하여 **5년**마다 국가의 재난 및 안전관리업무에 관한 기본계획(국가안전관리기본계획)을 수립하여야 한다.

추가학습 ➕

기본계획 수립 절차

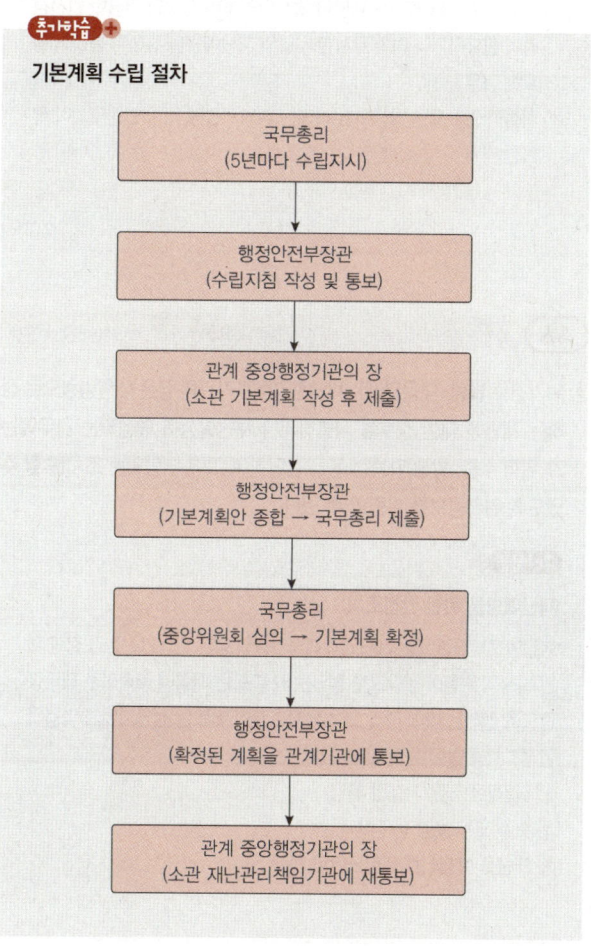

+ 고난도 문제

37 🔒①   🔗 LINK 기본서 411p, 487p

① 해당 사항 없음

추가학습 ➕

국가핵심기반의 지정

관계 중앙행정기관의 장은 소관 분야의 국가핵심기반을 조정위원회의 심의를 거쳐 지정할 수 있다.
① 다른 국가핵심기반 등에 미치는 연쇄효과
② 둘 이상의 중앙행정기관의 공동대응 필요성
③ 재난이 발생하는 경우 국가안전보장과 경제 · 사회에 미치는 피해 규모 및 범위
④ 재난의 발생 가능성 또는 그 복구의 용이성

+ 고난도 문제

38 🔒③   🔗 LINK 기본서 411p, 487p

③ **둘 이상의** 중앙행정기관의 공동대응 필요성

+ 고난도 문제

39 🔒④   🔗 LINK 기본서 488~489p

• 분야별 국가핵심기반의 지정기준
  에너지, 정보통신, 교통수송, 금융, 보건의료, **원자력**, **환경**, 정부청사, 식용수, 국가유산, 공동구

40 🔒③   🔗 LINK 기본서 412p, 491~492p

재난관리책임기관의 장은 다음 각 호의 구분에 따라 특정 관리대상시설 등에 대한 안전점검을 실시하여야 한다.
1. 정기안전점검
   가. A등급, B등급 또는 C등급에 해당하는 특정관리대상시설 등: **반기별 1회 이상**
   나. D등급에 해당하는 특정관리대상시설 등 : **월 1회 이상**
   다. E등급에 해당하는 특정관리대상시설 등 : **월 2회 이상**
2. 수시안전점검: 재난관리책임기관의 장이 필요하다고 인정하는 경우

추가학습 ➕

특정관리대상지역의 지정

중앙행정기관의 장 또는 지방자치단체의 장은 재난이 발생할 위험이 높거나 재난예방을 위하여 계속적으로 관리할 필요가 있다고 인정되는 지역을 대통령령으로 정하는 바에 따라 특정관리대상지역으로 지정할 수 있다.

✔ 선지체크

② C등급 - 안전도가 **보통인 경우** - 반기별 1회 이상

③ D등급 - 안전도가 미흡한 경우 - **월 1회 이상**

④ E등급 - 안전도가 불량한 경우 - **월 2회 이상**

+ **고난도 문제**

42 🔒④ 📖 LINK 기본서 412p, 492p

④ 특정관리대상지역에 대한 지정 및 조치 결과 보고: **행정안전부장관**은 매년 1회 이상 특정관리대상지역에 대한 지정 및 조치 현황을 국무총리에게 보고하여야 하며, 필요한 경우에는 수시로 보고할 수 있다.

43 🔒② 📖 LINK 기본서 413p, 494p

② 전문교육의 대상자는 해당 업무를 맡은 후 **6개월 이내**에 신규교육을 받아야 하며, 신규교육을 받은 후 매 **2년마다** 정기교육을 받아야 한다.

구분	전문교육의 이수시간
관리자	7시간 이상
실무자	14시간 이상

44 🔒② 📖 LINK 기본서 413p, 494p

② 전문교육 대상자는 신규교육을 받은 후 **2년마다** 정기교육을 받아야한다.

✔ 선지체크

①④

	교육대상자	교육 이수시간
관리자 전문교육	① 재난관리책임기관에서 재난 및 안전관리 업무를 담당하는 부서의 장 ② 시 · 도의 부단체장 ③ 시 · 군 · 구의 부단체장 ④ 안전책임관	7시간 이상
실무자 전문교육	재난관리책임기관에서 재난 및 안전관리 업무를 담당하는 부서의 공무원 또는 직원	14시간 이상

+ **고난도 문제**

45 🔒① 📖 LINK 기본서 413p, 494~495p

① 행정안전부장관 또는 재난관리책임기관의 장은 대통령령으로 정하는 시설 및 지역에 재난이 발생할 우려가 있는 등 대통령령으로 정하는 긴급한 사유가 있으면 소속 공무원으로 하여금 긴급안전점검을 하게 하고, **행정안전부장관은 다른 재난관리책임기관의 장에게 긴급안전점검을 하도록 요구할 수 있다.**

추가학습 +

긴급안전점검이 필요한 긴급한 사유

① 사회적으로 피해가 큰 재난이 발생하여 피해시설의 긴급한 안전점검이 필요하거나 이와 유사한 시설의 재난예방을 위하여 점검이 필요한 경우

② 계절적으로 재난 발생이 우려되는 취약시설에 대한 안전대책이 필요한 경우

46 🔒② 📖 LINK 기본서 414p, 495~496p

② 위기경보 발령 (대응단계): 재난관리주관기관의 장은 대통령령으로 정하는 재난에 대한 징후를 식별하거나 재난발생이 예상되는 경우에는 그 위험 수준, 발생 가능성 등을 판단하여 그에 부합되는 조치를 할 수 있도록 위기경보를 발령할 수 있다.

추가학습 +

재난예방을 위한 안전조치

행정안전부장관 또는 재난관리책임기관의 장은 긴급안전점검 결과 재난 발생의 위험이 높다고 인정되는 시설 또는 지역에 대하여는 대통령령으로 정하는 바에 따라 그 소유자 · 관리자 또는 점유자에게 다음의 안전조치를 할 것을 명할 수 있다.

① 정밀안전진단(시설만 해당)

② 보수 또는 보강 등 정비

③ 재난을 발생시킬 위험요인의 제거

+ **고난도 문제**

47 🔒① 📖 LINK 기본서 415p, 504p

• 재난관리 실태 공시

시장 · 군수 · 구청장(③의 경우에는 시 · 도지사를 포함)은 재난관리 실태를 매년 1회 이상 관할 지역 주민에게 공시

① 전년도 재난의 발생 및 수습 현황

② 재난예방조치 실적

③ 재난관리기금의 적립 및 집행 현황

④ 현장조치 행동매뉴얼의 작성·운용 현황

⑤ 그 밖에 대통령령으로 정하는 재난관리에 관한 중요 사항

→ 대통령령: 지역안전도 진단 결과, 그 밖에 재난관리를 위하여 시장·군수·구청장이 지역주민에게 알릴 필요가 있다고 인정하는 사항

---

48 🔒③　　　　　　　　　🔗LINK 기본서 417p, 507p

③ 위기관리 표준매뉴얼은 국가적 차원에서 관리가 필요한 재난에 대하여 재난관리 체계와 관계 기관의 임무와 역할을 규정한 문서로 위기대응 실무매뉴얼의 작성 기준이 되며, **재난관리주관기관의 장**이 작성한다. 다만, 다수의 재난관리주관기관이 관련되는 재난에 대해서는 관계 재난관리주관기관의 장과 협의하여 **행정안전부장관**이 위기관리 표준매뉴얼을 작성할 수 있다.

📌추가학습➕

재난분야 위기관리 매뉴얼 작성·운용

① 위기관리 표준매뉴얼: 국가적 차원에서 관리가 필요한 재난에 대하여 재난관리 체계와 관계 기관의 임무와 역할을 규정한 문서로 위기대응 실무매뉴얼의 작성 기준이 되며, 재난관리주관기관의 장이 작성한다. 다만, 다수의 재난관리주관기관이 관련되는 재난에 대해서는 관계 재난관리주관기관의 장과 협의하여 행정안전부장관이 위기관리 표준매뉴얼을 작성할 수 있다.

② 위기대응 실무매뉴얼: 위기관리 표준매뉴얼에서 규정하는 기능과 역할에 따라 실제 재난대응에 필요한 조치사항 및 절차를 규정한 문서로 재난관리주관기관의 장과 관계 기관의 장이 작성한다. 이 경우 재난관리주관기관의 장은 위기대응 실무매뉴얼과 제1호에 따른 위기관리 표준매뉴얼을 통합하여 작성할 수 있다.

③ 현장조치 행동매뉴얼: 재난현장에서 임무를 직접 수행하는 기관의 행동조치 절차를 구체적으로 수록한 문서로 위기대응 실무매뉴얼을 작성한 기관의 장이 지정한 기관의 장이 작성하되, 시장·군수·구청장은 재난유형별 현장조치 행동매뉴얼을 통합하여 작성할 수 있다. 다만, 현장조치 행동매뉴얼 작성 기관의 장이 다른 법령에 따라 작성한 계획·매뉴얼 등에 재난유형별 현장조치 행동매뉴얼에 포함될 사항이 모두 포함되어 있는 경우 해당 재난유형에 대해서는 현장조치 행동매뉴얼이 작성된 것으로 본다.

---

49 🔒④　　　　　　　　　🔗LINK 기본서 417p, 507p

④ **위기대응 실무매뉴얼**은 실제 재난대응에 필요한 조치사항 및 절차를 규정한 문서이고, **현장조치 행동매뉴얼**은 재난현장에서 임무를 직접 수행하는 기관의 행동조치 절차를 구체적으로 수록한 문서이다.

---

50 🔒②　　　　　　　　　🔗LINK 기본서 417p, 507p

② '위기대응 실무매뉴얼'은 실제 재난대응에 필요한 조치사항 및 절차를 규정한 문서로, **재난관리주관기관의 장**이 위기관리 표준매뉴얼과 통합하여 작성할 수 있다.

---

51 🔒②　　　　　　　　🔗LINK 기본서 417~418p, 508p

② **행정안전부장관**은 재난유형별 위기관리 매뉴얼의 표준화 및 실효성 제고를 위하여 **위기관리 매뉴얼협의회를 구성·운영할 수 있다.**

📌추가학습➕

위기관리 매뉴얼협의회

① 구성: 위원장 1명(행정안전부장관 지명)을 포함하여 200명 이내의 위원(행정안전부장관 임명 또는 위촉)으로 구성

② 심의사항

　가. 위기관리 표준매뉴얼 및 위기대응 실무매뉴얼의 검토에 관한 사항

　나. 위기관리 매뉴얼의 작성방법 및 운용기준 등에 관한 사항

　다. 위기관리 매뉴얼의 개선에 관한 사항

　라. 그 밖에 행정안전부장관이 위기관리 매뉴얼의 표준화 및 실효성 제고를 위하여 필요하다고 인정하는 사항

✦고난도 문제

52 🔒①　　　　　　　　　🔗LINK 기본서 417p, 509p

① **소유자·관리자** 또는 **점유자**는 대통령령으로 정하는 바에 따라 위기상황 매뉴얼에 따른 훈련을 주기적으로 실시하여야 한다. 다만, 다른 법령에서 위기상황에 대비한 대응계획 등의 훈련에 관하여 규정하고 있는 경우에는 그 법령에서 정하는 바에 따른다.

---

53 🔒①　　　　　　　　　🔗LINK 기본서 418p, 512p

① **행정안전부장관**은 **매년** 재난대비훈련 기본계획을 수립하고 재난관리책임기관의 장에게 통보하여야 한다.

54 🔒①   📖 LINK 기본서 419p, 512~514p

훈련주관기관	행정안전부장관, 중앙행정기관의 장, 시·도지사, 시장·군수·구청장 및 긴급구조기관의 장
훈련참여기관	**재난관리책임기관, 긴급구조지원기관** 및 **군부대** 등 관계기관
훈련 방법	① 대통령령으로 정하는 바에 따라 매년 정기적으로 또는 수시로 합동으로 재난대비훈련 실시 ② 각각 소관 분야별로 주관하여 연 1회 이상 ③ 재난대비훈련 실시 후 10일 이내에 그 결과를 훈련주관기관의 장에게 제출

★ **고난도** 문제
55 🔒①   📖 LINK 기본서 513p

훈련주관기관의 장은 재난대비훈련을 실시하는 경우에는 훈련일 15일 전까지 훈련일시, 훈련장소, **훈련내용**, **훈련방법**, **훈련참여** 인력 및 장비, 그 밖에 훈련에 필요한 사항을 재난관리책임기관, 긴급구조지원기관 및 군부대 등 관계 기관(훈련참여기관)의 장에게 통보하여야 한다.

★ **고난도** 문제
56 🔒①   📖 LINK 기본서 513p

① 해당 사항 없음

추가학습 ➕

재난대비훈련의 평가

① 분야별 전문인력 참여도 및 훈련목표 달성 정도
② 장비의 종류·기능 및 수량 등 동원 실태
③ 유관기관과의 협력체제 구축 실태
④ 긴급구조대응계획 및 세부대응계획에 의한 임무의 수행 능력
⑤ 긴급구조기관 및 긴급구조지원기관 간의 지휘통신체계
⑥ 긴급구조요원의 임무 수행의 전문성 수준
⑦ 그 밖에 행정안전부장관이 정하는 평가에 필요한 사항

57 🔒②   📖 LINK 기본서 419p, 514~515p

② **행정안전부장관**은 대통령령으로 정하는 재난이 발생하거나 발생할 우려가 있는 경우 사람의 생명·신체 및 재산에 미치는 중대한 영향이나 피해를 줄이기 위하여 긴급한 조치가 필요하다고 인정하면 중앙위원

회의 심의를 거쳐 재난사태를 선포할 수 있다. 다만, **행정안전부장관**은 재난상황이 긴급하여 중앙위원회의 심의를 거칠 시간적 여유가 없다고 인정하는 경우에는 중앙위원회의 심의를 거치지 아니하고 재난사태를 선포할 수 있다.

추가학습 ➕

재난사태 선포

① 선포목적: 대통령령으로 정하는 재난이 발생하거나 발생할 우려가 있는 경우 사람의 생명·신체 및 재산에 미치는 중대한 영향이나 피해를 줄이기 위하여 긴급한 조치가 필요하다고 인정하는 경우
② 선포권자: 행정안전부장관
③ 중앙위원회의 심의를 거쳐 재난사태를 선포
④ 행정안전부장관은 재난상황이 긴급하여 중앙위원회의 심의를 거칠 시간적 여유가 없다고 인정하는 경우에는 중앙위원회의 심의를 거치지 아니하고 재난사태를 선포할 수 있다(다만, 선포 후 중앙위원회의 승인을 받아야 하고, 승인을 받지 못하면 선포된 재난사태를 즉시 해제하여야 한다).

58 🔒③   📖 LINK 기본서 419~420p, 515p

③ 재난사태가 선포된 지역에 여행 등 이동 자제를 **권고**할 수 있다.

추가학습 ➕

재난사태가 선포된 지역에 대한 조치

① 재난경보의 발령, 인력·장비 및 물자의 동원, 위험구역 설정, 대피명령, 응급지원 등 이 법에 따른 응급조치
② 해당 지역에 소재하는 행정기관 소속 공무원의 비상소집
③ 해당 지역에 대한 여행 등 이동 자제 권고
④ 「유아교육법」 제31조, 「초·중등교육법」 제64조 및 「고등교육법」 제61조에 따른 휴업명령 및 휴원·휴교 처분의 요청
⑤ 그 밖에 재난예방에 필요한 조치

59 🔒④   📖 LINK 기본서 420p, 515p

④ **재난예방**에 필요한 조치

60 🔒②   📖 LINK 기본서 420p, 515p

② 피해시설의 응급복구는 **시·군·구청장의 응급조치 사항**이다.

지역통제단장과 시 · 군 · 구청장의 응급조치

(지역통제단장은 ③ 진화의 응급조치, ⑤ ⑦의 응급조치만 한다.)

① 경보의 발령 또는 전달이나 피난의 권고 또는 지시

② 안전조치

③ 진화 · 수방 · 지진방재, 그 밖의 응급조치와 구호

④ 피해시설의 응급복구 및 방역과 방범, 그 밖의 질서 유지

⑤ 긴급수송 및 구조 수단의 확보

⑥ 급수 수단의 확보, 긴급피난처 및 구호품의 확보

⑦ 현장지휘통신체계의 확보

⑧ 그 밖에 재난 발생을 예방하거나 줄이기 위하여 필요한 사항으로서 대통령령으로 정하는 사항

---

61 🔒 ④　　　　　　　　　🔗 LINK 기본서 420p, 515p

④ 급수 수단의 확보, 긴급피난처 및 구호품의 확보는 **시 · 군 · 구청장**의 응급조치 사항이다.

✦ 고난도 문제

62 🔒 ②　　　　　　　　　🔗 LINK 기본서 420p, 516p

② 재난관리주관기관의 장은 심각 경보를 발령 또는 해제할 경우에는 행정안전부장관과 사전에 협의하여야 한다. 다만, **긴급한 경우에 재난관리주관기관의 장은 우선 조치한 후 지체 없이 행정안전부장관과 협의하여야 한다.**

✦ 고난도 문제

63 🔒 ④　　　　　　　　　🔗 LINK 기본서 420~422p, 516~523p

위기경보의 발령	재난관리주관기관의 장 (다수의 재난관리주관기관이 관련되는 재난의 경우: 행정안전부장관)
재난 예보 · 경보체계 구축 · 운영	재난관리책임기관의 장
동원명령	중앙대책본부장, **시 · 군 · 구청장**
대피명령	**시 · 군 · 구청장**, 지역통제단장
위험구역의 설정	**시 · 군 · 구청장**, 지역통제단장
강제대피조치	시 · 군 · 구청장, 지역통제단장
통행제한	시 · 군 · 구청장, 지역통제단장
응원	시 · 군 · 구청장
응급부담	시 · 군 · 구청장, 지역통제단장

---

64 🔒 ③　　　　　　　　　🔗 LINK 기본서 424~426p, 525~526p

• 중앙 통제단의 단장: **소방청장**

• 시 · 도 긴급구조통제단의 단장: **소방본부장**

• 시 · 군 · 구 긴급구조통제단의 단장: **소방서장**

---

65 🔒 ③　　　　　　　　　🔗 LINK 기본서 427p, 526~527p

③ 재난현장에서는 시 · 군 · 구 긴급구조통제단장이 긴급구조활동을 지휘한다.

→ 시 · 도 긴급구조통제단장은 필요하다고 인정하면 직접 현장지휘를 할 수 있다.

→ 중앙 통제단장은 대통령령으로 정하는 대규모 재난이 발생하거나 그 밖에 필요하다고 인정되는 경우 **직접 현장지휘를 할 수 있다.**

---

66 🔒 ④　　　　　　　　　🔗 LINK 기본서 426p, 525p

④ 모두 옳다.

중앙 긴급구조통제단 기능

① 국가 긴급구조대책의 총괄 · 조정

② 긴급구조활동의 지휘 · 통제(긴급구조활동에 필요한 긴급구조기관의 인력과 장비 등의 동원을 포함)

③ 긴급구조지원기관간의 역할분담 등 긴급구조를 위한 현장활동계획의 수립

④ 긴급구조대응계획의 집행

⑤ 그 밖에 중앙통제단의 장이 필요하다고 인정하는 사항

---

67 🔒 ②　　　　　　　　　🔗 LINK 기본서 427p, 527p

② **긴급구조지원기관 및 자원봉사자** 등에 대한 임무의 부여

긴급구조 현장지휘 사항

① 재난현장에서 인명의 탐색 · 구조

② 긴급구조기관 및 긴급구조지원기관의 긴급구조요원 · 긴급구조지원요원 및 재난관리자원의 배치와 운용

③ 추가 재난의 방지를 위한 응급조치

④ 긴급구조지원기관 및 자원봉사자 등에 대한 임무의 부여

⑤ 사상자의 응급처치 및 의료기관으로의 이송

⑥ 긴급구조에 필요한 재난관리자원의 관리

⑦ 현장접근 통제, 현장 주변의 교통정리, 그 밖에 긴급구조활동을 효율적으로 하기 위하여 필요한 사항

---

68 🔒 ① 📖 LINK 기본서 424p, 526p

① 해당 사항 없음

추가학습 ➕

중앙긴급구조통제단 구성

① 단장: 소방청장

② 부단장: 소방청 차장

③ 부서: 대응계획부, 자원지원부, 현장지휘부

④ 중앙통제단의 구성 · 기능 및 운영에 필요한 사항은 대통령령으로 정한다.

---

69 🔒 ④ 📖 LINK 기본서 428~429p, 530~531p

✅ **선지체크**

ㄱ, ㄴ, ㅁ 은 **기본계획에 포함**되는 내용이다.

추가학습 ➕

긴급구조대응계획의 수립

① 기본계획

 - 긴급구조대응계획의 목적 및 적용범위

 - 긴급구조대응계획의 기본방침과 절차

 - 긴급구조대응계획의 운영책임에 관한 사항

② 기능별 긴급구조대응계획

지휘통제	긴급구조체제 및 중앙통제단과 지역통제단의 운영체계 등에 관한 사항
비상경고	긴급대피, 상황 전파, 비상연락 등에 관한 사항
대중정보	주민보호를 위한 비상방송시스템 가동 등 긴급 공공정보 제공에 관한 사항 및 재난상황 등에 관한 정보 통제에 관한 사항
피해상황분석	재난현장상황 및 피해정보의 수집 · 분석 · 보고에 관한 사항
구조 · 진압	인명 수색 및 구조, 화재진압 등에 관한 사항
응급의료	대량 사상자 발생 시 응급의료서비스 제공에 관한 사항

긴급오염통제	오염 노출 통제, 긴급 감염병 방제 등 재난현장 공중보건에 관한 사항
현장통제	재난현장 접근 통제 및 치안 유지 등에 관한 사항
긴급복구	긴급구조활동을 원활하게 하기 위한 긴급구조 차량 접근 도로 복구 등에 관한 사항
긴급구호	긴급구조요원 및 긴급대피 수용주민에 대한 위기 상담, 임시 의식주 제공 등에 관한 사항
재난통신	긴급구조기관 및 긴급구조지원기관 간 정보통신체계 운영 등에 관한 사항

③ 재난유형별 긴급구조대응계획

 - 재난 발생 단계별 주요 긴급구조 대응활동 사항

 - 주요 재난유형별 대응 매뉴얼에 관한 사항

 - 비상경고 방송메시지 작성 등에 관한 사항

✦ **고난도 문제**

70 🔒 ③ 📖 LINK 기본서 428~429p, 530~531p

③ 응급의료, **현장통제**, 대중정보

✦ **고난도 문제**

71 🔒 ③ 📖 LINK 기본서 431p, 538p

③ 재난관리책임기관의 장은 사회재난으로 인한 피해(**사회재난 중 특별재난지역으로 선포된 지역의 사회재난으로 인한 피해는 제외한다**)에 대하여 피해조사를 마치면 지체 없이 자체복구계획을 수립 · 시행하여야 한다.

✦ **고난도 문제**

72 🔒 ② 📖 LINK 기본서 540p

중앙대책본부장은 재난복구사업의 지도점검을 하려는 경우에는 다음 각 호의 사항이 포함된 지도 · 점검 계획을 수립하여 지도 · 점검 **5일 전까지** 대상 기관에 통지하여야 한다.

1. 지도 · 점검의 목적

2. 지도 · 점검의 일시 및 대상

3. 그 밖에 지도 · 점검을 위하여 중앙대책본부장이 필요하다고 인정하는 사항

① **중앙대책본부장**은 대통령령으로 정하는 규모의 재난이 발생하여 국가의 안녕 및 사회질서의 유지에 중대한 영향을 미치거나 피해를 효과적으로 수습하기 위하여 특별한 조치가 필요하다고 인정하거나 지역대책본부장의 요청이 타당하다고 인정하는 경우에는 **중앙위원회의 심의**를 거쳐 해당 지역을 특별재난지역으로 선포할 것을 **대통령**에게 건의할 수 있다.

② 특별재난지역의 선포를 건의받은 **대통령**은 해당 지역을 특별재난지역으로 선포할 수 있다.

③ 지역대책본부장은 관할지역에서 발생한 재난으로 인한 경우 **중앙대책본부장**에게 특별재난지역의 선포 건의를 요청할 수 있다.

+ 고난도 문제

74 🔒② 🔗 LINK 기본서 433p, 541p

1. 자연재난으로서 「자연재난 구호 및 복구 비용 부담기준 등에 관한 규정」 제5조 제1항에 따른 국고 지원 대상 피해 기준금액의 **2.5배**를 초과하는 피해가 발생한 재난

1의 2. 자연재난으로서 「자연재난 구호 및 복구 비용 부담기준 등에 관한 규정」 제5조 제1항에 따른 국고 지원 대상에 해당하는 시 · 군 · 구의 관할 읍 · 면 · 동에 같은 항 각 호에 따른 국고 지원 대상 피해 기준금액의 **4분의 1**을 초과하는 피해가 발생한 재난

2. 사회재난의 재난 중 재난이 발생한 해당 지방자치단체의 행정능력이나 재정능력으로는 재난의 수습이 곤란하여 국가적 차원의 지원이 필요하다고 인정되는 재난

3. 그 밖에 재난 발생으로 인한 생활기반 상실 등 극심한 피해의 효과적인 수습 및 복구를 위하여 국가적 차원의 특별한 조치가 필요하다고 인정되는 재난

75 🔒④ 🔗 LINK 기본서 434~435p, 545p

• 재난지역에 대한 국고보조 등의 지원
국가는 다음의 어느 하나에 해당하는 재난의 원활한 복구를 위하여 필요하면 대통령령으로 정하는 바에 따라 그 비용의 전부 또는 일부를 국고에서 부담하거나 지방자치단체, 그 밖의 재난관리책임자에게 보조할 수 있다.
① 자연재난
② **사회재난 중 특별재난지역으로 선포된 지역의 재난**

+ 고난도 문제

76 🔒④ 🔗 LINK 기본서 547p

④ 선지급의 비율은 시설의 종류 및 피해 규모 등에 따라 국고와 지방비에서 지원하는 금액을 합한 금액의 **100분의 20 이상**으로 하며, 구체적인 선지급 비율 및 절차 등에 관한 사항은 행정안전부장관이 관계 중앙행정기관의 장과 협의한 후 고시하여야 한다.

77 🔒② 🔗 LINK 기본서 435p, 549p

• 국민안전의 날: 4월 16일(국민 안전의식 수준을 높이기 위하여 필요한 행사 실시)
• 안전점검의 날: 매월 4일(재난취약시설에 대한 일제점검, 안전의식 고취 등 안전 관련행사를 실시)
• 방재의 날: 5월 25일(자연재난에 대한 주민의 방재의식을 고취하기 위하여 재난에 대한 교육 · 홍보 등의 관련 행사를 실시)

78 🔒④ 🔗 LINK 기본서 438p, 556~557p

✔ **선지체크**

① **지방자치단체**는 재난관리에 드는 비용에 충당하기 위하여 **매년** 재난관리기금을 적립하여야 한다.

② 재난관리기금의 **매년도 최저적립액**은 **최근 3년 동안**의 「지방세법」에 의한 보통세의 수입결산액의 평균연액의 **100분의 1**에 해당하는 금액으로 한다.

③ **시 · 도지사 및 시장 · 군수 · 구청장**은 매년도 최저적립액의 **100분의 15 이상**의 금액을 예치하여야 한다.

79 🔒① 🔗 LINK 기본서 407p, 418p, 440p

ㄱ. 국무총리는 국가의 재난 및 안전관리업무에 관한 기본계획(이하 "국가안전관리기본계획"이라 한다)의 수립지침을 **5년**마다 작성해야 한다.

ㄴ. 행정안전부장관은 **매년** 재난대비훈련 기본계획을 수립하고 재난관리책임기관의 장에게 통보하여야 한다.

ㄷ. 행정안전부장관은 재난 및 안전관리에 관한 과학기술의 진흥을 위하여 **5년마다** 관계 중앙행정기관의 재난 및 안전관리기술개발에 관한 계획을 종합하여 조정위원회의 심의와 「국가과학기술자문회의법」에 따른 국가과학기술자문회의의 심의를 거쳐 **재난 및 안전관리기술개발 종합계획**을 수립하여야 한다.

✅ **선지체크**

ㅁ. 재난관리체계 등에 대한 평가: **예방**

ㅂ. 위험구역의 설정: **대응**

🔶 **추가학습** ➕

예방

① 재난관리책임기관의 장의 재난예방조치

② 재난 사전 방지조치

③ 국가핵심기반의 지정

④ 국가핵심기반의 관리

⑤ 특정관리대상지역의 지정 및 관리 등

⑥ 지방자치단체에 대한 지원

⑦ 재난방지시설의 관리

⑧ 재난안전분야 종사자 교육

⑨ 재난예방을 위한 긴급안전점검

⑩ 재난예방을 위한 안전조치

⑪ 안전취약계층에 대한 안전 환경 지원

⑫ 재난안전분야 제도개선

⑬ 정부합동 안전 점검

⑭ 집중 안전점검 기간 운영

⑮ 안전관리전문기관에 대한 자료요구

⑯ 재난관리체계 등에 대한 평가

⑰ 재난관리 실태 공시

④ 모두 대비단계이다.

🔶 **추가학습** ➕

대비

① 재난관리자원의 관리

② 재난현장 긴급통신수단의 마련

③ 국가재난관리기준의 제정 · 운용 등

④ 기능별 재난대응 활동계획의 작성 · 활용

⑤ 재난분야 위기관리 매뉴얼 작성 · 운용

⑥ 다중이용시설 등의 위기상황 매뉴얼 작성 · 관리 및 훈련

⑦ 안전기준의 등록 및 심의 등

⑧ 재난안전통신망의 구축 · 운영

⑨ 재난대비훈련 기본계획 수립

⑩ 재난대비훈련 실시

④ 특별재난지역 선포: **복구**

🔶 **추가학습** ➕

대응

1. 응급조치

  ① 재난사태 선포

  ② 응급조치

  ③ 위기경보의 발령

  ④ 재난 예보 · 경보체계 구축 · 운영

  ⑤ 동원명령

  ⑥ 대피명령

  ⑦ 위험구역의 설정

  ⑧ 강제대피조치

  ⑨ 통행제한

  ⑩ 응원

  ⑪ 응급부담

  ⑫ 시 · 도지사가 실시하는 응급조치

  ⑬ 재난관리책임기관의 장의 응급조치

  ⑭ 지역통제단장의 응급조치

2. 긴급구조

  ① 중앙긴급구조통제단

  ② 지역긴급구조통제단

  ③ 긴급구조

  ④ 긴급구조 현장지휘

  ⑤ 긴급대응협력관

  ⑥ 긴급구조활동에 대한 평가

  ⑦ 긴급구조대응계획의 수립

  ⑧ 긴급구조 관련 특수번호 전화서비스의 통합 · 연계

  ⑨ 재난대비능력 보강

  ⑩ 긴급구조지원기관의 능력에 대한 평가

  ⑪ 해상에서의 긴급구조

  ⑫ 항공기 등 조난사고 시의 긴급구조 등

✅ **선지체크**

① 안전점검: **예방**

③ 긴급통신수단 마련: **대비**

④ 특별재난지역 선포: **복구**

84 🔒② 📖 LINK 기본서 419p

✓ 선지체크

① **대비**: 재난현장 긴급통신수단의 마련
③ **대비**: 재난분야 위기관리 매뉴얼 작성
④ **대응**: 재난사태선포

85 🔒③ 📖 LINK 기본서 419p

③ 재난대비훈련은 **대비단계**이다.

✓ 선지체크

① 특정관리대상지역의 지정 및 관리 등: 예방
② 재난분야 위기관리 매뉴얼 작성·운용: 대비
④ 특별재난지역의 선포: 복구

86 🔒② 📖 LINK 기본서 414p

② **예방**: 재난관리책임기관의 재난 및 안전관리 실태를 점검하기 위하여 정부합동안전점검단을 편성하여 안전점검을 실시할 수 있다.

87 🔒④ 📖 LINK 기본서 416p

④ **재난관리자원의 관리 – 대비**

✓ 선지체크

① 국가핵심기반의 지정 – 예방
② 정부합동 안전점검 – 예방
③ 재난안전분야 종사자 교육 – 예방

MEMO